丛书主编 吴松弟　丛书副主编 戴鞍钢

Modern Economic Geography of China
Vol. 5

方书生 著

中国近代经济地理 第五卷

华南近代经济地理

华东师范大学出版社

本书为
国家出版基金资助项目
"十二五"国家重点图书出版规划项目
上海文化发展基金会图书出版专项基金资助项目

审图号 GS(2016)93 号

《中国近代经济地理》总序

吴松弟

描述中国在近代(1840—1949年)所发生的从传统经济向近代经济变迁的空间过程及其形成的经济地理格局,是本书的基本任务。这一百余年,虽然是中国备受帝国主义列强欺凌的时期,却又是中国通过学习西方逐步走上现代化道路,从而告别数千年封建王朝的全新的历史时期。1949年10月1日中华人民共和国成立,中国的现代化进入新的阶段。

近20年来,中国历史地理学和中国近代经济史研究都取得了较大的进步,然而对近代经济变迁的空间进程及其形成的经济地理格局的研究,却仍处于近乎空白的状态。本书的写作,旨在填补这一空白,以便学术界从空间的角度理解近代中国的经济变迁,并增进对近代政治、文化及其区域差异的认识。由于1949年10月1日以后的新阶段建立在以前的旧时期的基础上,对中国近代经济地理展开比较全面的研究,也有助于政府机关、学术界和企业认识并理解古老而广袤的中国大地上发生的数千年未有的巨变在经济方面的表现,并在学术探讨的基础上达到一定程度的经世致用。

全书共分成9卷,除第一卷为《绪论和全国概况》之外,其他8卷都是分区域的论述。区域各卷在内容上大致可分成两大板块:一个板块是各区域近代经济变迁的背景、空间过程和内容,将探讨经济变迁空间展开的动力、过程和主要表现;另一个板块是各区域近代经济地理的简略面貌,将探讨产业部门的地理分布、区域经济的特点,以及影响区域经济发展的主要因素。

在个人分头研究的基础上,尽量吸收各学科的研究成果与方法,将一部从空间的角度反映全国和各区域经济变迁的概貌以及影响变迁的地理因素的著作,奉献给大家,是我们的初衷。然而,由于中国近代经济变迁的复杂性和明显的区域经济差异,以及长期以来在这些方面研究的不足,加之我们自身水平的原因,本书在深度、广度和理论建树方面都有许多不足之处。我们真诚地欢迎各方面的批评,在广泛吸纳批评意见的基础上,推进中国近代经济地理的研究。

目 录

绪论　近代经济地理(华南卷)的视界 / 1
　第一节　缘起：为何重新关注经济地理的近代时段？/ 1
　　一、"经济地理学"的前身：商业地理学 / 2
　　二、"经济地理学"的形成：近代时期 / 3
　　三、近代中国：其时的"商业"、"经济地理" / 4
　　四、当代中国：学科新陈代谢中的历史关怀 / 7
　　五、重新关注近代时段：旧领地、新发现 / 9
　第二节　研究综述：重新检视的因缘 / 12
　　一、有关近代华南经济地理 / 12
　　二、有关近代华南经济历史 / 16
　第三节　相关问题的交待 / 19
　　一、时间、空间、议题 / 19
　　二、资料、工具、方法 / 20
　　三、理论、问题、提纲 / 22

第一章　正在浮现的新经济地理图景 / 25
　第一节　自然隐喻与历史遗产 / 25
　　一、一般意义上的自然地理 / 25
　　二、第二自然下的比较优势 / 30
　　三、前近代的经济地理遗产 / 32
　第二节　非均衡外部性与变迁的启动 / 36
　　一、开埠通商的外部性激励 / 36
　　二、新的市场与地方经济 / 39
　　三、新产业经济形态的植根 / 41
　　小结：变动的起点与方向 / 43

第二章　产业地理与生产空间 / 46
　第一节　第三产业的流通部门 / 46
　　一、各类型的交通 / 46

二、交通基础建设 /59
　　三、商品流通与外贸结构 /70
　　简评：流通部门的生产空间 /96
第二节　第三产业的服务部门 /97
　　一、金融保险业 /97
　　二、信息与服务 /118
　　简评：服务部门的生产空间 /126
第三节　第一产业：农业 /127
　　一、种植业经济 /127
　　二、农业与生活 /144
　　简评：第一产业的生产空间 /159
第四节　第二产业：工业 /161
　　一、工场手工业 /161
　　二、现代工矿业 /172
　　简评：第二产业的生产空间 /195
第五节　空间的生产：结构与形态 /196
　　一、市场、分工与产业演进 /196
　　二、多元规制下的资源配置 /203
　　三、空间生产绩效的验证 /210
　　简评：生产空间与空间生产 /219
　　小结：产业地理与生产的空间 /220

第三章　城市、人口与循环的空间 /222
第一节　开放经济下的城镇转向与人口 /222
　　一、城的"市"化：以广州为中心 /222
　　二、城镇的演进：以珠三角为中心 /236
　　三、人口分布及其空间流动 /250
　　简评：城镇转向与人口流变 /261
第二节　次区域经济地理 /263
　　一、划分的准则 /263
　　二、珠江流域经济圈 /267
　　三、韩江流域经济带 /271
　　四、南路与海南岛区 /274
　　五、桂省经济圈 /277

简评：次区域经济的密度、距离与分割 /281
　第三节　要素流动下的循环空间 /283
　　　一、要素流动的轮廓 /283
　　　二、要素流动的度量 /294
　　　三、要素流动的规制 /300
　　　简评：次区域的流动与循环 /305
　　　小结：城市、区域与空间循环 /306

第四章　评论与总结 /308
　第一节　空间经济是如何形成的？ /308
　　　一、时间进程中的空间 /309
　　　二、空间塑造的逻辑 /313
　　　三、空间演化的机制 /318
　第二节　空间指南是否存在？ /325
　　　一、空间指示的学理与表现 /325
　　　二、从空间看近代经济增长 /328
　　　三、空间遗产的变与不变 /332

参考文献 /337
索引 /345

图表目录

图 0-1　图解本文的议题 / 20
图 1-1　需求增长变化　供给向右推移 / 30
图 1-2　近代华南各口岸的相对区位 / 32
图 1-3　港埠开放后市场空间的转向 / 38
图 1-4　近代南中国港口体系示意 / 40
图 2-1　华南各港进出船舶吨位(%)(1896—1919 年) / 49
图 2-2　广州口岸进出口船舶和内港轮船吨位图 / 49
图 2-3　人口增长与新工厂设立 / 66
图 2-4　港口与运输中心 / 66
图 2-5　斧形分岔点 / 67
图 2-6　多港口与运输中心 / 67
图 2-7　口岸与腹地间的作用力 / 126
图 2-8　粤海关四类大宗出口土货年际价格成长率 / 162
图 2-9a　粤桂工业各门类在全国同类中的比重(%) / 188
图 2-9b　粤桂工业各门类之间的占比(%) / 188
图 2-10a　近代产业分工中的微笑曲线 / 202
图 2-10b　近代产业创新中的微笑曲线 / 202
图 2-11　珠三角地区产业层级图 / 213
图 3-1　广州城区的空间格局与拓展(1905 年左右) / 225
图 3-2　城市土地租金与产业分布 / 226
图 3-3　广州城市道路建设与规划(1923 年) / 228
图 3-4　道路与交通改进、人口迁移与土地租金斜率 / 229
图 3-5　广州城市的空间格局与扩展(1932 年前后) / 231
图 3-6　市政建设下"城""市"的空间调适 / 233
图 3-7　大小市镇与港埠的空间关联 / 240

图 3-8　华南城市网络的模拟示意 / 249
图 3-9　晚清华南的港口腹地形态 / 265
图 3-10　广西省各县进出口总值(1933年) / 281
图 3-11　近代华南地区亚区域经济区位示意 / 282
图 3-12a　近代香港进出口指数 / 284
图 3-12b　华南洋货进口趋势图(分口岸) / 285
图 3-12c　华南土货出口趋势图(分口岸) / 285
图 3-13　港口进出口货运供应链图 / 287
图 3-14a　广西省土货的集聚与流动 / 290
图 3-14b　广西省土货的集聚与流动 / 290
图 3-15　基于进出口商品的来源与去向的空间示意 / 291
图 3-16　要素流通机制图解 / 293
图 3-17　要素流动空间模式示意图 / 294
图 3-18a　华南口岸间要素流动(晚清时期) / 298
图 3-18b　华南口岸间要素流动(民国时期) / 299
图 4-1　近代城乡产业演变路径：发展阶段与空间选择 / 310
图 4-2　分工演进与区域空间结构演化 / 311
图 4-3　区位变化对产出的影响 / 314
图 4-4　空间演化下的区域经济增长过程 / 317
表 1-1　前近代华南市场主要商品量估计 / 35
表 2-1　华南各港进出船舶吨位(%)(1896—1919年) / 48
表 2-2　入港外国贸易船只数(1844—1920年) / 50
表 2-3　广西省各局寄出普通包裹(1933年) / 57
表 2-4　广西省各局经办国内汇兑(1933年) / 57
表 2-5　广西省各电报局记账与收入(1934年) / 58
表 2-6a　广东省各级道路建设情形(1936年) / 69
表 2-6b　广东省各区域道路建设情形(1936年) / 69
表 2-7　粤海关进口货物结构(1864—1880年) / 77
表 2-8　粤海关进口货物结构(1884—1900年) / 79
表 2-9　粤海关进口货物结构(1904—1920年) / 81
表 2-10　粤海关进口货物结构(1924—1936年) / 84
表 2-11　粤海关出口土货结构(1864—1876年) / 86
表 2-12　粤海关出口土货结构(1880—1900年) / 87

表2-13	粤海关出口土货结构(1904—1916年)/88	
表2-14	粤海关出口土货结构(1920—1936年)/89	
表2-15	棉、米、面粉的相关度(广州口岸)/92	
表2-16a	香港的进出口贸易结构/94	
表2-16b	香港的进出口贸易结构/95	
表2-17	香港对外贸易主要国别(%)(1939、1946年)/95	
表2-18a	香港的银行(以地理计)/108	
表2-18b	香港的银行(以资本计)/109	
表2-19a	在港的主要保险公司/113	
表2-19b	总部在港的保险公司情形/114	
表2-20a	在穗的主要保险公司/116	
表2-20b	总公司在穗的保险公司情形/117	
表2-21	近代华南及部分邻省耕地面积变化(单位：千市亩)/128	
表2-22a	1930's分县人均粮食生产、消费、流动(单位：担)/131	
表2-22b	1930's分县人均粮食生产、消费、流通(单位：担)/132	
表2-22c	1930's分区粮食生产、流动、消费(单位：担)/133	
表2-23	各口岸肥田料的进口/141	
表2-24	广东省优良种苗推广情况/145	
表2-25	广西省各林垦区(1932年)/147	
表2-26	各副业在广西农家的比例/149	
表2-27a	广西输出农产品情形(1920—1930年代初)/155	
表2-27b	广西三关年均出口货物情况(1927—1931年)/155	
表2-28	广东新会慈溪土地分配调查/157	
表2-29	广西郁林县26家纯佃农经营收支(1933年)/158	
表2-30	部分省实物、货币地租(%)(1934年)/159	
表2-31	广东省桑地面积和业蚕人口(1920年代)/168

表 2-32a	广州市省营工业(1929—1936年) / 174
表 2-32b	广州市主要的七种民营工业(1936—1937年) / 176
表 2-33	广西省分城市工业数据(1932年) / 180
表 2-34a	邕梧民营工厂分类表(1932年) / 180
表 2-34b	邕梧民营工厂比较(1932年) / 181
表 2-35	广西省营新式工业统计(1945年) / 181
表 2-36	广西省六地工人收入分配(1934年) / 183
表 2-37a	各城市历年设立的厂矿及资本(1895—1913年) / 185
表 2-37b	雇佣500人以上工厂及工人数(1900—1910年) / 185
表 2-37c	25省工场动力及职工数(1915年) / 186
表 2-37d	各省注册工厂与公司(1916年) / 186
表 2-37e	两广城市工人数在全国与区内的比重 / 186
表 2-38	华南城市工厂在全国的位次(1948年) / 187
表 2-39a	粤桂工厂数在全国的比例与位序(以业别计) / 189
表 2-39b	粤桂工业资本在全国的比例与位序(以业别计) / 189
表 2-39c	粤桂工业产值在全国的比例与位序(以业别计) / 190
表 2-40	粤桂各类工厂数量与比例(1916年) / 190
表 2-41a	华南地区主要县市工业统计(1933年) / 191
表 2-41b	华南地区主要县市工业统计(1933年) / 193
表 2-42	进出口商品与内地土货物价指数比较(以钱文计) / 200
表 2-43a	广西省主要城市商店店东籍贯 / 216
表 2-43b	广西省工会会员的籍贯 / 217
表 2-44	近代中国地理、产业与其相互关系 / 219
表 3-1	珠三角地区墟市的发展(清中叶至民国) / 238
表 3-2	近代前后广西墟市的变化 / 241
表 3-3	市镇航线运行船只表(高要县) / 244
表 3-4	部分县镇从九龙海关进口洋货表(海关两) / 245
表 3-5	近代前后广东省分府人口 / 251
表 3-6	广东省分县(市)人口密度(人/km²)表(1934年) / 252
表 3-7	近代广西省分府人口 / 253
表 3-8	广西省分县人口密度(人/km²)(1939年) / 254
表 3-9a	连县农民与各职业人口比较 / 258
表 3-9b	连县十九个代表村农民离村就业情况 / 258

表3-10　民国时粤侨的海外分布 / 260
表3-11　近代城市形成前后的区别 / 262
表3-12　民国时期华南四个次经济带的地域结构 / 266
表3-13　华南各口岸对其他口岸的依存度（1894—1904年）/ 285
表3-14　华南区内口岸间的依存度（1936年）/ 287
表3-15　广东侨汇估计表（1931—1935年，百万国币元）/ 288
表3-16　华南区内要素流动（晚清时）/ 297
表3-17　华南区内要素流动（1936年）/ 298
表4-1　华南区经济空间形成因子的差异（以主要城市计）/ 319
表4-2　"泛珠三角"地区陆上8省区际联系（1985与2001年）/ 333
表4-3　近代以来的沿海与内地：政策得分 / 334

绪论　近代经济地理（华南卷）的视界

学术研究犹如艺海拾贝，在展开华南经济地理近代时段的研究之前，有必要先交待与解释一下相关知识的基础、背景、因缘，以便展示在学术研究的历史长河中，重新发现的这枚熠熠生辉的"小贝"，缘何如此夺目。

言及"经济地理"，其学术史路线图一再表明，在第一次全球化时代，在商业地理学基础上逐渐形成的新学科——"经济地理学"，是一个边界不甚清晰甚至模糊的学科，随着时间的推移，相关的议题观点或研究范式不断推陈出新，但其核心主题依然不变：促成人类从不同的尺度解读其所生活的空间的经济现象。当前对中国经济地理"近代时段"的研究，使得这一长期被遗忘的固有领地被重新发现，从而有望完整地理解中国经济地理，这既有利于知识的积累，又有利于思维的突破，从而拓展了"经济地理学"的边界。

第一节　缘起：为何重新关注经济地理的近代时段？

1. "经济地理学"是什么：一个变动的概念

一般认为，在19世纪后期经济地理学逐渐成为一门"学科"，最主要的原因是经济地理学的知识，既有利于欧洲列强推进殖民计划，又有利于商业机构具备超越其竞争对手的潜在优势。借助于第一次经济全球化的推力，从不同学科中舶来的知识就逐渐融合形成了一门新的学科——"经济地理学"。不过，对于什么是"经济地理"，却一直没有明确的答案。克拉克（G. L. Clark）认为"到目前为止，经济地理学还没有确定的研究大纲，也没有令人信服的关于恰当的研究范畴的论述"；斯科特（A. J. Scott）亦认为"任何对于'经济地理学的核心是什么'这一问题的回答都容易带有历史随机性"。众所周知，一个多世纪以来，在"经济地理学"这面旗帜下一度出现过众多不同的标签，分别代表着不同的社会政治经济情景下的解读。也许，虽然"经济地理学"是以空间作为研究对象，但同时具有时间性，只有从该学科自有的"历史"出发，才能理解其核心是什么。

2. 理解"经济地理"：尚需从源头重新发现

当前，新一轮的全球化、区域一体化方兴未艾，经济要素的空间分布、流动及其效率越来越备受关注，各种"新经济地理学"研究亦蔚然成风。经济学者基于假设模型，研究经济活动的空间集聚与区域集聚动力；地理学者从区域政策、制度、社会、文化方面，理解真实世界的空间经济活动。两者在手段与方法上存在着显著的分异，不过问题意识的深处还是一致的。如果关注"经济地理学"的历史，也许就会发现，曾经多次出现这样方法论上的冲突、混乱、归一。从这里出发，我们似乎比以往任何时候,更加迫切地想理解现代经济地理的源头:在第一次经济全球化时代,人们为什么开始热衷于探索"经济地理"?当时的旨意是什么?"经济地理学"又是如何从原初形态演变而来的?也唯有如此,才能更清楚地理解我们正在亲历的全球化。以下将从"经济地理学"的概念演进方面着手,理解"经济地理"的源头、内涵的演变,尤其是中国近代时段,当时的经济地理是怎样的一幅图景,梳理我们已有的发现或未竟的探索。

一、"经济地理学"的前身:商业地理学

大约自17世纪开始,欧洲资本主义萌芽与地理大发现的结合,促成了资本主义市场与经济的扩展,及至18世纪中叶,大工业生产的出现,劳动分工的扩大,促成了生产力的发展;同时,伴随着运输技术的改进,市场的广度与深度在增加,进入市场的商品数量与种类大幅增加,市场的扩大促成了商业地理知识的积累。学者们围绕各地的地理环境、资源分布、交通条件、商业贸易、城市经济等方面,进行了广泛的调查。其时的中国,正处于乾隆盛世,持续的经济成长与人口增长,促成了各地商业贸易的繁荣,形成了一系列著名的市镇、商帮与繁盛的国内长距离贸易[①],在18、19世纪之交形成了传统商业经济的巅峰,出现了全国市场的雏形,以及服务于该市场的商业知识积累。

中国自古以来重视地志,是世界上所存地理书籍最齐备的国家,但其经济部分依附于政治,这些志书中对于经济物产一般仅有简略的记述。直到明清长距离商业兴盛,以及大区域劳动分工出现后,才促成了商业书的公开广泛刊印。这些商业书主要是介绍交通路线、各地商品行情、经营买卖各类商品的专业知识等。例如,1599年刊行的《新刻天下四民便览三台万用正宗》,还偏重于经营买卖各类商品的专业知识。及至18世纪末,吴中孚根据自身经验总结的《商贾便览》,则侧重综合性商业知识与信息的介绍,书中所附录的"天下水陆路程"对76条主要商路的地理、治安、物价、商家等信息加以介绍[②]。由于前近代中国的劳动分工与商业贸易并没有深度发展,这些商业知识并未能够系统化为科学知识。

在西方,伴随着商业地理学的发展,罗蒙诺索夫(Ломоносов)认为研究国家经济必须与地理结合起来,并于1760年首次提出"经济地理学"这一名词。现在看来,商业地理学与经济地理学有着显著的差异,但在其发展早期并没有明确的界限,甚至是通用的名词。1776年亚当·斯密(Adam Smith)在经验观察的基础上,归纳总结了经济发展与市场空间之间的关系,形成了分工理论。及至进入近代工

[①] FAN, I-CHUN: *Long Distance Trade and Market Integration in the Ming-Ching Period 1400-1850*, Stanford University Dissertation, 1993.
[②] 邱澎生:《由日用类书到商业手册:明清中国商业知识的建构》,中研院近史所"近代中国的财经变迁与企业文化研讨会"2004年12月17日;张海英:《从明清商书看商业知识的传授》,《浙江学刊》2007年第2期。

业革命后的第一次全球贸易时代,1817年李嘉图(David Ricardo)开始关注不同区域之间贸易的形成机制,形成了比较优势理论。此外,密尔(J. S. Mill)的"过剩产品输出"观点;威克菲尔德(E. G. Wakefield)的"经济互补"概念,也是对其时这些经济现象的解释与回应。虽然自17世纪经济学者即开始探索生产、消费、财富的空间分配,以及贸易的空间形态,但是直到19世纪上半叶,地理学的主要概念仍集中在旅行与探险。例如,在新发现地区的旅行中,获取自然景观、土地利用、聚落、社会及政治组织等资料。其时,地理学主要是解释性(explanatory geography)科学,当时地理学者感兴趣的更多在于"人与环境的关系"上[1],而非经济活动的空间形态。

故此,一般认为,17世纪以来形成的经济实践、观念、话语,构成了经济地理的背景:由显著的隐喻(亚当·斯密的"无形的手")、新的概念(李嘉图的"比较优势")、有说服力的图表(魁奈(F. Quesnay)的《经济表》)、强制的平衡(萨伊(J. B. Say)定律)、谨慎计算的数字(威廉·配第(W. Petty)的政治算术)等组成[2]。

二、"经济地理学"的形成:近代时期

如果说商业地理学让我们明白了经济地理学的知识背景与原型,那么经济地理学就是商业革命、产业革命后,地方化经济形成时代对新特征的解释。1860年以后,随着新经济的发展,经济规模快速扩大,工业革命的积累效应带来了经济与地理的重大变迁,于是产生了经济地理学的话语:(1)例如"生产区"(Chisholm, 1889)、"南北轴"(Smith, 1913)这些词语;以及(2)对世界进行有组织的分类,例如全球气候模式与农作物相联系(Chisholm, 1889);以及(3)使得经济地理联系可见的新地图与图标,例如贸易路线与运输方式(Smith, 1913);还有(4)创造了一些新的名称,例如"商业空间"、"交易中心"。如此,使得社会各界对经济区位,以及对区位的理解出现了全新的认识。

特雷弗·巴恩斯(T. J. Barnes)在梳理1889—1960年英美经济地理学时评论道[3]:很难准确地说明"经济地理学"是何时被创造的,相关的证据有:1826年杜能(Thunen)的《孤立国》、1882年高兹(Gotz)区分商业地理学与经济地理学、1893年康奈尔大学与宾夕法尼亚州大学首次开设经济地理学课程、1925年《经济地理》杂志首次出版。

众所周知的古典区位论,即为近代经济地理学最初的表现形式。1826年杜能为探寻资本主义企业型农业合理的生产方式,从地租的角度发现农业分带的现象,并抽象为农业区位论,这是经济地理学的第一篇经典论述,此后对距离与区位的研

---

[1] (法)保罗·克拉瓦尔著,郑胜华等译:《地理学思想史》,北京大学出版社,2007年,第80、158页。
[2] (美)埃里克·谢泼德等主编,汤茂林等译:《经济地理学指南》,商务印书馆,2008年,第15—16页。
[3] (美)埃里克·谢泼德等主编,汤茂林等译:《经济地理学指南》,商务印书馆,2008年,第15—16页。

究逐渐专门化，形成经济地理学的基石——古典区位论。1882年高兹在《柏林地理学协会杂志》上发表《经济地理学的任务》一文，开始讨论经济地理学的性质与构成，是为近代经济地理学概念的萌生。

一般认为，英国爱丁堡大学地理学讲师齐泽姆(George G. Chisholm)1889年的《商业地理学手册》，是第一本用英语编写的经济学教材，该手册既没有明确的理论，也没有合理的组织，基本上是详细的事实，包含了人们所希望了解的世界商品生产与贸易的地理条件的全部内容。当时的英国是世界工厂，这本书中采用地图、数字、表格的形式，将复杂的贸易细节清晰化，这也是对贸易帝国全球体系的一个回应与庆贺。

故此可以认为，19世纪构建的现代地理学，改变了这门学科的目的论，取代了对地方区位与区域的描述，重点转向了解释空间分布，尤其是人文活动的分布。

20世纪初期，美国刚刚加入全球贸易的行列，1906年宾夕法尼亚大学沃顿商学院运输经济学家拉塞尔·史密斯(J. Russell Smith)成立了地理与产业系，1913年出版了《产业与商业地理学》，该书主要讨论了两个部分的内容：特殊资源与加工产品的生产、世界贸易。与齐泽姆相比，史密斯侧重于交通通讯技术的变化，通过关注生产、流动、控制，讨论了世界(商品)市场的形成，采用经济学的术语概念、地理学的方法手段进行论述。

一战以后，伴随着殖民主义的减速以及产业区的形成，商业与产业地理学逐渐转向国家与区域，及至1930年代，由于贸易与商业大萧条的影响，关注区域与差异性成为主流，哈特向(Richard Hartshorne, 1939)提出，世界是根据经济划分的区域拼凑而成的，每一个区域又是要素相互联系的紧密综合体，区域内不同要素复杂的相互作用至关重要，形成一个独特的区域实体。

概而言之，与前近代商业地理学相比，近代经济地理学的内容更为广泛、系统，成为一个相对独立的学术分支。20世纪初当自由资本主义进入垄断时代，经济学家韦伯(A. Weber)发现了基于经济布局意义上的工业区位论，1930年代地理学家克里斯塔勒(W. Christaller)根据村落与市场区位提出中心地理论，1940年代经济学家廖什(A. Losch)将中心地理论发展为产业市场区位论。这些综合起来大致上构成了近代西方"新"经济地理学的基本框架，解释了农业之外的工业、第三产业或服务业的经济活动。

三、近代中国：其时的"商业"、"经济地理"

对其时的中国而言，近代意义上的商业或经济地理的知识是外生的，西方世界中的经验被移植到中国来，用来描述或理解其时中国的经济、社会，以及正在进行的变革。

1868年李希霍芬(F. Richthofen)受命于普鲁士官方，来华勘测东南沿海和台湾，加利福尼亚银行同时资助他4年的旅华经费,考察中国的资源、经济、商业情报①。李希霍芬记录了中国的煤矿分布、开采运输成本、地方政治经济,以及各地的物产、商业、交通情况,以及在此基础上的商镇和商业路线,供欧美商会决策时参考。

1898年以后,日本农商务省等部门开始大规模派遣"清国实业视察员"对中国的经济进行调查,涉及盐业、织物业、蚕丝业、染织业、手工业、农林水产、交通、商况等各个方面,目的在于"精查详查清国实业上的真相,以窥知实业界的盛衰消长"②。1899年的《清国农商工视察报告》,分为商业、农业、养蚕、蚕丝业四部分,非常详细地介绍了中国东部沿海与汉口等地的情况。1902年的《清国商况视察复命书》,除了对贸易、商人有总体的叙说外,还对从东北、华北、华东到珠三角等整个东部沿海各地的商况进行了详细的描述③。1907—1908年出版的《支那经济全书》分作12辑,内容之详细,资料之丰富前所未有,涉及农政、手工业、商政、商业习惯、财政、海关、水运、票号钱庄、铁路、银行、货币、邮政、保险、牙行、公会、商帮、贸易、度量衡、农业、林牧、矿产、手工制造各业④。

此外,财团法人性质的国家调查机构:南满洲铁道株式会社,在1909—1915年出版了百余编对南满、北满、满蒙经济的调查资料⑤。1923年出版的《支那经济地理志》,有交通全编、制度全编、重要商品志等。1917—1920年陆续出版了《支那省别全志》,小川平吉在序言中陈述,该书包括从山川城邑到人情风俗,从物资特产到农牧收成、水陆交通等等,中国自古以来重视地志,"然而至近世却无完整的地志著作问世,尤其缺乏现实情况的记录"。该书包括"省总说"、"开市场"、"贸易"、"都会"、"交通及运输"、"邮便及电讯"、"气候"、"主要生产业及工业"、"商业惯习"、"货币金融机关及度量衡"等编。

晚清政府亦仿照东西方各国的成法,尤其是日本的经验,在1906—1911年由民政部主持了全国户口调查;度支部主持了全国财政调查;商部主持了全国商业调查,对各省商埠、城镇、街市大小行业展开调查,采用统一的表格,按年汇编成"农工商综计表"(商部设立调查处,访查进出口货物情形、各地商业滞销情形,编撰工商各业统计表);农工商部主持全国矿物调查,度支部、民政部主持全国洋、土药调查。

如上所陈,虽然从19世纪开始,近代中国新出现了一系列商书,以及大量对于经济物产、交通、农工商等的调查,但这些大抵仍是商业地理学框架下的碎片化知识,并无系统之研究,真正意义上的中国经济地理成果,大约是1920年代中期以来的事情。

---

① 1868—1872年,李希霍芬以上海为基地,对大清帝国18个行省中的13个进行了地理、地质考察,足迹遍及广东、江西、湖南、浙江、直隶、山西、山东、陕西、甘肃南部、四川、内蒙诸省区。
② (日)吉川荣吉:《清国农商工视察报告·绪言》,农商务省农务局,1899年。
③ 陈锋:《清末民国年间日本对华调查报告中的财政与经济资料》,《近代史研究》2004年第3期。
④ 该书序言中陈述:"凡其国政教风化,地理民俗,物产之丰歉,人情之好恶,必精察审知,然后时措之宜。"
⑤ 满铁上海事务所、满铁天津事务所、满铁东亚经济调查局、满铁北支事务局、台湾总督官房调查课,对江浙、华北、东南沿海,以及部分内地的调查。

五四后,留学归来的经济学家们开始在国内传播西方经济学。马寅初、刘大钧、何廉、方显廷等经济学者接受了西方经济学,并结合中国国情,强调将中国实际情况与西方纯粹的理论进行结合,广泛地开展社会调查。1930年代,各地的经济报告、实业调查报告持续推进①。及至1931年,根据野口保市郎的《经济地理学概论》,结合实情,冯达夫等译编了《经济地理学大纲》,作为经济地理学教材,本书分生产、交通、市场三编,讨论了商品的生产与分布、商品的移动与交通、商品的市场与交换,分析了地理条件与生产、交通、商业的关系②。在1930年代国内还翻译了苏联的中国经济地理、世界经济地理著作③。至此,"经济地理学"概念逐渐流传开来。

其时国内地理学界,还是主要致力于人口分布、土地利用、农业分区、边疆勘查、地区性综合考察等方面的调查。例如,谢家荣1935年的《中国之石油》;胡焕庸1935年的《中国人口之分布》、1936年的《中国之农业区域》、1936年的《国内交通与等时线图》、1936年的《中国商业地理大纲》;周淑贞1938年的《山西之农业区域》;任美锷1944年的《工业区位的理论与中国工业区域》;翁文灏1947年的《中国东南部进一步的建设》;沈汝生、孙敏贤1947年的《成都都市地理之研究》;徐益棠1937年的《广西象平间瑶民之经济生活》。在研究方法上,近代地理学研究采用的主要是"以观察实验所获得的事实为基础,加以经验归纳和科学演绎"的方法。

大约到1940年代末,在学科建设方面,全国10多所大学地理系内形成了系统讲授经济地理学的课程;在科学实践方面,所完成的工作主要是进行人口分布、土地利用、农业分区、边疆勘查、地区性综合考察等方面的调查,并开始过渡到从经济地理学的视角,解释中国的经济发展④。不过,其时的经济地理学更多地关注区域经济特征的描述或解释,而非理论方面的发掘与创新,1930—1940年代完成与出版的全国或区域"经济地理学"著作,以及地图测绘,基本上就是这方面成果的展示。

1930—1940年代完成的、冠以"中国经济地理"之名的书目主要有如下数种:张其昀著《中国经济地理》(商务印书馆1930年),按照食、衣、住、行、工业之原动力分类,讨论相关产业部门的情形。王金绂著《中国经济地理》(北平文化学社1930年),分为黄河、长江等流域,每流域下分自然地理、生产地理、分配地理、民生状况。胡焕庸著《中国经济地理》(重庆青年书店1943年),记述地形、气候、农业区域、人口、交通、农业、手工业,以及现代工业等产业部门的资源、生产等问题。陆象贤分

---

① 例如,1922—1933年卜凯(J·L·Buck)对我国22个省168个地区、16 787个田场、38 256个农家进行调查,辑成《中国土地利用》(上海商务印书馆,1937年)。建设委员会调查浙江经济所统计科《芜乍路沿线经济调查》(建设委员会调查浙江经济所,1933年);金陵大学农学院农业经济系《河南湖北安徽江西四省棉产运销》(生活社,1940年);实业部国际贸易局编:《中国实业志》(1937年),包括:总论、经济鸟瞰、都会商埠及重要市镇、农林畜牧、矿业、工业、特种商业、金融机关、交通。1933—1937年间,实业部国际贸易局编有《中国实业志·全国实业调查》,包括浙江、江苏、湖南、山东、山西等省。
② 冯达夫、夏承法:《经济地理学大纲》,开明书店,1931年。
③ 卡赞宁:《中国经济地理》(光明书局,1937年);维特威尔:《世界经济地理讲座》(光明书局,1939年)。
④ 盛叙功:《从经济地理学观点观察中国现阶段经济特征》,《中建二年》,1946年。

为农业经济、工业经济、交通运输、区域地理四编,辑成一份经济地理教程①;另著有《新中国经济地理》(一般书店1941年)一书②。葛绥成著《中国经济地理》(上海中华书局1950年),分为四编:(1)经济地理学的概念、特征;(2)经济地理学的要素;如地形、气候、民族、人口、经济联系;(3)经济生活的发展,农业、畜牧业、林业、水产业、矿业、工业、商业贸易的形态与进展;(4)经济物品的移动与交通。该书大约可以视为近代中国其时经济地理研究的水准③。同时,区域性的经济地理相关的研究著作增多,几乎遍布全国各地④。

此外,葛德石⑤的《中国的地理基础》在1923—1928年实地考察的基础上,除了总论中国之外,还将全国分为15个区域,详细提供了各区域的人口、气候、耕地、贸易、矿产等统计数据,并试图解释区域的现状与问题,用地理科学的方法与长期的实地考察来解释中国,提供了一个从经济地理上认识中国的范本。

概而言之,19世纪以来的地理学,一直以解释性的学科为主,主要的范式有三:区域分析、景观研究、人与环境的关系,但并未形成通则性的法则。直到20世纪前期,地理学者仍然依赖较为不丰富的技术与主题地图学,但是,经济地理学正在被改变。

四、当代中国:学科新陈代谢中的历史关怀

在二战后的恢复期,快速发展的经济迅速改变了原有的社会经济结构,科学乐观主义盛行,此时社会需要一种能够预测的知识,现存的地理学无法满足这样的需求。大约在1950年代中期开始,经济地理学积极努力,向预言性科学的学科转变,逐渐舍弃之前的传统。1956—1975年经济学家艾萨德将古典区位论动态化、综合化,根据区域经济与社会综合发展要求,将对单个厂商的区位决策研究,转向关注区域的总体均衡与各种要素的综合发展。空间分析与区域科学进一步结合,在城市与区域发展模式上,产出了一系列具有思想性的成果,成为指导政府决策与规划的参照系⑥。

新中国成立之初十多年间,国内完成的经济地理学著作,基本上按照苏联的产业与区域分类进行,研究生产力的布局,关注新中国成立以后区域经济地理出现的新变化,从资源、产业、交通、城市、制度等要素入手,调查各区域的经济地理状况,阐述经济体与经济活动的空间布局与发展特征,以为正在进行的经济建设实践服务。自1956年起,中国科学院地理研究所与中国人民大学经济地理教研室合作,

---

① 陆象贤:《新中国经济地理教程》,一般书店,1941年。
② 从自然状态、人民、农业经济、工业经济、交通经济、区域这几个方面展开,覆盖了国统区的经济地理概况。
③ 这一传统在中断三四十年后,才慢慢被再次重视。下节将详述。
④ 例如,郑励俭《四川新志》(正中书局,1946年);张印堂《滇西经济地理》(国立云南大学西南文化研究室,1943年);周立三等《四川经济地图集说明及统计》(中国地理研究所,1943年);张先辰《广西经济地理》(桂林文化供应社,1941年);蒋君章《西南经济地理纲要》(正中书局,1943年)。
⑤ 葛德石(G. Cressey)著,薛贻源译:《中国的地理基础》,总论部分,开明书局,1945年;分部部分,正中书局,1947年。
⑥ (英)G·L·克拉克等主编,刘卫东等译:《牛津地理学手册》,商务印书馆,2005年,第21页。

由孙敬之主编的《中华地理志经济地理丛书》陆续出版,该丛书共分华东地区、东北地区、华北地区、内蒙古地区、华中地区、华南地区、西南地区、西北地区、新疆地区等9种。

改革开放之后,1981年《经济地理》杂志创刊。在分省计划生产的情形下,1982年国家计委和国土局组织"全国经济地理科学与教育研究会",开始编撰《中国省市区经济地理丛书》。该丛书以一个省市区为一个分册,共31个分册,分别介绍各省市区生产分布的现状与基本特点。此外,为了推动大学经济地理学教学,1980年代以来曾编撰了数版的《中国经济地理》,集大成之作当为吴传钧主编、科学出版社1998年出版的《中国经济地理》。

除此之外,国内还出版了一些反映部门经济地理现象的著作与地图。例如,1973—1984年,在农林部与中国科学院的组织下,编辑出版了《中国农业地理丛书》[①],陆续出版了《中国综合农业区划》、《中国土地利用图(1∶100万)》、《中华人民共和国国家农业地图集》[②],以及《中华人民共和国国家经济地图集》[③]等等。

人文地理学系列丛书,包括中国经济地理、中国农业地理、中国交通地理、中国人口地理、中国资源地理等的出版,展示了新中国成立50年后我国经济地理的全面发展[④]。但是,这50年内出现了什么新的变化呢?

众所周知,1949年新中国成立以后,我国逐渐走上社会主义计划经济的道路。经济地理学发展的首要目标是为国民经济建设服务[⑤],经济地理学的发展是"以任务带学科"来驱动的,即学科发展的首要目标是满足国家需求,同时以实际任务促进学科的发展和建设。如此,经济地理学者,开展大规模的调查研究、规划总结,为政府的决策提供了大量的咨询,但同时也带来一个明显的问题:经济地理学的理论研究滞后。直到1980年前后,国内学者才有机会接触到苏联之外的西方经济地理学,在世界经济地理学理论与方法不断获得新的进步之际我们滞后了,其中一个重要的表现是,本来应该同样重视的"经济地理学"的历史时间性被忽略,也就是历史经济地理的研究缺失。

最主要的原因自然在于其时"经济地理学"的价值取向:为现实国民经济建设服务,对于解放前的近代中国,由于属于另一种经济形态,是一种基于开放与市场的经济形态,与解放后计划经济,以及后来的以计划为主的经济体制,几乎截然相反,所以,经济地理学知识界,自然不需要"近代中国"的知识或经验。例如,在资本主义的发展过程中,旧有的工业区不能够为下一阶段生产力提供区

---

① 除了总论以外,包括安徽、河南、湖北、湖南、吉林、江苏、内蒙古、青海、陕西、上海、四川、天津、云南、宁夏各卷。
② 全国农业区划委员会:《中国综合农业区划》,农业出版社,1981年;《中国土地利用图》,科学出版社,1983年;《中华人民共和国国家农业地图集》,地图出版社,1989年。
③ 国家地图集编纂委员会:《中华人民共和国国家经济地图集》,中国地图出版社,1991年。
④ 吴传钧:《中国经济地理》,1998年;周立三:《中国农业地理》,2000年;陈航:《中国交通地理》,2000年;张善余:《中国人口地理》,2003年;李润田:《中国资源地理》,2003年,均为科学出版社。
⑤ 陆大道:《50年来我国经济地理学的发展》,《经济地理》第20卷第1期,2001年1月。

位,动态性的企业区位选择必须依赖详尽的历史地理来研究,格雷戈曾就此对约克郡的工业革命进行研究①。这样的需求或探索,在20世纪下半叶的中国,几乎没有生存之地。

于此,我们就很容易理解解放后的经济地理著作,对于解放前,哪怕是刚刚过去的民国时期,一般只用寥寥数语或最多数页的篇幅,略为介绍,以作背景知识而已②。1983年,在总论性的经济地理学论著中,在论述工业、农业、交通地理时,仅用很少的篇幅描述近代的情形以为背景③。即便到1990年代,孙敬之、刘再兴等编著《中国经济地理概论》④时,论述近代经济布局的篇幅也不过只占5%而已。

在20世纪下半叶,在"现实效用"价值导向之下,对当时正在发生的经济地理现象尚且未能深入讨论,更遑论对中国经济地理"近代时段"(19世纪下半叶20世纪上半叶)的研究,所以,就完全忽略了中国"经济地理"研究的历史时间性。

作为人文地理学丛书中唯一的一本历史地理学作品,《中国历史人文地理》⑤反映了2001年以前我国历史人文地理研究的精粹,在人口、农业、工矿业、城市和商业等有关经济的篇幅中,仅采用了0.59%的篇幅论述了近代经济地理,且还基本集中在工矿业部门。至于专门的近代经济地理的著作尚付阙如,论文也几难寻得,偶得冠以"近代经济地理"之名的作品,实非论述近代经济地理。例如,《近代中国经济地理的主要变化》⑥一文,实际不过是探讨清代长江三角洲和珠江三角洲农业开发中出现的一些新特点。

但由此也不能断言学界对中国经济地理的"近代时段"完全漠不关心,也许是因为没有研究积累,即便有关怀之心也无从落实而已,更遑论对近代中国经济地理变迁的原因、机制和特点等方面的探索与总结。目前,对于中国经济地理的"近代时段"的研究,尚缺少应有的深度,显然是学界的遗憾之一。

五、重新关注近代时段:旧领地、新发现

如上所陈,我们知道,在经济地理学的萌芽时期,当时更多地强调社会经验的历史方面,从历史的角度来认识并建立这一学科。随着空间分析与区域科学的进一步融合,社会科学家愈来愈重视人类活动的空间面向,忽视了时间、制度面向,不过,近年展开的地理学人文转向,已经初步强化了对制度与文化的关注,但时间维度的缺失并没有获得应有的重视。

众所周知,经济地理学的发展史,并非是范式的演替,而是一个核心经验发展

---

① Derek Gregory: *Regional Transformation and Industrial Revolution: A Geography of the Yorkshire Woollen Industry*, MACMILLAN, 1982.
② 代表性的当为孙敬之主编的《中华地理志经济地理丛书》(自1956年起,由科学出版社陆续出版)。
③ 孙敬之主编:《中国经济地理概论》,商务印书馆,1983年。
④ 商务印书馆,1994年。
⑤ 邹逸麟主编:《中国历史人文地理》,科学出版社,2001年。
⑥ 高王凌:《近代中国经济地理的主要变化》,《九州岛》第1辑,中国环境科学出版社,1997年。

得出来的,以不同的尺度来解释空间分布,使得人们对于其时的环境、生活以及不同类型现象之间的联系与关系有更深层的了解。从这个意义上,思里夫特(N. J. Thrift)、奥尔兹(K. Olds)倡导从社会的多元性方面,从真实世界的角度,重塑"经济地理学"的边界①,是睿智之见。从经济地理学的发展史来看,其领地之中不能没有历史的关怀。例如,在资本主义的发展过程中,旧有的工业区不能够为下一阶段生产力提供区位,动态性的企业区位选择必须依赖详尽的历史地理来研究,格雷戈曾就此对约克郡的工业革命进行研究②。李小建在评判西方经济地理学的源流之后,也提出未来中国经济地理学的研究,应该更多地考虑中国特有的经济、政治、文化背景,关注不同发展阶段、同一阶段不同类型的经济地理研究③。从"经济地理学"的发展史来看,其领地之中不能没有历史的关怀。

另外,有学者认为当前是新经济地理学发展的时代,因为新经济地理能够解释当前面临的问题。例如,在第二次经济全球化时代,一些经济活动集聚于具有高度向心性的地区,从该地区可以达到更宽广的市场,并享有更大的规模经济;同时经济活动的核心地区高度多样性,从而获得更大的外部经济。如果说这是一个属于经济地理学的新领地,那么在第一次经济全球化时代,经济地理学的旧领地又在哪里?

回到近代中国,当时处于全球化浪潮的第一波,其中显著的特征是贸易壁垒小,更多受制于资源禀赋,产业与服务分工不明显,产业间的贸易值微小。近代中国基本处于经济增长的起点阶段,较少地受制于产业的细化、国际投资、政策环境等方面的影响,这种简约的经济环境,比较适合验证当前正在进行的新经济地理学议题。如此看来,被遗忘的旧领地,更迫切需要被重新发现,以彰显其光芒。

就在中国经济地理"近代时段"研究被搁置之时,在20世纪末21世纪初,以复旦大学"港口—腹地"团队为主体的相关研究,开启了从历史地理学的角度,研究"港口—腹地"及其空间形态的新思路,着手从经济地理的视角讨论近代经济变迁的空间过程。就其实践而言,运用经济地理学的原理和方法研究近代经济变迁,从地理的角度,探讨"港口—腹地"的双向经济联系、互动作用及其动力机制,更好地认识主要由"港口—腹地"塑造而成的中国近代生产力的空间分布状况及其原因,从而对中国近代经济变迁的空间进程进行全面透视。

近十年来,以复旦大学为中心,形成了一个颇有规模的研究团队,开展有关口岸与腹地等问题的相关研究,取得了一系列的初步成果,形成了一些相对成熟的学

---

① (加)特雷弗·J·巴恩斯等主编,童昕等译:《经济地理学读本》,商务印书馆,2007年,第47—58页。
② Derek Gregory: *Regional Transformation and Industrial Revolution: A Geography of the Yorkshire Woollen Industry*, MACMILLAN, 1982.
③ 李小建:《经济地理学发展审视与新构思》,《地理研究》2013年第10期。

术路数①。对近代口岸的研究已超越了港口贸易本身和区域影响的一般分析,上升到时空二维结构的全局观照,并开始将历史、地理和其他研究思路进行整合,以构建融合时间、空间诸要素的分析框架,从经济地理的视角度量、分析近代经济的发展②。该项工作尚处于探索修正阶段,已经完成的工作大多为复原、解释、总结。就最近二十年来形成的关于劳动地域分工与专业化生产、新产业空间的研究来看,关于网络经济、区域集聚与集群、干预与管制、文化与经济关联方面的研究,同样正在被有效地运用于中国经济地理"近代时段"的研究。

随着相关的文献、知识、工具、方法的积累,撰写完整的"近代中国经济地理"自然水到渠成。目前,复旦大学近代经济地理研究团队联合港台的二十余位学者,分区域研究中国近代经济地理的"近代时段",2013年起由华东师范大学出版社陆续出版九卷本《中国近代经济地理》丛书。

该丛书的目标是结合已有的成熟理念与方法,完成一份真实、准确、深刻的中国经济地理"近代时段"研究报告,弥补中国经济地理研究的"近代"空白。主要的关注点大体如下:(1)还原中国经济地理"近代时段"的实情,弥补目前研究中的时间性缺失,丰富经济地理学的多元化内涵,扩展其边界;(2)进一步理解第一次全球化时代的经济地理,更加清楚中国经济地理的源头、内在的动力,理解近代中国的经济地理遗产;(3)在近代中国要素条件相对比较简要、明晰的情况下,更加清楚地理解中国经济地理的演变规律,形成中国自有的经济地理理论,并与外来的方法论进行对比。

其实,这是中国经济地理学研究固有的旧领地,只是其独特的价值尚未被全面重新发现而已。我们有理由相信已有的最新理念,同样可以运用于中国经济地理的"近代时段"研究,这一系列的研究,将是十多年来相关研究的初步总结与归纳,相关的更精彩的研究必将还会继续推进。中国经济地理"近代时段"的书写,将能提供一个更为清晰、准确、完整的中国经济地理变迁的案例(包括不尽相同,甚至迥异的亚区域案例),将能为方兴未艾的第二次全球化提供一个新的参照系,以便我们能更深入地理解近代以来中国大地上,五颜六色、斑斓多变的经济地理图景,寻找当前正在进行的经济地理变迁的历史脉络,以及其中独有的经验与通用的法则。

概而言之,中国经济地理近代时段研究的百年维新,大抵可分为四个阶段:20世纪上半叶——引入西方概念对当时的经济地理现象进行观察与解释;20世纪中叶至1978年——在"以任务带学科"思想的指导下遗忘近代时段;1978年后至20

---

① 2001年至今,樊如森、陈为忠、唐巧天、毛立坤、姜修宪、方书生、姚永超、王列辉、张珊珊、王哲、张永帅、武强、刘伟峰、李伟燕、徐智、李强等近20人,陆续探讨了天津、烟台、青岛、上海、香港、福州、广州、大连、营口、汉口、宁波、连云港、镇江、芜湖、重庆,以及云南、广西等省区近20个口岸城市的近代进出口贸易、城市空间、港口变迁及与口岸、腹地的互动关系。
② 吴松弟主编:《中国百年经济拼图:港口城市及其腹地与中国现代化》,山东画报出版社,2006年;方书生:《近代中国的经济增长:基于长江三角洲地区的验证》,《上海经济研究》2012年第9期;方书生:《从口岸贸易到经济地理:怎样理解近代中国经济?》,《安徽史学》2013年第8期。

世纪末——近代口岸贸易与区域经济研究的兴起;21 世纪初——中国经济地理近代时段研究的复兴。在第一次经济全球化时代商业地理学基础上形成的"经济地理学",是一个边界不甚清晰甚至模糊的学科,随着时间的推移,相关的议题或范式不断推陈出新,但其核心主题依然不变:促成人类从不同的尺度解读其所生活空间的经济现象。当前对中国经济地理"近代时段"研究的复兴,使得这一曾被忽略的固有领地再现光芒,从而拓展了"经济地理学"的边界,让人可以更完整地理解中国经济的近代起源。

第二节 研究综述:重新检视的因缘

对以往华南"经济地理研究"的研究,按照时间顺序,中国近代时期留下的当时的成果,大体上是一系列的地域经济实情的调查文献,其中有三份冠以"经济地理"之名,有数份冠以"地理"之名(以下详述)。1950、1980 年代曾两次编撰过分省(粤桂两省)、华南地区(粤桂闽)经济地理,其中均大略提及近代中国时段本区域的经济地理,但均以描述区域经济特征为主,且非常简略,作为现实研究的历史回顾来看待,尚不是真正意义上 1840—1949 年这一时段粤桂地区的"经济地理"著作。另外,其他有关近代华南的经济历史研究,不曾以"经济地理"来命名,且均未从经济地理的角度进行研究。

概而言之,关于华南经济地理近代时段的研究,主要还是一些从侧面或相关的问题展开的——例如,以经济史或空间的角度来阐释区域经济的变革。一般而言,"空间"仅仅是一个观察的角度,而非研究的议题或对象。近年来,随着经济地理学理论的演进、近代华南地方经济历史等相关基础研究的推进,以及当代华南经济地理研究回溯的需要,关注历史时期华南地区空间价值的形成,越发成为学界一般性的共识,于是,重新检视这一议题也是形势所致。

一、有关近代华南经济地理

1. 近代时期撰写的经济地理著作

在近代时期,所发表出版的有关华南的经济地理著作,基本上都与广西省有关。一来,学界、知识界对于广东省经济地理的情况相对比较熟悉,但是对广西省则比较陌生;二来,是因为在 1920—1930 年代学界已经撰写了全国性的"经济地理"作品,为这一学科提供了必要的学术积累,于是,相关的研究尺度,由全国层面下移到地方;三来,是抗战救国期间,开展国统区地方经济建设的需要,调查、梳理与总结相关的经济地理信息蔚然成风。

张先辰的《广西经济地理》[①]从自然地理、人口密度与民族、农业(稻作、杂粮、蔬

---

① 桂林文化供应社,1941 年。

菜水果、甘蔗、棉花、麻、烟叶、牲畜、鱼类)、林产(杉木、柴炭、茶叶、桐油、茶油、八角与桂皮等)、垦殖水利(荒地、垦殖、农田水利)、矿产、工业(手工业、省营工业、民营工厂)、交通(河道、公路、铁路)、都邑与贸易(四大城市、重要城镇、对外贸易)、广西经济地理与经济建设问题(农业、林业、矿业、工业建设问题)等方面论及其时广西的经济地理情形。广西省地方行政委员会编写的《本省经济地理讲义》[①]，在内容上与《广西经济地理》比较接近，是为精简总结的版本，主要内容包括：分县人口密度，农矿工商等各项事业，水陆交通，桂林、柳州、南宁、梧州四大都市，粮食、衣用原料、桐油等重要产品的发展前景，荒山荒地资源利用等方面。

陈正祥的《广西地理》[②]则着眼于区域经济的开发与建设，从疆域沿革、地质地形气候、土壤作物、农业、矿业、人口与都市、山地居民、交通、工业与外贸方面展开。此外，还有莫一庸的《广西地理》[③]。

蒋君章的《西南经济地理纲要》[④]也包括广西省，大约也从农林牧、人口、交通、矿业、工业、贸易、城市等方面展开"经济地理"相关议题的论述。之前提及的日本分省《支那省别全志》(广东、广西)介绍该省主要城市、人口、交通运输、气候，主要产业、各地商业习惯、仓库、货币金融，属于地志性质。

陈家骥的《广东省》(地理类)；方光汉的分省地志《广西》；盛汉的《广西省》(地理类)[⑤]，属于小学生文库中的课外读物，大略属于乡土地理读本的范畴。

此外，全国性的著作中，也曾或多或少地都涉及两广经济地理的情形。前述张其昀的《中国经济地理》按照食、衣、住、行、工业之原动力为目录，讨论了华南地区相关产业部门的情形。王金绂的《中国经济地理》分为黄河、长江等流域，每流域下再分自然地理、生产地理、分配地理、民生状况的条目。胡焕庸的《中国经济地理》记述地形、气候、农业区域、人口、交通、农业、手工业、现代工业等相关产业部门的资源、生产等问题。葛绥成的《中国经济地理》分为四编：(1)经济地理学的概念、特征；(2)经济地理学的要素：如地形、气候、民族、人口、经济联系；(3)经济生活的发展，农业、畜牧业、林业、水产业、矿业、工业、商业贸易的形态与进展；(4)经济物品的移动与交通。

2. 1950年后相关的经济地理著作

1950年代以后国内曾组织撰写华南地区的经济地理，就研究路径而言，1920—1930年代以来初步形成的对商业与城市关注的传统被放弃，转而关注生产力的分工与空间布局，即着眼于劳动的地域分工。

---

① 广西省地方行政委员会，1941年。
② 中正书局，1946年。
③ 桂林文化供应社，1947年。
④ 正中书局，1943年。
⑤ 陈家骥，1934年；方光汉，中华书局，1939年；盛汉，上海商务印书馆，1933年。

梁仁彩的《广东经济地理》①主要分为两个部分进行论述：在部门经济地理方面，关注农业、工业、交通运输业；在区域经济地理方面，分为粤中区、粤东区、粤北区、粤西区、海南岛五区。孙敬之主编的《中华地理志·经济地理丛书》，梁仁彩等所著的《华南地区经济地理(广东·广西·福建)》②，基本上是1956年版的简单修订与扩充。

1988年孙敬之在主编的《中国省区经济地理丛书》时，重点讨论生产力分布的演变过程、生产力分布状况与特点，但是，增加了贸易地理与城镇体系部分。在1994年修订版的《中国经济地理概论》中又增加了"经济中心与区域差异"一章。在该丛书中，吴郁文主编的《广东省经济地理》③，从农业地理、工业地理、交通运输地理、经济中心与经济地理分区这些方面展开论述；谢之雄主编的《广西壮族自治区经济地理》④，同样从农业、工业、交通与旅游地理、经济地理分区与城市方面展开；吴郁文主编的《香港·澳门地区经济地理》⑤，则论述了香港、澳门的自然地理、人口、经济历史与现状、出口加工、对外贸易、旅游业、金融业、房地产、交通、城市建设、博彩业等方面。

此外，向民等的《广西经济地理》⑥，按照生产力布局的原则，从农业、轻工业、重工业、交通、商业、经济地理分区方面展开论述。刘琦、魏清泉的《广东省地理》⑦，按照自然地理、人口、工业、农业、交通运输与对外经济贸易、城市、地区差异与经济区域展开。周宏伟的《清代两广农业地理》⑧，则从清代两广农业生产的自然条件、社会环境、人口状况、水利事业、土地开发与利用、粮食作物的生产与分布、经济作物的生产与分布、农业地理分区方面，讨论分析了清代两广农业生产的发展特征及两广地区不同地域单元的农业特点。

3. 经济与空间的研究

苏耀昌运用经济成长和社会变迁的理论研究全球背景下近代华南的早期现代化，发表了《华南丝区：地方历史的变迁与世界体系理论》、《社会变迁与发展：现代化、依附与世界体系理论》等著作⑨，从世界体系理论切入，但是又超越其束缚，注重从地方社会阶级结构的层面分析，研究了华南近代早期经济现代化的发展和挫折，讨论了世界经济的大背景和地方势力是怎样共同决定一个区域的发展道路的。他还从华南经济优先卷入西方经济体系，政治滞后卷入的层面，分析了华南不同于其

---

① 科学出版社，1956年。
② 科学出版社，1959年。
③ 新华出版社，1986年。
④ 新华出版社，1989年。
⑤ 新华出版社，1990年。
⑥ 广西教育出版社，1989年。
⑦ 广东人民出版社，1989年。
⑧ 湖南教育出版社，1998年。
⑨ *The South China Silk District: Local Historical Transformation and World-System Theory*, SUNY Press, 1986; *Social Change and Development: Modernization, Dependency, and World-system Theories*, Sage Publications, 1990.

他区域的早期近代化道路:由于过多地受到地方社会结构的制约,民间的力量在华南农业商品化和工业化中起到了非常关键的作用,形成一种乡村工业化的雏形,但是这种成长方式在近代中国的政治经济结构中是脆弱的。

梁钊、陈甲优的《珠江流域经济社会发展概论》[①],从珠江流域经济发展的历史特点、现状着手,分析流域经济结构与工农业、交通、旅游、服务、文化教育等方面的情况,讨论了流域内部经济发展中的分工与合作关系,从流域的角度纵论古今经济发展的形势。

司徒尚纪的《珠江三角洲经济网络的嬗变》[②],将珠江三角洲的经济网络分为四个阶段,分别为:广州单中心放射性网络(秦至元);广州、澳门双中心"T"形网络(1840年前的明清);港澳易位和本文"T"形网络(1840—1949);穗港独立发展和网络运行的困扰(1849—1978);穗港澳三中心梯形网络(1978年后)。从宏观面上对此进行了梳理。此外,邓开颂、陆晓敏等人对于粤港澳关系史的研究,大致勾勒出三地之间的政治、经济与文化关系[③],关其学等的《论经济中心——广州》[④]则梳理了近代广州如何演变为一个区域的中心城市。

范毅军对汕头贸易和手工业变迁的研究,在工业地理分布和进出口商品之间关系的探索上有所创新[⑤],通过海关报告和领事商务报告的记录,描绘了韩江流域贸易的发展和当地工业的集聚和分散现象以及商人组织;此外,还详细地讨论了韩江流域的糖业生产和销售,可以视之为近代韩江流域的贸易和区域社会经济的代表性研究。

方书生的《经济的空间过程与地域发展(1842—1938):以珠江三角洲港埠与腹地的互动关系为中心》、《近代经济区的形成与运作:长三角与珠三角的经验(1842—1937)》(硕士、博士学位论文,复旦大学2004、2007年),从口岸开放与腹地经济互动的角度,梳理了近代珠江三角洲地区经济空间的形成与演化过程,初步厘清了这一事实,并与长三角地区进行了一些对比。

4. 商埠与城市研究

对于华南商埠城市空间的个案研究相对较少。王尔敏的《广州对外通商港埠地区之演变》[⑥]交待了宋明以来广州城的发展,详细讨论了清代的十三行以及鸦片战争后的扩界和租界的形成。不过,作者夸大了商埠因素对于近代广州城市的直接意义,似乎有点过犹不及[⑦]。实际上,商埠因素对于近代广州城市的直接意义并

---

① 广东人民出版社,1997年。
② 载郑天祥:《以穗港澳为中心的珠江三角洲经济网络》,中山大学学报编辑部,1991年。
③ 邓开颂等:《粤澳关系史》,中国书店,1999年;邓开颂、陆晓敏:《粤港澳近代关系》,广东人民出版社,1996年。
④ 关其学等:《论经济中心——广州》,广东高等教育出版社,1987年。
⑤ 范毅军:《汕头贸易与韩江流域手工业的变迁(1801—1931)》、《广东韩梅流域的糖业经济(1861—1931)》发表于《中研院近代史所集刊》第11、12期。
⑥ 王尔敏:《广州对外通商港埠地区之演变》,《汉学研究》1998年第4期。
⑦ "其(指广州)商埠地区,则依旧日基础,逐渐扩张,终而演变为近代西化的都市。"

不特别明显,这一点不同于上海、天津,甚至汉口、九江。倪俊明的论文大体上勾勒出了历史上广州城的空间扩张过程,试图进行总结,不过主要还是限于并不完整的资料罗列;于永明则从城市建设与政治参与的视角讨论了这座省城的变迁,但又失之于变迁过程的空间透析①。

对于广西圩镇的研究取得了不少成果,在钟文典主编的《广西近代圩镇研究》②中,从农业、手工业、工业、矿业、交通、商业等方面,对近代广西圩镇的形成、发展、变迁,进行了较为翔实的梳理与评论。此外,该书的相关作者黄滨、刘文俊、宾长初、唐凌等,围绕这些问题发表了一系列的文章③。黄滨的研究重在探讨近代广西的城镇发育与城乡经济的形成,在这一体系研究中,他又特别注意广东商人在其中起到的重要作用,其专著《近代粤港客商与广西城镇经济发育:广东、香港对广西市场辐射的历史探源》④,深入分析了晚清民国时期广西市场中"无东不成市"格局的形成,分析了粤港商人在土产收购、私营金融业、商品手工业、交通运输业当中的作用。同样是研究广西的城镇经济,陈炜与之有较大不同,他的研究多从城市发展,尤其是市的发育这一层面上去分析近代广西的圩市⑤。他专门阐述了开埠通商以后城镇商业网络的近代嬗变,认为梧州开埠后,广西全省逐步形成以梧州为中心的全省城镇商业网络,突出了梧州的作用,以及梧州在全省(重点是桂东地区、西江沿岸)的重要意义。

二、有关近代华南经济历史

1. 地方经济研究

广西师范大学钟文典对广西省的地方史研究成就颇多,主编了一系列的近代广西研究著作,除了前引的圩镇研究,还有《近代广西社会研究》⑥等,涉及诸多方面的诸多议题。

朱浤源的《从变乱到军省:广西的初期现代化,1860—1937》⑦,从近代西方的冲击来临之前的变化开始谈起,讨论初期现代化的政治面、经济面、社会面与文化面,探寻广西早期现代化的轨迹。对现代化的多方面,均进行了较为详细的考察,认为从现代化的实现程度而言,政治最优、文化其次、经济更次、社会殿后。所以,

---

① 倪俊明:《广州城市空间的历史扩展及其特点》,《广东史志》1996年第3期;Yeung Wing Yu Hans: *Guangzhou, 1800-1925: The Urban Evolution of A Chinese Provincial Capital*,香港大学博士论文,1999年;杨颖宇:《近代广州长堤的兴筑与广州城市发展的关系》,《广东史志》2002年第2期。
② 钟文典主编,广西师范大学出版社,1998年。
③ 宾长初:《广西近代的市场及市场网络》,《中国经济史研究》2007年第2期;刘文俊:《清末民国年间广西农业商业化趋势与城镇、墟市的发展》,《广西师范大学学报(哲学社会科学版)》1995年第3期;刘文俊:《近代广西手工业的兴革对圩镇发展的作用》,《中国社会经济史研究》2007年第2期;唐凌:《论近代广西商埠的经济联系》,《广西师范大学学报(哲学社会科学版)》2000年第4期;卜奇文:《论明清粤商与广西圩镇经济的发展》,《华南理工大学学报(社会科学版)》2001年第3期。
④ 中国社会科学出版社,2005年。
⑤ 陈炜:《近代广西城镇商业网络与民族经济开发》,巴蜀书社,2008年。
⑥ 钟文典主编,广西人民出版社,1990年。
⑦ 台湾中研院近代史所专刊,1995年。

他认为近代广西现代化的主要特色是政治现代化,"政治人"之中的军人与文化人,在广西的初期现代化中扮演了重要的角色,经济本身尚未发展形成势力;在经济现代化方面,对于城市、工矿业、农林、交通、货币的近代特征给予了宏观的把握,在城厢商场的转型、矿业的变迁、工业化与军事化、农林、交通和货币的变迁诸方面的研究上,有其独到之处。

杨乃良的《民国时期广西经济建设研究》是一部研究经济建设而非经济发展本身的作品,在此之余注意到在广西近代经济发展中"新桂系"的特殊作用,这与朱浤源的研究是不谋而合(他有引用朱氏之研究)①。在研究具体的工商业建设、农林建设、矿业交通建设的时候也阐明了经济本身的发展。相关的论文对广西民国时候的对外贸易及其对区域经济发展的影响作了较多的关注,他指出了梧州分担省内出境货物的80%,并指出梧州、龙州、南宁沟通云贵的水航通道,当然他也强调新桂系的政治力量对于对外贸易的支持与重视。钟文典在《20世纪30年代的广西》中,阐释广西30年代经济发展、外贸发展的各方面成就,也在政治部分,对新桂系和军事政治势力对于经济建设和经济发展的作用进行了研究。

广西师范大学谭肇毅主编的《抗战时期的广西经济》②分农业、工业、手工业、商业和对外贸易等方面,对抗战时期广西的农业、工业、手工业、商业和对外贸易、矿业、交通运输业、财政和金融等进行考察,研究广西战时经济从繁荣到衰落的现象,其中对于战前各行业的经济状况,进行了简要的述评,可供参考。

穆素洁的《糖与中国社会》③,详细地考察了清代广东(涉及台湾)糖业的技术和市场、农民和官府、生产组织和经济发展,将宏观研究和微观研究完美结合,从地方和全球的不同尺度,重新审视了糖业经济和世界市场的关联,认为在鸦片战争前中国市场已经与世界融为一体。陈东有的《走向海洋贸易带:近代中国市场互动中的中国东南商人行为》④,也具有类似的旨趣。

陈海忠对汕头商会与地方金融的研究,在国家历史的背景下,考察了光绪末年至1930年代,汕头商会在地方货币、金融问题与国家的合作与冲突方面,商人、商会、政府三者之间的关系⑤。张小欣以20世纪前半叶美孚、德士古石油公司在广州的经营活动和社会影响为中心,讨论了外国石油公司在华发展状况及其与中国社会产生的关系⑥。

2. 经济历史研究

科大卫关于乡村经济比较代表性的论著是《前自由中国的乡村经济:江苏与

---

① 崇文书局,2003年。
② 谭肇毅主编:《抗战时期的广西经济》,广西师范大学出版社,2011年。
③ Sucheta Mazumdar: *Sugar and Society in China: Peasants, Technology and Market*, Harvard University, 1992.
④ 江西高校出版社,1998年。
⑤ 陈海忠:《近代商会与地方金融——以汕头为中心的研究》,广东人民出版社,2011年。
⑥ 张小欣:《跨国公司与口岸社会——广州美孚、德士古石油公司研究》,暨南大学出版社,2011年。

广东的贸易增长与农民生活,1870—1937》①,在承认 1931 年后大危机的困苦事实之后,通过论证 1870—1930 年的经济成长,反驳了陈翰笙、章有义等分配学派的悲观解释,从交通与货币、进出口价格、市场与技术的角度,解释了近代时期民众受益的增加与经济的发展。

叶显恩对于华南市场、宗族与近代化有过细致深入的研究,例如珠江三角洲的宗族和地方社会、农业生产和外贸、粤省航运业的近代化。其中《明清珠江三角洲土地制度、宗族与商业化》②一文,以广东的核心腹地珠江三角洲为中心讨论近代以来土地制度、宗族和商业化问题及其相互关系;《移民与珠江三角洲海洋经济化》③讨论了自宋代以来移民和珠江三角洲外向型经济的发展。《粤商与广东的航运业近代化:1842—1911》④论述了晚清时期从买办到民族资本经营的航运业的兴起,认为已基本实现了近代化。不过,无论从船只数量还是吨位来看,实际显示的也许更多是一种近代化的迹象,以及传统与近代的融会再生。

张晓辉对近现代广东与粤港澳经济历史素有研究且著述丰富⑤,举凡社会经济史的各个方面,例如近代广东社会经济史、香港华商史、近代香港对外贸易、香港与内地经济关系、香港与内地联号企业、广东对外经济关系、近代广东财政政策等均有专论,留下了一系列重要的论文与专著。

香港经济史方面的著作,通论性的读物当属于卢受采编写的《香港经济史(公元前约 400—公元 2000 年)》⑥,以及刘蜀永编写的《20 世纪的香港经济》⑦、弗兰克·韦尔什的《香港史》⑧,专论性的学术著作则首推前述张晓辉所著的《香港近代经济史(1840—1949)》。

罗一星的《明清佛山经济发展与社会变迁》⑨从明清佛山经济结构的变化,以及佛山的生态结构和社会结构的变化、政治控制和宗教系统的演化等五个方面,解释了明清佛山"黄金时期"的社会运行和整合,但他无视广州开埠后佛山的转折性变化,无疑存有显著的不足。

Alfred H. Y. Lin 的《广东的乡村经济(1870—1937)》,重点剖析了近代广东的农业成长历程,以及 1930 年代农村危机的根源⑩。作者通过对土地占有率、稻作

---

① David Faure: *The Economy of Pre-Liberation China: Trade Increase and Peasant Livelihood in Jiangsu and Guangdong, 1870-1937*, Oxford: Oxford University Press, 1989.
② 载香港中文大学《中国文化研究所学报》(30 周年纪念专号)1997 年第 6 期。
③ 载朱德兰主编:《中国海洋发展论文集》第 8 辑,中研院中山人文社会科学研究所,2002 年。
④ 载张伟保、黎华标主编:《近代中国经济史研讨会 1999 年论文集》,新亚研究所,1999 年。
⑤ 《香港华商史》,香港明报出版社,1998 年;《香港与近代中国对外贸易》,中国华侨出版社,2000 年;《香港近代经济史(1840—1949)》,广东人民出版社,2001 年;《民国时期广东社会经济史》,广东人民出版社,2005 年;《民国时期广东的对外经济关系》,社会科学文献出版社,2011 年;《近代香港与内地华资联号研究》,广西师范大学出版社,2011 年;《民国时期广东财政政策的变迁》,经济科学出版社,2011 年。
⑥ 卢受采:《香港经济史(公元前约 400—公元 2000 年)》,人民出版社,2004 年。
⑦ 系统论述第二次世界大战后香港对外贸易、航运、工业、商业、金融和财政的发展状况。
⑧ Frank Welsh: *A History of Hongkong*.
⑨ 罗一星:《明清佛山经济发展与社会变迁》,广东人民出版社,1994 年。
⑩ Alfred H. Y. Lin: *The rural economy of Guangdong, 1870-1937, A Study of the Agrarian Crisis and its Origins in Southernmost China*, Macmillan Press Ltd. 1997.

的生长和大米的短缺、贸易和乡村经济的转变、税费与额外摊派、地主和农民之间的关系、贷款来源和侨汇等六个方面的分析,希望在技术学派和分配学派之间寻找到一个契合点,以便能更准确地反映近代广东乡村经济的状况,在这一点上,超越了以往对单一部门或宏观的贸易研究的不足。但是该书在资料的选择,甚至解释上存在着难以接受的混乱,例如在论证广东人口与粮食比率时忽略了占 1/4 的杂粮;在解释贸易时以广州与汕头来说明全省的贸易与收益,在统计上缩小但在结论上却夸大;在列举一系列地税增加后戛然而止,不作任何解释说明。该书从一个侧面反证了经济史研究中基础工作的重要性,否则其他的工作或许都是无稽之谈。

方志钦、蒋祖缘主编的《广东通史》[①],其中近代经济部分,论述了贸易、航运、金融、民族工业、农业、手工业、商业等方面的发展,涉及面较广,但均比较简略。吴建新讨论了民国时期广东的农业与环境,传统农业的延续与转型[②]。

其他有关粤省贸易的研究论著甚多[③],不过这些论著除了《广州外贸史》外,更多是相关资料的整理和初步说明,故而所依赖的仍然是传统式的陈述。其他非典型性的论著,此处暂且从略。

以上,是为重新检视近代华南"经济地理"研究,以及相关的铺垫工作,从中也大略可以看出,对于近代华南地区经济地理的研究,还存在明显的空缺,故而,本研究希以此弥补华南经济地理所缺失的部分:近代时段。

第三节 相关问题的交待

这里主要是简单地交待下本书所研究的时间、空间、议题、资料、工具、方法、宗旨、计划、提纲等问题,以便于说明其聚焦点与研究特色,有助于阅读者更准确、明晰地评判接下来即将展开的讨论。

一、时间、空间、议题

1. 时间序列

"近代"一词在中国古代的典籍中本已有之,表示"过去不远之时代"[④],这里所言的"近代时段",采用中国近代史学界一般的准则:即指 1840 年(鸦片战争)到 1949 年(中华人民共和国成立)。众所周知,近代中国经历了河洛崩析、山谷陵替的巨变,与前近代相比,一个最显著的差异是从传统农业文明转向现代工商文明,

---

[①] 广东高等教育出版社,2010 年。
[②] 吴建新:《民国广东的农业与环境》,中国农业出版社,2011 年。
[③] 主要有陈伯坚:《广东外贸两千年》,广州社会科学院,1986 年;广州市社会科学研究所:《近代广州外贸研究》,科学普及出版社广州分社,1987 年;廖883祥:《广东对外经济关系》,广东高等教育出版社,1888 年;杨万秀:《广州外贸史》,广东人民出版社,1989 年;广东省社科院:《14 世纪以来广州经济的发展》,广东高等教育出版社,1992 年;陈伯坚:《广州外贸史》,广州出版社,1992 年;邱传英:《广州近代经济史》,广东人民出版社,2001 年。
[④] 例如:西晋东晋年间葛洪《抱朴子·汉过》中所录:"历览载,逮乎近代,道微俗弊,莫剧汉末也。"

这是中华经济文明史上最重要的一次转折。

本书在实际论述中,出于文献获取的便利与政治经济的态势及其延续,一般更侧重于晚清后期与民国前中期,但在进行相关的讨论时,基本上涉及整个近代时期,如有必要时,则根据议题偶尔上延(到鸦片战前)或下延(到1950年代前期),以便能更清楚地展示"近代时段"的经济地理特征。

2. 空间范围

一般而言,(文化上的)"岭南"、(政治上的)"两广"、(综合经济区上的)"华南",这些概念是有所差别的,在地域边界上也是不尽重合、颇有参差。经济地理意义上的"华南",以行政区而视之,大体相当于现今的粤桂琼三省政区所及的范围(新中国成立初期一度包括闽台地区),但是,经济意义上的边界则是相对模糊的。本书中大致精确到县一级的边界,不过部分数据根据描述文字进行估计,并非完全精确。

众所周知,地区差异是地理学研究的起点,但"区域"这一概念本身却是相对的,因为"区域"(不论面积或范围上的大小),总是成为某一种或多种经济空间中的一部分。因此,更确切地说,应从某种关联性角度去理解"区域",也就是因为存在某种关联性,因而把一些地区视为完全相同的特征,进而可以把它们整合成为一种空间实体,这就是"区域"。如果关联性发生变化,则整合成的区域也就发生变化。同时,从一方面而言,经济区域是经常变化的,区域界线随着时间发生变化,这种界线是随着商品与人口流动的不同而发生变化;从另一个方面而言,内部相对一致性是"区域"存在的基础,可是实际上,众所周知,区域内部的同质性从来都是相对而言的。所以,区域的轮廓是模糊且不稳定的,一般是根据议题的需要进行适当的选择,以便更清楚地解释该议题。

3. 聚焦议题

本书所关注的正是图0-1所示的三条相互缠绕的线索之交集,即时间、空间、资源配置的交集,以求在经济历史、历史地理、经济地理之间架设一座桥梁,更多地理解近代中国华南地区的经济形态与变迁。

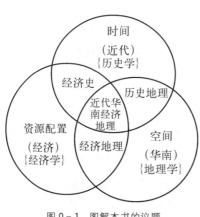

图0-1 图解本书的议题

二、资料、工具、方法

本书的资料主要依赖海关贸易统计和报告(附及早期外人的商业记录)、清末和民国时期大量的商业统计和调查报告、地方志和文史资料。尽管在时间和空间的分布上还有一些缺失(尤其在精确到县一级层次时),但这些资料彼此参照(另外还选用一些间接材料),基本可以完成本书这样的一个初步的研究。就资料而言,第三次产业、珠江韩江中下游地区的数据相对比较丰富,农业、乡村工业、手工业,尤其是乡村工业的数据相对不足,需要估计。近代海关保存了一些比较详细连续可计量的数据。此外,民国时期具有相对较多的调查统计文献。

1. 基本资料的来源

① 海关统计报告、贸易报告(1859—1939年)与领事商务报告:1883年以前统计报告相对简单,主要由6个表格所组成①。1883年以后,统计报告的分类逐渐详细、科学。1905—1931年为海关贸易统计的统一时期,统计更为完备、精确、系统。就贸易报告的内容而言,1919年以前比较详细,涉及政治、经济、社会等方面影响当年贸易盛衰的状况。1919年后较为简单,不过此时可以凭借的地方调查资料很多,可以弥补这一不足。另外,海关总署编有5份十年报告(1882—1931年),详细叙述了各关所在的省区内十年以来的经济社会变迁状况。《中国旧海关史料》(茅家琦,京华出版社,2001年)根据海关总署对各关贸易统计和报告的汇总本,收集了1859—1939年华南各关的贸易统计和贸易报告,以及5份十年报告,为利用这些资料提供了方便。此书没有收集的其他的海关报告和统计、税务司来往电文等,广东省档案馆都有较多的收藏②。此外,1872年伦敦大学远东史教授W. G. Beasley指导编辑英国议会文书中国与日本系列(常略称为B. P. P.)③,领事报告(Embassy and consular commercial reports)是其中主要的部分之一,卷6—20为1854—1899年各关的商务报告。

② 清末和民国时期的农工商实地调查、报告以及其汇总资料,还有港澳、广东、广西报刊上的相关资料,这是有关地方经济状况的一些详细的调研资料。较早的有《农工商报》(1907—1908年)、《广东劝业报》(1908—1910年);进入民国以后有关的农村、实业、商业方面的统计和调查非常丰富,基本可以形成一个时空的序列。这些调查、报告、记载,可以分为这样几个方面:(a) 农商经济纪要(包括农业与农村的生产、商贸、税捐的专项调查);(b) 地方交通建设、地方商贸往来;(c) 地方实业建设;(d) 地方财经税收;(e) 省、市的年鉴(包括经济年鉴和商业年鉴);(f) 时人的笔记、实录;(g) 刊发在各类报纸杂志上的大量经济调查与经济评论。

③ 地方志书和文史资料:整个近代留存有大量的地方社会经济史料,多为当时的记录或后来的追述。这里分为地域和产业两大片,主要包括三个方面:(a) 晚清、民国华南地区省府县地方志;(b) 晚清、民国地方区域的专项贸易、生产等情形的调查;(c) 政协文史资料系统有关商贸农经、地方建设之类回忆资料的辑录。

---

① 外洋轮船贸易表、年度贸易总表、年度进口洋货分类表、年度进口土货分类表、年度出口土货分类表、特货进出口分类表(鸦片、糖等等)。

② 可资补充前期海关报告不足的期刊有:《北华捷报》(North China Herald)、《中国丛报》(Chinese Repository,1832—1851),主要为贸易和商业记录,留存有其间一些广州进出口贸易统计和商业报告。此外还有一些年刊均可资利用。可以和海关报告相参照、补充的是驻华领事商务报告,该报告部分取材于海关的记录,部分来自领事的访谈和报刊文稿的摘录。

③ W. G. Beasley ed. *British Parliamentary Papers*, Shannon: Irish University Press, 1972.

④ 后来辑录的非原始资料,例如清实录经济史料辑录,文海近代史资料丛刊,中华民国档案资料汇编,中国农村经济史料(初编、续编),有关产业(农业、手工业、工业)、航运、商贸史料,民国政府时期广东、广西文献资料汇编方面辑录的资料。

近代华南地区拥有丰富的文献资料,尤其是近代海关百年来完整序列的统计与报告,提供了一套整齐划一、可以精确计量的数据。更重要的是,伴随着学科的交叉与相关分析方式(包括GIS等技术)的拓展,使得这些设想能够有效地实现。

2. 工具与基本方法

新经济地理学的两种路径:从时间的角度来看,关注时间的本质是关注时间的"节约",亦即其可达性、运输成本;从空间的角度来看,实现资源配置"最优"(即节约),反过来是关注空间的相互作用、网络结构。故而,学者们在相关的研究方法中各取所需,例如:可达性计算、基尼系数、网络数据模型、空间相互作用与重力模型、图论等等。

长期以来,经济地理学进行了持续有效的知识转换与更新。就方法而言,现有的主流经济地理分析法已经足够丰富充足,关键是如何提选问题、把握线索。

这里,拟运用地理学、经济学和历史学的理论和方法进行研究,以实现预期的目标,例如:

(a) 文献考证法:利用历史学的实证方法,查找、甄别、解析相关的历史资料和数据,系统地整理各口岸的海关数据、地方实业建设数据、地方物产数据、农工商统计数据,建立空间经济分析数据库。

(b) 数理方法:数理统计方法;区域空间相互作用法;分形方法。

(c) 运用地理信息系统进行数据处理,表达区域的空间结构特征。

(d) 时间地理学方法:用时空间轴或路径图等方法展示区域经济差异及其演变过程。

概而言之,在实际的研究中,以经济地理学理论和视角、历史学的实证方法为基础,尽可能采用空间结构分析、计量经济学的数理统计等思想方法与工具,并与文字载录的文献进行对比,数据分析需要经得起实际文献的验证;同时还将运用经济史的制度变迁分析,梳理近代以来华南经济地理的起点、演进,产业地理的细节,要素流动空间,以及城市与区域的情形。

三、理论、问题、提纲

1. 基础理论

关于空间演进与区域发展之间的理论关系,可以上溯到古典经济学,历经古典区位论、现代区位论、新区域发展理论、新经济地理学等方面的探索,已经形成了普遍的共识,兹不详述①,这里仅简述经济发展过程与空间结构演化之间的关系,这对

---

① 可以参见方书生的博士后报告:《长江三角洲地区经济空间的演化与机制》,复旦大学,2010年。

于历史研究而言,更是一个重要的议题。

我们知道,传统经济学大厦的主要基石之一是劳动时间决定的价值观,从亚当·斯密到马克思都是如此,认为经济的节约,归根到底是劳动时间的节约,因而一般的经济平衡也只有抽象的价值量平衡和实物平衡。然而,经济的运行是以物质的运行为基础的,而任何物质实体的存在都有其时间和空间的两种形式,因此,经济运行的条件及其表现既离不开时间,也离不开空间。经济的联系归根到底不仅在于劳动时间的节约,也在于劳动空间的节约和组合的优化;经济运行中的价值平衡和实物平衡如果不与空间平衡相结合将是难以实现的①。

区域空间结构与经济发展的切入点是空间稀缺性,空间稀缺性是经济活动空间需求的数量和质量的提高与空间供给的有限性之间的矛盾。空间稀缺性是形成区域空间结构的最基本的因素,政府、企业与民众依据空间稀缺性进行空间资源利用方式的不同选择,由此导致了空间聚散行为,引发了区域发展过程中的空间变化。由于空间稀缺性的存在,要求在区域范围内尽可能地优化各种要素的空间组合,在达到总体配置优化的基础上优化区域发展的空间环境,否则就会产生空间不经济,不利于区域的发展。因此,关注区域空间结构的演变,优化地域结构的配置,能够促进空间资产配置的最优化。

发展经济学研究的侧重点是"最佳(经济)发展",地理学家则潜心于研究最佳(空间)结构。一个国家或区域的空间经济政策的目标是追求最佳(空间)结构和最佳(经济)发展。从学科研究的路径依赖来看,地理学家擅长研究"最佳结构"问题,而经济学家则擅长研究"最佳发展"问题。但经济发展的实践则要求把二者结合起来,片面的"最佳结构"和"最佳发展"不可能是最优的。经济地理学家已经在研究"如何通过区域的最佳组织使其达到最佳效果,回答有没有最佳组织及由此形成的最佳空间结构"之类的问题,并提出"判定一种空间组织是不是区域发展必然出现的,是不是可以导致区域的最佳发展,标准是使区域发展中的人流、物流和能量流最为经济,生产和流通过程的支出最小化,城乡居民点的关联达到一体化,区域从不平衡发展到平衡发展等"②。显而易见,地理学家是把空间组织与结构作为切入点的。但一个国家或区域的最佳结构不可能自动形成,它要通过长期的经济建设及与之相适应的经济政策才可能实现,显然,这是地理学和经济学共同面临的重大研究课题。

对一个区域而言,如何在有限的空间供给的条件下,生产出最优化的城市化空间,是一个重要的实践课题,其实质是提高稀缺性空间资源的利用效率。

2. 问题、宗旨与写作提纲

近一个世纪以来,国际中国经济史学界关注的中心话题之一即为理解"现代中

---

① 饶会林、苗丽静:《关于经济学的几个理论问题——兼论城市经济学的地位和作用》,《东北财经大学学报》2000年第4期。
② 陆大道:《论区域的最佳结构与最佳发展——提出"点-轴系统"和"T"型结构以来的回顾与再分析》,《地理学报》2001年第2期。

国"的形成,关于它的来源、过程,及其内在外在的机制,聚讼纷纭①。概而言之,有两类研究思路。第一,倾向于从经济增长的角度,测度近代中国各部门产出的变化,认为随着各类要素的投入促成了经济的增长。由于统计数据的不足与缺失,甚至是基础概念的模糊不清,各相关估值的分歧很大,目前"中间值"虽然更多被认可,但尚缺少有力的证据,鉴于近代中国各经济部门、各地域的明显差异,整体上介于"发展"与"不发展"之间,殊难定论。第二,倾向于从外部或空间的角度出发,从近代中国新经济的发源地着手,认为近代口岸城市引发了东部沿海地区现代工商业的萌芽与发展,并逐渐局部地扩散到其他地区,最终形成近代中国经济的新图景。后一视角的讨论更多从经济空间秩序、经济体系着眼,比较多地依赖于文字分析、数字或图表,尚未进行整体、全面的数值测算或估计,学术成果的数量与影响力相对较弱,甚至没有成为前一视角讨论的中心话题之一,这主要是学科与学术关注点的差异所致。

  本书的写作宗旨同样是关注经济地理研究中最一般的问题,其中尽可能回答经济研究中的一些经典主题:生产、流动、地理分布、竞争与市场、经济增长以及技术变化。

  因此,本书所关注的中心问题,也是经济地理中一般最为关注的问题:物品是在哪里生产的?在什么条件下如何生产的?又是怎样从一个地方流动到另一个地方,继而形成新一轮的生产与流动的?关注在这一进程中所形成了的价值回报机制、价值回报空间形态及其表现形式:市场结构、城市形态、区域经济景观,最后总结评论近代中国空间的形成、演化及其内在逻辑。

---

① 如前所述,从墨菲(Rhoads Murphey)、费正清(J. K. Fairbank)、费维恺(Albert Feuerwerker)到郝延平、林满红、科大卫(David Faure)、罗斯基(Thomas. G. Rawski)、彭慕兰(Kenneth Pomeranz)等均特别关注这一问题。

第一章　正在浮现的新经济地理图景

传统中国"百业以农为首",自秦汉以来的小农经济延至康乾盛世,渐显落日辉煌之态。当西方工业革命初步完成之后,伴随着近代产业的发展,对海外市场的拓展,以至于武装殖民日甚一日,远东的中国从沿海到内陆,均逐渐被卷入到这一新的全球分工生产体系之中,这是中国千年来未有之变局,新的历史大幕徐徐张开。随着中国东部沿海、沿江众多的口岸逐渐被迫对外开放,传统经济生态下的中国,自东向西、自海徂陆,正逐步参与到全球化的生产与交换之中。

在《史记·货殖列传》中,司马迁在言及商业交换时如是说:"由是观之,富无经业,则货无常主,能者辐辏,不肖者瓦解。"在第一次全球化时代,各商业活动的主体在全世界范围内寻找最佳的产品生产点与销售点,随着全世界范围内商品、信息,以及资金、技术等要素流动的扩大,越来越多的地方将逐渐融入到超越本地、本区域,甚至国家尺度的经济过程之中。当历史突然切换进入"近代"之际,当近代中国的商业革命即将来临之际,经济资源配置的空间旧格局逐渐被打破,在这样一个需要对经济活动的运行尺度进行再构建的时代,华南地区(甚至包括中国)的经济形态将会发生怎样的变化,这一变化在空间上有什么回响——即一幅"新"的经济地理图景如何浮现?

第一节　自然隐喻与历史遗产

自然禀赋是地区经济发展的初始要素与基础,从地理的视角,学者观察到经济产出与地理特征有着密切的相关性,即通过对产出密度(GDP/km^2)地理变量的简单回归分析,涵盖了经济生产密度中91%的变化[①]。在近代中国的早期,河流、山川、地貌、农耕条件、经济区位的等地理环境的自然性或"第一性",是决定其时经济地理格局的主导因素;此后,第二自然的比较优势逐渐显现,并逐渐成为新的制约因素。一般而言,自然地理、历史遗产之类的因素,是区域经济变革的基础与背景,均会潜在地且持续地制约着或影响着变革的方向与强度,直到新的因素出现并替代之。

一、一般意义上的自然地理

克罗农(Cronon,1991)将区域内在的原料、气候特征、地表崎岖程度、天然的运输方式等方面的天生差异,称之为第一天性。兰德斯(Landes,1998)则认为:"地

[①] 其中包括年平均温度、年平均降水量、平均海拔、地势起伏程度、土壤类型、河流、海岸线的距离等。

理学告诉我们的是很不愉快的事实,即像生命这种天性是不公平、不平衡的;而且,哪些天生的不公平是不容易补救的"。一般意义上的自然地理,犹如人之体格与质地基础,虽不必然决定什么,但作为一种属性如影相随。

华南地区位于我国最南部,面临广阔的海洋,深受海洋暖湿气流的影响,属于南亚热带与热带季风气候区,热量丰富,雨量充沛,无霜期长,是我国农业资源条件最为优越的地区,但同时处于冷暖气流交汇带,多旱涝台风。从地形情况来看,华南地区陆地大体由西北向东南倾斜,山地丘陵面积广大,台地平原相对较狭小,其中山地占陆地面积的46%,丘陵占18%,台地与平原分别占13%、23%,粤北、粤东北、粤西北、桂东南、桂西北、桂东北、桂西南、桂西等地区山区丘陵分布广泛,地形比较破碎,农业生产局限于狭窄的山间河谷盆地,沿海岸一带,特别是粤西南部多高平台地,冲积平原与宽谷平原(珠江、韩江三角洲,浔江平原)地势平坦,土地肥沃,河川纵横,拥有发展农业生产的较佳的自然条件。

就河流交通而言,西江是珠江的主流,是连接两广、西南各省的水上交通要道,占流域总面积的77.8%;北江河谷一度是江南、江西进入广东最重要的路线;东江是沟通粤赣闽的水上航线,汇入三角洲的主要支流有谭江、增江。在珠江水系两侧有独流入海的韩江、鉴江、阳谟江、钦江、廉江、海南岛等水系,主要是韩江水系,上接梅溪,下启潮汕平原,形成了诸多系列的扇形次级区域。

其中,广东省处在中国的低纬度沿海地区,除了北部极少数地区外,皆在副热带、热带范围,有2 500 km的海岸线。在农业发达的平原、河流两岸与沿海地区,集中了众多的人口,形成了工商业经济城市。便捷的航运,使得本省沿海港口的对外经济联络频繁。故而广东省的产业不平衡,工业、商业、运输活动皆集中在沿海地区。

广东省绝大部分土地为丘陵,一般估计山地与丘陵占70%,平地30%。整个地面向沿海倾斜,离海越远地势越高,形成了很多良好的港湾。南岭山脉在本省北部,为长江水系、珠江水系的分水岭,山道崎岖险阻,交通非常不便,其中曲江以北的浈水、武水河谷,成为联系华南、华中的天然孔道。此外,广东处于重要的海上交通要冲,是从海洋方向进入中国的门户,故而是对外贸易的门户。

广东省的珠江三角洲面积约9 400 km², 2/3为冲积平原,土地肥沃,河道纵横,灌溉交通便利,是优良的农业产业区。水网地带,数百条水道形成四通八达的水运网,分成虎门、磨刀门、崖门等八个出海口门,水网的平均密度0.81—0.88 km/km²,基本上呈现纵强横弱的向海趋势①。从三角洲东西向延伸到潮州饶平和廉州防城,沿海多滩涂、岛屿、港湾,从饶平拓林镇沿着海陆丰、大亚湾、大鹏湾、虎门口、上下川,直到雷州半岛、廉州府、海南岛沿海,均具有良好的建港条件,大小港埠林立。

---

① 华南师范学院地理系:《历史时期珠江三角洲河道变迁研究》,1979年。

就港口条件而言,香港港区多为岩基,航道无淤积,水域辽阔,是天然的深水港。同为海港的澳门远为逊色,西江泥沙不断在珠江口南侧堆积,澳门内港一直在淤塞。广州港基本上是河口港,黄埔一度是广州的外港,但广州至黄埔的航道同样容易淤塞。在黄埔开港以前,珠江淤积,水深仅4米左右,吃水深的大轮船不能直驶广州,远洋货轮需经香港转运。江门、三水同为河港,内河航道顺畅,但无法和海港相比拟,同样也面临河道淤塞的困境。汕头、北海、琼州基本上为河海交汇港,便于拓展外向航运。韩江三角洲是广东省第二大平原。雷州半岛有一片数十里的近海平原。海南岛中部耸立五指山,河流随着山地的倾斜放射出海,北部沿海平原较大,宽1—10 km不等。

香港境内山岭丘陵众多,是典型的滨海丘陵地。位于香港岛和九龙半岛之间的维多利亚港,东西各有两水道,船舶航行往来便利,东北有九龙丘陵,东南有大屿岛,四面环山,中间蔚为宽广,波平浪静,海港面积达5 000公顷,宽度由1.6 km至9.6 km不等,深度一般为7—23 m,吃水12 m的远洋船舶可以自由进出,可同时停泊150艘巨轮,是天然的良港,它被称为世界三个最优良的天然海港之一。近代香港的对外交通和运输历来比较发达,作为转口港,世界各地的远洋轮船在维多利亚港海域停靠;与东南亚各地港口往来密切,如新加坡、马尼拉等;香港的货轮往来于中国沿海各地:上海、天津、青岛、大连等。香港距广州90英里、澳门40英里,普通轮船大约6个小时能到达广州,不到3个小时到达澳门。

澳门原本是香山县属的一个半岛,面积约30方英里(75.97 km^2),与港岛面积近,距离广州240英里、香港110英里,轮船往广州约6—7个小时,往香港约3个小时,陆路也可达中山县。道光二十九年(1849年)后葡萄牙不再缴纳租金,光绪十三年(1888年)获得永远管理权,但不得转让他国,其后不断越界侵占香山县部分地方、设官治理。宣统二年(1910年)勘界后,澳门的面积约60平方英里(151.94 km^2),约等于租借后大香港的14%。

广西省地处云贵高原的东南边缘,山脉主要分为两类,即盆地边缘山脉和盆地内部山脉。桂北、桂东北、桂东南、桂西、桂西北为盆地边缘山脉;内部山脉主要是东北—西南、西北—东南方向,构成弧形,弧形山脉内缘即是柳州为中心的桂中盆地;弧形山脉外缘,构成沿右江、郁江和浔江分布的百色盆地、南宁盆地、郁江平原和浔江平原。山地、丘陵、石山等占63.3%,耕地面积少,平原少且狭小,没有集中连片的大平原,面积大于15万亩的平原仅17片,最大的浔江平原91万亩。其中右江平原、南宁盆地、郁江平原、浔江平原、玉林盆地等,地势低平、土层深厚、土质肥沃、河网密布,热量充足,水利条件好,是耕作集中地,盛产稻谷、甘蔗等农作物。故而广西素有"八山一水一分田"之称。山地坡度陡,日照少,耕植指数低,且零星分布,对发展耕作不利。林牧用地比较多,有大量的荒山荒地。

广西省地处亚热带湿润季风气候,其中南部属中亚热带、南亚热带气候区,气候的特征是：气温高、热量丰富；雨季长、降水丰沛；夏热冬暖、夏长冬短；夏湿东干，雨热同期，大部分地区四季可以栽培作物，有利于发展农业。年平均气温为17—22℃，无霜期长，有利于双季稻、双季玉米、甘蔗、红薯、荔枝等作物生长。年平均降水 1 250—1 750 毫米，仅次于国内的台湾、海南两岛。雨热同期，对农作物生长十分有利。

此外，广西省河流众多、年径流量大，河网密度为 0.144 km², 占广西总面积的 85.2%。地势由西北向东南倾斜，西北高、东南低，山地高原环绕四周，中间盆地边缘多缺口，河流大都顺地势从西北流向东南，干流横贯其中，支流分布两侧，河流分属珠江、长江、红河、滨海四大流域，其中以珠江水系为主，形成了以梧州为出口的树状水系。

简而言之，华南地区经济地理的**第一层隐喻**如下：（1）河口、海洋指向：从地形上看，华南地区基本上东南向倾斜，以山地丘陵为主，农业生产区主要在河口冲积平原（珠江、韩江三角洲分别 10 000 km²、1 200 km²）与内陆丘陵中的盆地（例如南宁、梧州、高要、兴梅盆地）。（2）沿海、沿江成为经济活动带：华南地区海岸线基本上为岩基，绵长弯曲，形成一系列优良的港湾，与海外联系便捷，有利于参与海外的分工与交易。（3）区内交通干线的走向：近代时期，华南地区区内交通以水路为主，珠江水系中东江、北江中下游、西江干支流、韩江、廉江中下游均可通航，加上粤东至粤西沿海航线，形成了区域内最经济的交通走廊。所以，就华南自然地理的暗示，以及物流趋向而引发的成本效用来看，近代华南经济的起飞点将在河口或沿海港湾城市。

自然资源是最基本的"生产要素"，基于自然资源的经济地理及其生产地与消费地，与其他生产要素的经济地理有着本质的区别，自然资源与劳动力，以及商品生产和服务中其他的资本形式一起，共同发挥作用。自然禀赋的差异是商业交易活动的基础，尤其在经济发展的早期，第一次全球化时代，是以基于自然禀赋差异的产业间贸易为主的。

自明清以来，广东、广西两省，尤其是珠江三角洲地区，成长为人口密集、经济繁荣的区域，首先是基于优越的自然禀赋。适宜的农业条件、密集的人口、可利用率高的围田，促成了高效的农业生产与土地利用方式。高度商品化、外向化的农业，又为国内外贸易提供了可资依赖的基本资源。在前工业化时代，农业经济是区域发展的主体。近代华南的米谷主要产于珠江三角洲、韩江三角洲、浔江河谷地带，薯类主要产于广东中南部、广西东南部；经济作物——蔗糖、茶叶产于珠三角、粤东、粤西沿海、海南岛等地。一度占有对外出口总值一半以上的桑蚕业，集中在小珠三角地区。华南其他地区，所能提供参与世界经济分工交易的产品，不管是数量还是价值，相对而言都比较低。所以，从要素禀赋而言，河口三角洲、沿海地带将成为近代华南卷入世界分工的窗口，并优先获得技术进步与产业升级。

例如：蚕桑业主要集中在南海县的九江乡和顺德县的龙山乡、龙江乡，以及鹤山县的坡山乡，以后又扩展到南部的香山县小榄乡，西部的高明县、高要县、南海、番禺县南部的沙湾和市桥等处，以前从没有蚕桑的东莞县，在同、光年间也开始出现。东江、北江和南路蚕桑较少，96%以上的蚕桑业还是集中在珠江三角洲，尤其是顺德、南海两县[①]。

茶叶产地主要在鹤山县，西江的罗定县、封川县，东江河源县、和平县、陆丰县，北江的始兴县、仁化县、清远县、乐昌县，雷州半岛的遂溪县、防城县等地。出口的功夫茶和珠兰香茶等，大多来自"肇庆和贺县等地区，西江江谷和贺县等地"[②]。蔗糖生产集中在番禺、东莞、增城三县，清后期在雷琼台地区也种植甘蔗；草席、爆竹制造业主要集中在东莞、新安、番禺、香山等珠江口沿岸各县。蒲葵业集中在新会。肉桂等桂类产品，除了产于肇庆高要县、罗定州外，基本来自广西东南的浔州府。烟叶主要来自鹤山、雄州、清远、新会[③]。甘蔗主要产于东江、韩江流域、番禺、东莞、增城、阳春、雷州、海南等地。竹木基本上来自东江、北江的中上游和西江两侧的山区。广西省各类资源十分丰富，经济农作物如甘蔗、橡胶、剑麻、烤烟、香蕉、八角、茴油、桐油、松香、淮山、半夏、金银花、田七、罗汉果等，矿产资源如锡、锰、磷、压电水晶、黏土等。

粤海关出口贸易统计表明[④]，出口结构中大宗的物资为：丝绸、茶叶、糖、草席、桂皮、爆竹、烟叶等手工业品与初级原料，其中丝绸类在1930年前平均占有50%—70%的份额，茶叶和糖类自1880年代开始下落，其他的手工制品与原材料代之兴起，但一般份额只有2%—3%左右。整体而言，出口资源绝大多数集中在珠江三角洲，其余的以西江沿岸、东江下游，以及北江的下游、上游地区为多（除了潮汕平原及其他沿海地区）。

然而，地区的产业布局并非一成不变的，存在着扩展、收缩与转型的可能。例如，在近代珠江三角洲地区，这种改变主要体现在咸、同年间以后，蚕桑区的扩大、茶叶区与蔗糖区的缩小，以及晚清以后内地新兴出口产品的出现。就部门而言，空间布局变化比较多的是手工业，例如草席、爆竹等产业，为了获得就近出口，逐渐向东莞、番禺、新会等县偏移。

简而言之，华南经济地理的**第二层隐喻**如下：华南地区的自然地理，暗示着区域经济的独立性与外向性，本区域与外区域的"触点"，将成为区域经济的成长起点，但是支撑经济起飞的动力则在于内地的资源储备，以及可以便利地获取这些资源，因为珠江三角洲、韩江三角洲的自然资源与半成品，将优先参与全球市场经济。

---

① 广东农林局：《广东蚕桑业概况》，新建设出版社，1941年，第2页。
② 1882—1891年粤海关十年报告，广东省方志办、广州海关志编委会：《近代广州口岸经济社会概况——粤海关报告汇集》（以后均简称为《粤海关报告汇集》），暨南大学出版社，1995年，第859页。
③ 广东经济年鉴编纂委员会：《广东经济年鉴》，1941年，A36—37页。
④ *Trade Returns for the Year 1866-1936*，《中国旧海关史料》，京华出版社，2001年。

一般而言,在经济发展的早期,第一自然的影响更加明显。当运输成本不断下降,区域的同质性增强以后,区域经济的差异则更多地源于第二自然。

二、第二自然下的比较优势

一般而言,"自然资源不是预先给定的、社会生产进程得以形成的自然因素,更准确地说,其有用性是以文化的、历史的、技术的(和其他知识)和地理环境为条件的"[①]。自然资源有着技术与文化背景,因为自然资源具有的价值是基于特定的技术、社会与文化背景,在不同的背景下具有不同的使用价值。所以,自然资源的价格是变化的,在不同的时间、不同的情形下,价格是不同的,受到技术进步、外部市场等多方面的影响。自然资源如何转变为可使用、可拥有、可交易的产品,也就是说自然是如何被商品化为经济的一部分,比自然资源本身的价值要重要很多。

本地资源的高速开发抬高了成本,降低了收益,促进了地方的技术进步,也促成了自然资源从中心向外围地区的空间扩展。近代中国处于经济全球化的初期阶段,自然资源从中心区开始向外围地区的扩展,由于技术进步、管制的减少,进一步加速了经济发展,也促成了区域经济地理格局的变迁,图1-1表示了供需关系下区位价值的改变。

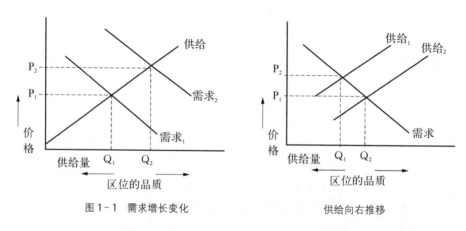

图1-1　需求增长变化　　　　　供给向右推移

在经济地理的视野中,一般性的资源要素往往不是城市或口岸发展的最终决定性要素,良好的区位条件常常可以发挥更大的作用,也往往是决定港口前景的首要地理要素。由于口岸的自然资源与经济区位[②],都有实体与潜在这样两种形态,所以也会受到来自人为要素的影响与改造。但是,随着以港兴市努力的逐步展开,绝对的地理区位可能会发生相对的改变,口岸港口区位势能的提升,带动了口岸中心功能的提升,进而扩大口岸到腹地范围,加强口岸与内地的经济联系强度。

---

① (美)埃里克·谢泼德等著,汤茂林等译:《经济地理学指南》,商务印书馆,2009年,第275页。
② 克鲁格曼提出了两种决定空间城市发育的力量,即区域的资源要素与经济区位。

从港口的经济区位上来看,香港位于珠江口的顶点,中国南海的北岸。北与广东省陆地相连,东、西、南三面环海。这一经济区位,对于华南区域而言,邻近广州、澳门和三角洲地区众多的市镇;对于外部世界而言,则处于中国南洋航线的终点,东南亚、东北亚大区域航道的中继点。因此,香港具备对华南和东亚独有的中转优势,对内,从香港到广州的船只,经过内伶仃洋可以进入珠江口,迅速到达虎门,再上抵黄埔和广州,甚至三水、梧州等地,从广州、梧州等内地出洋或北上的船只,基本上要经过香港;对外,澳门、琼州、北海出洋或北上的船艇将会过境香港;往返广东沿海、南北洋的外国商船,一般都要经过香港,进行必要的物资补给、船只维修。

与此相对的是,从广州、梧州等内地出洋或北上的船只,基本要经过珠江孔道香港,南下的船只大多经过澳门周围。澳门、琼州、北海出洋或北上的船艇过境香港,汕头南下也必然经过香港。汕头的北上航道和出洋航道基本独立,但是广州、梧州基本没有这种独立的区位,琼州、北海由于腹地范围的微小,不足以形成独立的区位,而广州中心腹地能量的逐步积累必然首先在国内土货进口上打破对香港的依附。这是相对区位潜在的调整。

尽管如此,广州、汕头、澳门大体上还是具有自己相对独立的区位。广州是珠江三角洲的顶水点,对于珠江三角洲与华南地区陆相腹地的区位优势是香港所无法比拟的,在珠三角地区以至华南地区的经济地理格局中,香港、澳门是窗口,广州是腹地的龙头。澳门陆相腹地的区位远不及广州,但毕竟还是具有独立的海相区位。江门、三水由于腹地的微弱,不足于形成独立的区位。汕头位于韩江流域的出入口,是该流域的门户,具有完全独立的经济区位,因而在华南经济地理秩序中,汕头及其所在的韩江流域是自成体系的。

在近代南方水运优先和沿江沿海贸易的原则下,以上基本的自然地理要素暗示着,在珠江、韩江流域和独流水系,依托一片平原或内陆,将会形成一个个独立的流域经济区;珠江三角洲河网纵横、港埠林立,会形成一个复杂的港埠腹地结构;西江中下游将会成为重要的经济轴心。在口岸区位格局中,由于香港相对优势的不断集聚,成为首要的经济窗口,但是经济区位本身也处于一个动态调整之中。

当香港被设定为自由港之后,港口建设与转口贸易兴起。由于外洋和沿海的货物首先集中到香港,再分拨广州、澳门、北海等港埠,香港开始承担起华南地区的保税仓库、物资转运港的角色。尤其在1870年后,港口设施进一步完善,建立起了与上海、纽约等国际商业都市的海底电缆,强化了香港潜在的区位优势,最终取代广州成为华南进出口货物的分配中心[①]。但是,广州作为陆地中心城市能量的逐步积累,必然首先在国内土货进口上打破对香港的依附,形成了港埠相对区位潜在调整的可能。广州背后的大片内陆腹地,则成为民国时期城市重新崛起的基础。

---

① 余绳武、刘存宽:《十九世纪的香港》,中华书局,1994年,第289—290页。

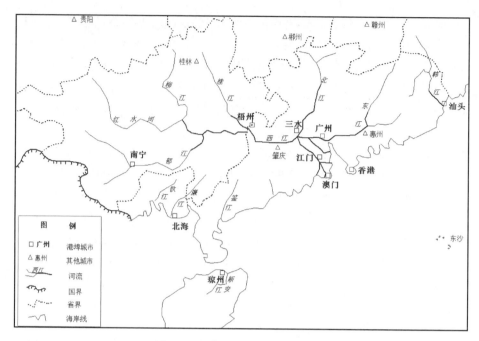

图 1-2　近代华南各口岸的相对区位

简而言之,第二自然是人类活动改变第一自然后的差异,主要表现在两个方面:第一,因为技术影响经济地租,进而影响自然资源的供给。正如李嘉图的研究显示,正是因为农产品价格的上涨,使得农业用地日益"变成"越来越重要的一种自然资源。第二,地理经济条件改变引发的区位价值变动,从而修改或转变了第一自然的先天属性。

华南经济地理的第二层隐喻是对第一层隐喻的修正:随着新的技术进步,随着交通便捷程度的提高,对自然资源的获取方式、类别、位置,会产生新的影响或逆转,以前无法获得的资源在新技术下可以获得,以前被忽略或无视的资源被发现新的价值,以前在内陆为交通等限制的资源也可以容易地获得,从而改变自然地理的参数,改变经济地理格局。此外,随着外部市场的范围的变化、港口河流的承载力等方面的改变,纯粹自然地理景观上的景象,将会出现修正或改变,经济地理的自然属性将会有所减弱,人文社会属性将会相对增强。

三、前近代的经济地理遗产

1775 年一口通商开放的决议,使得广州成为在朝贡贸易体制下帝国对外贸易的总汇,成为唯一合法的官方贸易之所。在当时的政治经济背景下,以广州为中心的贸易盈余成为"天子南库"[①]。于是,举国的对外贸易资源,便从江南、内陆经由三

---

① 黄荫生:《清代广东贸易及其在中国经济史上之意义》,《岭南学报》第 3 卷第 4 期,1934 年 4 月。

条交通干线①汇集于此,广州在全国的对外贸易中长期处于垄断的、出超的有利地位。由广州北上的大庾岭与骑田岭商路,成为当时最瞩目、繁忙的贸易通道②。在华中、华北各地,"过去所谓的用品很多来自广东",百货店被称之为"广货店"③。

其实,在朝贡贸易经济的背后,一直存在着一个内向的、国内的商业流通网络。处于西、北江之交的佛山,自清初以来,以其优越的地理环境、发达的手工业基础,从一个村庄而迅速崛起为具有"天下四聚"之誉的手工业巨市。广佛近在咫尺,在朝贡与国内长距离贸易体制的支配下,共同组成了岭南区域经济与帝国外贸的中心。以政治中心(广州)、经济中心(佛山)、外贸关口(澳门)为特色的城镇格局的巩固,打破了内地普遍的政治城市泛化的单调格局,这也是前近代以来广东地域经济的一大特色。在广佛中心之外,还存在韶关、梧州、桂林等次中心,以南北商路与西江黄金水道为大动脉,再通过澳门作为对外商务交割的窗口,将外贸、内贸融合起来。

此外,自明清以来,珠江三角洲单一的稻作农业,逐步转变为桑基鱼塘(以及果、蔗)式的经济形态,农业的商业化进程加速④;同时,珠江三角洲地区迅速成为海内外著名的手工业之乡,例如,佛山从一个村庄集镇变为"天下四聚"之一的手工业中心,其冶炼、铁制、陶瓷等产品大量运销国内各地与外洋⑤。随着越来越多的农业剩余商品化、手工业的专业化,以及商贸经济的发展,珠江三角洲与华南地区,成为全国区域分工与长距离贸易的一个重要组成部分。

有评论认为,前近代时期受内向型社会生产、商品流通结构的制约,广东省内珠江三角洲地区与珠江中下游地区之间缺乏直接、密切的交往,整个珠江流域各地方市场呈现出相对隔离、联系单薄的基本格局,直到近代开埠通商以后,才逐渐在商品、资金、技术等方面产生对流,形成直接密切的联系⑥。其实,如果放在近代前后的产业与区域经济的历史性转折层面来看,也是不无道理的,但是,如果将比较的对象更换为珠江流域内部与外部的经济联系,梁钊等人的判断更接近实情。

据梁钊、陈甲优的分析,前近代珠江流域经济呈现出三个特点:(1)沿珠江水系东西走向的物资交流获得最大的发展,并成为流域地区内陆物资交流的新主流;(2)传统的北南走向物资外流继续大获发展,达到了历史的新水平;(3)海外、国外走向的物资交流全面兴盛⑦。在鸦片战争之前,珠江三角洲地区生产的手工业品,

---

① 三条交通干线:广州-北江-韶关-大庾岭-赣江;广州-北江-韶关乐昌-骑田岭-宜张-郴州衡阳-长沙岳阳;广州-高要-德庆-西江-桂江。
② 邓健今:《广东公路交通史》,人民交通出版社,1989年,第119页。
③ 罗伯华、邓广彪:《从苏杭到百货——解放前广州的百货业》,《广州文史资料选辑》第20期。
④ 叶显恩:《略论珠江三角洲的农业商业化》,《中国社会经济史研究》1986年第2期。
⑤ 谭棣华:《从佛山街略看明清时期佛山工商业的发展》,《中国史研究通讯》1987年第1期。
⑥ 韦国友、陈炜:《近代珠江流域区域经济发展进程中的分工与互补——以两广为中心的考察》,《广西民族研究》2008年第4期。
⑦ 梁钊、陈甲优:《珠江流域经济社会发展概论》,广东人民出版社,1997年,第159—174页。

已经约占整个岭南市场主要产品产值的33.4%,其商品生产总量不仅已经超过了原先发达的粤北地区,也逐渐压倒过去占首位的岭北入粤的中原产品的数量,这就决定了流域内物资交流的主要方向转变为东西走向,而非以往的南北走向。清前期珠江三角洲的主要手工业品,例如土布、丝绸以及海盐等大宗产品,都是上溯西江输入广西、云南、贵州,少量运销江西、湖南、福建,而西江中上游的米谷、农副产品等也顺流大量输入广东。这也表明,早在近代广州条约开埠以前,岭南区域市场结构已经获得广泛性的成长,以大庾岭道为标志的南北官运,实际上已经不是最主要的商业路线,相反地,基于西江得天独厚的航运优势,大量民生物资的交流成为区内最重要的商业循环形式。

罗一星通过对前近代岭南五类大宗商品流动的梳理,还原了其时华南区内的商业地理格局①:(1)在生活类的粮食流动方面。由于珠江三角洲地区严重缺粮,粮食主要来自西江流域的西米、湖南的湖米、东南亚的洋米,其中广西的稻谷每年东运大约300万石左右,湖南(包括江西、福建)运入的米谷有40万—50万担,洋米年入大约10万—20万担(在道光免洋米进口税之前);韩江三角洲地区的缺米仅次于珠三角地区,除了从广州、肇庆与南路的高州、廉州进口外,大多依赖于东南亚、台湾进口。(2)在日用类的棉与布方面。来自外省的大多为江苏松江与湖广,或走陆路或走海路,其他少量进口自印度、英国。流入广州、佛山的棉、布有部分通过西江运往广西,沿着桂江到阳朔、桂林,沿着容江到藤县、玉林,沿着浔江到桂平、柳州,沿着郁江到贵县、南宁,以至崇左、百色,覆盖整个广西。(3)在手工业类的铁制品方面。当时佛山的铁器加工全国著名,官府规定两广的生铁都必须运到佛山发卖,"皆输于佛山一埠",大抵沿着河流顺流直下,粤东的潮州、嘉应之铁,通过韩江、梅江转入东江,形成了"佛山之冶遍天下"的局面。

概而言之,由于良好的资源禀赋,华南地区,尤其是珠江三角洲地区,在前近代时期,小农经济与商品经济的结合,使得农业、工业和商业得到迅速发展,桑基鱼塘、果基鱼塘、蔗基鱼塘,形成了地域化和专业化生产的萌芽,其中以经济作物为主的农业商品性生产迅猛发展起来,清初以来逐渐形成了大小不等的农业商品性专业种植区,例如桑、麻、甘蔗、水果、蔬菜、茶叶、棉花等②。由于农业商品化、外向化的程度很高,与市场联系密切,与区外经济联系密切,手工业与商业的结合以及相互促进,有助于区域内外商品流通与市场规模的扩大。明清以来随着岭南地域开发的基本完成,岭南区域内部产业经济与商品贸易的发展,已经初步形成一个较完整的区域市场体系。

---

① 罗一星:《清代前期岭南市场的商品流通》,载明清广东省社会经济研究会:《十四世纪以来广东社会经济的发展》,广东高等教育出版社,1992年。
② 王新茹:《明清时期广东经济地理》,《中国市场》2010年第39期;李之勤:《论鸦片战争前清代商业性农业的发展》,载《明清社会经济形态的研究》,上海人民出版社,1957年,第263—351页。

就华南内部广西省而言,经济发展情形也趋向于增长。明清时期梧州成为当时广西最为重要的城市,它直接冲击了桂林长久以来的政治与经济中心的作用,其他诸如桂林、柳州、南宁等一直延续着前代的发展,这些府所属的州县发展比较引人注意,如桂林府所属全州、南宁府所属横州,都是堪比府城的重要城市。即便一向发展滞后的桂西地区,在明清时期也出现了一些有圩市,如武靖州(今百色)等,不过,就总体而言,以商业和经济发展而论,仍以桂东北和桂东南为发达区域①。据清嘉庆二十年(1815年)平乐县重修粤东会馆并戏台碑记,捐资修馆的各江行商水客达203家,捐修戏台的水客达335家,超过了在本镇居住的222家粤商。从碑刻记录来看,有的商家来自广东境内的新会、番禺、佛山、顺德等,以及广西境内的桂林、荔浦、阳朔、梧州等,包括城市附近的各小圩镇,如大扒、莲花、白沙等②。这些粤商水客沿水路抵平乐贩运,人数往往多于在本埠坐肆的粤商人数。

表1-1中所列的是前近代华南市场流通中,价值百万两以上的商品数量的估计。首先需要说明的是,由于清代前期广州一口对外通商,各省商品集中于广州一地,故而丝、丝织品、铁器、瓷器类商品的比率大于100%。

表1-1 前近代华南市场主要商品量估计③

商品量		商品值		来自本地比率(%)
		银(万两)	占比(%)	
粮食	17.8亿斤	1 725.898	28.7	12.8
茶叶	64万担	1 095.7	18.2	
棉花	71.3万担	674.3	11.2	
棉布	193.12万匹	579.14	9.7	52
盐	280万担	560	9.3	85.1
丝	2.63万担	391.03	6.5	144.5
丝织品	1.07万担	385.2	6.4	133.8
瓦瓷器	8万担	273.6	4.6	106.7
铁器	132.6万担	198.46	3.3	101.9
糖	47.8万担	125.4	2.1	95.6

从数据上来看,粮食类商品占比28.7%,经济作物(棉、丝、茶、糖)占比38%,手工业品(布、盐、丝织品、铁器、瓦瓷器)占比33.3%(其中布盐类19%),打破了此

---

① 吴小凤:《明清广西商品经济史研究》,民族出版社,2005年,第125—135页。
② 《重修粤东会馆天后宫并鼎建戏台碑记》,转自卜奇文:《论明清粤商与广西圩镇经济的发展》,《华南理工大学学报》2001年第1期。
③ 罗一星:《清代前期岭南市场的商品流通》,载明清广东省社会经济研究会:《十四世纪以来广东社会经济的发展》,广东高等教育出版社,1992年。

前粮、布、盐三大传统商品鼎足而立的垄断局面。经济类作物的商品化产品快速上升,手工商品的种类与产值增加,单纯的农业经济格局已经出现了微调,区域的市场分工、市场容量、商品结构、经济结构正在发生变化,区域内部与区域之间的分工与交换正在进一步扩大,外向化商品经济的发展更加显著可见,传统农业经济文明下农耕与商业的均衡状态,正在趋向于新的不平衡发展。

在前近代的历史上,华南地方基于区内、区外(包括中国北方及南洋)已经形成的经济秩序,一部分将被纳入到新的口岸秩序中,一部分将被遗弃或再建,这与滨下武志所发现的亚洲历史上的朝贡贸易体系与近代口岸体系之间的相关关系是一致的[①]。

第二节 非均衡外部性与变迁的启动

虽然内在的变革一直试图打破原有的平衡,但从这种意义上讲,前近代的华南经济是均衡的,内在的革新尚难以打破已有的路径,在一系列条约口岸开放之后,变革才普遍出现。随着诸多港埠的对外通商,区域内部已有的均衡格局渐渐失去,华南与其他区域、与国外的经济联系关系,也发生了显著的变化。伴随着商品流动方向与数量的变化,近代中国某种意义上的"商业革命"已经出现,新的市场体系被重建,华南的经济空间被重塑。在外部性因素的介入下,在内外力量的互动之下,华南地区进入了一个新的时代。这与明清国内的长距离贸易有着质的区别,不仅仅表现在贸易的商品量上,而且表现在贸易的组织方式、商品结构上,其最根本的原因在于推动商业变化的生产方式正在改变。

一、开埠通商的外部性激励

一百多年来,关于近代中国开埠通商的变化,学界已经获得很多的事实与经验。柳诒徵即如是总结:"经济之变迁无它,吸收散殊之各点,集中于新辟之地,……集中之法第一在通商开埠,商埠之开始多迫于条约,继则自保利权,轮船走集,货物委填,其附近各地与之关联者,罔不仰通商大埠之鼻息。而此通商大埠,又听命于各大商场,铜山东崩,洛钟西应,牵连钩贯,而赢亏消息,恒不能自主。此数十年间经济变迁之主因也。"[②]

近代华南地区的开放口岸与时间如下:广州(1843年)、香港(1843年)、澳门(1843年)、汕头(1860年)、琼州(1876年)、北海(1877年)、龙州(1887年)、三水(1897年)、梧州(1897年)、江门(1904年)、南宁(1907年),这是近代中国沿海开放口岸最密集的地区。本区域主要的口岸为香港、广州、汕头,其中最重要的是香港,

---

① (日)滨下武志著,王玉茹、赵劲松译:《中国、东亚与全球经济:区域与历史的视角》,社会科学文献出版社,2009年,第109—116页。
② 柳诒徵:《中国文化史》,东方出版中心,1988年,第845页。

"伦敦东印度与中国协会"当时向英国政府提出的一项建议方案:"我们可以占据大谭湾及邻近岛屿(指香港),此地如作为港口,基础条件比澳门更好。海水既深,海峡可成天然良港,常年可用,并易于军事防守;尽管海港边几乎全是山地,但可开垦,食物上可自给自足。同时,海港边亦可开发街区用地,譬如岛的西南方有一处山腰坡地,可建足够规模的储货仓库,这片海湾还是从北方来的船只汇集的水域。事实上,中国政府无法全面干涉它的民船将茶、丝运到这里与我们进行交易。"尤其是1858年《北京条约》中,将九龙之一部分及香港的附属岛割让英国管辖,英国在九龙建设道路、船坞、住宅等[①],进一步扩大香港的势力,直接改变了华南经济地理的位序。这一过程最后完成于1903年的新界租借(借口香港防卫、香港商业地域等理由),新租借的九龙半岛、附属岛屿等陆地面积大约为香港本岛的8倍,此后进一步的扩张及企图就再也没有获得成功。

香港成为华南的首位城市与外向窗口,广州成为珠江流域的中心口岸,汕头成为韩江流域的中心口岸,北海、琼州等成为沿海次级中心,形成了以香港为龙头的港口体系,其他港口的国内外贸易大多要通过香港的转口来进行。香港港的海相腹地大约覆盖南中国海沿海区域,不仅包括海南、台湾,还包括东南亚诸国。这样的新变革与外部环境,是近代开埠通商以前所无法预见的,对区域内部、区域之间要素流通的改变也是革命性的。

同时,我们还知道,当时广东、广西两省组成的华南区域,与当时中国的其他区域相比,在自然地理上、经济地理上都具有一定的相对独立性。在近代时期,如果将华南地区与整个中国作类比,华南则是一个缩小版的中国。华南地区有一个外向型经济中心——香港,有内向的陆上腹地、水上交通路线(西江、北江等),以及其他相对独立的区域:韩江流域、粤西南、海南等地。而这一切,均被整合为以香港、广州为中心的经济系统,其中的关键脉络是一系列的口岸城市(图1-3)。

近代华南一系列口岸的对外开放,促使本地区区内市场结构的转向,在清中叶以来的基础上,获得了一个加速的进程,促成了区域要素禀赋流动趋向的改变,激发了区域经济地理格局的改变,此即一般意义上的开埠通商的激活与影响。

第一,北南走向的物资交流呈现停滞和缓慢下滑的趋向。太平天国运动的兴起,彻底地打乱了原来南北通行的商路,1853年后岭外的商路就分别向上海、闽浙等地转移。咸丰八年(1858年),五口通商大臣由广州移迁上海。传统的北南走向物资流动日趋衰落,但也并非人们想象的那样:韶关、英德的太平桥等关就征收不到税额[②]。1862年4月25日就有人奏请"派二三品京卿一人赴广东驻扎韶关,办

[①] 石楚耀(译):《香港政治之史的考察》,《南洋研究》1936年第6卷第1期,第77—91页。
[②] 张希京、欧越华修纂:《曲江县志》(光绪元年),卷四,食货志,成文出版社,1967年。

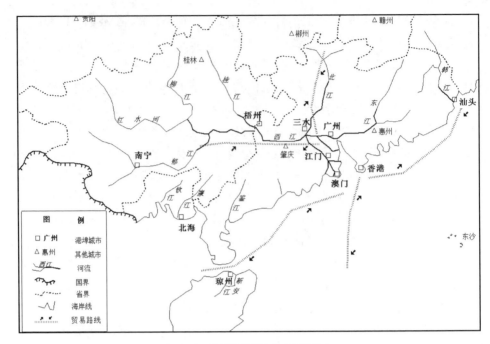

图 1-3 港埠开放后市场空间的转向

理通省厘金,专济苏浙安徽三省饷务"①。就粤省而言,三大厘金征收点依次是佛山、韶关、肇庆。1870年代沿海贸易兴起以后,南北商道才最终趋于凋零。粤赣、粤湘等北南物资流通故道的物流规模也日减,一般只限于湘桂之间、湘赣与粤省之间部分地区的一般流量的商品交换,保持较大宗流通的仅仅是粤盐北济湘南、赣南。1940年代,经济地理学家张先辰即指出:广西省在商业上"与长江流域及中原之隔膜,无殊异国"。

第二,东西走向的物资交流获得大幅增长。珠江流域中上游地区的土特产如木材、柴梓、花生油、山货、药材等,本来主要就是顺西江经梧州流向广东②,近代口岸开放后,沿西江水系东西走向的物资流动,获得了更大的发展,并且成为流域地区内物资流动的主要通道。就流动商品的内容与性质而言,主要是一般民生物品的民间私营流通。如果考虑到华南地区的内贸因素,东西向内部贸易已经成为区内经济活动的主流,这一过程从明代以来就在缓慢地滋长,表现为桂省东向门户城市梧州的兴起,在经济地位上逐渐地超过了东北角的省会桂林。但是,梧州开埠通商加速了这一进程,西江航道也成为流域内最主要的动脉,在对外贸易的刺激下,以往沿西江水系、以一般的民生物品为主的东西向物资流动显著提升。

---

① 《清穆宗实录》,卷二三,第627—633页,载广东省、广州市方志办编:《清实录广东史料》,第5辑,广东人民出版社,1995年,第178页。
② 饶任坤、陈仁华编:《太平天国在广西调查资料全编》,广西人民出版社,1989年,第24—42页。

第三,沿海、外洋贸易的增加。自1860年代广州对外贸易规模逐渐超过以往的十三行贸易(并没有计入一直存在于珠三角地区频繁的走私行为),海洋贸易的发展势头已经初露端倪。正如众多的研究一再强调,上海等口岸的开放更多地扩展了对外贸易的规模,而不仅仅是抢占了广州原有的份额,广州的海外贸易一直在平稳成长。此外,沿海口岸之间的横向联系也在不断地增强,1853年太平军占据湖北以下的长江下游地区,广东的漕粮通过"招商贩米,赴上海收兑"。该年年底广东歉收,粮价骤升,"粤西谷米亦未能运东接济,现在外洋米船到粤者,均囤聚香山澳门"①。

正如道格拉斯·诺斯所论述,经济发展方向的扭转,往往要借助于外部效应,引入外生变量或依靠政权本身的变化。随着外部势力的介入,华南地区原有的以内生演化力量为主的发展模式被打破,逐渐演化为以外力为主导的发展模式,这一切推动了晚清华南地区的经济变迁。例如,位于北江上游的乐昌县,其地方志的实业志中,在论该县商业时,感叹海禁开通后边境地区商业一落千丈,繁华烟消云散,惋惜之情,溢于言表②,殊不知这正是近代中国开埠通商以后,区域经济地理重新排列组合的结果。

二、新的市场与地方经济

近代华南地区新经济地理图景形成的进程,包括对外贸易、金融、国内市场、商品流动、资本流动等方面的变化,其中,最令人注目的是新市场结构的形成、商品贸易的增加、相关组织方式的形成,进而使地方经济的自我增长成为可能。

1. 贸易增长的方向

承接上述对开埠通商的评述,新的变化主要体现在新市场结构的形成以及贸易的增长。随着沿海港口之间、内陆腹地间、国际间交通线的纵深延伸,原先两点之间单一的交通线,开始相互连接起来,形成了回路网络。1930年代张其昀、黄秉维等在注目其时中国经济地理格局的变化中,已经强烈感受到晚清以来港口城市突出发展的现象③。一系列具有良好区位的开放口岸,从沿海到内陆,通过海运、内河、铁路等交通线,以腹地经济为依托,以国内农畜产品、手工业产品和国外工业制成品对流为内容,形成了近代外贸港口体系。

历史事实表明,当太平天国运动直接终止了广州与岭外的长距离丝茶贸易之后,开埠通商则迅速激发了西江沿线、东北江下游贸易的潜在能量,促进了岭南区内市场和外洋市场的繁荣。在口岸开放以前,华南地区的贸易对象主要是区内与沿海(包括东南亚)地区,晚清扩展到全国乃至全球。大约在1895年以后,华南传统的商品流通渠道逐渐改变,形成了一个以香港等通商口岸城市为中心,从通商口

---

① 《清穆宗实录》,卷一一〇,第706页,卷一一二,第748页,《清实录广东史料》,第4辑,第528、第531页。
② 刘运锋、陈宗瀛修纂:《乐昌县志》,卷十二,实业志,民国二十年。
③ 张其昀:《中国地理大纲》,商务印书馆,1930年。

岸到内地和农村的商业网。市场交易的扩大与商业资本的发展,城乡之间形成了工业制成品与农副产品的劳动分工体系,乡村被纳入到城市经济体系中,市场的容量与规模迅速扩大,故而,郝延平称之为近代的"商业革命"。

当国外的工业品通过口岸城市行销内地,国内的农副产品也经口岸城市集中出口国外,以口岸城市为中心的外向化市场流通体系,逐步取代了明清时期形成的国内内向化市场体系。由于市场的扩大与商品化外向化程度的提高,中国的对外贸易大幅度增长,尤其是香港成为中国南方最大的口岸城市。经由香港港进出口贸易的商品特征比较明显——即外国机制工业品与中国农副手工业产品之间的交换,出口的丝茶大部分来自珠江流域地区,尤其是珠江下游的三角洲地区。

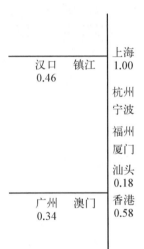

图 1-4 近代南中国港口体系示意

注释：数值为 1890—1920 年年均贸易量与上海的比值,0.10 以下的标识从略(数据来自近代海关贸易统计)。

图 1-4 标识了近代南中国的贸易港口体系,以及港口的贸易集聚度,大体上形成了以上海与香港为中心的南北两大"T"字型贸易港口圈,形成了近代中国沿海新月弧形发展地带,并具有从东南沿海向内地的推进趋势。对于华南而言,新贸易的增长点依次为香港、广州、汕头,区域贸易增长的方向发生改变,从陆地移到海洋,在商品生产地之外,形成了新的交易市场与交易中心。

2. 地方经济的萌生

近代产业革命促进了生产力的发展,进入市场的商品数量与种类大幅度增加,随着资本主义经济的扩展,开始向全球寻找市场与原料。及至 19 世纪前半叶,铁路、轮船、电报等近代交通工具的出现,加强了世界各地的联系,推动了世界市场的形成。在 1880—1914 年间,在标准金本位与以伦敦为中心的全球金融市场的引领下,世界经济的比例不断攀升,华南地区也毫无例外地卷入这一进程,从中心城市到穷乡僻壤,概莫能外。

中国的资本主义商业最早是依附在外国产业资本之上的,是当时外国在华商业资本的补充,虽然外国商业资本在中国也设立了不少的商业机构,但如果没有中国本地的商业资本作为补充,就无法顺利地进行商品流通[①]。在这一依附与合作的进程中,关于近代中国先进地区与后进地区之间的贸易,已经获得了比较中肯的看法：帝国主义的开放口岸与对中国的经济侵略,客观上促进了中国近代经济的发

---

① 杜恂诚：《民族资本主义与旧中国政府(1840—1937)》,上海社会科学院出版社,1991 年,第 6—7 页。

展,口岸城市与先进地区成为后进地区与内陆"成长的引擎"[①]。

同时我们也知道,贸易的增长必然会刺激创新,同时也带来更激烈的竞争,贸易与FDI带来的要素价格的变化可能对创新不利[②],所以,尽管贸易与经济增长之间存在正相关关系,一国开放以后能否继续保持经济增长仍然是未知的,这取决于制度的创新。在近代华南地区,主要是通过两种方式来实现。第一,通过交通运输方面的变革,缩短了原有的经济距离;第二,在相关条约的规制下,通过租界(自由港)洋行推行的贸易活动,促成了要素流动与地方经济发展。

近代商品经济与对外贸易的发展,对交通运输提出了新的要求。华南地区的商货运输向来以水运为主,有水则水,无水则陆。晚清时期,水运交通的最大变化是轮船运输的产生和发展,即由单一的木船运输进入轮木船并举(在干线以轮船运输为主,在支流以木船运输为主)的新时期。铁路通车后一度吸收了一些水路运输业务,对传统运力、运道产生了一定的影响,并形成新的货流趋向,促使传统货流改道。公路兴起始于清代末期,开始有计划的筹备建设是在民国中后期,但影响较小。但是,由于水运成本的低廉,在近代华南地区,水运仍然占有绝对优势的地位,铁路公路在客运方面一度存在优势,但覆盖面很小。

西人来华约开口岸,首先考虑是打开中国的市场倾销机器制成品,随着贸易、市场的扩大,分工与专业化随之而来。近代商品性农业、手工业、城市工业之间的专业化分工加强,同时,全球化、市场化的力量使得区域的经济活力得到了空前的释放,促进了人流、物流、资金流、信息流等经济要素的自由流动,促进了要素流向口岸地区、沿海沿江地带,在这一全球性的生产分工的演进过程中,近代经济形态逐渐在华南局部地区形成,并呈现扩大化的态势。

三、新产业经济形态的植根

随着沿海口岸的对外开放,对外贸易的数量与规模逐渐增加,近代中国经济的重心,逐渐从中部内陆地区转向沿海、沿江地区,逐渐参与全球性的交换与生产,融入程度也在不断加深,这一进程促成了国内社会经济结构的重大变化。伴随着华南地区卷入世界市场,并扩大与外部世界的交易与分工,外国机制工业品与中国农副手工业产品之间的交换更加密切,内部经济结构的改变也逐渐明显。经济要素的生产与流通的变革,必然会映射到空间上,必然在经济地理上有反映,即近代中国空间经济的大格局,从前近代的南北差异迅速转变为近代的东西差异。

故而,晚清时期华南地区经济地理变迁的背景主要有三:口岸开放、对外贸易与要素流动;交通运输条件与方式的改善;近代生产性产业(主要是工业,包括乡村

---

① 林满红:《贸易与清末台湾的经济社会变迁,1860—1895》,《食货月刊》复刊第9卷第4期,第18—32页。
② 赫尔普曼:《经济增长的秘密》,中国人民大学出版社,2007年。

工业)的兴起,其中最主要的因素是新产业经济是如何形成并蔚为壮大。

1. 从贸易到生产性产业

进入近代以后,华南地区原有的手工业品相继失去优势,并逐渐消失,对外贸易由出超变成入超,从各资本主义国家进口的商品,除各色洋布、棉纺品以外,还有毛制品、人造丝、金属及矿砂、机器及工具、车辆和船艇、金属制品、酒类、颜料、油漆、书籍、化学产品、燃料、玻璃等。相反地,输出品从过去的手工业产品为主,转换为量大而价值低的农林矿副业原料产品为主,一开始主要是生丝与茶叶,以后种类数量与日俱增。

以香港、广州口岸为枢纽的初级生产原材料大量输出国外,同时从海外进入工业品,改变了明清时期发展起来的依赖传统手工业、自给自足的自然经济体系。面对洋货倾销,中国城乡手工业的分化组合也趋明显,表现为兴衰存废并现的局面。以近代中国手工棉纺织业为例,在通商口岸城市附近,出现了以"耕织结合"为主要特征的小农家庭手工棉纺织业[①]。由于洋纱比土纱便宜,于是绝大多数农户将自产的棉花销售,改用进口洋纱织布,继续维持生产,有的还呈现出新的发展。其他的产业,诸如陶瓷业、竹器业、漆器业、草编业等,都有一定的生产规模与增长。

随着生产性产业发展,近代口岸城市不仅是中国商业和交通最发达的地带,也是近代工业最集中的地带。由于口岸城市贸易中心地位的确立,也诱导了资本与企业的集中,一些外国资本与民族资本开始在口岸城市建立近代工业,利用当地原料与劳动力生产工业制成品,就近销往内地。农业与手工业者中大量剩余劳动力的出现,为资本主义的发展提供了充足的人力资源。国外先进技术装备的传入,推动了中国资本主义工业的兴起,城市新兴工业有所发展,工业部门开始增多,结构也日趋复杂。于是,华南地区的近代变革得到启动,与世界经济体系发生了前所未有的联系,一些城市逐渐发展成中国近代工业的主要聚集地之一,城市结构和功能也随之改变。

众所周知,晚清时期近代工业的发展大致以1894年甲午战争为界,分为前后两个阶段。据统计资料,1862—1894年,洋务派官僚在各地共创办19家军事工业,雇用10 000余名工人。1872—1894年,共举办民用工业27家,雇用近30 000名工人[②]。1872—1894年,中国第一批民族资本家创办了72家工矿企业,资本总额达2 100万元。在现代工业兴起之前,在贸易经济发展的基础上,华南地区其他的生产性产业逐渐发展起来,不仅仅包括新式交通与通讯、商品性农业、乡村工业等方面,也包括官府对经济发展认识的变化。例如,提倡商战、发掘矿藏、兴办实业,社会风气正在发生变化,为近代中国从农业经济形态向工业经济的过渡准备了一些

---

① 戴鞍钢:《港口·城市·腹地:上海与长江流域经济关系的历史考察(1843—1913)》,复旦大学出版社,1998年。
② 许涤新等:《中国资本主义发展史》(第二卷),人民出版社,1990年,等340页。

基础条件。

2. 市场扩大与地方经济成长

胡焕庸曾评论道:"我国以农立国,农民成数约占全国总人口之百分之七十五,各地经济大多以自足自给为主,因此国内外商业活动,殊不若欧西诸国之繁盛,试以民国二十三年(1934)为例,我国对外贸易仅占全世界国际贸易总额之百分之二,不特英美德法诸国,均在我国之上,即如比利时荷兰意大利等,我国视之亦有逊色焉。"①就全国而言基本属实,但就华南地区观之,不仅洋货(即外国工业机制品)为区域内流通的最大宗商品,而且,国内的农副产品贸易也主要流向海外,各色商人的主要活动是推销洋货、为洋行收购土货,故而,华南地区能量最大的广东商人集团,被冠名为"洋广商"②。

以 1935 年海关所统计的直接对外贸易计,广州九龙在全国占比约 5%,居于第 4 位,汕头与汉口以 3% 并列第 5 位(上海占比 53%、天津 12%、青岛 7%)。"据英国外交部报告中的估计,20 世纪早期,35%—50%的进口商品是被通商口岸居民所消费,尽管它们只是中国人口中很小的一部分。"③

通过口岸贸易,在贸易与劳动分工的带动下,近代中国,尤其是沿海省份,正逐渐融入全球化经济,这与前近代有限度的中外经济接触有着质的差别。但是,在同时,我们必须要注意,中国在全球经济中的位序却发生了变化。从两宋到晚清,在国际经济秩序中,中国经历了从中心位置到边陲的互换,在外贸结构中,也从进口天然产品(香料、硫磺、珍珠、犀角等奢侈品)、出口制成品(瓷器、漆器、五金、布帛),转换为进口机器棉布等制成品,出口丝茶等原材料④。这一贸易结构的变化,表明了在第一次全球化时代,近代中国扩大中的市场,是依附于西方的市场分工,服从于西方厂商的生产与销售网络。随着华南沿海口岸、腹地(包括中国沿海、腹地)越来越多地卷入这一进程,区域内部、与外区域之间的经济联系与关系,正在重组之中。

小结:变动的起点与方向

前近代中国社会经济从整体上看,在生产领域中基本上是以个体家庭作为社会基本经济单位的小生产的生产方式,"从宏观看,明清时期商业贸易的市场结构仍然是一种以粮食为基础,以盐(布)为主要对象的小生产者之间交换的模式"⑤。但是,由于商人资本的运动,却存在以地方市场、区域市场,以及国内大市场共存的大流通的流通方式,"小生产和大流通"并存构成了前近代中国社会再生产中最基

---

① 胡焕庸:《中国商业地理大纲》,《地理学报》第 3 卷第 3 期。
② 千佛驹等:《广西省经济概况》,商务印书馆,1946 年,第 21 页。
③ 刘佛丁、王玉茹:《中国近代的市场发育与经济增长》,高等教育出版社,1996 年,第 35 页。
④ 郝延平:《中国三大商业革命与海洋》,《中国海洋发展史》第 6 辑,中研院中山人文社科研究所,1997 年,第 9—44 页。
⑤ 黄启臣:《明清时期两广的商业贸易》,《中国社会经济史研究》1989 年第 4 期。

本的生产流通模式,是为前近代中国社会再生产的最基本、最重要的特点①。张忠民的发现为我们理解前近代中国的市场与经济成长提供了一个钥匙。

近代对外开放逐渐改变了传统中国的社会生产模式,从字面上而言,口岸的意义,对于内地腹地而言,将有利于获取联系市场的通道,同时会推动地区基础设施的投资与改良;对于中心城市而言,将有助于增强经济集聚优势,成为区域经济成长与变革的发动机。但在实际上,却改变了旧有的社会生产模式,近代口岸商埠的成功模式可以概括如下:一是口岸城市与内部市场联系密切,推动进一步的市场分工与经济发展;二是口岸形成"现代"的功能性城市,提高资源配置的效率。

在一般的经验中,近代中国的口岸开放带动了沿海沿江地区的外向化经济发展,如果将中国内地比作一个巨大的扇面,将国外比作更为巨大的另一个扇面的话,沿海口岸就是连接这两个扇面的枢纽。故而言之,无论是对于华南,还是近代中国而言,(条约)口岸开放是近代变革的起点,无论是费正清声名遐迩的"冲击—反应"论,还是樊卫国所释的"激活—生长"论,都认可近代变革的起点,至于口岸是否是理解近代中国的一把钥匙,不可以直接、简单地否定之。王尔敏认为,五口通商为近代中国都市的发展创造了一个新的方向,形成了近代口岸都市,口岸通商并不仅仅是商业贸易,更多的是一种中外经济关系的开端、中外经济互动的开端。就区域经济而言,近代开港以后,主要的口岸城市实际上逐渐成为所在区域的中心城市,引领区域经济空间的新陈代谢,成为近代区域经济变革的"发动机"。

前近代华南沿海的外贸港口,从功能上而言多以转运为主,对于港口毗邻腹地的依存度相对并不高,这是受限于其时的市场与分工条件。亚当·斯密认为市场范围的大小决定分工与专业化的程度,阿林·杨格进一步认定分工与专业化制约市场范围的大小,分工强度与市场范围之间存有显著的正相关。随着近代分工、技术进步的变化,华南沿海市场容量的扩大,产生了一系列新的变化。

从资本的形成而言,随着市场容量的扩大,商业资本开始向产业资本转化。商业资本具有两种次级形态:商品经营资本与货币经营资本,彼此之间是可以互相转换的,商人不生产商品,经由货币资本在市场上转化为商品,进而实现资本循环,在流通中获得增值。前近代传统商业资本是独立于生产之外的,用于交换与流通环节,局限于流通领域,但在近代准资本主义的生产方式下,商业资本的位置发生改变,逐渐从属于生产资本,成为产业资本再生产的一个职能资本与组成部分②。

就产业的成长而言,随着市场容量的扩大,产业地方化与地方经济成长逐渐形成。马歇尔认为产业区源自于三种力量:知识溢出、为专业技能创造固定市场的优势、与巨大的本地市场相关的前后向关联。生产者希望选择接近大的需求市场,

---

① 张忠民:《前近代中国社会的商人资本与社会再生产》,上海社会科学院出版社,1996 年;《"小生产,大流通"——前近代中国社会再生产的基本模式》,《中国经济史研究》1996 年第 2 期。
② 马克思:《资本论》,第 3 卷,人民出版社,1975 年,第 297—303、366—367 页。

以及大的生产资料与消费品的供给市场。这一区位优势一旦形成就很容易延续下去,如果两个地区除了最初的经济规模有微小差别外,其他地方完全相同,那么这种差别也会在这些关联作用下,随着时间的推移而不断增大。

随着世界一体化程度的加深,世界市场对于区域的发展超过国内市场的影响,近代市场潜力的提高归功于贸易的迅速增长,近代华南地区的变革即肇始于此。通过参与世界贸易与分工,改变了社会资源的配置方式,同时通过对外交流获取知识、资源、资本(内陆地区通过口岸获取),并形成了区域之间的激励、学习机制。这一过程推动了区域城乡之间的产业演进,打破了前近代小农经济下的均衡状态,这一演进在产业内部与区域之间都是不均衡的,存在空间与发展级差,这也是经济发展过程中不可逾越的过程。

第二章 产业地理与生产空间

司马迁在《史记·货殖列传》中写道："夫用贫求富,农不如工,工不如商,刺绣文不如倚门市,此言末业,贫者之资也。"简单、直观且深入地刻画了传统时代三次不同产业的价值回报率。及至近代社会,在各类产业价值的增值中,在不变之余,又衍生出哪些变动的要素?众所周知,地区经济发展的不平衡与经济增长的空间转移,是资本主义经济内在逻辑的产物,也是资本主义经济增长的原因与结果。当一个特定的地区成为新一轮增长点时,逐渐形成符合其需要的新式技术、交通、机构,并衍生出一系列新式的组织关系,这一切均处于一个动态的平衡之中。

近代中国处于传统自然经济向资本主义市场经济形态的演进过程之中,诚如第一章所述,近代华南地区的经济变革始于口岸通商、市场开放、商业革命,近代中国各部门产业的发展同样始于这一新的商业经济与市场空间。这里依据三次产业的分类,按照第三次产业的流通部门、第三次产业的服务部门、第一次产业、第二次产业的顺序,依次分析近代华南地区产业经济的新形态及其演进过程,并附有专节讨论经济空间生产过程中的结构与形态,以为展示近代华南地区产业地理与生产的状态、过程与关系。

第一节 第三产业的流通部门

众所周知,近代早期英国对华战争是为了打开中国的商品销售市场,销售其工业制成品,因而,在相关的条约文本,出现了两项关键的内容:协定关税、沿海与内河航行,以为促成外国(英国)工业制成品更便利地进入中国市场,尤其是内地市场。于是,围绕着跨区域的商品贸易中的运输与分配成为经济活动的焦点之一,交通运输部门优先发展起来,其次是相关的贸易经济持续展开。故而,近代中国产业经济中的"先导"部门是第三次产业,尤其是其流通部门。

一、各类型的交通

近代华南地区经济流通部门各行业依次是:水运业(外洋沿海的现代轮船业、内河轮船电船业、传统帆船木船业等)、陆路运输业(各类型的铁路、公路、大路)、空运业、其他新式交通通讯业(有线无线电报、电话等)。

晚清时期,水运交通的最大变化是轮船运输的产生和发展,即由单一的木船运输进入轮木船并举(在干线以轮船运输为主,在支流以木船运输为主)的新时期,铁路、公路等新式交通的影响相对有限。同时,由于水运成本的低廉,近代华南地区的商货运输向来以水运为主,有水则水,无水则陆,水运占有绝对优势的地位,铁路仅在局部地区存在优势,公路主要为客运服务。及至1939年,据蔡谦的调查,广州与九龙的进出口77%由轮船运输,17%用民船,6%用铁路,公路尚无货运。广州输出土货经过广九铁路至香港,比轮船运费贵73.2%,洋货从香港到广州,经过广九铁路运送比轮船贵93.9%①。

本节将分析本地区该类产业发展的实情,解释其位序与演进。

(一) 河海水运

随着1870年苏伊士运河的通航、1871年上海与伦敦之间海底电报电缆的建立,海洋运输成本快速降低、流通便捷,这使得基于比较优势的远距离大规模贸易成为可能,促成了世界范围内贸易的大规模展开。19世纪末以来,华南地区基于海洋与河流的交通运输方面的变革,缩短了原有的经济距离,成为近代经济地理变革的"先导部门"。

正如第一章第一节中对华南地区自然地理的描述,由于本地区濒临南海,珠江、韩江以及其他河流水系纵横域内,无论是域内还是域外的交通均为便利。珠江口外的香港港,犹如长江口外的上海港,且更类似于自由港,为南中国沿海、东南亚地区通商贸易枢纽之一。故而,华南地区的"沿海航线,外洋轮船航线均以香港为枢纽,广州、汕头、琼州、北海等埠为海轮寄碇之所,余如黄冈、崖濠、潮阳、汕尾、香港、澳门、斗山、阳江、电白、吴川等埠亦有小轮航行其间焉"②。

珠江木船航程约3 000 km,汽船航程约2 000 km。西江自龙州或百色至南宁段,可通行小电船,自南宁或柳州或平乐至梧州段,可通中等电船,自梧州以下段,全年有定期汽轮往来,可通行汽轮航线1 378 km,可通行帆船航线2 479 km。大轮船可由香港溯西江至梧州,江门、甘竹均为停泊轮船的口岸。东江自和平县林寨至老隆,可通小轮、民船,老隆至河源涨水时可通行小电轮,以下常年通行电轮,东江可通行电轮约400 km,可通行帆船500 km。北江曲江以上的武水约250 km可通行木船,曲江至三水的北江段约350 km可航行电船、小轮。韩江自大埔以下,可通小轮,增水之时,可溯至福建峰市。

有关区内的水上航运路线,大约言之,东江乘轮船可以到达惠阳,改用民船可以到达汕头,西江乘轮船可以直达梧州,进入广西,北江可以乘轮船到英德,换用民船可以到达南雄。内河水运上,大汽船可以进入广州,浅水汽船可以从广州行至梧州,小汽船大多集中在广州、梧州两埠。由广州出发的航线有三:① 溯东江至老隆;② 溯北江到韶州;③ 溯西江到梧州。由梧州上航的线路有三:① 桂林线——溯桂江至桂林、平乐;② 柳州线——溯黔江至马平(柳州),民船或溯龟江至宜山或溯黔江至迁江或溯融江(大船到长安,小船到贵州三角屯);③ 南宁线——溯郁江至南宁(夏季改乘电船可达右江百色、左江龙州)③。

---

① 蔡谦:《粤省对外贸易报告》,商务印书馆,1939年,第17—19页。
② 洪懋熙:《最新中华形势一览图》,东方舆地学社,1936年,第6页。
③ 洪懋熙:《最新中华形势一览图》,东方舆地学社,1936年,第6、23页。

近代开埠通商以后,外籍轮船逐渐控制了沿海外洋航线后,大约1870年代洋务运动之际,清廷的洋务公司主要经营内河轮运。此外,一般商人也开始转向购置小火轮进行短程运输,经营珠江三角洲、韩江三角洲等内部航线、港穗线,以及众多的内河支流航线。根据1922—1933年海关十年报告的统计,1922—1933年内河中游的南宁梧州段航线轮船、帆船的数量与吨位的统计,内河轮船的吨位与数量分别是帆船的4倍、2倍①,民营帆船运输一直处于从属性的位置。

根据表2-1所示1896—1919年间华南地区各港进出口海关的船舶吨位数(由于统计方式与口径的问题,其中没有包括未设关的香港港的船舶吨位数,也没有包括其他未由海关监管的其他船舶吨位),各港进出轮船吨位数的序列依次为广州、汕头、九龙、拱北、三水、琼州、梧州、江门、北海、南宁、龙州。其中,广州港进出船舶吨位年均比例为36.90%,九龙、拱北的年均比例为21.21%(实际上为港岛周围的民船吨位数),韩江流域的汕头港年均比例为20.86%。由于相当一部分旧式船只运输没有统计,内河港口,特别是远离海岸线的内河港,例如梧州、南宁、龙州等,这里所显示的比例比实际低。图2-1以折线图的形式,显示了1896—1919年各港进出船舶的吨位数比例。

表2-1 华南各港进出船舶吨位(%)(1896—1919年)

	汕头	梧州	琼州	北海	南宁	龙州	广州	九龙	拱北	江门	三水
1896	28.68		7.25	2.51		0.03	49.69		11.85		
1898	24.21	1.63	6.42	1.51		0.04	50.62		11.64		3.94
1900	27.31	2.18	7.33	1.58		0.05	43.87		11.58		6.11
1902	26.80	2.33	7.60	2.13		0.03	43.34		10.40		7.38
1904	17.25	2.39	4.19	1.03		0.04	37.98	19.25	6.21	6.68	4.98
1906	19.07	2.94	5.37	1.06		0.03	35.44	19.58	5.97	4.66	5.87
1908	19.09	3.56	6.54	1.6	0.11	0.03	32.62	19.81	5.93	3.91	6.81
1910	20.05	4.19	5.81	1.09	0.20	0.04	32.12	19.33	6.35	3.29	7.52
1912	20.39	4.50	4.96	1.46	0.27	0.02	33.70	16.18	7.09	3.14	8.28
1914	15.51	4.50	3.57	1.16	0.39	0.02	29.60	28.31	5.70	3.36	7.88
1916	17.97	6.48	3.53	1.12	0.50	0.06	31.78	16.25	5.58	4.83	11.91
1918	16.19	6.94	3.50	0.52	0.69	0.12	28.21	20.92	6.01	4.49	12.41
1919	18.63	6.57	4.52	1.32	0.62	0.12	30.69	16.52	5.22	4.22	11.54
平均	20.86	3.71	5.43	1.39	0.21	0.05	36.90	13.55	7.66	2.97	7.28
民船	0.01	8	<0.01	0	35	100	0.2	99.2	100	3	3

数据来源:海关贸易统计年报(1896—1919年)。

---

① 蒋祖缘:《广东航运史》,人民交通出版社,1989年,第96页。

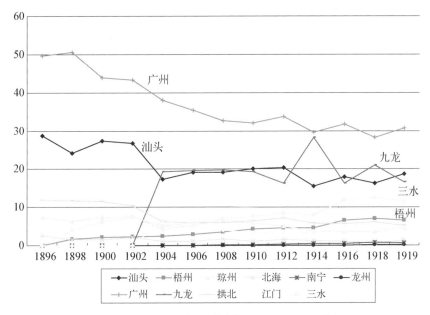

图 2-1　华南各港进出船舶吨位(%)(1896—1919 年)

虽然图 2-1 中广州港的进出港船舶吨位的相对比例呈现下降的趋势,但就船只吨位总量而言,在整体上仍然是持续增长的(如图 2-2 所示)。只是,近代广州港的航运一直依赖于香港、依赖于洋轮,故而,内港航运量较弱,虽然也需要考虑到未经过海关、未记录的那部分旧式船只的运输量。

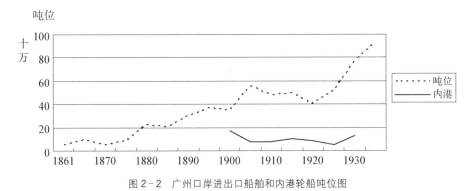

图 2-2　广州口岸进出口船舶和内港轮船吨位图

资料来源:1861—1930 年粤海关贸易统计年报。

香港地处南中国之咽喉,为东亚、东南亚商品出入的门户,世界海运的要冲。香港的水上交通便利,中、英、美、葡、荷、法、瑞、丹、挪等国均有航线至港及远东各地[①]。香港九龙之间的海港,水深四十英尺,大型的汽船、轮船不必候潮出入,且关锁甚

---

① 慎之:《香港鸟瞰》,《新时代》1948 年第 1 卷第 4 期,第 13—14、9 页。

严,是良好的港口①。香港对外贸易的水上航线有:东洋欧洲线(日本横滨至伦敦、凡尔赛等)、东洋北美线(香港至番古注、旧金山、爪哇至旧金山)、南洋南美非洲线(南洋至南美、东洋至阿非利加)、东洋澳洲线(横滨、香港至墨尔本、墨尔本至神户)、印度线(神户至孟买、喀喇蚩)、香港菲律宾线(香港至马尼剌)、南洋诸岛线(神户至苏门答腊、爪哇至中国与日本、香港婆罗洲)、香港海防线、香港曼角线(香港曼谷)、中国沿海线(香港天津、广东上海、香港汕头福州厦门、香港大连、香港广州、香港江门九江、香港梧州)②;二战后主要有:港美线、港沪线(包括汕头、厦门)、港星线(包括印度、缅甸)、港粤线(包括梧州)、港越线、港澳线③。

如表2-2所列,1844—1920年入港外国贸易船只,就数量而言,年均近万艘、年均增长6.48%,开埠初期增长较快,一战后船只数量稳中有降;就吨位而言,年均近千万吨、年均增长9.18%,与数量上的趋势相近,但增长的幅度更大,下降的趋势为缓,尚能平衡稳定。其中来港外国船只中英国占比达68.33%。

表2-2 入港外国贸易船只数(1844—1920年)

年份	数量	年增长率	吨位	年增长率	英国船吨量(%)
1844	538		189 257		—
1854	1 100	10.45	443 354	13.43	—
1864	4 558	31.44	2 046 372	36.16	55
1874	4 356	−0.44	3 034 036	4.83	76
1884	6 601	5.15	6 961 758	12.95	77
1894	8 452	2.80	10 469 232	5.04	75
1904	16 976	10.09	19 332 096	8.47	70
1914	23 740	3.98	22 069 879	1.42	57
1920	16 470	−5.10	22 576 239	0.38	—
平均	9 199	6.49	9 680 247	9.19	68.33

资料来源:调查股的《香港志略》,《国立武昌商科大学商学研究季刊》1925年第1卷第1期,第1—17页。

以下主要以区内航运中心口岸广州为例,对本区航运业的演进作一阐释。

虽然英国在1811年第一艘汽船就已经下水,但在鸦片战争以前,外国来广州港贸易的商船,一般只有数百吨或千来吨,很少超过一千五百吨,而且基本都是木帆船,第一次鸦片战争以后,对华大规模的轮船运输才得以兴起,1845年大英轮船公司每月有快班船从南安普敦(South Ampton)到香港,开始与广州建立了快捷的联系④。

---

① 张其昀:《香港的前途》,《思想与时代》1948年第51期,第1—3页。
② 麦思源:《六十年来之香港》,《循环日报六十周年纪念特刊》1932年纪念特刊,41—63页。
③ 赵元培:《光复后的香港贸易(香港通讯)》,《经济周报》1946年第3卷第2期,第14—16页。
④ 马士:《中华帝国对外关系史》(张汇文译),生活·读书·新知三联书店,1958年,第1卷,第386页。

同时,西方国家在华的航运业除了采用轮船和选择更为便捷的航线外,主要就是在通商口岸投资开办轮船公司。当时在广州运营的规模较大的轮船公司主要有①:

① 省港澳轮船公司(1865年成立),总店设在香港,广州设有分店。这是当时外人经营的广州至香港之间最大的轮船公司,共开辟有香港至广州、香港至澳门、广州至澳门、广州至梧州等4条航线。② 太古洋行的伦敦中国航业公司,开通了4条以广州港为起讫点的航线:广州至上海、青岛、牛庄、天津。③ 怡和洋行的印度中国航业公司,在香港和上海设有分公司,在该公司的16条航线中有3条是以广州为起讫点:广州至上海、至天津、至青岛。④ 旗昌轮船公司(1862年成立),1863年开辟上海至香港的航线。

1866年大英轮船公司买办郭甘章,购置轮船在广东"未开放的西海岸的一处口岸"航行,光绪三年(1877年)拥有13艘轮船②。1874年广州招商局购进轮船,开始经营航运业,与北方诸港的生意日隆,通达广州的航程有牛庄、上海、汕头、香港、澳门。

同时,一般商人也开始转向购置短程运输的小火轮,广州出现肇兴公司、源安轮船公司等民营小企业,经营珠江三角洲地区以及港穗等线③,从华南航道的外商轮船公司竞争中,稍分其利。1870年代末期,华商梁定荣在佛山创办广德泰轮船公司,"置海舶由粤直走天津"④。一战以后,远洋、沿海甚至内河的航行主要由洋轮操纵,一般的民营小拖轮、帆船则退回珠江三角洲的河网地带以及其他支流航道,不过,随着内地市镇工商业经济的繁荣,这些拖轮、帆船一度又特别兴盛,虽然相对比例仍然快速下降。

1912年,广州出现专司航运机构,同年设立交通司航政课。1913年改为全省交通管理处,同时设立16个航政分局,分别位于珠江三角洲的三水、陈村、江门、香山、石龙、佛山、惠州;随后多有变动。1926年广东航政局所属的分局共14处,促进了管理与规范,不过于航务贡献无多。珠江三角洲内的水上运输中心是广州和江门两港。

就航线而言,广州成为珠江内河航运中心,省港澳轮船公司开设了广州、香港、澳门、梧州的内河航线,广州与上海、青岛、天津、牛庄之间的沿海航线,由怡和、太古洋行经营。香港成为沿海与外洋航线中心。

在陈济棠主粤期间,广东的局势较为稳定,航运业获得进一步的发展,内河轮

---

① 张心征:《中国现代交通史》,中正书局,1889年,第315、298—300、313—315页。
② G. B. Endcott, *A History of Hong Kong*, p. 105 转自聂宝璋:《中国近代航运史资料》,第1册(上),上海人民出版社,1983年,第1335页。
③ 关其学等:《论经济中心——广州》,广东高等教育出版社,1987年,第76页。
④ 冼宝干纂:《佛山忠义乡志》,卷十四,列传,民国十五年。

船如省港、港澳、港江(门)、港梧(州)等线,在1920年代最后几年均"营业极佳"①,新的航线不断开辟。图2-1、2-2也显示了1920年代后广州港轮运的扩展。1931年初,南京国民政府交通部呈报行政院,拟在沪、汉、穗、津、哈尔滨5埠设立了航政局。但经国务会议讨论,认为广州港仍并非大区域性的航海中心,故而将广州局设在香港,由新成立的香港航政局兼辖闽、粤、桂三省各部,并训令交通部知照②。南方港务局设在香港,表明广州航运业对香港的依附和共生关系。

(二)陆上交通

1. 铁路运输

近代广东省通行的铁路,共有七条主线与支线:粤汉铁路——自广州黄沙至韶关、经湘鄂两省到武汉;黄埔支线,从粤汉铁路西村站直达黄埔;广三铁路——广州对河石围塘至三水;广九铁路——自广州大沙头经深圳至香港对岸的九龙③;新宁铁路——自台山北至江门、南至斗山、西至白沙;潮汕铁路——自意溪南至汕头;汕漳轻便铁路——自汕头经澄海至漳州。

其中,粤汉铁路的修建比较缓慢,1906—1909年修成广州黄沙—琵琶口段(82 km);1911年到黎洞,延长24 km;1916年修至韶关,1936年4月接轨,9月1日全线通车,"平定粤局后,新赶成之路基松软,石渣未铺,站屋未建,给水设备未完……而路上一切路轨与车辆均不能有相当维持与修养,至于一切业务之改进,更不遑暇及"④。粤汉铁路主要局限在与水运的竞争,在一般情形下,汉口土货运往上海的运费,比汉口运往广州的运费平均低39.1%⑤。仅部分出口西欧的湖广货,选择从广州出口。据蔡谦的调查,1938年从汉口经粤汉线出口美国土货每公吨71.07国币元,下长江经上海是51.46元,出口欧洲的运价分别是88.29元、77.81元⑥。不过,粤汉铁路通车后,对于大量物品多订有特价,运米尤为低廉⑦,对于区域间的物流还是产生了显著的影响。"惟在粤汉铁路尚未完成以前,陆路交通不便,国内输进之米,向以皖米为最多,桂米次之,湘赣之米,则比较为少,自民国二十五年十月间,粤汉铁路全线通车后,陆路运输便利,国米供应情形,为之一变。湘米运粤,跃居首位。"⑧原来湘米自水路从上海转运,"费用昂贵,需时亦久",每石运费需法币八角一分六厘;粤汉铁路通车后,铁道部为调剂粮食,对于其运费减半收取,每石运费为法币四角八厘⑨。

---

① 《贸易》,《中行月刊》1932年第4卷第1—2期。
② 《银行周报》1931年第15卷第4号。
③ 广东经济年鉴纂委员会:《广东经济年鉴》,1941年,A83页。
④ 凌鸿勋:《粤汉铁路通车后之情况及整理之步骤》,粤汉铁路管理局,1937年。
⑤ 蔡谦:《粤省对外贸易调查报告》,商务印书馆,1939年,第17—19页。
⑥ 蔡谦:《粤省对外贸易调查报告》,商务印书馆,1939年,第20页。
⑦ 凌鸿勋:《粤汉铁路通车后的情况及整理之步骤》,粤汉铁路管理局,1937年,第22页;铁道部财务司调查科:《粤汉线株韶段经济调查》,1933年,第3页。
⑧ 陈启辉:《广东土地利用与粮食产销》,成文出版社,1977年,第26097—26098页。
⑨ 陈启辉:《广东土地利用与粮食产销》,成文出版社,1977年,第26104页。

1901—1903 年修成广三铁路,全长 48.92 km,1907—1911 年修成广九铁路,全长 142.77 km,1920 年代末更换旧机车与客车,往来时间减少到约 3 个小时[1],获得了显著的经济效益。因为就客运而言,"轮船太慢、飞机太贵,所以广九铁路业务特别发达,每天对开四次至六次车,也往往有人满之患"[2]。就货运而言,受到水运的竞争,利用率则相对较低。1948 年上半年 6 个月火车客运 179.41 万人,货运仅3.977 5 万公吨[3],主要经营客运。

1900—1910 年间广州的外贸出口增长 281%,进口增长 236%,有评论认为与铁路建设关系莫大:"盖其时广州三水间之广三铁道,广州佛山间之粤汉铁道,佛山三水间之铁道,广州九龙间之广九铁道,均已次第通车。是则广东宝库之开发,不得谓非有赖于铁道之敷设者此也。"[4]不过,据计算,1917 年中国铁路的平均运输成本为 6.65 元/千公吨,故而,在华南新式铁路可以部分代替传统水运,但相对比重尚未十分显著,没能改变区域水路运输的网络结构。此外,近代华南地区最重要的广九铁路与粤汉铁路也没有实现接轨,这其中固然有涉及中英两国间政治方面的顾虑因素,但也是铁路经济效应不甚突出的反映之一,另外,广三、新宁、潮汕等短途铁路的便利,一般主要惠及数县,对区域性的物流没有产生明显的影响或改善。

近代广西的铁路建设,已经完成河内至龙州铁路建到镇南关,其他预计中建造的广重钦渝湘桂线、南梧南龙线等,多未竞开建,故而影响仅限于龙州一隅,且不甚突出。

2. 公路运输

正如前所述,近代华南地区的汽车与公路运输主要体现在城区或连接城区的交通干道,且主要以客用或专用为主。

以香港、广州为例,截至 1932 年,"本港即穷山僻壤中亦莫不有车舆可达,维多利亚城内,道路如织,交通尤称便利,……恃人力之肩舆、手车及用人力推挽之三轮运货汽车等,已日趋淘汰";九龙方面,连接半岛的各路线的五条主要街道已经完成,并新开辟环绕新界的公路约 60 里,1921—1931 年间新界长途客车增加 3 倍;此外还有有轨电车、公共汽车来往主要街市,以及出租汽车、山顶缆车[5]。随着汽车日益增加,市内交通日益便利,1947 年香港市内汽车约 5 000 余辆,上下班时间,"横贯全港的主要干道皇后大道上,真有'车流如水'之盛",时有堵塞[6]。1920 年广州街头出现客运汽车,1926 年市政当局招商 5 家公司承办客运汽车业务,共有汽车 30 辆,1928 年广州市公用局开办市营搭客汽车,路线一条,由财政厅前经双门底

---

[1] 麦思源:《六十年来之香港》,《循环日报六十周年纪念特刊》1932 年纪念特刊,第 41—63 页。
[2] 易宜曲:《广州与香港》,《旅行天地》1949 年第 1 卷第 3 期,第 42—43 页。
[3] 张梦兰:《一年来的香港交通》,《经济导报》1949 年第 102 期,第 138 页。
[4] 峙冰:《铁道与贸易》《上海总商会月报》一卷六号,言论,1921 年 12 月,第 20—21 页。李文治:《中国近代农业史资料》,第 1 辑,生活·读书·新知三联书店,1957 年,第 415—416 页。
[5] 麦思源:《六十年来之香港》,《循环日报六十周年纪念特刊》1932 年纪念特刊,第 41—63 页。
[6] 《香港的交通》,《生活在香港》1947 年第 1 期,第 16 页。

(今北京路)右转长堤到沙堤,终点站黄沙。1934年市区共有搭客汽车路线14条。1937年广州10家小公司联合成立公共汽车股份有限公司,共有公共汽车166辆,解放前夕共有240辆,全部私营,行驶16条路线[①]。

在主要城区之外,在1930年代前期,广东广西的公路建设中,无论是汽车路还是大路均进步显著。尤其是广东省修筑了以广州为中心,纵横省内东西南北的13条公路干线,另有19条在建或接近完成。在海南岛修筑环岛公路干线,1933—1934年修成4 000 km以上的公路干线,使得该省公路里程数居全国各省之首[②]。1921年广西最早的汽车公司粤西汽车公司成立,经营邕(宁)武(鸣)运输业务,还有原有的两条与广东相通的公路:八会路(八步至公会)、容苍路(容县至梧州)。

就汽车路而言:广东省较著名有惠州至潮州、饶平;自惠州经过梅县至福建峰市;自揭阳至平远;自增城至和平,自曲江至坪石,自广州至增城,自罗定至信宜,海南岛公路以海口为总汇,共六千余里,已经建成约半,主要是琼海、琼东、海丰等线路。广西省公路已经修成的有:南宁至武鸣,南宁至郁林,郁林至大乌墟,南宁至马平,马平至长安、六寨、钟山、石龙,桂林至全县、濛江,龙州至水口镇南等。就大路而言:广东省大路,经江西南来过南雄、韶州,至省垣为中线要道,跨省联络有三:① 自韶州北经过乐昌至湖南;② 自省城循西江到广西;③ 自省城经过惠州潮州达福建,其他自肇庆经阳春、茂名、合浦到钦县等地[③]。广西省大路可分为五支:① 省会循右江经百色通云南;② 省会沿左江经龙州出镇南关入越南;③ 南宁循郁江、西江经桂平、梧州东至广东;④ 宜山经思恩北达贵州;⑤ 由梧州循桂江至桂林,通湖南。

战前广东省规划的公路干线7 480华里,支线2 079华里,干线已经完成1/2,支线已经完成1/5,有东西南北四路[④]。东路4干线:第一由广州经增城、博罗、惠州、惠来、普宁、揭阳、潮安、饶平至福建和平;第二由增城经龙门、河源、五华、兴宁、大埔至和平;第三由惠阳经宝安至九龙;第四由揭阳经丰顺至梅县;第五由梅县经蕉岭、平远至江西。西路2干线,第一由广州沿广三铁路经德庆至梧州;第二由三水经四会、广宁至广西怀集。南路6干线,第一由广州经南海、鹤山、开平、恩平、阳春、茂名、化县、廉江、合浦、钦县、防城至安南;第二由化县经遂溪、海康至徐闻;第三由高明经鹤山、台山至慈溪;第四由佛山经顺德、新会至台山;第五由顺德经中山至澳门;第六由琼山绕海南岛一周。北线4干线,第一由广州经花县、从化、佛冈、翁源、始兴、南雄至江西;第二由翁源经曲江、乐昌至湖南宜章;第三由佛冈经英德、阳山、连山至湖南临武;第四由四会经清远至英德。

[①] 广州省立中山图书馆编:《老广州》,岭南美术出版社,2009年,第253页。
[②] 广东经济年鉴撰委员会:《广东经济年鉴》(民国二十四年度),广东省银行经济研究室,1936年。
[③] 洪懋熙:《最新中华形势一览图》,东方舆地学社,1936年,第22页。
[④] 广东经济年鉴编纂委员会:《广东经济年鉴》,1941年,A63页。

但是,我们也需要清醒地认识到,由于费用相对昂贵,汽车一般较少用于民间日常使用,尤其是货运和区内普通城镇或内地。例如,二战后广九公路修建并通车,"但其功效来说,它所能收到的效果还是很轻微的。因此,在香港的陆上交通来说,它的重心还在九广铁路方面"。1934年林翼中巡视粤省各县后发表演讲:"查台新、四邑(新宁、开平、新会、恩平)及南路各县,兴筑公路颇具成绩,省道干线固已完成,即县道及乡道,亦多已贯通,陆路交通至为便利,……北江各县人民,对于筑路运动颇具同情,……西江各县交通,端赖航运,沿江轮渡,往来如鲫,对于公路甚少注意。"①1930年代初,琼崖地区调查显示:"三四年前本有汽车专司往来,近则因农村经济破产及他故而停顿,其所有搭客货物均已改为船往来。"②广西"全省共有汽车路五千余里,本省各大城镇,交通尚便,惜车费过巨,老百姓恐不容易享受"③。近代华南地区,基本的交通方式仍然是以水运为主④,陆上运输为辅,大体合乎俗语之言的"南船北马"。

(三)航空与新通讯

1. 航空运输

近代华南地区的空中客运业务的发展,加强了香港、广东、广西与省内各地,以及港澳、国内外的快捷联系。

1920年4月广州大沙头曾设立了军用航空局和飞机修理厂,这是中国早期制造飞机的第二个工厂,至1927年开始设计和制造飞机。1933年10月沪粤线开通。南京政府筹建以南京为中心的京粤线、京桂(至梧州、南宁)线。1934年广东空军决定和美国公司在韶关合办飞机制造厂,1935年8月基本建设完工。同时,相关的航线也在开辟。1920年代初,京粤线建成,另筹建粤汉(汉口)线,沪粤线,滇粤线(经过南宁),粤川(成都)线(经过桂林)。1936年中国的第一条国际航线——广州至越南河内通航。1946年10月广东省政府编写的《广东省五年建设计划草案》中,根据各地财力及背景,将全省民航分为中、东、南、北四区,第一:中区,在广州市设民航公司总站及维修厂、电台、气象台、地空联络台;第二:东区,在汕头、平远、惠州、梅县、兴宁等地,设场站、电台、气象台及地空联络台;第三:南区,在琼州、湛江,设场站、电台、气象台;第四:北区,在曲江、南雄,设场站、气象台、电台⑤。

1928年广东广西省政府计划发展航运业,东线由广州经过惠州至汕头,西线由广州经梧州至南宁,南线由广州至琼州海口,以广州为总站,惠州、汕头、梧州、南宁、海口为分站,后来因为政治军事问题而搁置。1930年12月广州梧州航线开通,而后在汕头、海口、北海、韶关、南雄、梅县、从化、英德、太平、唐家湾等建航空站。

---

① 广东省民政厅:《广东全省地方纪要》,1934年,第1册,第62页。
② 林缵春:《琼崖考察记》,《琼崖农村》,1935年,第49页。
③ 陈铁民:《从香港到桂林(广州通讯)》,《华年》1932年第1卷第7期,第16—17页。
④ 广东经济年鉴编撰委员会:《广东经济年鉴》(二十四年度),广东银行经济研究室,1936年。
⑤ 广东省五年建设计划起草委员会:《广东省五年建设计划草案》,1946年。

广西则建有梧州高旺、桂林二塘、柳州帽合等一批民用机场①。1932年3月广西省政府设立广西民用航空局,5个月后因资金、管理等不足而裁撤,改为广西航空管理处,在柳州帽合机场修筑房屋、机库,拟开辟省内南宁至梧州、柳州、桂林、龙州等航线,后也因为经费问题中止。1933年中开辟广州、梧州、南宁不定期航线,后来因为两广政府失和,并入西南航空公司。西南航空公司成立于1933年,设立于粤桂滇闽黔五省,为官商合办性质,1934年5月开航广州、梧州、南宁、龙州线,9月开航广州、海口线,两线共长1 338 km。抗日战争期间停航,胜利后复航,直至1947年停业。

当时全国的航空运输,均存在航线短、规模小等问题。近代航空运输的发展,主要是为了考虑中央与地方、邻省之间的军事或商业联系,故而以主要政治、经济城市为中心辐射,政治军事用途之航线一般不考虑经济收益或盈利,较少用于商业。

但是,在香港所发展的航空运输,则更多是服务于商业用途。一般印象中,我们公认上海是近代东亚交通的枢纽,这主要是指水路,及至1930年代,随着粤汉铁路、黄埔港建设的发展,以及空运技术的进步,处在欧美东亚之间的香港正积极图谋发展成为东亚的空运枢纽。1927—1932年间香港启德机场建设展开,成为英国远东最大的机场。1936年美国泛美航空公司开辟美亚洲航线——(檀香山)、菲律宾、中国香港,运送旅客、邮件;英国帝国航空公司开辟中国香港、新加坡、槟榔屿民航,筹备中国香港缅甸间航线;中国航空公司建立上海香港、汉口香港航线,后又增设香港、柳州(广西)、河内(越南)昆明(云南)航线,各国航空公司在港设立者有11家②。二战后香港空运发展迅速,1939年启德机场共载客61 616人;1948年截至11月,载客207 112人,货运15 728吨,邮件295吨③,出现明显的增长。

2. 邮政运输

近代以前,广州民间书信传递主要依赖民办专营的民信局。晚清外人开始在广州设立邮务机构,史称"客邮"。1866年广州海关开始兼办邮政。1897年大清邮政广州总局成立。1911年改为广州邮政总局,1912年改为广东邮务管理局,邮政业务渐具规模。此后,客邮与民信局逐步微弱。1936年广州共有21间邮政支局,形成了一个完整的运输网络,内设投递、分信、运输、快递、挂号、包裹等部门。自开办之日到1938年广州沦陷,广州邮政管理局的重要职务多由英国人担任,一切规章全部效法英国,广州沦陷后,在粤北后方成立广州省邮政局驻曲江办事处④。

---

① 欧阳杰:《中国近代机场建设史1910—1949》,航空工业出版社,2008年,第10页。
② 慎之:《香港鸟瞰》,《新时代》1948年第1卷第4期,第13—14、第9页。朱振之:《东亚空运的枢纽:香港(社会)》,《儿童世界(上海1922)》1938年第40卷第11期,第14—17页。
③ 张梦兰:《一年来的香港交通》,《经济导报》1949年第102期,第138页。
④ 广州省立中山图书馆编:《老广州》,岭南美术出版社,2009年,第139页。

随着各类水陆交通方式的拓展，广西省"凡路局邮车邮船所通之处，悉皆代运邮件，查二十一年代运邮件重量，为一十三万公斤，二十三年增至二十八万斤，各地邮件，昔之需时数日或十数日方可到达者，现仅需要数小时或一二日而已"①。在苍梧设一等局、二等局各一所，在桂平设二等局、三等局各一所，在平南设二等局一所、三等局二所，在全县、桂林、平乐、容县、贵县、郁林、柳州、百色、龙州设二等局各一所②。1933年广西省各局寄出普通包裹件数价值分别如下表2-3所示。

对比表2-3、2-4，关于1933年广西省内各邮政局通过的实物包裹与资金汇兑，在各邮局的集中度非常相近。但是，通过邮政局发出的实物包裹大多来自省内中西部地区，例如桂林、百色、柳州、平南，有些可见的差异是汇兑资金，更多来自省内东部、中部，例如苍梧、桂林、柳州、桂平。

表2-3 广西省各局寄出普通包裹(1933年)

	件 数	价值(元)
桂林	4 009	26 972
百色	2 882	13 837
柳州	1 556	17 358
平南	1 493	23 214
郁林	654	3 171
容县	536	2 558
龙州	531	8 469
平乐	458	4 669
桂平	432	2 250
苍梧	317	2 118
贵县	237	494
全县	133	746
合计	13 238	105 856

表2-4 广西省各局经办国内汇兑(1933年)

	汇张数	汇金额	兑张数	兑金额(元)
苍梧	4 650	182 219	4 304	158 428
桂林	2 805	108 028	4 796	139 570
柳州	3 142	89 730	2 347	56 841
桂平	1 149	39 193	1 420	43 464
龙州	1 971	59 946	574	42 562
郁林	837	24 623	1 153	41 230
容县	503	15 721	901	32 584
贵县	938	26 592	754	31 074
平乐	1 031	27 169	574	21 782
平南	644	19 377	688	21 713
全县	758	24 545	563	20 838
百色	806	42 169	224	2 569
合计	19 234	659 312	18 298	612 655

资料来源：广西统计局：《广西年鉴》，第二回，1935年，第806—811页。

---

① 广西统计局：《广西年鉴》，第二回，1935年，第710页。
② 广西统计局：《广西年鉴》，第二回，1935年，第796—797页。

3. 电报、电话通讯

1871年2月29日香港上海间电报接通,传送译信仅需1—2个小时,"日内有中国米商买米以香港价贱汕头价昂,以电报传信至上海,嘱发往汕头毋往香港,接信者稽其时刻仅一二点钟转,疑信伪,欲勿发香港,不知电报已成,故如此神速耳"①。1872年远东与欧洲线开始启用。大北电报公司1869年成立,在沪港电报接通首日,往来电报仅70封,至1910年每日约800封电报,至1932年每日平均2000封,便捷联系国内外;1871年大东电报公司成立,连接中国与东南亚各地;1881年中国电报局之港局成立,连接广东与内地各局。1936年香港无线电台筑成,后迁移到德辅道,"拍发一切公私来往无线电讯,已成公用之交通机关矣"②。

广州电信建设始于1880年代,绅商集资筹建广州至香港陆上电报线。其后,官督商办及官办的广州电报局与粤桂官电总局先后成立。清末与民国时期,广州电信门类陆续增加,在国内率先安装无线电台。市内人工电话、自动电话、无线电长途电话等相继开通,为当时国内电信业务量较大的城市。1948年广州电信局开通的电报直达电路共40路,长途电话电路共52路,广州市内自动电话有一个总所、两个分所,总机容量共9600门,但市内公用电话仅有8部③。

关于新式通讯的效用,例如,广州杂粮行进货系由各地办庄采购,杂粮来自青岛、天津、上海、营口等地办庄,米谷来自芜湖、汉口、长沙、上海等处。"用电报互通消息,商议采办多少,待购入货物后,即须将货款汇上,近者多采用汇押方法,由各地办庄将货物汇押来粤,到省后即存入轮船公司之货仓,所押款项,可做至七折左右。"④

1916年广西单独成立电报区,有一等局南宁、梧州2所,三等局桂林、柳州、龙州、百色4所,四等局平乐、桂平、贵县、郁林、宜山、靖西6所,其他各县设立支局⑤。

根据表2-5所示的1934年广西省各电报局的账目,平均仅20.37%的收入来于商务活动,且主要来自于高等级电报局,即便最多使用商务活动的梧州局,也仅有48.35%的电报资源用于商务。相反地,平均82.01%的电报资源用于政务活动。

表2-5 广西省各电报局记账与收入(1934年)

	局等级	政务电报记账	%	商务报费	%	其他报费	附带收入*
梧州	一等	47 902	46.97	49 314	48.35	910	3 861
南宁	一等	379 874	88.85	41 556	9.72	197	5 918
龙州	三等	43 254	81.05	9 140	17.13	0	975
柳州	三等	38 260	80.71	8 461	17.85	10	675

---

① 《Ⅸ、中国香港至上海电线报成》,《中国教会新报》1871年第134期,第11页。
② 麦思源:《六十年来之香港》,《循环日报六十周年纪念特刊》1932年纪念特刊,第41—63页。
③ 广州省立中山图书馆编:《老广州》,岭南美术出版社,2009年,第141页。
④ 广东省银行经济研究室:《广州之米业》,1938年,第53页。
⑤ 广西统计局:《广西年鉴》,第二回,1935年,第813页。

续 表

	局等级	政务电报记账	%	商务报费	%	其他报费	附带收入*
桂林	三等	38 879	86.98	5 394	12.07	11	414
宜山	四等	21 012	85.57	3 193	13.00	86	265
郁林	四等	7 574	71.18	2 705	25.42	105	256
贵县	四等	2 622	47.89	2 569	46.92	5	279
百色	三等	40 487	93.14	2 537	5.84	118	326
桂平	四等	25 056	91.07	2 256	8.20	1	201
平乐	四等	3 683	62.72	2 086	35.52	0	103
靖西	四等	9 674	94.89	448	4.39	0	73
Total		658 277	82.01	129 659	20.37	1 443	13 346

* 附带收入一般指挂号、分抄等。资料来源：广西统计局《广西年鉴》，第二回，1935年，第820页。

1925年香港成立电话公司，至1932年用户由5 000增加到1万，1930年有线电报沿广九路连通至九龙，1931年连通至广州，并逐渐连接至国内、国外有线无线电[①]。截至1936年，广东省内无线电话，建有广汕段（广州至汕头）。长途有线电话线路均为官办，建有3线：广韶线（从广州起，沿粤汉铁路至韶州）；广惠线（广州沿广九铁路线，至石龙、惠州、东莞）；广清花线（由广州至清远、花县）[②]，覆盖了主要的节点城市。

近代华南地区的电报电话等新式通讯方式的使用及推广，虽然一度并不主要用于商业与商务活动，但对经济发展的推动作用是显而易见的。

二、交通基础建设

从近代中国交通运输的大局来看，譬如1930年代张其昀、黄秉维等学者在关注当时中国经济地理格局的大变化中，已经认识到港口城市与航运突出发展的现象；同时，从口岸城市的腹地府县、乡镇来看，近代中国南方交通运输是水运为主、陆运为辅。故而，关于交通设施的建设，主要需要关注口岸城市的航运设施建设，以及内地的陆上道路建设。在对近代华南地区，以水运为主辅之以陆运、空运等多种方式的流通方式，有着一个概貌性的理解之后，为了进一步理解这一情景的形成过程，可从交通的基础建设角度获得一个相对较完整的认知。

（一）广州等港的发展

我们知道，口岸与腹地之间的货物流动涉及铁路、海运、捐税征收、码头装卸存储、企业市场交易、金融信用效力、货币流通等系列环节问题，例如，港口仓储业、码

[①] 麦思源：《六十年来之香港》，《循环日报六十周年纪念特刊》1932年纪念特刊，第41—63页。
[②] 刘维炽：《广东省经济建设概况》，《各省市经济建设一览》，实业部统计处，1937年，第240页。

头、灯塔等设备,以及河流通航条件。口岸对于外部市场卷入最直接、最优先的载体为贸易,而贸易的发展具有强烈的交通指向。在近代华南,船运是最主要的商业交通方式,铁路等新式交通的影响相对仍然有限,1930年代以前公路和航空运输基本上不用于一般的商业行为,之后也未成为主体方式之一。所以,港口建设与航运拓展,也就成了港口崛起的基本前提,也是区域交通基础建设的主要内容。

广州港基本上属于内河港,由于黄埔一度作为广州的外港,因而兼有部分海港色彩。在五口通商时期,来广州的外国船舶基本上停靠在黄埔,1857年第二次鸦片战争期间外轮正式进入省河。随着广州、黄埔间水道淤塞的严重,尤其在1898年西江开埠通商、内河对外开放以后,广州港的内河色彩增强,事实上,没有独立发展的外港,广州就难以成为区域性的经济中心。

从历史事实来看,广州开埠后港区开始向珠江后航路方向延伸,主要在洲头咀、芳村、大涌口、白鹤洞、白蚬壳等处,形成了一个面向外洋背靠珠江的新港区。同时,港口的配套设施也有所改进,截至清末省港澳轮船公司、太古洋行、怡和洋行等就在广州建筑了4座码头、20间货仓和煤油仓库①。1884、1890年轮船招商局在广州分别设立仁和保险公司(附有仓库)、大涌口码头②。1904年广三铁路通车后,在黄沙、石围塘建有驳船码头。1911年在芳村建成了一个包括货仓、码头、店铺的综合性临河商场区。

广州港的重心在沙面西南的白鹅潭,潭阔水深,是停泊各类商船和军舰的理想地方,从珠江的东西航道出口,和香港联系也很方便,在地理位置上得天独厚。英法联军在入侵广州的时候,就密切关注沙面,当时耆英向皇帝奏报:"沙面河道,为外郡晋省必由之路,该夷意在以沙面驻兵,扼省城之背,是使我守备全无,得遂其挟制把持之计。"③1858年沙面成为英法的租界,停泊在白鹅潭的外洋船只开始增多。此后,白鹅潭港区更加繁盛,开始向珠江后航路的方向,主要是洲头咀、芳村、大涌口、白鹤洞、白蚬壳等处延伸。这样,原先省河沙面以东的地区反而成了广州港的次要部分,主要作为内河船舶停靠和装卸货物的处所。

1867年省港澳轮船公司在广州省河天字码头以西的老公行建立了近代广州第一个码头,并在码头附近建起了仓栈。不过,在广州建码头、仓库最多的是太古洋行。19世纪末太古糖厂生意兴隆,糖品畅销广州,洋行就在广州的琼花直街建造一间仓库,1904年在河南白蚬壳又建设1座仓库和4间货仓,1906、1907年两年又加筑2座码头、4间货仓④。此外,怡和洋行经营的印度中国航业公司,在芳村东

---

① *Canton Annual Reports for the Year 1904*,1905,1906,1907,《中国旧海关史料》;黄孝宽:《英帝国主义侵华企业怡和公司》,《广州文史资料》,第8辑,1963年。
② 聂宝璋:《中国近代航运史资料》,第1辑,上海人民出版社,1983年,第1091页。
③ 《筹办夷务始末》(咸丰朝),第6卷,第1936页。
④ *Canton Annual Reports for the Year 1904*,1906,1907,《中国旧海关史料》。

岸大涌口建有9座货物仓库,在江畔建有2座码头仓库①。20世纪初,德国商人、美国洋行、兰格煤油公司也分别在河南花地建造煤油仓库。②

与外商比较,中国官府与商人的动作显然要迟缓得多。1884年轮船招商局在广州设立的仁和保险公司建有仓库,担保商货、堆积货物、收取租金,成为广东近代最早的中国仓库。1890年招商局在河南大涌口建成的一个码头是最大的一个③。1911年,华商华庆公司在广州芳村建成包括货仓码头、楼房店铺的综合性临河商场区。1904年广三铁路通车,粤汉铁路公司在黄沙建有铁路驳船码头,在石围塘也有正对黄沙的驳轮码头。

虽然广州港口自然条件并不优越,但港口的发展空间直接关系到城市的拓展,要发展便亟须规划港区、疏浚航道,不过因理念和思路的滞后,这一方面进展迟缓。直到1901年,广州港区范围才进行了相当的扩展,增加了抛锚地,对港口码头等设施也开始建立了比较完善的管理制度④。然而直到1904年,珠江前、后航道中的障碍物才得到彻底清除,而早已开始出现的广州港后航道的淤塞情况又日益严重。尤其是大尾叉和大石坝等处,历届政府的疏浚基本上是治标不治本,淤塞程度有增无减。1921年孙中山的"南方大港"计划,规划建设一个由黄埔到佛山,包括沙面水路在内的新广州市。但是,该项建设一直停留在规划层面上。及至1928年,后航道最浅处的最大深度小于11英尺,吃水超过9英尺的普通海轮进港已经困难,远洋货轮不得不经香港、澳门转运广州⑤。

于是,加速开拓黄埔港区,便成民国时期广州港拓展的关键所在。当时黄埔港的设计者、留美技师李文邦认为:"黄埔港的位置,据南方大港的咽喉,为广州的外港。货物出入所必经,装载起卸之所在,实际上是南方大港的大港。换言之,广州河南佛山乃黄埔之尾闾,黄埔港乃南方大港之本部也。"⑥但是,黄埔港的潜在功能一直没能发挥出来。1926年国民政府在民众的推动下,组织机构,筹措资金,以建设黄埔港,但因政府资金迟迟不到位,开港开埠事宜不久就陷入停滞。

不过,1926—1927年初省港罢工期间建成的连接广州至黄埔的中山公路,对广州港发展有重要意义。由于广州内港水道狭窄,省港大罢工期间前来广州港贸易的五千级以上的轮船只能停泊在黄埔,通过小船"过驳"运输进出广州的货物。中山公路的修成,使得广州和黄埔之间多了一条陆路渠道,这是近代广州港对外拓展的一步。

1930年5月,广州选择河南西部的白鹅潭侧翼修筑内港,并修筑内港(洲头

---

① 黄孝宽:《英帝国主义侵华企业怡和公司》,《广州文史资料》,第8辑。
② Canton Annual Reports for the Year 1905,《中国旧海关史料》。
③ 聂宝璋:《中国近代航运史资料》,第1辑,上海人民出版社,1983年,第1091页。
④ 1881—1892海关十年报告,《粤海关报告集》,第930页。
⑤ 程浩:《广州港史(近代)》,海洋出版社,1985年。
⑥ 李文邦:《黄埔港计划》,广州培英印务局,1936年,第1页。

咀)、海珠和河南堤岸,还拟定筹建黄沙、河南尾堤、延长内港堤坝,修筑整饬了广州港各码头。这一时期还修建了海珠桥,沟通河南工商业区和广州市区。自此,广州港才基本完成了以港兴市的努力,不过,为时已经很晚。港口建设的滞后,早已大大削弱了广州作为对外贸易和商务中心的地位。1937年正式开始建设黄埔港,在鱼珠岗东面珠江北岸建成了400米长的现代钢板桩顺岸式码头。

近代广东广西省其他港口的发展则更为逊色。例如,虽然海口港是岛上唯一经常有外国船只进入的港口,但是,该港却非常简陋,"港口这个词在这里是个纯粹的委婉语,我们顶多应该用停泊地这个词,各种大小船只事实上都被迫在大海上抛锚,暴露在琼州海峡的海流与风浪中,从抛锚处到码头还有6—7公里远,人们只能乘坐可以通行的舢板从金江河湾上海,这些舢板也得等待潮起潮落来出入"[1]。因为港口条件不良,且缺乏改进,一度制约了海口港的发展,林缵春认为"以海口如此劣港,而能为现时琼崖商业之中心,徒以接近雷州半岛,便于大陆之交通。然自咸丰八年开埠通商以来,于商务上迄无长足发展者,实因港湾不良,有以致之。近闻海口筑堤委员会,工作正紧,然能否不蹈前数次唱高调之覆辙,实一问题也"[2]。

此外,需要补充的是,航运业的发展除了天然港口之外,还依赖于必要的港口维护和船舶的修建、服务。

鸦片战争以后,出入广州港的外国船大多在距广州城12英里的黄埔下碇停靠,并且在那里获得维修、保养和补给,于是船舶修理厂便应运而生。早期的船舶修理和建造基本上是由洋商经营。1845年英国人科拜在黄埔修建了一个简单船坞,1863年怡和洋行联合大英轮船公司、德忌利士轮船公司,收买了科拜船坞与香港的阿伯丁船坞,组成拥有4座船坞的香港黄埔船坞公司[3]。在英国人选择广州、香港、九龙作为其船舶修造中心以后,其他国家纷纷登陆粤港开办船舶修造业。比较著名的有设立于1863年的于仁船务公司,分别在香港、九龙、黄埔有分部。广州的洋商造船业一时兴盛起来,英国报刊这样描述:"进入虎门乘船向前进,便看到于仁船坞的厂房,接着就是山坡上绿荫簇拥着的一座教堂……接着是英国领事馆,坐落在山顶,山背后便是香港黄埔船坞公司的宏大的船坞和烟囱的工厂了,……右岸即河南洲,岸边都是造船厂的厂棚(按指中国旧式木制机船的修造广),绵延二三里,对岸即广州省城的南部和河岸。"[4]

民族船舶企业也开始获得发展。1876年两广总督刘坤一以八万元的高价,购入香港黄埔船坞公司放弃的黄埔船坞及相关的工厂、机器,组建了广州黄埔船坞。1873年两广总督瑞麟在文明门外聚贤坊创办洋务军用企业,以生产小型内河巡艇

---

[1] 萨维纳:《海南岛志》(1925—1929年的实地考察),漓江出版社,2012年,第7页。
[2] 林缵春:《琼崖考察记》,《琼崖农村》,1935年,第24页。
[3] 张锐:《帝国主义侵华缩影的怡和洋行》,《文史资料选辑》,第19辑,第39页。
[4] 转自张晓辉:《香港近代经济史(1840—1949)》,广东人民出版社,2001年,第56页。

和火器火药为主。张之洞在两广总督位置上也大力引进先进的机器制造技术,用于修造船只。1892—1901 粤海关报告认为:"他们能够制造整套的汽船机器,或提供可靠的修理业务,质量不错,……几间造船厂已经成功地制造出许多各种型式的大小汽船,包括双螺旋桨船、双向船、船尾明轮船等。"①

但是广州的造船业主要还是小型的轮船及其配件。1892—1901 年由于轮船的竞争,行使港澳的帆船已减少了约 50%,但东西北各江上游的航运业则为了适应贸易发展的需要而增加了 20%②。1917 年中国的广南船澳公司制造成功 4 艘轮船,结束了广州造船业主要修造小型轮船的局面,并在初期取得了良好的经济效益。然而,随着一战的结束,外国船只重返中国。中国轮船"低劣的航海质量以及构造上的缺点,很快就使它们处于不利的地位,难以找到托运的货物,先后报废"③。从此以后,远洋、沿海,甚至内河的主要航行都由洋轮操纵,一般的民营小拖轮、帆船主要退回珠江三角洲地区的河网地带,甚至是支流航道,不过随着内地市镇商业的繁荣,这些拖轮、帆船一度特别兴盛④。

(二)与港澳的比较

近代粤港澳三港以香港的自然条件最为优越。香港位于维多利亚海峡近岸,具备了作为深水港的必备要素:港区多为岩石基底,泥沙少,航道无淤积,水域辽阔,是世界少有的天然良港。同为海港的澳门港自然基础远为逊色,西江泥沙在珠江口南侧堆积严重,澳门港内港的淤塞危机一直存在;广州基本上是河口港,黄埔是广州出海贸易的外港,但是广州港出海至黄埔的航道同样容易淤塞,黄埔开港以前,珠江淤积,水深仅四米左右,吃水深的大轮船不能直驶广州,远洋货轮不得不经香港、澳门转运。

从港口的经济区位上来看,香港位于广东省珠江口三角洲的顶点,对于华南区域内部而言,邻近广州、澳门和三角洲众多的市镇,对于整个外部世界而言,则处于中国南洋航线的终点和东南亚、东北亚大区域航道的中继点。所以,香港同时具备对华南和东亚独有的中转优势。对内,从香港到广州的船只,经过内伶仃洋可以进入珠江口,迅速到达虎门,再上抵黄埔和广州,甚至三水、梧州等地,从广州等内地出洋的船只,必然要经过珠江孔道香港;对外,往返广东沿海,甚至整个南北洋的外国商船,一般都要经过香港,在此进行必要的物资补给、船只维修,或者必要的商业贸易。

鉴于自然条件和经济地理区位具有相对的稳定性,港口建设、发展航运往往主要依赖技术改良,就是港区的规划、航道的疏浚、船坞码头等基本航运设施的配置

---

① 1892—1901 年粤海关十年报告,《粤海关报告集》,第 947 页。
② 1892—1901 年粤海关十年报告,《粤海关报告集》,第 940 页。
③ 1901—1811 年粤海关十年报告,《粤海关报告集》,第 1015—1016 页。
④ 叶显恩先生以为,由粤商发展起来的广东航运业在清末已经基本实现了近代化,据此看来估计有过高之嫌。《粤商与广东的航运业近代化:1842—1911》,载张伟保、黎华标主编:《近代中国经济史研讨会 1999 年论文集》,新亚研究所,1999 年。

和改善,依靠便捷、合理的航运条件增加港口的吸引力范围,提升港口的对外贸易能量,进而支配更多的商业资源,提高运行的业绩。相邻港口的盛衰竞争不是简单的运输技术变革和港口条件优越所致,更多的是经济行为主体人的创造性参与和有效制度变革后的激励性效果。和广州相反,香港自开设自由港以来,就致力于港口的建设和相应设施的完善,迅速地在珠江三角洲地区崛起,甚至发展成为远东的航务中心。

清末人士在论及香港兴盛的起源时,首先会从军事说起、从造船航运业说起,"香港本称商港,而亦海军根据地,港内有海军营房务处,大事扩充,又有造船厂、机械厂,其费一百五十万镑,船厂以香港黄埔船澳公司为最巨"①,这是一个循环递进增强的过程。

香港开埠不久,英国即将皇后大道一段滨海地面作为海军船坞,随着进出香港的各类船只的增加,各种现代船坞配套设施开始建成。1871年香港第一个公共仓储企业香港货栈公司建成,主要经营港口内的驳运和输送服务。1886年香港九龙仓栈公司成立,建起30万吨的货仓。到1882年已经建成船坞5个②,在外国记者的眼中,"航行远东的各种船只,不管遇到什么损害,都可以(在香港船坞)充分获得修理的机会"③。船坞公司以四海公司规模较大,1888年该公司在九龙建立了第一船坞,为到港的商船和远东海面上的船舶提供修理服务,至1899年已兴建了21艘船舶④。1878年港英政府开始兴建维多利亚码头,1888年香港货栈公司建立了第一、第二码头,以供远洋深水轮船停泊,1898年建成了天星码头,至此香港的码头开始完备。

1896年成立的均益附揭货舱有限公司,资本额达到368.5万元,规模相当大⑤。自此,香港的仓库建设已基本完备。香港码头内港府建有的浮标53个,私人公司浮标11个,共64个。① 著名的码头仓库公司有二:第一,香港九龙码头及仓货公司,在九龙有特别危险仓库、危险品仓库、普通仓库、保税仓库,能容纳30万吨货物,香港输入货一半以上存放该公司。有长2 000英尺码头,可停泊550英尺、吃水32英尺的大船9艘,1932年建成的新码头厂800英尺宽60英尺。另建筑有轻便铁道与火轮、仓库、广九铁路连接,便于运送。第二,均益货仓公司,在香港收储糖、米、面粉及其他商品,有23栋仓库,邻近仓库的水面建有长2 000英尺的码头。此外私人小仓库很多。② 拥有两大造船所:第一,香港黄埔船坞公司,通称九龙船坞公司,1866年建成,有三处工厂,有4大船坞,2特许造船台,能收容最大船舶(船坞最大底长700英尺,口宽95英尺,底宽88英尺,水深30英尺)。第二,太古船坞公司,1908

---

① 《论香港兴盛之故》,《外交报》1906年第6卷第25期,第21—22页。
② 聂宝璋:《中国近代航运史资料》,第1辑,上海人民出版社,1983年,第504页。
③ 转载于汪敬虞:《近代史上中外经济关系的全方位评价》,《中国经济史研究》1997年第1期。
④ 余绳武、刘存宽:《十九世纪的香港》,中华书局,1994年,第287页。
⑤ 余绳武、刘存宽:《十九世纪的香港》,中华书局,1994年,第286页。

年,有修理大规模船身与机器的能力,有 1 大船坞(船坞最大底长 750 英尺,口宽 88 英尺,底宽 82 英尺,水深 31 英尺),4 造船场,修建客船、战舰。1933 年两公司建造远洋海船 4 艘,小船 18 艘①。1937 年香港拥有三个 50 万吨的货仓公司,以及众多的中小型仓库,两大修船厂有 787 呎的船坞,以及众多的中小型修船厂②。

1875 年,港英当局海滨建成能见度高达 23 英里的第一个一级灯塔,使得船只可以全天候进港,然后又在另一处海滨建立了一个四级灯塔。1888 年中英两国协定在香港南 40 英里处设立灯塔,便利于珠江口轮船夜航③。同年,香港在九龙设立天文台。至 19 世纪末,香港的港口设施基本上已经完善。

虽然同是自由港,近代澳门的港口和航道建设却严重滞后。澳门位于珠江和西江的一处出海口,由于河流泥沙的淤积,不利于发展吃水深、载重量大的轮船贸易,只适宜小型的民船贸易。"澳门海口淤塞十年,前年已议疏浚,葡廷亦饬机器师查验奏明,十年来浚事空谈,淤则更甚,商务大为衰减,今西十月中澳门总督据商人等禀请,由澳门税饷项下提出开费,惟俟葡批准未知,果能如愿否?"④或许由于这一原因,直到 19 世纪末澳门依然没有银行和大型仓库之类的基本的商业金融设施。20 年前葡澳当局即筹备疏浚港口,但直到 1911 年才开始了"改进周围水路的唯一的行动",即和香港一家工程商签订合同,疏浚进入澳门的一条航道。1920 年澳门政府开始了一项由里斯本政府提供担保的"雄心勃勃的工程"——兴建人工外港,然而,拱北关税务司却发现这是一个治标不治本的计划⑤。最终,澳门反复筹措的疏浚港口计划,始终落后于西江河道淤塞的速度。

对港口的判断一般从自然资源、经济区位和港口设施三个方面加以综合考虑⑥,鉴于自然和区位的相对稳定,拓展更多地依赖港口建设,也就是港区的规划、航道的疏浚、船坞码头等基本航运设施的改善,增加港口的吸引力范围,提升港口的对外贸易能量,进而支配更多的腹地商业资源。近代粤港澳的职能定位与发展方向,一方面来自于港口的自然条件和经济区位,另一方面来自于港口设施的改良、物流环境的升级。

综上所述,从广州、香港、澳门在港口建设方面的努力可以看出三者在以港兴市方面的认识和操作的诸多不同。三港港口建设速度的不同和设施的完善与否,直接影响到港口的发展前程。香港完备的港口航运设施,最终加强和巩固了其作为大区域中心的地位,广州因反应缓慢错失了良好的发展时机,不过最终获得和广州港建设相对应的商务回报,而澳门港的不思进取却促成了近代澳门在商业上的

---

① 泗滨:《边疆研究:香港之自由港制度的检讨(续)》,《边事研究》1936 年第 3 卷第 6 期,87—95 页。
② 保林格(Carl H. Bochring):《香港的商业地位》,《新闻资料》1945 年第 71 期,第 6—7 页。
③ 《香港百年大事记》,汇丰银行编《百年商业》,转载于张晓辉《香港近代经济史》,广东人民出版社,2001 年,第 104 页。
④ 《澳门议浚》,《益闻录》1891 年第 1121 期,第 550 页。
⑤ 莫世祥:《近代澳门贸易地位的变迁——拱北海关报告展示的历史轨迹》,《中国社会科学》1999 年第 6 期。
⑥ 《对外贸易运输》编写组:《对外贸易运输》,对外贸易教育出版社,1988 年。

彻底没落。这样看来,近代粤港澳的兴衰过程、职能定位、发展方向,一方面来自于港口的自然条件和经济区位,另一方面来自于港口设施的改良,腹地空间的拓展,同时还受到毗邻港口的牵制和影响。

一个经济地理的分析

城市为何在港口地址上发展起来呢,其答案为城市不一定总是从港口发展而成,有可能内陆中心也出现城市,城市区位是由随机历史事件和自发形成的市场力量两者结合相决定。然而,由于港口城市具有运输上的额外优势,它们比非港口区位更有可能发展成为占主导地位的城市。最后,一些非港口城市可能被港口城市所吸纳和合并。如果参考藤田昌久等对于新的城市在何地出现的理论推导(图2-3、2-4),可以很好地解释其时香港港的出现。

图2-3 人口增长与新工厂设立

图2-3首先假设在$-S$到S这一段农民是均匀分布的,人口密度为d,所有的制造厂商都集中在区域的中心(0位置)。假设农业人口密度不变的前提下人口开始增长,必然使得农业区边界外移,为了减少工业品运往农业区腹地的成本,应该在哪里新建工厂?本来城市东面0到S间的农村市场全部由现存的工厂提供,如果选择在s处新建工厂,那么$s/2$至S之间则由新工厂供给,如此,新工厂东边$(S-s)$的农民距离工厂的平均距离为$(S-s)/2$,依据市场潜力函数的最大值,运输成本最小化的工厂应该设在$s=2S/3$处[①]。

如图2-4所示,假设经济体就是一条直线,该直线在b点出现分岔,各S到0点的距离相等,假设0点已经有一个城市,那么当人口增加时,新的城市会出现在哪里?类似于图2-3的推导,当由0点向东位移

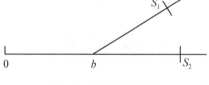

图2-4 港口与运输中心

时,将商品运往0点西部的成本上升,而运往东部的成本在下降,当工厂在分岔点b时,总运输成本最低。根据运输成本函数,如果分岔点与城市的距离小于从城市到边界距离的80%,那么在分岔点建立工厂将会成本最小化[②]。

如果将经济体其他参数设为常数,仅考虑一个变量,即分岔点b的区位,理论上存在三种情况,第一,b点出现新的港口(城市或枢纽);第二,b点没有出现新的港口;第三,其他地方出现新的港口,但b点可能没有。市场潜力函数总是在城市集聚处取得最大值,图2-3与图2-4的$2S/3$处与b点,如果出现新的区位(常常是运输枢纽或中心),那么将出现新的港口。19世纪中叶的香港即是如此,在转口

[①] (美)藤田昌久、(美)保罗·克鲁格曼、(美)安东尼·J·维纳布尔斯:《空间经济学—城市、区域与国际贸易》,中国人民大学出版社,2005年,第147—150页。
[②] 除非分岔点位于已经开发区域的边缘,或者,除非分岔点非常接近S,该点才失去成本最小优势。

贸易与地方化经济的推动下,处在南北之间的香港,迅速成长为一个新的贸易口岸,并逐渐占据重要的位置,香港港的兴起是近代南中国沿海外贸港口演化的显著特征,也是其时外向市场经济成长在空间上的一个回应。

由于锁定效应只能在一定的范围内发挥作用,超出这个范围,参数的改变将会引起经济地理的突变,产生断续均衡。承接图2-4的推导,当出现斧形分岔时(一般是中心与外围的分岔),在向心力与离心力的平衡中会出现两个临界点,在突变点对称均衡是不稳定的,打破均衡的离心力比维持不对称均衡的向心力更强,实际情形倾向于发生变化,产生非连续的变化(图2-5)。近代南中国沿海港口的经验事实,支持这一推导。

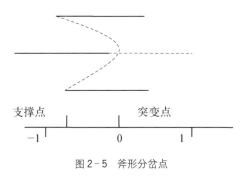

图2-5 斧形分岔点

根据前述模型的推导,可以看到,如果一个厂商能够从国外市场获得大部分投入品,并将其大部分产品销往国外,那么它就没有必要将企业建在国内的中心地区,此时,向本国中心地区集聚的成本,大于关联效应所带来的收益。故此,近代南中国外贸港口的集聚,以及重心向"海洋中国"的偏移,直至近代港口体系的形成,也就是理所当然。从图2-4单一港口线性关系下,可以推导出图2-6多港口集聚情形下的空间关系图。当b''点、b'点、b点均形成新的港口后,从S_1、S_2、S_3、S'_1到分岔点b''、b'、b的运输成本,直接影响到各枢纽点的集聚力。如果代入上述案例,即与图2-5相耦合。

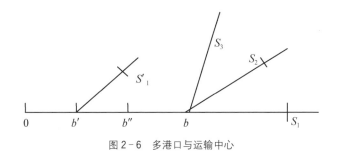

图2-6 多港口与运输中心

(三) 区内交通建设

民国时期,在开发、建设琼崖时,经由详细的调研之后,曾这样归纳:"本来琼崖建设问题,总是千头万绪,但是海口筑港、环岛公路、黎境公路三件事情,就是它的先决条件,无论何人,是不能非议的。海口一港,好像人身之口,所以必要修好。环海公路,好像人身的血液循环,所以要使它流通。黎境公路,好像人身的肠胃,所以必要使它清洁。这就是人们身体强壮的重要条件。……兄弟以为这三个计划,均有着落,琼崖半身不遂的病状,也就可以祛除了。"①

在近代水运至上时期,港口仓储、水道疏浚,以及之上的交通形式颇为重要。珠江三角洲腹地的水上的运输中心是广州和江门。黄埔开港以前,珠江淤积,水深仅四米左右,吃水深的大轮船不能直驶广州,远洋货轮不得不经香港、澳门转运。由香港澳门来往西江贸易之轮船,必须先经江门,或先经省城方能驶入西江。如先经江门,必须由磨刀门之道前往,并赴拱北关水纲洲关呈报,又必遵照西江通商暂行统共章程察验,或发给准照并请领江门准照,方能驶行前往②。由于仓库不足,谷米运到广州大多存放于木船中,时间一久容易发生变质,"虽花埭、河南一带未尝不有旧式米栈,然以设备不佳,火险与潮湿之弊,在在堪虞,且仍不敷大量堆积米粮之用,而太古等轮船公司,虽建有新式货仓,惟只限于附搭各该公司轮船之货物,始能入仓存储,加以收费昂贵,对于一般谷米之趸存,未能普及"③。广州城区珠江两岸的水上交通依靠木质横水渡与沙艇(前者载客 6—8 人,后者 2—3 人),直到 1921 年广州市才开始有机动渡轮往来珠江水面,载客不超过 60 人,但主要渡江工具仍是横水渡。

随着粤汉、广九、广三铁路、海珠桥的先后建成,广州变成了具有全国意义的华南现代商业中心,为了配合现代商业的运行,逐渐建立起了包括铁路、公路、内河、海运、航空在内的通向全国的交通运输网络,改变了开埠前小商品经济下交换中心的色彩。

关于珠江流域的水道运输分为三个部分,经过疏浚与合理安排,其中:① 西江河床宽阔,常有 400—500 吨汽船、电船、民船穿行于广州、梧州、肇庆各地④。② 东江分为四段,第一和平县属林寨至合水段 35 km,河浅难行;第二合水至老隆段 91 km,只有夏季涨水时可航行;第三老隆至河源段 136 km,宽深可行驶小汽船及民船;第四河源至惠州段 136 km,完全可行小汽船,是东江流域与广州、香港的水上通道。③ 大北江自曲江到清远 277 km,可行驶电船与民船,唯滩石起伏水流甚急,有覆没之虞。小北江上游自连县到连江口 282 km,下游自沧江至连江口可行电船与民船,但同样滩石较多。北江支流沧江由翁源至连江口 224 km,下游夏季可行大船,冬季可行小民船;支流滨江 100 km,下游珠坑至清远一段可航行;支流琶江 70 km,下游春夏可行大型民船,秋冬可行小型民船;支流武江、锦江平时只能通行小船;支流浈江自曲江至南雄 153 km,可通行大型民船。

1933 年 1 月陈济棠颁布了《广东三年施政建设计划》,在交通方面,致力于建设

---

① 黄强"在'琼崖建设研究会总商会'上的演说",载《琼崖建设研究书》,琼州海口海南书局,1929 年。
② 附地区性的税则及行轮章程(1904 年《广东江门新关口岸税则并行驶轮船章程》),王铁崖编:《中外旧约章汇编》,第 1 册,生活·读书·新知三联书店,1957 年,第 690 页。
③ 广东省银行经济研究室:《广州之米业》,1938 年,第 65 页。
④ 广东经济年鉴编纂委员会:《广东经济年鉴》,1941 年,A74—76 页。

以广州为中心的全省交通网络,以便开通区内市场①。民国期间,通过基础交通条件的改善,建立起了包括铁路、公路、内河、海运、航空在内的通向全国的交通运输网络,据1937年广东省公路处的统计,广东的公路占全国的11.3%,位居第一②。广州逐渐成为华南和邻近的湘、赣、黔部分地区的陆地市场中心,形成了梧州、肇庆、江门、惠州、韶关、梧州等次中心,同时广州与区域内的中层市场中心获得了更广泛的联系,网络的通达性有所改善。

通过表2-6a、b可见,1936年广东省内省、县一级层面的道路修建,已经取得了显著的进步,乡道多尚未建设。就分区而言,地形较为平坦、易于建设的东路、南路、琼崖地区的道路修建计划完成得相对较好,北路地区相对滞后。

表2-6a 广东省各级道路建设情形(1936年)

道别	里程	%	已修成	%	已通车	%
省道	12 631.7	34.98	10 759.0	40.11	9 180.8	43.74
县道	17 602.0	48.75	12 239.0	45.63	9 393.0	44.75
乡道	5 876.4	16.27	3 825.0	14.26	2 414.8	11.51
合计	36 110.1	100.00	26 823.0	100.00	20 988.6	100.00

表2-6b 广东省各区域道路建设情形(1936年)

区别	东路	%	南路	%	琼崖	%	西路	%	北路	%
已修成	7 125.7	26.67	6 880.9	25.75	5 839.4	21.86	4 780.2	17.89	2 091.8	7.83
已通车	5 207.4	24.81	5 821.3	27.73	4 970	23.68	3 215.5	15.32	1 776.6	8.46

资料来源:刘维炽:《广东省经济建设概况》,《各省市经济建设一览》,实业部统计处,1937年,第238页。

另外,可以看到次区域中心城市的显著发展,琼崖"海口现今有邮政、电报局、电话、电力、无线电报、飞机、自来水井、大马路两旁有最时髦的商铺和旅馆,街上车水马龙。它与琼州旧城以及北部各地有定点班车相同,这些班车日益取代那些顶着热风、瘦骨如柴的车夫们,以及那些传说中的人力车"③。

同时,在内陆通航河流流域之外的地区,或沿海台地之上,因为未得水运便利,且没有相应的陆上铁路或公路运输,以助货物流通,多感觉交通不便,例如,处于西江支流贺江、绥江中下游地区的开建县、广宁县,处在今湛江西北丘陵地带的石城县,因为交通运输的问题,显著地制约着商品流通与产业发展。例如,(开建县)"未能由水路运输者,惟有专赖肩挑而已,……水路交通只苍梧江经县之西直出西江,

---

① 程浩:《广州港史(近代)》,海洋出版社,1985年,第229—230页。
② 广东省政府秘书处:《广东年鉴》,第9编,第2章,1941年。
③ 萨维纳:《海南岛志》(1925—1929年的实地考察),漓江出版社,2012年,第7页。

冬日水浅不能行船。"①（广宁）"县属现少游民亦无旷土，农村可称为本省各县之冠，惟交通不便，运输困难，宜速开公路，以利交通。"②石城县"工艺之业，邑内安铺、塘蓬各有铁厂，安铺、太平店各有碗厂，但出品不精，销流不广，说着谓交通不便，工商交受其病，非修路行车以利便运输不可，然徒筑路不开矿，一切电、油、铁、车必取资外国，漏卮大开，亦非计之得也"③。广东西北部的广宁县，一直依赖北江支流，采用浅水小轮水运，1930年代虽然沿着江边开辟公路，但也不过便于行人而已，对于货物运输补益不大④。

1930年广西省成立疏浚左江河道委员会，1932年又成立千里沙疏浚办理处，1934年后，又组织测量队对各河道进行测量，并开始对各河段进行疏理。其中：① 桂江：在完成勘查后，于1936年设工程处于梧州，分立龙山脚、鹅颈滩、高寨滩3个工程组，炸石扒砂疏浚。抗战期间，经济部拨款15万元疏理桂江上源通湘之灵渠，以及桂江水道，后来完成桂林至平乐水道，浅水电船每年可航行数月。② 柳江：1935年成立疏浚工程处，炸石扒砂。抗战期间部分完成柳州石龙段，以及融江的疏浚，炸除20余处险滩。③ 郁江、浔江：1935年炸除62处滩险、9 000立方水底石头、19 000立方水上石头，造坝450米，扒砂14处，设航路浮标35处、号19处；1938年进一步疏理，不仅电船能日夜通行郁江、浔江，夏季轮拖也可直接上驶至邕宁。此外，左江、右江、黔江、绣江以及黑水河，也由广西省政府会同珠江水利局拨款疏理。随着19、20世纪之交新式轮船、电船、汽船、轮拖逐渐淘汰了传统的木船，成为西江航道上的主要运输工具，至1936年，新式的轮船、电船、汽船已能通过桂西地区的龙州、百色、融安等地。

随着公路的普及、铁路的发展，水运的优势正在逐步被削弱或局部替代。不过，1930年代新桂系的大兴公路建设运动，所修公路几乎集中在省内，省际的公路建设明显滞后。尽管修了几条通往广东的公路，但所修的公路多通往落后的地区，也曾计划修筑两广三贺铁路（广东三水至广西贺县），但最终因经费和抗战原因而未实施，这使得广西无真正意义上的东向铁路干线。解放后，广西的路网的布局与建设也主要是基于行政需要的南北方向交通干线，而非基于市场作用的东向交通线路。

三、商品流通与外贸结构

流通部门的交通与基础设施建设的发展，最初显然是为了促进贸易，但两者是相辅相成的关系。为理解近代华南地区第三次产业流通部门的绩效，必然需要关

---

① 国立中山大学农学院：《广东农业概况调查报告书续编》，1933年，第68页。
② 国立中山大学农学院：《广东农业概况调查报告书续编》，1933年，第91页。
③ 钟喜焊修、江珣纂：《石城县志》卷二，实业，民国二十年。
④ 国立中山大学农学院：《广东农业概况调查报告书续编》，1933年，第84、86页。

注贸易的发展、贸易的结构,并据此进行适度的度量,从而获得该部门的发展与演变的趋向,以理解该部门的生产及其地方化形态。

(一)内外贸一体化

1. 港澳自由港

因为香港是弹丸之地,且既非生产加工地或原料供给地,也非商品最终消费地,只是东西方贸易一个中间点。19世纪中叶,当香港被确立为自由港之际,英国是"世界之工场",处在全球产业价值链的顶端,英国期待以香港为门户与跳板,获得中国沿海与内地的市场。所以,英国获取香港具有强力的经济动机[①]。据受尔哲在《香港史》中陈述,1841年缔结《川鼻草约》后,义津被委任为贸易监督官而管制香港,所订立的基本原则:香港为欧洲势力进入亚洲的基点,故而香港的建设不应是殖民地式的建设,而应该是英国远东贸易的根据地,应该神圣地维护自由贸易的原则[②]。就一般而言,英国在远东的经济利益中,以印度为完全附属的殖民地,东南亚为原料供应分配地,中国为商品市场,1894年后开始与日本分享,故而有英日同盟,华盛顿会议的"门户开放"之后,英、日、美在华渐成鼎立之势。

对于香港如何成为东方贸易中心,香港工商署长谦和士是这样评论的:一般人均认为香港仅为一个小岛,没有大规模的工业,没有任何矿产,在以前仅是海盗往来的据点,而今"驻泊着世界四方而来的船只,每月有近千的飞机来往,有仅200万的人口,其出入口贸易的总值大于中国全国的对外贸易"。"香港仅有少量产品,虽有良好之造船厂及兴旺之轻工业,但它们所给予香港的财富并不多。香港大部分的收入来自其分配(即转运)工作,使甲区的产品运至乙区消费,此种分配工作极端重要,并令香港贸易扩大,获得巨利。"成为买卖双方的经纪人。主要原因之一是"英国给予它以保护,良好的政府、法律与秩序,稳定的财政措施,及其后期中对工业产品的光顾"。"除非商人证实在香港有公平交易,并无干涉政策及有安定之环境,否则他们便不将货物运经香港,故香港需要自由的商业"。"香港政府的管理条例亦为人所熟知,这些管理条例需经法律手续方能更改,并不因负责人的更调而变化,而币制又稳定,使任一商人能把握签订合约获有合理的保障,条例不致在合约实施时忽有所变更"。香港是商业知识、商业信息的中心。"香港战后商业的另一个特质,即其重点已自最先为中国贸易的中心,已扩展为对整个远东贸易的中心"[③]。

1934年英国为了抵制日本的棉织品与人造丝,曾计划在香港采用税课制度,但英国政府与香港商会讨论后,放弃了这一想法,主要原因是香港是一个转口贸易口岸,外国商品进入香港,所留下者不过10%,如果课税,则日本丝棉织品可不经过

---

① 虽然濮鼎查及其以后的历任港督(包括英国政府),一直在殖民地与贸易据地之间摇摆,在经济原则之外,一直存有政治图谋。
② 石楚耀(译):《香港政治之史的考察》,《南洋研究》1936年第6卷第4期,第43—58页。
③ 谦和士著,邹幼臣译:《香港的经济地位》,《经济周刊》1949年第2卷第10期,第8—9页。

香港,直接运往销售市场。对于转运商品基本不征或微量征税,"此类酒类烟草及轻油所课之输入之税,系课税于就地消费者,如再输出,则返还其原来所课之税",鸦片专卖只有港府可以购入,另根据渥太华会议,由英国以外输入的汽车在特别外税的名义下,征收20％的输入税①。根据港府文件,1937年香港征收的入口税为659.2万港币,相当于当年入口商品总值的1.7％②。

由于香港不同于一般的英国殖民地,与英国的经济命运并非紧密联系,一般而言,香港常被称之为英国经济集团之外的属地③,但是,香港的经济政策还是不时地取决于英国经济形势。在二战前,英国整体经济形势仍然较好,还是遵循一贯之策,倾向于推销过剩的商品,在远东以香港为跳板获取中国经济利益,以自由港转口贸易的形式,来维持香港的繁荣。二战后,得益于日本货从市场的退出、各地商品短缺,香港迅速恢复、繁荣起来,但持续的时间并不长,由于美货涌入,贸易萎缩,入超扩大。Made in U.S.A.取代Made in England涌向中国,英国转向试图守住香港。但是,由于英国面临了收支失衡、金融困难,在远东美国正在取代英国的经济利益。英国对香港的期待发生了变化,希望以香港之剩余补给英国,于是,香港的经济政策主要宗旨是增加收入(开征所得税、饮食、烟酒、娱乐、成药税,提高公共事业服务价格,配售物品公债),设立工商供应处(发售许可证)、开投公地。此外,在节约方面,主要是统制外汇、节省美元,于是,美货入口由1945年9月至1946年6月的20％下降到1948年1—3月的1—2％;其次是截取侨汇、提取桐油茶猪鬃钨锡等出口品的25％美汇。据估计,如此管制,港府一年至少可获得美汇9 600万元,用以帮助英国克服美元恐慌与财政危机④。"二次大战以前,香港确是一个名副其实的自由港,……这种政策对英帝国的国际贸易有莫大贡献,香港不征出口税,入口税亦仅以液体商品、烟草、汽油和1941年开征的化妆品为限,汽油入口税且准于出口时发还"。

1946年香港从美国进口119 565 078元,从英国进口43 925 729元,美国是英国2.72倍,1947年、1948年1—7月分别为1.82倍、1.72倍。因为对美汇的配给与限制,美国货进口逐步下降,但一直占优势地位。1946年香港对美入超3 588万港元,1947年增加至14 632万,1948年上半年为12 585万元。香港已经成为美货的中转站,伴随着是美国扶植的日货中转站⑤,随后日货又涌入。

二战后,港府着眼于收入的经济政策,是为了配合英国政府的需要,而不是香港的经济发展与繁荣。由于对外汇施行严格的紧缩管制之策,使得必需的进口物品均受限,以至于工厂原料成本上升,濒临停工边缘。再加上中港之间、英美之间

---

① 泗滨:《边疆研究:香港之自由港制度的检讨(续)》,《边事研究》1936年第3卷第6期,第87—95页。
② 保林格(Carl H. Bochring),《香港的商业地位》,《新闻资料》1945年第71期,第6—7页。
③ 泗滨:《边疆研究:香港之自由港制度的检讨(待续)》,《边事研究》1936年第3卷第5期,第72—78页。
④ 林哲:《香港经济的解剖》,《真善美(广州)》1948年第6期,第22—25页。
⑤ 林哲:《香港经济的解剖》,《真善美(广州)》1948年第6期,第22—25页。

的经济矛盾,表现在港府在华南严格执行轮管政策使得香港市场陷入瘫痪、豪门资本垄断本港出口贸易(甚至是走私)。进入香港的美货,均被港府管制入仓,积压数月才能提取,美商损失巨大。故而,1947年美国与葡萄牙签订协议,在澳门设立商业自由港,帮助澳门筑港,与香港竞争,建设港口费用300万美元,准备以澳门作为美货转运港。另外,中美合作建筑黄埔港,使得万吨轮船可以停泊广州,同时修建中澳铁路、改建白云机场[①]。

由于地理与交通的关系,华南与上海直接的经济联系较弱,相反地,各类经济资源以香港为中心,此外,由于广州河港一直缺乏有效的疏浚,较大的远洋巨轮无法停泊,香港才是华南地区的海上枢纽,故而出现"华南进出口货,差不多完全经过香港转口,各种类的出入口行庄,大多数也设一个联号在香港。整个华南的输出,都是运到香港售给专业的出口行庄,而输入物,也是在香港采办,很少直接和外洋联系"的局面"英国政府接收香港,把所有的美国来货一律封在公仓里面,使得印度的布匹、澳洲的粮食及罐头得以畅销。现在英国各地到香港的货物,由于英政府处处给予便利及协助,已经能够立足,并且畅销华南各地。在广州,我们吃到比较美国货便宜的澳洲麦片及牛奶,加拿大的糖,穿到印度的花绸。"香港政府对美货的原则是,在批准之后可以销售市场,但严格限制价格,只能在美元官价的原价基础上增加30%,由于实际上市场采用的是美元黑市价格,商人的利润必然减少,甚至亏本。此外,允许进入的美货仅限于香港善后必需品,例如粮食、燃料、建筑材料、药品,适用于香港的工业原料。所以,评论认为:"英政府对这一个自由贸易的无税港,一点也不肯给她自由,正用来作对美经济战的远东司令部。"[②]

于是,香港立法机构授予港府临时特权,管制经济,同时,中国内地也在厉行经济管制,香港市面由繁荣转入萧条,物资充斥,市价猛跌,工商倒闭,1948年港府酝酿是否需要放弃管制,恢复自由贸易港[③]。

正如前述,香港经济的存活与兴起的重要机缘是自由贸易制度,以及首次大规模的全球经济分工合作。"如果用香港商场上的习惯语来说,香港不过是远东贸易中的最大经纪人(broker),他自己也经营一些生意,但大多是靠佣金生活。"[④]"香港的贸易政策是彻头彻尾的殖民地的,其主要任务是推销宗主国的商品,并以香港为中心,把英国的商品转运至中国和南洋各地。"[⑤]

评论认为,"英国之所以紧握着香港,不是为了其本身商品销场广阔,或者资源丰裕,而是为了它接近中国及南洋,并且是一个优良的交通海港,可利用为竞争贸

[①] 黄葆英:《香港经济濒临危机(香港通讯)》,《自由与进步》1948年第1卷第7期,第13、封2页。司徒丙鹤辑:《美国在澳门筑港口,香港繁荣行见枯萎》,《开平华侨月刊》1947年第5期,第30页。
[②] 谢灵雨:《香港与华南的经济关系》,《广东省银行月刊》1946年复2第6期,第53—57页。
[③] 《香港商业由盛而衰:当局考虑放弃管制》,《征信所报》1948年第790期,第2页。
[④] 蔿明:《战后香港贸易及其前途》,《经济导报》1947年第23期,第7—9页。
[⑤] 文川:《从金融说到香港贸易政策(香港特约通讯)》,《经济通讯》1946年第33期,第13—16页。

易权益的有利基地。南洋是人口颇多,生产落后,资源丰裕的地方,西方国家所以控制着南洋,不肯稍事松懈,为的那里是广大的商品销场和原料供给地。香港之为殖民地,对于南洋的关系,正和对于中国的关系一样,西方国家通过作为殖民地及自有贸易港的香港,乃更有效地支配着南洋的商品市场,和攫取南洋的工业原料。……凭借着香港的地位及殖民地化的条件,东西贸易的进行,简便而直捷,仿佛将遥远的海上里程缩短了一样,如果没有香港这样一个地方,东西方贸易的接洽与进行就显然感到不便"①。

2. 粤桂港关系

从明代开始进入广西的粤商,将广东手工业、农副业、海咸等产品以及其中经广东转销的浙赣和海外产品转运入广西,例如广州、佛山的布匹、丝绸、铁农具、故衣、食盐、什货、海味等产品输入贵县城、横州城、桂平永和圩、大宣圩等。同时,也将广西的产品运销广东,例如,苍梧四乡及桂东南谷米,经坟圩、江口、贵县城、横州等运销佛山、广州等地,宾阳、黎塘的花生油经江口、贵县、梧州运销鹤山、广州,北流、容县、岑溪、昭平等县的柴炭经梧州运销广州、佛山②。桂东南地区"种蓝的人,多是广东上来寻食没有地方落业的客人。有些人跟地主种,有的几个人合伙种,有的自垦自种,有的租蓝山种"③。蓝行商人收购后,再运销广东省。在滇黔桂三省交界的广西"省尾"地带,西林县那劳街民国时期粤商深入贩运④。

前近代两广之间的商品流动最主要的是小百货,即销往广西的布匹、瓷器、鱼肉、海味、绸缎、杂货,运至广东的谷米、土产。专门性的土产收购行店,有花生行、油行、柴炭行、蓝行、土产平码行、桂庄等,为粤商收集土特产货源。

及至近代以后情况出现了明显的变化,主要表现在三个方面:

第一,生产的扩大与贸易的增长。很多并非广西传统大宗作物的农产品,如花生油、茶油、桂皮、烟草、糖、五倍子、香料等,由于开埠而拓宽了国内外市场,种植面积急剧扩大。如平南县的花生种植,"年约出产5 000担,……除供本县食用外,输出梧州发售,约3 000担"⑤。南宁附近"南路蒲津乡下南一带所有田亩,十分之八九改为蔗,所产糖额,动以万计"⑥。1920年代,广西桐油生产因海外市场"价格奇昂……以故垦荒种桐者,如风起云涌"⑦,某些县份"遍植桐茶,几为农家主业"⑧。陆川县"几无人不著洋布,无家不购洋纱"⑨。隆安县属各圩市,"洋货以洋纱、洋油、火

---

① 凌羽:《南洋经济特辑:香港与南洋》,《广东省银行月刊》1947年第3卷第5—6期,第55—63页。
② 饶任坤、陈仁华编:《太平天国在广西调查资料全编》,广西人民出版社,1989年,第24—42页。
③ 饶任坤、陈仁华编:《太平天国在广西调查资料全编》,广西人民出版社,1989年,第37—38页。
④ 《广西壮族社会历史调查》,第1册,广西民族出版社,1984年,第188页。
⑤ 郑湘畴纂修:《平南县鉴》,建设卷,1940年。
⑥ 莫炳奎纂:《邕宁县志》卷十九,1937年。
⑦ 黄旭初修、张智林纂:《平乐县志》卷七,1940年。
⑧ 千家驹:《广西省经济概况》,商务印书馆,1936年,第27页。
⑨ 吕浚坤等纂:《陆川县志》卷四,1924年。

柴为大宗"①。

新出现的行业：经纪（平码）行、百货批发行和出口行等，专业性洋货销售店和土特产收购店，银号业，新式运输行业，工业。粤商从广西运出的虽仍然是谷米、木耳、瓜子、药材等农副产品，但销往地区已不仅广东地区，而是经广州销往香港、澳门和海外，广西农副产品也由于国际市场的需要，出口数量、种类大幅度增多。

第二，粤商的活跃。粤商另名为"洋广商"，大多数洋货店由其经营，如梧州、南宁、柳州、贺县可知籍贯的89家洋货店中，粤商有69家，占78%②。在那马粤商纸庄有7家，比本地纸庄少4家，但年交易规模却占纱纸总产量10 242担的89%③。道光、咸丰年间，梧州戎圩较大的面条加工作坊有10多间，最大的每间有十五六个工人，小的也有四五个工人，全是手工操作，这些作坊"大部分是广东人经营"④。1933年南宁"以资本计，平码业当称巨擘，占全市商业资本百分之三十六"⑤。1926—1939年，南宁共有百货批发商店109家，其中广东罗定人开设的至少有100家，其资本"一般数额大的较多"⑥。

第三，洋货进入内地乡村。光绪中期以后，洋货逐步渗透到农村圩市。民国时期，凡有固定铺户的圩市都有苏杭洋杂店，出售洋货与机制品。如贵县上石龙圩有"两店九十余间，主要商店为洋杂店"⑦。来宾县寺脚圩有"商店二十余家，有苏杭、洋杂、海味、药材等"⑧。其他稍具规模的圩市都有洋杂店三五间不等。那些即使没有固定铺户的普通圩市，圩日贸易中也有商贩摆卖洋杂货。南丹县月里圩商人虽有固定住所，但从不开设门市部，专门从事行商业务，时常巡回于附近市场赶集，在圩市上摆摊出售火柴、食盐、洋纱、煤油等洋杂货⑨。民国时期，洋杂货成了各县圩市的重要商品。如贺县境内各圩市，"盐最流通，火柴、水油、洋纱畅销"。隆安县属各圩市贸易品有土货、国货、洋货之分，"国货以布匹为大宗，洋货以洋纱、洋油、火柴为大宗，土货以谷、豆、糖、生油、纱纸为大宗"⑩。甚至在桂西北的环江县，圩市上的交易品除了大米、黄豆、棉花、鸡、鸭、猪肉、牛肉、小猪等农产品外，还有食盐、洋纱、布匹等洋杂货⑪。广洋货充斥各圩市面。

没有贸易就没有香港，早期香港的繁荣约一半在于中国大陆，一半在英国。香港贸易总额里面，对华贸易一度占40%以上，其中粤桂约占其对华贸易的近50%。在评价香港商务呈现下落态势时，主要原因被认为有二：第一是对英贸易下降，1920

---

① 刘振西等纂：《隆安县志》，经济卷，1934年。
② 广西统计局：《广西年鉴》，1933年第1期，第425页。
③ 《调查都隆那纱纸业报告》，《建设汇刊》1937年第1期，第7—8页。
④ 饶任坤、陈仁华：《太平天国在广西调查资料全编》，广西人民出版社，1989年，第38页。
⑤ 广西统计局：《广西年鉴》，第一回，1933年，第36页。
⑥ 陈培元、谭津：《抗战前后的南宁百货业》，《南宁文史资料》1988年第2辑。
⑦ 欧仰羲修、梁鼎新纂：《贵县志》卷一，1935年。
⑧ 宾上武修、翟富文纂：《来宾县志》，地理篇三，民国二十五年。
⑨ 《广西壮族社会历史调查》，第1册，广西民族出版社，1984年，第223—224页。
⑩ 刘振西等纂：《隆安县志》，经济，民国二十三年。
⑪ 《广西壮族社会历史调查》，第1册，广西民族出版社，1984年，第258页。

年代中后期以来,英国对华输入逐渐减少,而日本对华贸易增长,香港转口上海天津等处的贸易额逐渐减少;第二是华南地区国内市场低落,因为珠江流域的政局纷乱、经济停滞,居民购买力下降,进出口受到限制①。20世纪以后香港的贸易地位下降,主要原因有二:第一,19世纪下半叶中外通商以英国为主,然后转移为美日;第二,之前香港的海运设备最优,然后上海青岛大连等港埠的基础设施建设逐渐追上②。

1934—1935年香港进口前四位分别为中国大陆(34.4%)、东南亚(荷领东印度、法属印度支那、英属马来、暹罗,22.95%)、日本(10.3%)、美国(7.25%);出口前四位分别为中国大陆(48.5%,若加上广州湾、澳门为56.55%)、东南亚(荷领东印度、法属印度支那、英属马来、暹罗、菲律宾,26.15%)、美国(6.75%)、日本(3.85%)③。

如果以中国大陆计,1934—1935年香港从华南(包括广州湾、澳门)、华北、华中的进口贸易比例分别为49.17%④、46.32%、4.51%,出口比例分别为72.25%⑤、16.6%、11.15%⑥。据1936年统计,香港输入额45 200万元(港币),输出35 000万元,同年香港对中国大陆输出占全国的33.6%,输入占42.7%。"八一三"事变后,长江、珠江流域的出口均运往广州、香港,广州失陷、粤汉广九铁路断绝之后,抗战所需之资源、军火均来自香港,经沙鱼涌、惠州、河源、老隆、忠信、连平、翁源、曲江输入,西南各省的土产也由此路线出口,沙鱼涌路线被称之为国际路线,香港是当时唯一的国际供给地⑦。依赖海防、澳门、广州湾等南方各国属地,以及宁波、温州等未陷落海港,这些地方运来的桐油、锑等中国大陆特产完全集中于香港,使香港得以维持商业港地位,依然维持其繁荣⑧。

1947年香港对外贸易区依次为中国大陆(尤其是华南地区)、美加及美元国家、南洋国家⑨,香港承受美加等国的输入,并主要依赖中国大陆市场消化,来自中国大陆的输出经由香港运往美加等国、南洋地区⑩,中国大陆市场(尤其是华南地区)是该循环中不可缺少的中间环节。

广州与香港密迩相连,关于省港之间的贸易、管制、缉私等一直多有纠葛,"香港与广州之间,因为地理环境的关系,走私是比较容易的,走私出口的物资过去虽然无确实的统计,但本港禁运出口的东西,在广州几乎样样都有,而且数量颇为可观"⑪。

---

① 黄仲琪:《香港商务问题》,《台中半月刊》1929年第14—15期,第29—32页。
② 张其昀:《香港的前途》,《思想与时代》1948年第51期,第1—3页。
③ 文心:《香港经济之现状》,《侨务月报》1936年第5—6期,第70—82页。
④ 其中包括澳门4.73%,广州湾3.3%。
⑤ 其中包括澳门9.06%,广州湾5.21%。
⑥ 《去年香港货物出入口统计(港讯)》,《华商月刊》1937年第2卷第6期,90—98页。
⑦ 钟功甫:《香港之地理位置》,《新中华》1945年复3第11期,第66—69页。
⑧ 菊生:《东亚共荣圈与香港》,《东亚联盟》1942年第12-1期,第82—88页。
⑨ 霭明:《香港贸易衰退的症结》,《经济导报》1947年第41期,第5—7页。
⑩ 霭明:《香港贸易衰退的症结》,《经济导报》1947年第41期,第5—7页。
⑪ 文川:《从金融说到香港贸易政策(香港特约通讯)》,《经济通讯》1946年第33期,第13—16页。

因为香港的存在,广州港退化成为河港,钟功甫将广州与香港的关系,比之为东京与横滨、河内与海防、巴黎与哈发、开罗与亚历山大、华沙与日泽,又如国内的福州与马尾、沈阳与营口、南昌与九江、长沙与岳阳①。张其昀将两者比之为曼切斯特与利物浦、大阪与神户,一为河港一为海港,可以相辅相成的,只是因为省港之间因为主权、管理上的差异,形成了一些纠葛②。于是省港之间存在竞合的关系,时而竞争大于合作,时而合作大于竞争。广州一度谋求自给的外港,比较著名的选择是黄埔,"广州正在谋求黄埔或唐家湾,成为其外港","新开的黄埔港位市区东方十五公里,那里现在还只有一个孤单的码头而已"③。

近代香港对外贸易具有明显的转口特征:"香港为自由贸易地带,亦为中继港,故香港自体有一种保税仓库作用,事实上香港亦有多数仓库之设备,香港之地位,为欧洲与东南洋贸易货物集散交易之场,亦为南洋与东洋货物集散交易之场也。货物既集散于此,加工事业不见发达,本地制造品之输出者,除砂糖、烟草等无足称者,又除船舶燃料用炭、造船材料等本地消费而外,输入品大部皆即输出,故贸易均衡之差异,非指本地之消费,大概囤积于此,终当输出者也。"④

(二)洋货土货进口结构

表 2-7 粤海关进口货物结构(1864—1880 年)

年份 种类	1864	%	1868	%	1872	%	1876	%	1880	%
棉花	372 524	7.61	2 849 944	54.45	1 774 463	38.57	1 589 999	35.68	295 419	10.84
棉纱	556 540	11.38	816 136	15.59	700 138	15.22	909 917	20.42	337 809	12.39
棉织品	476 864	9.75	255 253	4.88	320 931	6.97	561 795	12.61	526 739	19.33
毛制品	410 474	8.39	335 642	6.41	232 558	5.05	250 017	5.61	225 556	8.28
金属	783 781	16.02	174 553	3.33	127 593	2.77	184 971	4.15	144 979	5.32
进口谷米									1 293	0.05
面粉									31 360	1.15
工艺品	90 353	1.85	74 859	1.43	85 393	1.86	229 714	5.15	157 450	5.78
奢侈品	441 299	9.02	111 138	2.12	105 893	2.30	85 822	1.93	52 103	1.91
鸦片	944 906	19.31	311 660	5.95	354 709	7.71	197 837	4.44	294 757	10.81
药材		0.00		0.00	102 049	2.22	283 970	6.37	375 644	13.78
苯胺染料		0.00		0.00	16 249	0.35	13 697	0.31	35 982	1.32

---

① 钟功甫:《香港之地理位置》,《新中华》1945 年复 3 第 11 期,第 66—69 页。
② 张其昀:《香港的前途》,《思想与时代》1948 年第 51 期,第 1—3 页。
③ 钟功甫:《香港之地理位置》,《新中华》1945 年复 3 第 11 期,第 66—69 页。易宜曲:《广州与香港》,《旅行天地》1949 年第 1 卷第 3 期,第 42—43 页。
④ 调查股:《香港志略》,《国立武昌商科大学商学研究季刊》1925 年第 1 卷第 1 期,第 1—17 页。

续 表

年份 种类	1864	%	1868	%	1872	%	1876	%	1880	%
火柴		0.00	345	0.01	1 568	0.03	1 606	0.04	517	0.02
煤油		0.00	60	0.00		0.00		0.00		0.00
煤		0.00		0.00		0.00		0.00	2 025	0.07
以上合计	4 076 741	83.33	4 929 589	94.18	3 821 543	83.06	4 309 345	96.70	2 481 633	91.05
洋货总进口	4 892 578	100.00	5 234 044	100.00	4 601 172	100.00	4 456 403	100.00	2 725 658	100.00
土货棉织	604 209	39.03	939 159	42.52	954 139	12.81	983 190	18.11	950 305	14.99
国内五金		0.00		0.00		0.00		0.00		0.00
米豆	236 573	15.28	84 949	3.85	3 969 118	53.29	1 109 629	20.44	3 521 003	52.05
小麦		0.00		0.00	255 681	3.43	416 877	7.68	223 301	3.52
生丝	278 593	18.00	676 222	30.62	654 559	8.79	1 412 540	26.02	1 315 394	20.74
以上合计	1 119 375	72.31	1 700 330	76.99	5 833 497	78.32	3 922 236	72.26	5 790 003	91.31
土货总进口	2 476 772	100.00	3 533 684	100.00	7 448 581	100.00	5 428 003	100.00	6 340 975	100.00

资料来源：*Return of Statistics of Canton for the Year 1864－1880*,《中国旧海关史料》。注：表2-7至表2-14单位均为海关两。

1864—1880年粤海关洋货进口结构显示，进口洋货和土货中均以棉织品为主。其中，在洋货棉织品和土货棉制品（南京布）的两项中，土货棉织品的数量要大大超过洋货，洋货棉织品进口最多的1876年进口值是561 795海关两[①]，而土货棉织品进口最少的1864年也有604 209海关两。洋货棉织类主要是棉花，其次是棉纱，最多的一年(1868年)进口洋货中54.45%为棉花(2 849 944海关两)，洋货棉纱的进口在价值上也大于棉布。由于华南气候温暖，毛制品的进口比例一直较低。

本期超过50%的棉毛制品，尤其是棉花和棉纱的进口，反映开埠初期国内土布的优势，国内的纺纱和织布依然平衡，主要需求的是棉花，其次才是棉纱，再次才是棉布。

这一时期以英国为主的对华贸易平衡主要依赖鸦片的倾销，但是鸦片的走私严重，在海关统计中一般是不到一半，甚至仅仅三分之一而已。其他洋杂货进口，主要是金属、工艺品（宝石、琥珀之类）和奢侈品（主要是燕窝、洋参之类），但前者比例一般在6%—8%左右，后两者多数时候在5%以内。

国内进口除棉织类外，主要是来自芜湖、镇江的大米和东北的大豆。本期往后

---

① 根据该年墨西哥银元对海关两1.6的平均汇率折算的。

显示南京布进口相对比例减少,米豆进口比例提高,1872、1880年分别达到53.29%、52.05%。另外国内进口值得重视的是生丝及丝料,1876年达到26.02%(1 412 540海关两)。

总之,本期进口以棉织品、衣着类原料为主,粮食类进口开始出现,但比例较小,其他零星的新商品出现,传统的贸易结构继续在维持。

表2-8 粤海关进口货物结构(1884—1900年)

年份 种类	1884	%	1888	%	1892	%	1896	%	1900	%
棉花	679 282	13.02	594 674	5.13	533 439	4.30	435 897	3.93	50 089	0.50
棉纱	1 041 415	19.97	1 942 099	16.75	2 789 408	22.47	1 724 876	15.57	259 765	2.59
棉织品	506 354	9.71	470 601	4.06	291 755	2.35	702 789	6.34	1 374 383	13.73
毛制品	453 370	8.69	166 557	1.44	69 693	0.56	108 689	0.98	223 564	2.23
金属	166 333	3.19	299 874	2.59	131 664	1.06	65 099	0.59	227 432	2.27
进口谷米	247	0.00	7 109	0.06	313	0.00	447 865	4.04	29 019	0.29
面粉	60 086	1.15	224 234	1.93	320 426	2.58	542 084	4.89	869 005	8.68
奢侈品	262 865	5.04	420 978	3.63	413 038	3.33		0.00		0.00
鸦片	1 240 969	23.79	5 997 333	51.72	5 055 030	40.73	2 774 313	25.04	4 314 388	43.09
纸烟		0.00	2 393	0.02	3 585	0.03	3 828	0.03		0.00
药材	378 055	7.25	7 595	0.07	80 074	0.65	9 505	0.09	134 262	1.34
苯胺染料	72 261	1.39	101 477	0.88	102 862	0.83	134 710	1.22	139 434	1.39
火柴	109	0.00	34 659	0.30	106 330	0.86	92 337	0.83	214 252	2.14
火柴材料		0.00		0.00		0.00		0.00	4 170	0.04
煤油	1 706	0.03	1 684	0.01	403 476	3.25	29 603	0.27	307 689	3.07
煤		0.00	1 890	0.02					308 563	3.08
水泥	799	0.02	1 531	0.01	3 630	0.03	4 171	0.04	4 944	0.05
肥田料		0.00		0.00		0.00			2 512	0.03
电器材料		0.00		0.00		0.00			3 036	0.03
机器类	6 371	0.12	1 844	0.02	11 859	0.10	6 180	0.06	9 509	0.09
糖(白糖)	480	0.01	41 127	0.35	359 087	2.89	58 723	0.53	207 895	2.08
纸张	11 809	0.23	1 614	0.01		0.00	2 895	0.03	38 706	0.39
茶叶		0.00		0.00		0.00	56 541	0.51	47 013	0.47
以上合计	4 882 511	93.61	10 319 273	88.99	10 675 669	86.02	7 200 105	65.00	8 769 630	87.58
洋货总进口	5 215 773	100.00	11 595 640	100.00	12 411 395	100.00	11 007 558	99.37	10 012 921	100.00
土货棉织	934 165	14.00	692 035	7.23	539 938	3.59	446 106	3.30	700 779	3.96

续　表

年份 种类	1884	%	1888	%	1892	%	1896	%	1900	%
国内五金		0.00		0.00		0.00		0.00		0.00
米谷	792 349	11.88	2 914 723	30.45	6 023 224	40.02	5 183 410	38.38	4 260 789	24.05
国产面粉		0.00		0.00		0.00		0.00	2 746	0.02
花生类	780 652	11.70	1 165 631	12.18	2 015 420	13.39	2 010 489	14.89	2 538 769	14.33
豆类	1 118 093	16.76	2 079 676	21.73	2 047 830	13.61	2 019 532	14.95	2 711 267	15.30
小麦	346 450	5.19	655 270	6.85	501 065	3.33	536 074	3.97	303 167	1.71
生丝	1 559 218	23.37	1 223 822	12.79	1 442 639	9.58	1 568 965	11.62	1 944 036	10.97
土烟	4 186	0.06	11 207	0.12	12 717	0.08	5 100	0.04	20 392	0.12
国内煤		0.00		0.00	89 861	0.60	79 515	0.59	34 750	0.20
以上合计	5 535 113	82.97	8 742 364	91.34	12 672 694	84.20	11 849 091	87.74	12 516 695	70.64
土货总进口	6 671 008	100.00	9 571 035	100.00	15 051 046	100.00	13 504 725	100.00	17 718 511	100.00

资料来源：*Return of Statistics of Canton for the Year 1884 – 1900*,《中国旧海关史料》。

1884—1900 年的洋货和土货进口明显的表现就是数量的增加和结构上的丰富,新的门类不断出现,旧有的结构正在改变。

棉织品：棉织品的洋货进口数量呈现急剧上升的趋势,1884—1900 年从 9.71% 上升到 13.73%(1 724 876 海关两),但土货棉织品的进口却从 934 165 海关两萎缩到 446 106 海关两。伴随着洋货棉织品进口的增加,是棉纱进口量的惊人上涨以及棉花进口量的下落,"主要是由于印度纺纱厂迅速发展及其生产棉纱的低廉成本",英印的纺纱业获得了技术上的革命,使得兰开夏(Lancashire)纱基本上已被挤出市场,只有很少量的英国细纱尚有销路,自然更是迅速地淘汰了国内的纺纱业①。这一点在地方志的记载中层出不穷。以往的研究常常将洋纱取代了土纱看成自然经济的解体,其实更多的是一种市场化形式。毛制品几乎没有什么变化,而且相对比例正在减少,"毛织品在这个亚热带地区不大吃香,只有羽纱和毛哔叽两种才有极少量的消费"②。

粮食类：主要进口自国内,主要表现为大米进口从占土货进口总值的 11.88% 迅速上升到占 38.38%(5 184 410 海关两),东北大豆的进口比重也上升到两位数(16.76%—21.73%)。此外,主要供再加工以后出口的山东等地的花生进口量扩大,1892 年占土货进口的 13.39%(2 015 420 海关两)。洋米进口依然不多,只有面粉进

---

① 1882—1891 年粤海关十年报告,《粤海关报告汇集》,第 856 页。
② 1882—1891 年粤海关十年报告,《粤海关报告汇集》,第 856—857 页。

口增长较快,1900年占进口洋货的8.68%,达到869 005海关两。进口的美国面粉主要用于制作饼干和糕点,"据说比较富裕的阶层普遍乐于用这种面粉"。①

杂货类:进口金属被普遍地用作门窗的栅栏插销和河面上的汽艇船队的配件,由于此类货物多由帆船运载进口,海关记载的数据往往不准确②。

鸦片进口达到前所未有的规模,1888年鸦片占了进口洋货的51.72%,价值高达5 997 333海关两。

本期内出现了两种积极的结构性变化的苗头:

一是新兴的民生类杂货开始出现或得到发展,例如火柴、煤油,虽然数量依然微弱,但进口量必将随着市场的拓展而大增;同时,市场对印刷纸张、搪瓷器、玩具和钱包等的需求增长,显示了经济的发展和生活水平的提高③。

二是自19世纪末开始,可用于工农业生产的建设性资料,如水泥、肥田料、电器材料、机器类产品、制造火柴的材料开始进口,反映了国内建设的进步和产业的发展。1900年进口火柴虽然只有214 252海关量,但由于价格便宜,数量巨大,"即使在最边远的地区也可见到,和世界上其他地方一样,小贩最乐意作火柴生意"。④

另外一项即将对国内出口结构产生改变的变化,就是一贯作为出口品的糖类(主要是白糖)和茶叶也开始进口,1892年糖类进口达到259 087海关两(占进口洋货的2.89%),茶叶进口1896年达到56 541(0.51%)。上述变化尽管数额仍很微小,却表明洋货进口已出现多元化的结构,和国内出口土货仍依赖单一的生丝形成鲜明对照。

在此同时,国内的进口结构也出现了积极的变化,主要是生丝、丝料类产品进口快速增加,1900年达到1 944 036海关两。从江南和北方进口的生丝类原料,在广州和顺德加工成厂丝出口外洋。另外,开始进口抚顺和开滦的煤,部分地替代了洋煤。

本期进口洋货的特点是以棉布为代表的制成品和以棉纱为代表的半制成品数量增加,进口土货则以谷米、豆类和生丝类为主。就整体进口结构而论,依然是满足基本需求型的。

表2-9 粤海关进口货物结构(1904—1920年)

年份 种类	1904	%	1908	%	1912	%	1916	%	1920	%
棉花	55 738	0.21	65 318	0.22	6 803	0.03	1 116	0.00	2 629	0.01
棉纱	2 619 045	10.09	1 761 453	5.92	1 771 248	6.91	1 922 567	7.68	3 207 388	10.67
棉织品	1 869 733	7.20	2 561 314	8.61	1 931 790	7.53	2 292 580	9.15	3 131 368	10.41

---

① 1882—1891年粤海关十年报告,《粤海关报告汇集》,第857页。
② 1882—1891年粤海关十年报告,《粤海关报告汇集》,第856—857页。
③ 1892—1901年粤海关十年报告,《粤海关报告汇集》,第908页。
④ 1882—1891年粤海关十年报告,《粤海关报告汇集》,第862页。

续表

年份 种类	1904	%	1908	%	1912	%	1916	%	1920	%
毛制品	366 231	1.41	810 231	2.72	231 675	0.90	390 342	1.56	380 237	1.26
金属	2 029 367	7.82	2 220 342	7.46	970 245	3.78	960 231	3.83	1 940 798	6.45
进口谷米	259 832	1.00	1 437 600	4.83	259 567	1.01	2 520 567	10.06	39 087	0.13
面粉	951 564	3.67	1 422 954	4.78	1 605 056	6.26	126 784	0.51	342 789	1.14
鸦片	61 663	0.24	7 225 596	24.29	5 868 657	22.88	1 067 776	4.26		0.00
纸烟	158 908	0.61	25 342	0.09	433 789	1.69	854 342	3.41	1 409 876	4.69
药材	44 444	0.17	81 573	0.27	137 451	0.54	67 772	0.27	400 456	1.33
苯胺染料	188 733	0.73	143 438	0.48	124 100	0.48	90 525	0.36	187 878	0.62
火柴	324 114	1.25	237 890	0.80	152 789	0.60	196 474	0.78	145 822	0.48
火柴材料	41 124	0.16	68 453	0.23	209 646	0.82	283 678	1.13	195 238	0.65
煤油	2 621 564	10.10	3 022 105	10.16	1 370 452	5.34	3 857 475	15.40	5 025 611	16.71
罐制食品		0.00		0.00		0.00	115 673	0.46	137 652	0.46
煤	358 619	1.38	673 678	2.26	610 567	2.38	571 238	2.28	690 548	2.30
水泥	29 966	0.12	209 493	0.70	67 708	0.26	177 892	0.71	140 437	0.47
化学产品	2 557	0.01	8 813	0.03	4 879	0.02	1 112	0.00	7 488	0.02
肥田料	1 584	0.01	2 956	0.01	56 532	0.22	1 945	0.01	6 897	0.02
电器材料	43 865	0.17	150 897	0.51	146 345	0.57	393 234	1.57		0.00
机器类	107 381	0.41	110 231	0.37	223 673	0.87	471 456	1.88	634 675	2.11
科学仪器	10 206	0.04	13 447	0.05	24 510	0.10	13 319	0.05	21 876	0.07
糖（白糖）	857 342	3.30	916 435	3.08	1 203 452	4.69	1 477 022	5.90	3 106 097	10.33
纸张	591 876	2.28	621 764	2.09	362 674	1.41	330 533	1.32	635 890	2.11
茶叶	194 230	0.75	132 875	0.45	162 789	0.63	228 672	0.91	223 457	0.74
以上合计	13 789 686	53.12	23 924 198	80.41	17 936 397	69.94	18 803 778	75.08	22 014 194	73.22
洋货总进口	25 959 120	100.00	29 753 077	100.00	25 646 119	100.00	25 045 582	100.00	30 067 508	100.00
土货棉织	798 120	2.96	795 239	4.91	2 194 789	9.64	1 857 591	8.09	1 716 472	3.65
国内五金		0.00	93 673	0.58	752	0.00	72 342	0.32	8 065	0.02
米谷	4 260 453	15.82		0.00	4 193 638	18.43	2 286 654	9.96	26 428 678	56.14
国产面粉	4 571	0.02	12 876	0.08	21 356	0.09	1 444 023	6.29	2 136 890	4.54
花生类	4 748 904	17.64	3 569 678	22.05	5 283 567	23.21	8 038 890	35.02	4 854 367	10.31
豆类	3 365 398	12.50	3 965 390	24.49	2 625 068	11.53	2 900 321	12.63	3 035 678	6.45
小麦	223 193	0.83	2 226	0.01	54 228	0.24		0.00		0.00

续 表

年份 种类	1904	%	1908	%	1912	%	1916	%	1920	%
生丝	3 953 288	14.68	1 928 688	11.91	723 890	3.18	482 908	2.10	1 258 906	2.67
土烟	138 238	0.51	1 456 079	8.99		0.00		0.00		0.00
国内煤		0.00	21 182	0.13	361 578	1.59	732 908	3.19	399 452	0.85
以上合计	17 492 165	64.96	11 845 031	73.16	15 458 866	67.92	17 815 637	77.60	39 838 508	84.63
土货总进口	26 926 517	100.00	16 190 659	100.00	22 759 367	100.00	22 958 565	100.00	47 073 714	100.00

资料来源：*Return of Statistics of Canton for the Year 1904-1920*，《中国旧海关史料》。

1904—1920年进口洋货和土货内容基本上类似上一个阶段，主要是制成品和半成品，以及前一阶段兴起的民生类产品、新型基础建设产品，土货进口依然以谷米和丝料为主。

棉织品：棉花进口到1916年基本消失，但棉纱和棉布的进口继续繁荣，1920年进口棉纱占洋货的10.67%，值3 207 388海关两，本期基本稳定在这个水平；各种棉织品进口继续上扬，大致稳定在7%—10%，1920年值3 131 368海关两。与此同时，由于国内棉织业的发展，土货中棉织品的进口获得了前所未有的快速增长，1912年达到2 194 789海关两。

粮食类：由于与南洋的交通运输方便，广东每每在国内粮食歉收或运输不便时大量进口南洋洋米，洋米进口快速增长，但洋米和国米的进口常常此起彼消。国外面粉类进口增长平缓，另一方面因国内面粉工业的发展，1910年代以后本国面粉进口数剧增，1920年达2 136 890海关两（占进口土货的4.54%）。国产大豆、花生的进口持续繁荣，1912年合计占土货进口总值的46.54%，最低的1920年也有14.85%。

鸦片进口：1908年曾高达洋货进口总值的24.29%，此后快速消退，1917年粤省宣布禁止烟片后，从统计上已经绝迹。

民生类用品：以煤油和糖类为大宗。由于煤油物美价廉，亮度远胜豆油，受到国人的普遍欢迎，进口额激增，1920年占洋货进口总值的16.71%，达5 025 611海关两。糖类（主要是白糖）进口仍在扩大，1920年占洋货进口的10.33%，价值3 106 097海关两。1904年火柴进口值曾达324 114海关两，几乎都是日本货，此后进口量逐渐下降，1920年只有145 855海关两，日本火柴已为质量相同、价格同样便宜的国产火柴所取代[①]。

[①] 1902—1911年粤海关十年报告，《粤海关报告汇集》，第956页。

生产性产品：日本煤的进口量增加，逐渐在洋货进口总值中占了2％—3％的份额。同时，进口自抚顺等地煤的数量也有所增加，1916年国产煤的进口数超过了洋煤。水泥、化学产品、肥田料、电器材料、机器类、科学仪器这类具有建设意义的进口品，在洋货进口中达到2％—3％的份额。另外纸类进口扩大，以印刷纸和包装纸为主。

丝料在土货进口中一度占了14.68％和11.91％的份额，但进口数量常有波动，且日趋于减少。

总之，本期进口品主要是衣着和粮食类，其次是民生类，再次才是金属、染料等类，新型产品不占主流。除了米谷类，制成品的进口大幅度增加。

表2-10　粤海关进口货物结构（1924—1936年）

年份 种类	1924	％	1928	％	1932	％	1936	％
棉花	3 017	0.01		0.00	594	0.00		0.00
棉纱	35 210	0.06	15 455	0.02	192 402	0.22	123 018	0.38
棉织品	3 956 891	6.65	2 281 148	2.56	2 291 597	2.59	785 621	2.44
毛制品	782 365	1.31	2 020 891	2.27	1 590 392	1.80	1 036 521	3.22
金属	3 553 241	5.97	1 730 021	1.94	5 913 761	6.68	1 562 301	4.86
进口谷米	2 365 410	3.97	3 165 564	3.56	2 244 798	2.54	695 248	2.16
面粉	1 836 981	3.09	2 079 940	2.34	5 371 251	6.07	1 096 328	3.41
纸烟	2 005 623	3.37	320 039	0.36	409 090	0.46	326 984	1.02
药材	663 251	1.11	669 666	0.75	46 185	0.05	35 621	0.11
苯胺染料	320 456	0.54	470 090	0.53	460 021	0.52	678 541	2.11
火柴	87 231	0.15	80 909	0.09	1			0.00
火柴材料	175 239	0.29	120 646	0.14		0.00		0.00
煤油	3 965 401	6.66	1 619 092	1.82	1 247 165	1.41	1 136 985	3.53
汽油 柴油	20 561	0.03	28 630	0.03	509 908	0.58	1 023 685	3.18
罐制食品	236 510	0.40	416 890	0.47		0.00		0.00
煤	998 652	1.68	1 899 702	2.13	3 281 908	3.71	942 310	2.93
水泥	243 581	0.41	259 672	0.29	999 918	1.13	563 241	1.75
化学产品	91 236	0.15	1 650 090	1.85	1 422 591	1.61	988 562	3.07
肥田料	6 582	0.01	7 296	0.01	344 730	0.39	423 561	1.32
电器材料	123 045	0.21	472 065	0.53	1 821 979	2.06	792 435	2.46
机器类	255 024	0.43	144 890	0.16	741 094	0.84	861 203	2.68
车辆船艇	89 653	0.15	185 290	0.21	740 076	0.84	996 841	3.10
科学仪器	123 654	0.21		0.00	158 765	0.18	135 210	0.42

续 表

年份 种类	1924	%	1928	%	1932	%	1936	%
糖(白糖)	8 023 681	13.48	6 895 089	7.75	2 110 890	2.38	865 231	2.69
纸张	1 023 651	1.72	1 460 902	1.64	2 500 230	2.82	854 120	2.65
茶叶	300 256	0.50	229 893	0.26	886 980	1.00	23 510	0.07
以上合计	31 286 402	52.54	28 223 870	31.72	35 286 326	39.86	15 947 077	49.56
洋货总进口	59 544 309	100.00	88 990 315	100.00	88 529 097	100.00	32 178 795	100.00
土货棉织	2 056 283	3.61	2 578 034	5.22	6 339 674	7.48	9 653 214	9.20
国内五金	268 510	0.47	339 870	0.69	531 230	0.63	985 614	0.94
米谷	15 891 235	27.91	3 423 790	6.94	1 670 636	1.97	2 563 148	2.44
国产面粉	563 210	0.99	537 335	1.09	618 813	0.73	986 531	0.94
花生类	7 569 821	13.30	70 320	0.14	2 834 908	3.34	3 025 894	2.88
豆类	9 689 521	17.02	4 540 854	9.20	6 023 891	7.10	7 569 841	7.21
小麦		0.00	38 225	0.08		0.00		0.00
生丝	1 367 891	2.40	800 124	1.62	203 487	0.24	123 685	0.12
土烟		0.00		0.00		0.00		0.00
国产火柴		0.00		0.00	7 649	0.01	6 752	0.01
国产火柴材料		0.00	38 525	0.08		0.00	36 214	0.03
国内煤	1 075 321	1.89	1 420 940	2.88	851 345	1.00	1 023 651	0.98
国产水泥		0.00	94 655	0.19	521 785	0.62	965 841	0.92
国产化学品	3 652	0.01	38 675	0.08	340 870	0.40	653 248	0.62
国产肥田料		0.00	110 891	0.22		0.00	365 891	0.35
国内进口电器材料		0.00	9 761	0.02	85 034	0.10	236 510	0.23
国内进口机器		0.00	13 267	0.03	43 695	0.05	76 325	0.07
以上合计	38 485 444	67.59	14 055 266	28.48	20 073 017	23.67	28 272 359	26.94
土货总进口	56 937 208	100.00	49 358 774	100.00	84 798 459	100.00	104 968 372	100.00

资料来源：*Return of Statistics of Canton for the Year 1924—1936*,《中国旧海关史料》。

  本期进口品从制成品、半成品、原料,到生产性资料和消费性资料,种类繁多,且结构更加完备,而且有一定技术含量的制成品和生产性资料进口所占的比例持续增加。

  棉织类：棉花已不再进口,洋纱基本消失,上海棉纱替代兴起,国内棉纱第一次压倒性地代替了洋货。粤海关贸易报告认为:"外汇兑换率高和现货积存不利于外洋棉织品的输入,而土产棉纱(大多是上海纱厂的产品)输入增加了60%"[①],1936年达到土货进口总值的9.20%。另一方面,棉织品在进口中的重要性急剧下降。

粮食类:国米和洋米依然大量进口,洋货和土货中的面粉的进口量继续增加。

民生类:由于国内资源缺乏,煤油进口稳定增加,1924年在洋货进口中占有6.66%的份额。糖类进口继续增加,1924年占洋货进口的13.48%。直到经济大危机以后,国内糖业才乘机恢复元气。

具有发展意义的水泥、化学产品、电器材料、机器、科学仪器、车辆船艇进口获得发展,1932年大约占了洋货进口总值的14%左右。其中,金属又占5%—6%以上。另外,据九龙海关统计,从那里进口的机器和电器类产品已超过粤海关,九龙关进口品的销售市场和粤海关大多是重合的。同时,国内的土货替代获得发展,多数替代产品都已出现。

(三)土货出口结构

表2-11 粤海关出口土货结构(1864—1876年)

年份 种类	1864	%	1868	%	1872	%	1876	%
铜纽扣	195 239	2.02	204 281	1.63	221 635	1.15	200 008	1.26
桂皮	163 480	1.69	515 070	4.10	764 519	3.96	208 428	1.31
爆竹	76 766	0.79	142 015	1.13	202 346	1.05	257 413	1.62
地席	113 974	1.18	329 585	2.62	384 067	1.99	191 104	1.21
蜜饯糖果	56 850	0.59	58 706	0.47	75 414	0.39	162 253	1.02
生丝	3 871 263	40.08	7 337 364	58.40	8 591 349	44.49	9 619 099	60.67
茶叶	2 398 866	24.84	1 880 149	14.96	1 942 098	10.06	1 496 852	9.44
糖 红糖	279 919	2.90	509 674	4.06	861 483	4.46	550 039	3.47
以上合计	7 156 357	74.09	10 976 844	87.36	13 042 611	67.55	12 685 196	80.01
土货总出口	9 659 171	100.00	12 564 782	100.00	19 308 705	100.00	15 855 284	100.00

资料来源:*Return of Statistics of Canton for the Year 1864 -1876*,《中国旧海关史料》。

1864—1876年早期土货出口结构比较单一,主要依靠传统的丝茶。其中,生丝一项大宗产品,包括白丝和乱丝头,占土货出口总值中40.08%—60.67%的份额;茶叶,主要是功夫茶和红茶两项,占9.44%—24.81%的份额,但茶叶出口日渐减少的趋势已经出现。糖类,主要是红糖,只占有2.90%—4.06%的份额,桂

---

① 1921—1931年粤海关十年报告,《粤海关报告汇集》,第1061页。

皮也不过1.31%—4.10%,后来发展迅猛的爆竹、地席,此时还不过占1%左右的份额。

表2-12 粤海关出口土货结构(1880—1900年)

年份 种类	1880	%	1884	%	1888	%	1892	%	1896	%	1900	%
豆类	6 316	0.04	852	0.01	5 874	0.03	253 459	1.34	333 698	1.63	342 890	1.63
铜纽扣	332 768	1.93	98 763	0.71	159 369	0.94	157 896	0.84	223 568	1.09	126 754	0.60
桂皮	599 786	3.48	62 098	0.45	48 489	0.29	102 365	0.54	66 987	0.33	66 589	0.32
瓷器	45 345	0.26	57 642	0.42	42 365	0.25	51 426	0.27	88 698	0.43	97 653	0.46
夏布	311 953	1.81	335 890	2.42	513 785	3.03	161 369	0.85	151 236	0.74	13 378	0.06
葵扇	50 342	0.29	41 098	0.30	77 368	0.46	141 562	0.75	57 896	0.28	43 678	0.21
爆竹	301 467	1.75	458 482	3.31	502 041	2.96	360 750	1.91	161 358	0.79	79 793	0.38
玻璃手镯	60 342	0.35	41 786	0.30	321 896	1.90	342 963	1.82	400 369	1.96	315 487	1.50
人发	23 074	0.13	32 452	0.23	12 411	0.07	10 868	0.06	26 076	0.13	73 455	0.35
漆器	19 905	0.12	20 096	0.15	17 905	0.11	16 366	0.09	19 625	0.10	11 085	0.05
熟皮	17 162	0.10	1 703	0.01	22 342	0.13	21 987	0.12	29 874	0.15	25 432	0.12
地席	259 083	1.50	293 098	2.12	532 860	3.14	559 437	2.96	1 106 457	5.41	725 462	3.44
五倍子	19 173	0.11	2 034	0.01	22 698	0.13	12 059	0.06	9 168	0.04	1 208	0.01
纸	201 678	1.17	147 690	1.07	192 564	1.14	192 368	1.02	200 369	0.98	130 342	0.62
蜜饯糖果	137 700	0.80	165 980	1.20	182 341	1.08	150 220	0.80	30 345	0.15	28 035	0.13
生丝白丝	10 466 998	60.73	7 984 153	57.63	10 469 713	61.74	12 334 171	65.31	13 837 453	67.64	14 328 738	68.04
茶叶	1 571 567	9.12	1 181 490	8.53	953 866	5.62	1 417 635	7.51	223 698	1.09	199 568	0.95
糖红糖	544 890	3.16	758 581	5.48	480 765	2.83	220 568	1.17	667 895	3.26	579 870	2.75
烟叶	255 579	1.48	190 652	1.38	221 684	1.31	286 324	1.52	381 569	1.87	356 450	1.69
以上合计	15 225 128	88.33	11 874 540	85.72	14 780 336	87.16	16 793 793	88.92	18 016 339	88.07	17 545 867	83.32
土货总出口	17 235 698	100.0	13 853 243	100.0	16 958 597	100.0	18 885 766	100.0	20 456 523	100.00	21 058 997	100.0

资料来源:*Return of Statistics of Canton for the Year 1880 - 1900*,《中国旧海关史料》。

1880—1900年是土货出口重要的拓展和调整时期。生丝类产品稳居60%以上的份额,由于新式的机器缫丝大大提高了效益和质量,"广州机缫丝几乎独占了欧洲大陆市场,成为那里的意大利生丝的廉价替代物"①。此外,白银对黄金的比值下降,从而大大地降低了欧洲市场的经销成本。

但茶叶出口的直线下滑并没得到遏制,从9.12%跌到0.95%,"如果不是因为国内市场白银对黄金的比值下降,造成茶价低廉,因而销路增加的话,这个商品在我们的统计表上有可能减少到极不显眼的地步"②。糖类出口也从3.16%降到1.17%,海关认为:"更大数量的食糖是经帆船从产地直接运往香港的,而这部分数字未包括在海关统计之内。"③但糖类出口的衰退趋势,仍可以从外洋进口数量的增加获得反证。

新的原料产品的发掘和手工制造业的发展为出口提供了新的资源,前者包括人发、熟皮、五倍子等,后者包括瓷器、夏布、玻璃手镯、漆器、纸张。尤其是地席出口获得发展,1896年在出口总值中占了5.41%的份额。

原料型初级产品在国际市场上的需求弹性系数相对微弱,一般性产品出口的波动反映出因为信息不对称而出现的生产盲目和收益不稳定。铜纽扣、桂皮、蜜饯糖果、爆竹类的出口基本进展不大,甚至下跌。其中,桂皮原来是大部分经帆船运往香港再转运出口,但后来"一种廉价的化学物品已经取代了其在欧洲市场的地位"④。爆竹几乎都输往美国,1886年出口量达到65 361担,此后因"美国所征进口税太重"而日趋减少⑤。

表2-13 粤海关出口土货结构(1904—1916年)

年份 种类	1904	%	1908	%	1912	%	1916	%
豆类	455 632	1.05	868 432	1.82	603 820	1.26	311 290	0.51
铜扣	174 895	0.40	211 876	0.44	151 239	0.32	165 439	0.27
桂皮	1 171 098	2.70	1 569 995	3.29	1 678 639	3.51	904 532	1.48
瓷器	154 985	0.36	202 341	0.42	255 642	0.54	281 549	0.46
织品 夏布	86 557	0.20	66 104	0.14	334 329	0.70	1 279 805	2.10
葵扇	230 689	0.53	160 298	0.34	135 890	0.28	132 456	0.22
爆竹	711 291	1.64	2 013 360	4.22	1 884 714	3.95	2 180 894	3.57
玻璃 手镯	375 769	0.87	330 213	0.69	338 920	0.71	384 320	0.63
人发	75 199	0.17	160 440	0.34	534 126	1.12	167 226	0.27
漆器	10 637	0.02	9 345	0.02	10 807	0.02	15 367	0.03

---

① 1882—1891年粤海关十年报告,《粤海关报告汇集》,第862页。
② 1882—1891年粤海关十年报告,《粤海关报告汇集》,第861页。
③ 1882—1891年粤海关十年报告,《粤海关报告汇集》,第865页。
④ 1882—1891年粤海关十年报告,《粤海关报告汇集》,第912页。
⑤ 1882—1891年粤海关十年报告,《粤海关报告汇集》,第865页。

续表

年份 种类	1904	%	1908	%	1912	%	1916	%
熟皮	597 564	1.38	1 013 450	2.12	2 708 231	5.67	1 855 342	3.04
地席	2 824 761	6.51	2 399 542	5.02	2 345 098	4.91	1 499 789	2.46
五倍子	13 890	0.03	7 271	0.02	117	0.00		0.00
纸	342 098	0.79	352 650	0.74	231 987	0.49	355 321	0.58
蜜饯糖果	39 992	0.09	44 236	0.09	47 219	0.10	56 789	0.09
生丝 白丝	23 782 091	54.85	31 778 808	66.55	36 924 759	77.30	41 252 938	67.54
茶叶	609 782	1.41	434 652	0.91	449 765	0.94	749 800	1.23
糖 红糖	292 340	0.67	335 098	0.70	482 390	1.01	346 321	0.57
烟叶	585 621	1.35	756 342	1.58	991 298	2.08	1 173 450	1.92
五金		0.00		0.00	70 280	0.15	652 789	1.07
水泥		0.00		0.00	116 250	0.24	26 254	0.04
以上合计	32 534 891	75.03	42 714 453	89.45	50 295 520	105.30	53 791 671	88.07
土货总出口	43 361 439	100.00	47 752 794	100.00	47 765 145	100.00	61 077 491	100.00

资料来源:Return of Statistics of Canton for the Year 1904—1916,《中国旧海关史料》。

1904—1916 年土货出口结构大体上类似于前一个阶段,除了在 1912 年后出现了五金、矿砂、水泥之类的新资源,整体结构便没有出现新的变化。

宣统前后,广东的白厂丝生产规模扩大。时人观察道:"从前未有机器缫丝,以手工为之,其丝略粗,只供土人织绸及抽纱之用。近年洋庄丝出,其价倍昂,其利愈大,洋庄丝居十之六七,土庄十之三四而已。"[①]在此背景下,生丝依然是广州唯一的出口支柱产品。茶叶、红糖在土货出口总值中只占 1%—2%,已非常微弱。地席、桂皮、爆竹等原料和手工制品保持在 3%—5% 左右的份额。总之,结构性的困境没有获得实质性的改变。

表 2-14 粤海关出口土货结构(1920—1936 年)

年份 种类	1920	%	1924	%	1928	%	1932	%	1936	%
豆类	172 890	0.26	326 103	0.36	2 980	0.00	18 907	0.03	23 651	0.03
铜扣	273 765	0.41	321 560	0.35	158 907	0.19		0.00	23 410	0.03
桂皮	2 969 876	4.44	2 968 541	3.24	699 732	0.85	87 907	0.13	36 521	0.05
瓷器	372 890	0.56	568 321	0.62	148 670	0.18	10 876	0.02	23 510	0.03

---

① 张凤偕:《南海县志》卷四,舆地略,物产,宣统二年。

续表

年份 种类	1920	%	1924	%	1928	%	1932	%	1936	%
织品 夏布	1 080 564	1.61	1 986 321	2.17	1 215 409	1.48	1 797 532	2.71	2 563 104	3.22
葵扇	112 890	0.17	325 610	0.35	852 210	1.04	669 562	1.01	236 541	0.30
爆竹	1 324 122	1.98	1 568 421	1.71	1 223 841	1.49	125 267	0.19	895 632	1.13
玻璃 手镯	294 672	0.44	236 541	0.26	95 933	0.12		0.00		0.00
人发	227 003	0.34	65 410	0.07	41 547	0.05	1 114	0.00	2 351	0.00
漆器	13 171	0.02	12 350	0.01		0.00		0.00		0.00
熟皮	2 183 450	3.26	1 856 230	2.02	825 439	1.00	240 890	0.36	685 310	0.86
地席	1 472 398	2.20	2 301 564	2.51	2 059 065	2.51	136 578	0.21	896 324	1.13
五倍子		0.00		0.00		0.00		0.00		0.00
纸	248 790	0.37	321 560	0.35	480 764	0.58	230 876	0.35	23 104	0.03
蜜饯糖果	47 780	0.07	23 561	0.03	66 971	0.08		0.00		0.00
生丝	50 643 988	75.65	56 321 895	61.39	58 936 855	71.71	2 613 890	3.94	1 896 321	2.38
茶叶	443 890	0.66	892 365	0.97	1 030 675	1.25	4 789	0.01	236 510	0.30
糖 红糖	73 876	0.11	321 560	0.35	10 453	0.01	691 586	1.04	956 231	1.20
烟叶	2 264 398	3.38	2 356 143	2.57	2 247 532	2.73	86 765	0.13	563 214	0.71
五金	506 489	0.76	326 510	0.36	390 289	0.47	535 671	0.81	236 510	0.30
矿砂		0.00		0.00	1 189 026	1.45	2 987	0.00	889 521	1.12
水泥	9 100	0.01	3 265	0.00	2 094	0.00	460 745	0.70	896 319	1.13
电器材料		0.00		0.00	35 793	0.04	88 513	0.13	968 521	1.22
机器及零件		0.00		0.00	15 613	0.02	10 389	0.02	56 784	0.07
药材		0.00		0.00	357 242	0.43		0.00		0.00
以上合计	64 736 002	96.70	73 103 831	79.68	72 087 040	87.71	7 814 844	11.79	12 109 389	15.22
土货总出口	66 945 015	100.00	91 744 046	100.00	82 189 247	100.00	66 276 287	100.00	79 567 669	100.00

资料来源：Return of Statistics of Canton for the Year 1920-1936,《中国旧海关史料》。

本期历经经济大危机的冲击，出口结构变动剧烈。生丝类依然一枝独秀，占有50%—70%的份额。但是，其他的传统出口产品遇到困境，到了1932年后始恢复了以纺织类为主导的出口产业，土货出口结构开始多元化。当时海关的分类主要有纺织纤维、动物及其产品、油脂类、矿砂和金属、棉线和织品、子仁、皮类、茶、粮食类、蔬菜类、燃料、烟草、果品、药材类、其他。

广西省出口大宗商品为农林矿牲畜等，主要是牲畜、桐油、茶油、柴炭、谷米、木材、矿砂、皮货、纸等，进口主要是必需的制成品，纱布、煤油、食盐、金属及其制成品、纸、卷烟、鱼及海产。

1933年出口33 305 762元,以类别计,饮食物及香烟(食品、饮料、烟草、食盐)占44.46%、原料及半成品(纺织原料、染料、木材、兽皮、矿砂、种子等)44.31%、制造品(纺织品、机械、交通器具、金属品、电器及煤气、纸张皮革染料药材等化学工业制成品、文化及家用等制成品)10.73%、杂货0.50%;以物品计,猪21.89%、木材4.77%、桐油12.21%、柴10.90%、米5.51%、牛3.13%、家禽2.90%、纸2.33%、皮革4.2%、谷1.05%、锡2.41%、其他28.70%。1933年进口38 758 019元,饮食物及烟草21.95%、原料及半成品9.70%、制造品47.41%、杂货20.94%,其中棉纱16.83%、棉布13.17%、煤油4.74%、政府用品10.32%、食盐10.62%、金属及其制成品2.74%、纸1.67%、卷烟2.75%、鱼及海产品1.68%、其他35.48%[1]。

1926—1934年南宁各行年度贸易额中,经由经纪行的比例,最多25.58%(1927年)、最低16.41%(1934年),年均占比为22.07%[2]。1946年广西省的出口货物以桐油、猪鬃、烟叶、五倍子、桂皮、钨等为大宗。

(四)进出口贸易结构

1. 贸易结构与关系

关于进出口贸易,首先,就洋货进口而言,早期增长比较缓慢(1859—1887年),然后步入快速增长通道(1887—1912年),再进入快速增长但有所波动时期(1913—1927年),然后是相对下降时期(1928—1938年)。进口洋货开始主要是棉织品、衣着类原料,至1900年前增加了民生类杂货,例如火柴、煤油,工农业生产建设的材料,如水泥、肥田料、机器类产品;1904年后,棉织品进口替代进展较快,粮食类、民生产品进口增长较多,水泥、化学产品、肥田料、电器材料、机器类、科学仪器等生产性产品,已经占有2%—3%的比例。至1932年后,进口种类从制成品、半成品、原料,到生产性资料和消费性资料,结构趋于完备,具有发展意义的化学产品、电器材料、机器、科学仪器、车辆船艇等等产品的进口大约占洋货进口总值的14%左右。

其次,就土货出口而言,经历了这样一些阶段:缓慢发展(1859—1883年),全面快速扩展(1884—1911年),增长趋势缓慢(1912—1926年),趋于下落(1927—1938年)。早期的出口主体为生丝与茶叶,生丝一度占有40%—60%的比例,1880年后生丝增加到60%以上,茶叶下降到1%,同时,新的原料产品和手工制造业出现,包括熟皮、五倍子、夏布、漆器等,至1916年一度占有3%—5%的份额,而丝类出口一枝独秀直到大危机前夕。1932年粤海关的出口分类主要有纺织纤维、动物及其产品、油脂类、矿砂和金属、棉线和织品、皮类、粮食类、蔬菜类、燃料、烟草、果品、药材类等。

---

[1] 广西统计局:《广西年鉴》,第一回,1933年,第488—491页。
[2] 广西统计局:《广西年鉴》,第一回,1933年,第534—537页。

以上可见,粤海关出口结构中的70%—80%的产品来自珠三角地区,内陆地区所能提供的产品的数量与价值,都呈现衰减的趋势。进口商品的销售地与土货出口地重叠,只有一部分民生类产品销售到内陆地区,这也可以从后来签发的内地洋货子口税单上看出。

表2-15就棉花和棉纱、洋货和土货棉织品、洋米和国米、外洋面粉和国内面粉进口之间的相互关系,进行一个较长时段的数理统计,根据统计学上对相关性的界定可见[①]:

表2-15 棉、米、面粉的相关度(广州口岸)

(国外进口棉花和棉纱,国外和国内进口棉织品、谷米、面粉)

类目 年份	棉花和棉纱	棉织品	谷 米	面 粉
1864	−0.28	0.17		
1868	−0.31	0.14		
1872	−0.18	0.12		
1876	−0.06	0.09		
1880	0.12	0.06	−0.08	
1884	0.16	0.03	−0.11	
1888	0.31	−0.02	−0.17	
1892	0.33	−0.10	−0.21	
1896	0.09	−0.24	−0.23	
1900	0.10	−0.44	−0.24	−0.25
1904	0.31	−0.59	−0.30	−0.33
1908	0.13	−0.69	−0.37	−0.42
1912	0.21	−0.71	−0.41	−0.51
1916	0.18	−0.80	−0.58	−0.64
1920	0.32	−0.87	−0.54	−0.59
1924	−1.00	−0.86	0.20	−0.39
1928		−0.84	0.36	−0.54
1932		−1.00	−1.00	−1.00

资料来源:本节洋货、土货进口表格中关于棉花、棉纱、棉织品、米谷和面粉部分的节选,原始数据参见以上各表。

第一,进口的棉花和棉纱不存在必然的相互关系。尽管彼此之间出现过增加和减少的趋势,主要是基于时间上的不协调,两者的增减幅度并不能构成或正或负的相互关系。第二,进口的洋货和土货棉织品有一定的相互关系。1904年后存在着显著的负相

[①] 相关系数 R 的界定,R 处于−1 到+1 之间,当 R 越接近−1 或+1,两者之间的关系就越密切,越接近 0 说明两者之间关系越微弱。关于相关的强弱,一般采用四级划分标准,$|r|<0.3$ 称为微弱相关,$0.3\leqslant|r|\leqslant 0.5$ 称为低度相关,$0.5\leqslant|r|\leqslant 0.8$ 称为显著相关,$0.8\leqslant|r|\leqslant 1$ 称为高度相关。王芸等:《社会经济统计原理》,西南财经大学出版社,1996年,第287页。

关,1916年后存在着高度的负相关,越往后两者的负相关系数越来越大,表现为国内土货棉织品几乎完全替代进口棉货。第三,进口的洋米和国内的米谷之间,除了1916—1920年以外,不存在密切的相互关系。这是因为进口米谷来自国内还是来自南洋,并无绝对的规律,虽然往后洋米进口越来越多,但国米进口也一直存在①。两者之间不构成密切的相互关系。第四,外洋面粉和国内面粉的相关系数大于米谷。主要原因在于上海等地的民族面粉企业的发展,以及国产面粉进口替代的努力。

其实,近代以来以广州为代表的珠江三角洲地区,对于外来贸易冲击的反应是一步步深化的,洋货进口替代方面表现得最为明显,情况最为良好的是1924—1930年,这和袁欣对全国贸易条件的分析,得出这一时段趋于改良的结论是一致的②。

以棉花及其制成品而论,① 开埠不久大量进口棉花,大约从1884年起棉纱进口值开始超过棉花,直到1900年左右不再进口棉花;② 大概从1890年代开始,洋棉货进口迅速发展,到了1920年左右进口值超过棉纱,同时洋棉纱又被国产棉纱所取代,洋棉纱进口走向式微,而就在这个时候洋棉制品的进口达到了顶峰。不久,又进行了新一轮的轮回,国产棉布进口迅速地发展,又像先前取代洋纱一样,替代了洋货棉织品。

面粉的替代类似,只是相对简单一些。1880年左右洋面粉开始进口,随后迅速增长。1900年不再进口国内小麦,开始进口国产面粉,大概到1916年前后进口的国产面粉价值超过了进口的洋面粉价值(不过1920年后外洋面粉又恢复进口)。国产面粉"其平均数虽比洋面粉输入平均数为低,然二十二年来,本国面粉进口,有较洋面粉为多者,盖由国内面粉事业发达之故"③。

火柴进口替代情况更为明显,1872年开始进口外洋火柴,1900年开始进口制作火柴的材料以供国内生产火柴,1904年左右开始对国内出口火柴,1922年后甚至出口到国外。水泥、煤炭之类大致如此。

技术含量较高的机器、电器、化学产品的替代,大概从1900年已经开始,不过进展极其缓慢,到1932年才有质变的迹象,可惜抗战打乱了这一正常的经济发展进程。因此,近代华南地区新兴工业部门的发展,并非像以往想象的那样落后④。

土货出口结构表现出来的反应则比较迟缓,1932年以前广州的土货出口一直是以生丝、废丝之类的丝织品一枝独秀,占有50%—70%的份额。1880—1900年外贸拓展的新资源主要来自新的原料产品的发掘和手工制造业的发展,并反映出因信息不对称出现的生产盲目、收益不稳定的现象。1904—1916年土货出口结构基本没

---

① 彭楚衍:《粤汉铁路备览》,长沙洞庭印书馆,1937年,第25页。
② 袁欣:《对外贸易经济效益研究——中国发展的经验》,中山大学出版社,2004年。
③ 广东粮食调节会:《广东粮食问题》,1934年,第9页。
④ 从1932年起,广东新式工业才比较显著地发展,从外国输入了优良的蔗种,由官僚资本创办了6间糖厂(新造、顺德、东莞、市头、揭阳、惠阳)。在广州还兴起了水泥、制丝、化学、肥料、硫酸、饮料、麻织、棉织、电力等工厂,但大部分还未开工生产,就因抗战而中止。(参见梁仁彩:《广东经济地理》,科学出版社,1956年,第12—13页。)

变,新出现的要素较少,除了1912年后出现了一些五金、矿砂、水泥之类的新资源,并无结构性的改变。厂丝是广州出口唯一的支柱产品,但茶叶、红糖的出口已非常微弱,地席、桂皮、爆竹等原料和手工制品出口值虽有增加,但相对比重依然微小。1920—1936年出口土货的结构依然是生丝类一枝独秀,出口结构在经济大危机中曾产生剧烈的紊乱,到1932年后才基本恢复,国内土货出口结构开始多元化。

2. 香港贸易结构

如前述对香港贸易情形的评论,近代香港的贸易结构有一定的特殊性,这与香港自由港地位的变化密切相关。

香港进出口商品主要类别一度有明显的变化,1909年前香港以鸦片为最多,进口约3 000万—3 500万元,其后主要是花纱、面粉、糖的进口,以及土货的转口国外。1920年代后主要如下:① 米,来自西贡、暹罗、东京(河内)、缅甸,并转口两广、厦门、台湾等地;② 砂糖,输出至内地、印度、爪哇、菲律宾等处;③ 丝、棉纱及织物,前者输出至英国、欧洲,后者输入至两广、中国内地、南洋等地;④ 煤,大部分本地工厂使用,少量转口广东、南洋;⑤ 矿产品方面,主要是将云南、广西的锡矿输出至中国其他地方、欧美、日本、南洋等地,或将澳洲等地的铁、铅输入中国内地、日本;⑥ 食品类,早期曾将美欧、澳洲的面粉转运至中国内地、日本,或将日本的海产品转运内地、南洋[①]。二战后的贸易地域与结构,如表所示:

表 2 - 16a　香港的进出口贸易结构

	出　口　至	%	进　口　自	%
中国华南	棉织品、棉纱、烟草、海产物、米谷、制粉、砂糖等	42%	豆类、药材、酒、豆油、兽皮、果物、生牛、织物、烟草、砂糖、麻、纸、绢制品、石灰、海产等	15%
华北华中	棉织品、棉纱、烟草、糖			
欧洲	生丝、屑丝、茶、花席、羽毛、毛发、落花生	英国及属地(13%)	钢、铁、机械、食品、油漆、毛织物、棉布、玻璃、船舶用具	英国及属地(30%)
南洋	爆竹、大豆、砂糖、麦粉、纸、陶器、绢织物、火柴	安　南(8%)	棉纱、棉花、鸦片、木材、香料、藤、石油	荷属印度(10%)
美国	生丝、屑丝、花席、绢织物、爆竹、麻袋、麻	9%	面粉、罐头、盐鱼	10%
日本	米、粗糖、藤、草席、天蚕丝、檀香木	5%	石灰、火柴、棉纱、棉布、海带、菌类、海产物、玩具、铜、食物	11%(未计自上海而来的)

资料来源:调查股:《香港志略》,《国立武昌商科大学商学研究季刊》1925年第1卷第1期,第1—17页。

---

① 麦思源:《六十年来之香港》,《循环日报六十周年纪念特刊》1932年纪念特刊,第41—63页。

表 2-16b 香港的进出口贸易结构

	出 口 至	进 口 自
汕头厦门(福州)线	水泥、罐头、面粉等食物;钢铁制品等杂货;燃油等	土产食物、土纸、水果、中药
上海线及其北	工业制品、橡胶、椰油、煤、铁块、帆布鞋、藤、鲜果	粮食、棉织品、布匹
台湾(基隆)线	烟、胶片、番枳、草席、印棉、工业原料	樟脑、糖、农产品、煤、杂货等
新加坡(仰光)线	咸菜、铁器、竹器、瓷器、钢瓦、纸、鲜菜、工业制品、化学制品、火柴	胶、椰油、锡米、木材、木板、柴、藤、牛皮等
(海防)西贡线	棉织品、鲜果蔬菜、糖、食品、纸、杂货等	桂皮、虾干、木油、咸蛋、牛皮、花生油、米等
暹罗线	棉织品、旧报纸、杂货、工业原料、铁器、药品、日用品等	米、柚木、橡胶、牛皮
马尼拉线	瓷瓦器、铁器、粮食、瓜子、芝麻、草菇、花生、纸木器、爆竹、药材、香油、生丝、皂类、豆饼、棉织品、土布等	美国货或美国禁止进口货等

资料来源:式邦:《香港经济一周:战后香港交通概况》,《经济导报》1947年第1期,第15—16页。

1905年香港商埠的进出口贸易吨位数位居世界第二,伦敦10 958 738吨,香港10 783 502吨,纽约9 371 545吨[1]。香港是东西方的一个转口港,完成原材料、饮食品、手工制品、工厂产品的跨区域(中国南北、日本东洋、东南亚南洋、欧洲、美洲)交换。从贸易结构而言,香港对华南主要转出口工业制成品、食品,并从华南进口丝茶、各类原材料、手工制品。

从进出口份额而言,由于香港的贸易统计并非准确(主要是东南沿海的走私贸易无法统计,甚至无法估计),大致可以参考的数据显示,在1920年代英国对华贸易未衰落之前,经由香港的国际贸易大圈是中英之间的贸易,大圈之下的小圈是以香港为中心的中国南方与东南亚之间的贸易。1940年代中后期,大圈更换为中国与美国(包括日本),小圈因为日本的出口楔入、中国(也包括东南亚国家)的进口保护而支离破碎。

表 2-17 香港对外贸易主要国别(%)(1939、1946年)

1939年			1946年		
国 别	输入自(%)	输出至(%)	国 别	输入自(%)	输出至(%)
中国大陆	37.56	17.00	中国大陆	35.62	39.79
南洋	21.64	27.21	南洋	19.50	34.82

---

[1] 《各国新闻:香港商业之进步》,《芝罘报》1905年第8期,第25—26页。

续表

	1939 年			1946 年	
国　别	输入自(%)	输出至(%)	国　别	输入自(%)	输出至(%)
美　国	8.75	14.40	美　国	12.81	10.93
英　国	6.70	4.20	印　度	5.94	2.85
日　本	4.60	1.20	英　国	4.70	2.17
			澳　洲	4.57	0.54
			加拿大	1.21	0.11
			法　国	0.28	0.50
其　他	79.95	80.20	其　他	70.49	82.90
总　计	100.00	100.00	总　计	100.00	100.00

资料来源：凌羽：《南洋经济特辑：香港与南洋》，《广东省银行月刊》1947 年第 3 卷第 5—6 期，第 55—63 页。

其中，香港与南洋地区的贸易，是工业制成品(棉织品、纱布、丝织品、纸张、洋杂货、香烟、化妆品、化学用品、罐头、西药、中药、颜料、机器、汽车、酒、瓷器、火柴、爆竹、神香等)，与农产品和矿产品(树胶、锡、米、木材、椰子、白糖、棕油、金鸡纳、香料、咖啡、木棉、麻类、豆类、燕窝、海产等)的交换，且处于出超状态。

简评：流通部门的生产空间

改革开放 30 年来，"要想富，先修路"，这句话传遍神州大地，取得了举世瞩目的成效。在经济地理学的话语中，交通与通讯技术一般被称之为"空间压缩"技术，通过空间压缩可以缩小时空距离，实现所谓的时间节约。因为通过交通与通讯技术的进步，可以加快要素流动与资本空间循环，以提高劳动生产率，获得更多的产品剩余。近代贸易的发展，以及更深层的地方化产业的发展，从表面的观察是肇始于开埠通商，从内部的因缘来看是源自交通运输的变革。

我们知道，近代中国的高级市场中心，一般位于主要的水、陆交通线上或其终点，以便进行货物和客运，而基层集市则位于越来越不方便的支线和河道支流附近。错综复杂的和高度发展的定期集市结构，不但在 19 世纪后期，而且在 20 世纪以后仍旧很盛行。这是因为相对来说缺少以下两个重大的变化：一是缺少地方一级改进的运输，使农民不能像到达传统基层集市那样方便地到达中间市场和更高级市场；二是没有优良的轮船和铁路交通把高级市场和国内外的工业中心连接起来，从而促使商品输入和输出增加，而这种增加又会反过来减少在基层集市交易的农户的自给自足程度[①]。

---

① 费正清：《剑桥中国晚清史(下)》，中国社会科学出版社，1994 年，第 55 页。

在中国近代时期,在各类型的交通方式中,船运是将商品运往国内外市场最可行、最经济的方式,故而沿海、沿江与内陆可以通航的流域,多采取该种运输方式,该地域一般均成为经济的高密度区。2009年世界银行发展报告《重塑经济地理》,通过对长时段经济发展过程的关注,发现全球各地区经济发展的不平衡,在长期的历史进程中、在整体上,这种不平衡呈现不断扩大的势头[1]。近代中国华南地区,以水运交通,尤其是以近代轮船运输为先导,通过港口、航线、附属设施等方面的改进,提升运送能量、降低通讯成本,实现了近代商品流通环节的新陈代谢,同时,铁路、公路、航空、邮政、电报等新式运输与通讯方式,也逐渐在商务活动中占有一定的份额,共同构成了近代中国华南地区的商品、资金、信息流通系统。

就要素流通而言,以香港自由港为龙头,以一系列口岸城市为枢纽,以无边无际的城镇墟市为节点,逐渐形成了近代华南地区内外贸一体化的网络。随着时间的演进,在该网络体系中,洋货的进口结构缓慢调整,逐渐从最初以民生类工业制成品与鸦片为主,向技术类产品、现代制造业原材料与设备等方面转变。同时,伴随着国内实业的发展,进口替代产业也逐渐萌芽并成长起来,且一度获得持续的发展。此外,国内的土货出口结构虽然没有出现显著可见的升级,但在比较优势的导向之下,近代华南地区的土货出口一直有效地维持到1930年代大危机之际。

概而言之,在近代中国华南地区,经由一系列口岸城市的开放,各类型运输通道的拓展,以及期间流动的商品,共同激活了国内外贸易,引领了地方化经济的发展,重新塑造了区域经济的密度,推动了近代中国地方经济新生产空间的出现。

第二节 第三产业的服务部门

在商品交换的过程中,大体上由两种经济运动形态所支配,一为商品的流动,一为货币的流动。除却上节所陈述的第三次产业的流通部门之外,还需要同时关注其服务部门。一般意义上的服务部门,包括为生产生活服务以及为居民科学文化服务这两个方面,但在这里、在近代中国,需要优先关注的是金融、保险、信息技术、商业服务、公共事业等先发展部门,其他仅在涉及时适度提及。

一、金融保险业

我们来看一个华裔写的故事:因为有些特殊的关系,他常常去军校听演讲,记得有一次,一位美国四星上将讲话。他掏出一张一百美元大票,高高举起,用浓重的南方口音说,"这张美元不过是一张纸,成本不过是几美分。可是,全世界把这张纸叫美元,必须用相当于一百美元的产品来换我们几美分印出来的纸。这样做合

---

[1] 世界银行:《世界银行报告:重塑经济地理》(World Bank: *World Bank Report, Reshaping Economic Geography*),华盛顿2009年。

理吗？不合理。公道吗？不公道。可是为什么全世界只有接受？是因为你们。你们，强大的美国军人，保护的就是这张纸的价值。你们听懂了吗？"全场爆发出炸雷般的回答"Sir，Yes Sir！"

在社会再生产循环中，金融部门通过控制货币的流通，实现跨区域的资源配置，类似于市场流通网络的要素组织，但更具强大的影响力，这是在金融交易环节而非生产环节，实现区域内部、跨区域的资源移动与配置。

（一）广东金融业

1. 金融机构

清末广州开始出现新式银行，最早是外商银行在广州的分支机构，其后，具有地方银行性质的官办广东官银钱局，中央政府官办的大清银行与交通银行广东分行，商办的大信银行等相继成立。民国成立后，国人自办的新式银行迅速兴起，官办的有中央银行、中国银行广东分行、中国农民银行广东分行、广东省银行、广州市立银行等。民（私）营银行有广东银行广州分行、新华信托储蓄银行广州分行、东亚银行广州分行、金城银行广州分行等。这些银行按照西方银行原则进行组织与管理，业务不断拓展，但由于政局不稳，这些银行经常处于动荡中①。但同时，大量的金融机构及其银行业务，使得广州成为华南地区的金融中心之一。

近代的金融机构主要分为银号与银行，银号有广州市银号、汕头银号以及各县市银号，银行分为官办银行、商办银行、外国银行三种。广州拥有广东省立、广州市立、中国丝业、盐业、国华、东亚、国货、兴中、上海商业等十余家银行，沙面租界有汇丰、渣打、横滨、正金、法兰西等银行，此外，还有156家左右的银号②。

关于银号（及钱庄和典当业）：近代广州的银号有多少？一般认为最多时100家有余。1936年中国银行年鉴记载是80家③。汕头银号流通于市内及附近各县，分为东（潮安、澄海、饶平）西（潮阳、普宁、揭阳）两帮。据广东年鉴记载，1932年全盛时汕头银号60家有余。

19世纪下半叶开始，广州典当业迅速发展，出现当、按、押、小押几种当铺，其门店规模、资本大小、期限长短各有不同。清末民初为广州典当业全盛时期，市区典当当铺多达400多间。1930年代后，随着新的融资形式与渠道的大量出现，典当业逐步衰落④。各县市有组织的专业银号较少，一般都是兼营银业的大商店，例如当押店兼营存放款，首饰店兼营找换，大批发商店兼营驳汇等。

例如，广州市南洋埠神农氏中西药行股份公司，创办开收股银之时，在省城有：广东银行、万国宝通银行、远东储蓄银行、广商银号、永成银号、林治平药局、苏瑞生

---

① 广州省立中山图书馆编：《老广州》，岭南美术出版社，2009年，第144页。
② 刘大钧：《中国工业调查报告》（上册），第3编，《工业分地略说》，1937年。
③ 周斯铭：《五十年来的广东金融概况》，《广东文史资料》，第5辑。
④ 广州省立中山图书馆编：《老广州》，岭南美术出版社，2009年，第147页。

药局、晋德成米厂、西南药房、梁永馨药局、德法公司、公益银器店、两怡水结庄、广兴隆瓷器庄、西濛大酒店、广茂泰酸枝号、洪昌押、梁德升洋庄、广成隆酸枝店;在香港有:广东银行、安达银行、德祥火水庄、明新镜公司、瑞祥源洋货店、广祥火水庄、金陵酒家、义华兴洋货店、民兴公司;在澳门、佛山、陈村、江门、香山县的石岐小榄谷都、大良、清远、肇庆、乐从、沙教、会城、新兴城、台山狄海、东莞石龙、梧州、九江、西南、伦教、容奇、合浦北海、四会、官山、吉利、小吕宋、金山大埠、檀香山、东京海防、日本横滨、上海、南洋、澳洲、砵仑(波特兰,Portland),上列各埠均有殷实商号代收股处①。

关于官办银行:1887年两广总督张之洞在广州大东门外黄华塘街(今黄华路)筹建的广东钱局,次年开炉试铸,为中国最早生产机制银元、铜钱的工厂。1904年成立的广东官银局,经营官款,对市场影响不大。1908—1909年成立交通银行广东分行、大清银行广东分行,1914—1920年分别成立中国银行广东分行、广东地方实业银行、省立广东银行,随着政局变动如过眼之烟云。

1924年8月成立的中央(广东省)银行,具有国家银行的性质。当时广州金融的实权由银号掌握,"人民对于新式金融信用,并未习惯,中央银行除了代理府库收支外,其他普通业务及发行纸币等,均未见有卓越之发展。然兑现政策之运用,恒使通货扩张与收缩,获得相当之效果"②。1926年后随着信用的扩大,逐渐在省内主要城市增设分行。1927年广东省政府力图建设,创办省营工业,向中央银行借款300多万元。1928年北伐成功后,在上海另建中央银行,广东所部改为广东中央银行,名义上成为地方银行。1931年过渡完成后改为广东省银行,转变为地方银行。1936年重新整顿,将省财政与广东省银行剥离,省银行负担减轻,并将政治借款与坏账核减,拨足预备金,"积极收购白银,向四行领用法币,安定币值,整理账目,确定资产负债实额,举办放款,努力吸收存款,增设各地处,扩大金融网,复沟通省级汇兑,以调节资金,是时因环境之转变及处理得当,期年间信誉昭彰,业务蒸蒸日上"③。商业银行的色彩逐渐浓厚。

1924年设立于广州南堤的广东省银行,先后在汕头、江门、韶州、海口、北海、梅菉、潮安、肇庆、南雄等地,以及广西的梧州、江西的龙南、赣州等地设立分行或办事处④,其分支机构主要在汕头、香港,其次是海口、北海、江门、韶州、梅菉⑤。具有发行钞票、代理国省库税收、代募债券等权,同时负责军政经费的支应与调拨。1937年后扩展到广东省内的各县市镇,以及广西桂林、柳州、南宁、桂平、八步、贵阳、昆明、衡阳、长沙、汉口、重庆、上海、南京、厦门等。1938年战时,在广东省内各地陆续设立分支行处,10月广州沦陷后,迁移到连县,再转移到曲江,在新加坡、香

---

① 该公司招股广告《广州国民日报》1912年9月7日。
② 省政府秘书处编译室编译:《广东金融》1941年12月,第3页。
③ 省政府秘书处编译室编译:《广东金融》1941年12月,第6页。
④ 黄毓芳:《广东省银行概况》,《广东文史资料》,第7辑。
⑤ 《参观广州香港各银行的经过》,《省商》1931年第7期,11—14页。

港、韶州设立分行。

关于华资商办银行:据1937年的统计,有广东银行、大信银行、广州佳华储蓄银行、中国国货银行、中国农工银行、广东实业银行、丝业银行、盐业银行、国华银行、金城银行、中南银行、东亚银行、上海商业储蓄银行、香港汕头商业银行、新华信托储蓄银行、香港国民商业储蓄银行①。

关于外资银行,主要有汇丰银行(英)、渣打银行(英)、台湾银行广州支行(日)、正金银行(日)、东方汇理银行(法)、中法实业银行(法)、万国宝通银行(美)、大英银行(英)、德华银行(德)、安达银行(荷兰)。势力最大的为汇丰银行,其次是台湾银行。广州沙面先后麇集了十多家外资银行、四十多家洋行。

2. 市面上的货币

广州通用的货币为广东铸的双毫,以及广东省银行、广州市银行发行的一元、五元、十元纸币,市立银行发行的一毫辅币②。除了通用钱币外,市面流行外国输入的银元,例如墨西哥的鹰洋、西班牙的本洋、美国的贸易银元、日本银元、英国银元等。

广东省内各地货币不一,潮汕、琼崖等地通用大洋,其他地方使用小洋,商人间的买卖大多用银两。汕头市面也使用广东省纸币、双毫。

广东省的货币一度混乱,已经超出了金融的范围,影响到了财政税收,所以,1883—1889年张之洞主粤期间主张改革币值。1889年创办广东钱局,开始采用机器大量铸造制钱,除了在广州使用外,还流通到省外,所铸造的银元一共有五种:俗称分别是一元、五毫、双毫、单毫、半毫。流入市场的新铸币,因为计算容易,携带方便,故而清廷将这五种银币作为法币,各地的钱粮、关税、厘捐使用这种银元。1890—1912年广东钱局铸造并发行的五种银元的数量分别是一元银1 881万枚、半元(五毫)银22.91万枚、双毫银7.53亿枚,单毫银1.19亿枚,半毫银2.622万枚③,以及十文铜元2 180.6万枚。其中发行量最大的双毫银,1913—1914年、1918—1929年恢复铸造,又名广东双毫。1924—1926年发行的毫券钞票,通行于广东以及广西的梧州、柳州、南宁一带,同时为了适应地区习惯,发行汕头、海口等地名的大洋券通行于该地。双毫不但曾经控制华南各省金融市场,而且畅行上海。当时维持在十二、十三毫兑换大洋一元的比价。

1927—1935年一度滥发货币,信用一落千丈。本来广东的大洋、毫币、铜仙设有十进制的兑换标准,后来辅币滥铸,法定价格与市场价格渐渐分离。一元大洋可以兑换11—13角,可兑换的铜仙从100增加到300枚。广州市面上主要流通的是银毫,与国内外的结算单位是大洋或外币。"在广州之银毫,既行使市面,有分新旧、官板私板之别,而纸币流通,又因政潮,及经营不善,币值时有变化。工商市民,

---

① 周斯铭:《五十年来的广东金融概况》,《广东文史资料》,第5辑。
② 刘大钧:《中国工业调查报告》(上册),第3编,《工业分地略说》,1937年。
③ 梅斌林:《广东钱局史略》,《近代史资料》1957年第6期。

为交易便利,价值之保存起见,而争买进外币,特别是西纸。政潮将变,及军事行动时尤更甚。关香港纸币之流通,如此普遍,其缘因,系发行所,附近广州,通商又便利,准备亦充足,信用自然坚固。香港政治安定,币值动摇更少,亦因中国币制太混乱所致,故西纸于广东市场之流通,银业界之汇兑,市民之存款,银市之买卖,几乎成为主要之货币而流通。""政府因于港币之滥任行使,影响毫币价值之动摇,及流通情况,且以危及中国币政主权,故有禁止外币直接行使之命令,但因广东币制混乱殊甚,故市民工商,向为交易便利,及保存价值度量之行为,是较其他的为利害。所以命令虽然迭次公布,却效力极微。"①

广州市面上的银毫有七种,在交易上分为原新、择新、行毫、墨毫、什毫、炉尾、低毫,"而为买卖,以致多少之工商及市民,为避免毫币交付上的麻烦,或为减少出入上之损失,多以外币港纸为计算",尤其是与进出口相关行业或与洋商交易者②。"广州市金融舞台上,既以港纸(香港汇丰银行发行的纸币)为主角,则一切行情变化,无不因港纸而转移。"

1934年法币改革后,中央收回货币发行权,粤桂两省大部分地区仍使用毫券、毫银。宁粤之间妥协后,法币与本地货币通行,直到1946年中央政府强令广东省银行以"法币"收回省券与地名券等,至此完全失去发行货币权,市面也不再流通本地券。

关于广东货币流通的数量以及各币种的地位,由于没有准确的统计,时人估计二万万元有余,其中港纸约占五千万元,中纸、市立纸一共不及千万元;铸币中大洋大约六七千万,毫币大约一万万元,铜仙与银的流通很少,主要是辅币银毫、港纸③。银毫的问题主要有二:第一是新旧、官板私板等成色之别,交易兑换不便;第二是发行数量上没有限制,币值低落。纸币的问题则在于发行上没有规制、缺乏信用。"政府于财政危急之时,只有滥发银毫,或滥发纸币,或提借准备基金之途,以为应付难关,于是,货币之跌价,银行之信用,政府之威信,财政之困苦,更何以昭示国际,表率人民"。④

3. 市面的流通

金融汇兑、拆借是商业交易的血液。例如,1904年开放的江门口岸邻近澳门,高州、廉州、琼州、雷州等"下四府"的货物在运抵澳门之前,也可以停泊江门、轮运香港。由于江门商务发达,银号资本较为丰富,服务相对周到,"货物入口时,即有该口银号估计货值,银行垫付银两,以济其用。若运至澳门,必待将货出卖,始可得银"⑤。促进了江门在粤西南腹地的延伸。但就整体而言,直到清末,除一间创立于

---

① 符泽初:《广东货币混乱之源及其整理办法》,广州培项印刷公司,1932年,第19—20页。
② 符泽初:《广东货币混乱之源及其整理办法》,广州培项印刷公司,1932年,第15—18页。
③ 符泽初:《广东货币混乱之源及其整理办法》,广州培项印刷公司,1932年,第21—22页。
④ 符泽初:《广东货币混乱之源及其整理办法》,广州培项印刷公司,1932年,第24—25页。
⑤ 广东省民政厅:《广东全省地方纪要》,1934年,第1册,第130页。

1909年、资本50万元的南海大信银行外,广州的百余家银号业基本属于旧式的金融机构。银号、钱庄通过自身的融资和获得外资银行的借贷,沟通口岸和腹地,进而影响腹地空间的伸缩。

1920年代广州国民政府为了促进商业、加强区域中心地位,优先考虑开展金融业务。1924年设立的广东省银行,在汕头、江门、韶关、海口等重要城市,以及广西梧州、江西龙南、赣州等处设立分行。但是,广东省银行发行的钞票主要流通于广东,以及广西的梧州、柳州、南宁一带,汕头、海口地区另外发行票种①。广州金融的影响空间与广州的主要腹地范围基本一致。直到1937年广东省银行在省内扩展到各县的市镇,在省外扩展到桂林、柳州、南宁、贵阳、昆明、衡阳、长沙、汉口、重庆、上海、南京,以及香港、新加坡、曼谷、海防等地②,试图构建起以广州为中心的金融网络,直接推动了民国中后期广州贸易中心的重新崛起。

同时,广东省的外国汇兑,"无直接对外汇驳之银行,全以香港为枢纽。故凡对外贸易,莫不以香港纸币为单位,于是南华金融重权,遂为香港汇丰银行所把持矣"③。"本省经济重要环节之金融命脉,已经操纵英国手上,因为本省物资出口甚至运往津沪,均须经由香港而亦多由英籍海船装载,因而国际贸易甚至省外来往款项之支付,不能不受汇丰银行之操纵,而作为金融大动脉之汇兑事业,几乎尽归其掌握,而且其汇价必根据英镑汇率计算,……不特利权外溢,最重要者则在于使本省金融,附庸于英镑。"④

广东省银行早期的汇兑一项,主要是经营外币买卖,其中主要是买卖港币。1935年后,除了前期经营的代理金库,以及存放汇兑等项外,增加了储蓄、信托、农贷、林场、工业等项。其中农贷一项本来是专门经营农村放款而以农民合作社为放款对象的,帮助农民周困救急以促进生产,实际效果较差,其中农贷部的系统下经营过乐昌中正林场、连县中山林场,专植油桐,也经营不善。抗战结束后移交当地县政府接管。工业方面的南华公司筹设乐昌制革厂、机器厂,也以亏损结束⑤。

米业金融。广州米糠行作为批发商,资金需求巨大,一般商行资本5万左右,各方吸纳的资本5万左右,但在季节性的采购米谷时,一般还短缺5万元左右。"每值新谷登场,米价低落之际,即多量购入,待禾造过后,青黄不接之际,谷价势必渐涨,乃乘时推出"。采购本地米谷时一般在收购地现银交易,通过办庄向各省采购国内米谷,在买入的时候一般应将货款汇出,有时是更需要提前将款项存放于办庄。在卖出本地或国内米谷时,买家可以在七天内付款结算。向香港米行采购洋米时可以在七天内支付款项,但在广州本地卖出洋米的结算周期是十五

---

① "为了适应地区习惯,发行汕头、海口等地名大洋券高于各该地区。"黄毓芳:《广东省银行概况》,《广东文史资料》第7期。
② 黄毓芳:《广东省银行概况》,《广东文史资料》第7辑。
③ 广东省政府秘书处:《广东生丝统计》,1934年,第15—16页。
④ 周斯铭:《五十年来的广东金融概况》,《广东文史资料》第5辑。
⑤ 黄毓芳:《广东省银行概况》,《广东文史资料》第7辑。

天。所以,均需要压款,米粮批发商通常向银号活期借款,信用良好的可以免除抵押或担保①。

1937年8月华南米业公司在广州成立,筹集资本,大量采办谷米运销,成本便宜,"其开盘售货方法,仿若香港之安、暹米行,一般米商,多向该公司购买,即可减少资本之运用,复可免受直接采办之风险(按指路途之延缓或市场之涨落,以至亏损),规模较小之米商,尤乐趋之"②。"本市(按指广州)办销芜湖米之行号,放款甚巨,盖西江上游各县一带,多销芜米,因利其价廉,惟地与广州距离较远,采购不便,非资本薄弱者所能办理,故多由该地大米店在广州多量购入,每次或至数千包,然后运往市镇或县城,分售四乡之小米店,其各属大米店,每家向本市各米商赊取货物,恒有价值十万包元者。"③

杂粮行一贯在外省设立办庄,采购大宗的花生仁、豆类、谷米等项,需要的款项很多,"故多用押汇方法,藉以融通资金,若自皖、赣、湘、鄂等省采办国米来粤,大都以一二月为期,倘市情畅旺,则随到随赎,押汇款项,约在七折左右,手续非常繁琐,只将提货单据,交由押汇银行收执,货到后,即入仓存储,毋须积压巨额资本,此法堪称便利"④。

国民劝业储蓄有奖银行,1923年7月成立于广州一德路,号称"图谋资本之集中,用之产业之发达"⑤,采用有奖的方式招募存款,同时发放5—20元的小额信用贷款。琼崖农村农民金融流通形式一般有二:① 贷借。向富户挪借,以田抵押,或者担保人保证。② 集会。亲友间经济互助的办法,如"百人会"、"族会"、"四季会"等⑥。粤东梅县"丙村煤矿,以潮汕沦陷影响销路,而各采矿公司又因资力有限,相继歇业,致工人失业,动辄数千人"⑦。"村区金融组织,与邻近之城或镇相联络。村中人民日常为现钱交易,若信用昭著,亦有记账者。村中无银行及钱庄。钞票及庄票兑换,必至广州或河南城。区中通用钱币为双毫银角及铜元,至较小或贫穷之村,多用铜元流转,银角竟不常见,其较大之村,则银角流行渐多。"⑧谈及区域经济独立时,"日常用品非邻村所出者,则自外埠运来"。由于南洋经济不景气,华侨也不堪当地人的排挤,有意回琼崖经营种植开采矿产,1933年成立琼崖实业银行,南洋荷属华侨筹集资本创办,专以辅助各种实业,扶持移民为宗旨,兼营各项银行业务。该行的业务以建设农村振兴实业为多,主要放款于实业建设与地产购置⑨。

---

① 广东省银行经济研究室:《广州之米业》,1938年,第55—56页。
② 广东省银行经济研究室:《广州之米业》,1938年,第67页。
③ 广东省银行经济研究室:《广州之米业》,1938年,第57页。
④ 广东省银行经济研究室:《广州之米业》,1938年,第58页。
⑤ 国民劝业储蓄有奖银行广告《广州国民日报》,1912年8月1—30日连载。
⑥ 陈献荣:《琼崖》,商务印书馆,1934年,第35—41页。
⑦ 调查资料:三十二年二月份广东各县经济调查汇报:丙村(梅县属),《广东省银行季刊》1943年第3卷第2期,424页。
⑧ 冯锐:《广东番禺县茭塘司河南岛五十七村普通社会经济调查报告》,民国时期社会调查丛编,第2编,《乡村社会卷》,福建教育出版社,2009年。
⑨ 中国银行总管理处经济室:《全国银行年鉴》,1936年。

据第一次农商统计,1912年广东省旧式金融机构(钱庄和典当业)资本为2 004.8万元,工业资本为538.4万元,工业资本相当于旧式金融资本的26.86%,同年广西省的旧式金融资本606.2万元、工业资本8.6万元,工业与旧式金融资本的比率为1.42%,同期全国各省的平均比率为33.24%,较高的直隶省为89.76%、江苏省82.86%①。

(二)广西金融业

1. 金融机构与货币

广西的银号业最早在光绪二十五年(1899年)由粤商创办于梧州。梧州金融多操纵于50余家银号,其中,银号"存款之最大存户为广州、香港及梧州之特货行、花纱行与盐业行,约占存款总额的百分之七十"②。广西的银号业主要集中在梧州、南宁,经营者多为粤商,其中有籍贯的57家银号中,粤商占39家③。

1932年广西省重组银行,恢复信用。广西银行总行在南宁,在香港、梧州、南宁设有分行,在桂林、郁林、龙州设立汇兑所,梧州广西银行在大安、容县、浔州设办事所④,南宁广西银行在百色、宾阳、都安设立办事所,广西银行桂林汇兑处在平乐、全县、八步设立办事所⑤。

除了广西省银行外,广西省金融机构以各地银号钱庄为主。1926年设立广西省银行,1929年因为政局停业,1932年恢复设立广西银行官商合办股份两合公司,简称广西银行。银行的营业范围包括存贷、汇兑、期票、代收款项、买卖证券等常规功能。

银号钱庄主要分布在商业中心梧州与省府南宁,1932年梧州银号55家,南宁35家,桂林2家,百色3家,郁林4家,明显不多⑥。1934年梧州钱业(包括找换店)共87家,其中资本万至十万元间22家,千元万元间34家,百元千元间共17家,其他14家不详。在有籍贯记录的店家中,广东17家,广西10家。南宁钱业共70家,其中资本万至十一万元间9家,千元万元间23家,百至千元间31家,其他7家不详。在有籍贯记录的店家中,广东21家,广西38家。桂林钱业共2家,万元1家,两百元1家,广西1家。百色千至五千元间3家。广东1家,广西2家。郁林4家,二千元2家,两百至四百元间2家,广西4家⑦。

---

① 汪敬虞:《中国近代工业史资料》,第2辑(下册),科学出版社,1957年,第1017页。
② 千家驹:《广西省经济概况》,上海商务印书馆,1936年,第200页。
③ 千家驹:《广西省经济概况》,上海商务印书馆,1936年,第204页。
④ 香港分行营业范围包括香港广州;梧州分行包括苍梧、富川、钟山、蒙山、昭平、怀集、信都、藤县、岑溪、平南、容县、桂平;南宁分行包括邕宁、都安、隆山、那马、果德、隆安、武鸣、上林、宾阳、横县、永淳、扶南、绥禄、上思、西隆、西林、凌云、百色、恩隆、思林、田阳、天保、向都、龙茗、镇结、同正;柳州汇兑所包括桂林、全县、兴安、灌阳、龙胜、义宁、灵川、百寿、中渡、永福、阳朔、恭城、平乐、荔蒲、修仁、贺县;柳州汇兑所包括柳州、雒容、柳城、宜山、河池、南丹、思恩、天河、上林、罗城、容县、三江、武宣、忻城、迁江、来宾、象县、凤山、东兰、榴江;郁林汇兑所包括郁林、北流、陆川、博白、兴业、贵县;龙州汇兑所包括龙州、镇边、靖西、雷平、万承、养利、左县、崇善、上金、凭祥、明江、宁明、思乐。
⑤ 广西统计局:《广西年鉴》,第一回,1933年,第461—462页。
⑥ 广西统计局:《广西年鉴》,第一回,1933年,第460、467—470页。
⑦ 广西统计局:《广西年鉴》,第二回,1935年,第628—642页。

典当业对平民金融的调剂作用颇大,据《广西年鉴》的调查,省内当押店主要在贵县、陆川、平南、博白、郁林、横县,其他各县为数很少①,但其中资本最大的2家在桂林②。

硬币中银元均有国币与外币,其中国币有龙洋(广东铸造)、袁头洋(广东等地造)、中山洋(南京等地造),外币为港洋(香港造)、鹰洋(来自墨西哥)、法光(来自法属安南)。在广西省,袁头洋、港洋、鹰洋等均不作直接交易用,实际上的交易本位币为银毫。银毫通行的有外省的龙毫,广东旧毫,广东新毫,广西嘉禾新毫。龙毫为广西省流通中的本位币,大多来自广东,但由于成色高、价格贵,市面上不直接交易。广东旧毫、新毫在广西各县通用。广西嘉禾新毫,1926—1927年在梧州铸造,除了通行于广东、云南、贵州等省毗邻的贺县、宜山、南丹、凤山、西林等县外,通行广西其他县市③。1926年广西省开始划一铸币,"迄今(按指1933年)犹以广东银毫及本省所铸之嘉禾新毫,为实际上之本位币"④。

广西省纸币发行始于清中叶,纸币与其他外省银元、外国银元与纸币流通于广西省。

光绪年间设立官钱局发行银钱钞票,但无兑换的准备金,信用低落。张其锽省长主政广西时,"纸币充斥,满谷满坑,而军政商学各界,均以纸币为本位,非惟无兑换机关,且基本金亦无,……实由军人以纸币吸收银毫、贩卖烟土、所得本利,尽汇存港,……张一味强迫商民担负行用纸币,稍有折抵,则藉口安拿,滥罚抄家没产,……旧历七月初,五源栈银号股东黄氏兄弟二人,因低折纸币之故,张亲自率卫队到该号拘拿黄氏兄弟,因黄闻讯已逃,拘拿不获,张甚怒,遂将黄氏家产尽行抄没",一般商民或躲避或张贴张其锽的维持币价的公告。因为新币印制粗陋,不及旧桂币,本为权宜之用,没有信用,商民不喜采用,以至于价格低落⑤。

及至1932年,"本省纸币,自民国以降,每经一度政潮,必废旧币而另发行新币一次"。除了1926—1929年的纸币外,其余的都"任作废纸,……几视纸币为非货币,纸币所以未能畅行乡村,职斯故也"⑥。纸币中的广西省金库券、广西银行兑换券,分一元、五元、十元三种,与银毫同价流通。外国纸币主要是港纸与法纸。港纸为香港汇丰银行、有利银行、渣打银行发行,一元、五元、十元、一百元等,在广西各大商场中流通,但大多不做直接交易⑦。法纸通行于与法属安南邻近各县,直到

---

① 桂林2家、阳朔2家、恭城2家、富川3家、贺县4家、钟山3家、平乐1家、荔浦1家、蒙山2家、怀集5家、信都2家、苍梧2家、藤县2家、岑溪2家、平南20家、容县7家、桂平9家、贵县22家、兴业6家、郁林12家、北流3家、陆川20家、博白18家、来宾1家、宾阳9家、横县12家、永淳7家。
② 广西统计局:《广西年鉴》,第一回,1933年,第460页。
③ 广西统计局:《广西年鉴》,第一回,1933年,第481—490页。
④ 广西统计局:《广西年鉴》,第一回,1933年,第480页。
⑤ 《等于废纸之广西纸币》,《广州国民日报》1912年9月3日。
⑥ 广西统计局:《广西年鉴》,第一回,1933年,第480页。
⑦ 刘大钧:《中国工业调查报告》(上册),第3编,《工业分地略说》,1937年。

1932年前可以在市场上直接交易,完纳捐税①。

广西省内农村均使用铜元,很少用银毫,当十(文)铜元多数来自广东造币厂,通行于省内,及至偏僻的乡村。当二十铜元,由于成色重量不及二枚当十铜元,主要来自湖南,通行于桂林附近。

时人对于广西省货币总结为:"本省货币种类,颇为复杂,除毫币为本省实际上交易之本位币外,尚有袁光、龙洋、中山洋等流通于市面;港洋、法光、法纸等外国货币亦颇通行于各大商场;而铜元之流通尤为普通,除城市以之为辅币外,内地乡村几以之为主币,无论买卖或借贷,多以铜元计算,毫币反不常见。以此种种复杂之货币互相行使于市面,其价格之一涨一落,影响于金融市场良非浅鲜。"②

2. 市面金融

1903年广西官营钱号在桂林成立,后来在梧州、南宁、龙州设立分号,发行兑换券时,提出"以推行钞票为第一要义"的宗旨、"不得生息,以利流通"的经营方针③。

"广西银行未成立时,省内各地汇兑,多由钱庄或商店代办,自二十一年八月广西银行成立以后,于各地相继设立汇兑所及办事所,全省汇兑更行通畅,商业金融均受惠不浅。"④及至广西银行成立后,在平乐、贺县、桂平、柳州、玉林、贵县、宜山设立分行,更将办事处扩展到全省各县,同时,中央银行、中国银行、中国农民银行、交通银行、广东省银行、湖南省银行、中国实业银行、上海实业储蓄银行、福建省银行、云南兴文银行等在桂林、梧州、南宁、郁林等地设立分行⑤。

1937年1月26日,广西农民银行开业并在全省三十多个县、市设立分支机构,办理存、放、汇各项业务。广西省政府将原在各重要县镇和农产品集散地已经建立的农业仓库,全部划归广西农民银行经营管理,其中包括储备军粮1 498.6万斤。每年二三月青黄不接之时,省农行将储存的米谷直接向农民放贷,到秋收收回,按照贷出数量加收二成息谷,1937—1939年共贷放谷米894.764 8万斤⑥。

银号钱庄的业务主要为存贷、汇兑、发行汇票、买卖金银各种货币等。"本省各地之银号钱庄及找换店,可分为两大派:一为广东帮,一为广西帮(即本地帮)……两帮之中,以广东帮在桂经营银钱业为最早,而省内各地之银号钱业,亦为广东帮所开设者为多,尤以南宁梧州为最,且其资本雄厚,势力稳固,广西帮虽有数家资本雄厚者,然众寡不敌。"⑦广西钱业中的广东资本总额为369 296元,广西资本总额

---

① 广西统计局:《广西年鉴》,第一回,1933年,第496页。
② 广西统计局:《广西年鉴》,第二回,1935年,第651页。
③ 郑家度:《十足准备金的银行兑换券》,广西壮族自治区文史资料馆:《桂海遗珠》,上海书店出版社,1994年。
④ 广西统计局:《广西年鉴》,第二回,1935年,第651页。
⑤ 广西统计局:《广西年鉴》,第三回,1944年,第962—966页。
⑥ 郑家度:《广西农民银行的实物借贷》,广西壮族自治区文史资料馆:《桂海遗珠》,上海书店出版社,1994年。
⑦ 广西统计局:《广西年鉴》,第一回,1933年,第460页。

291 650元①。"其余梧州、南宁二地之银号事业亦甚活动,惟年来银行设立日增,此等银号经营之业务范围日趋缩小,与外来旅客已全无关系矣"②。

在广西省统计局的数据中,"本省对外(按指国外、省外)贸易,香港实为主要路线,故外汇以港汇为最多,沪汇粤汇次之"③。"本省汇兑,仅有省内与省外两种,省外汇兑,以粤、港为主要,沪埠次之,省内汇兑,则以梧邕二埠为中心。至于国外汇兑,向无直接行市,所有本省与外洋款项往来,悉经由香港转汇。"④广西省金融清算中心在梧州、南宁。"原以广西日用物品,俱向广州及香港两处采买,梧州又系桂省贸易总口,每日银号卖出该两地汇单极巨,故清算时如欠款之号无现款拨还,可多补汇费向存款号沽出香港及广州期单,往来差额藉此可归于平。"⑤"拨数银为梧州银业界所用之虚本位,所有往来汇兑及货币找换,多以拨数银为标准,以广东毫为背景,其价介于广东毫与桂钞之间"⑥。钱业主要经营存款、放款、汇兑、找换。"梧州为全省咽喉,南宁握两江总汇,故钱业均较他埠发达,他如桂林、百色、郁林等埠,亦各有钱庄,然资本甚微,不逮邕梧远甚。"⑦抗战以后,桂林的工商业发展较快,内地移来的资金增多,1938年后金融也有发展,不过战时特征比较明显,太平洋战争爆发后,港沪汇兑不同,金融业务主要是对内地的。

1930年1月15日海关进口税施行金单位结算后,广西"商人缴纳洋货进口税时,以国币(中央币)或毫币缴纳均可,若以国币缴纳,只照当日公布之换算率计算即得,若以毫币缴纳,除照当日关金换算率折成国币外,并须依照当日市面上国币兑换毫币之行市,伸成毫币数"⑧。

(三) 香港金融业及相互关系

1. 金融机构与业务

香港的金融组织有银行、银公司、银号、钱庄(钱柜或找换店)、金银贸易场、票据交换所、股份经纪交易行等。香港的金融机构中,外资银行有英国的汇丰、渣打、有利、大英;美国的大通、友邦、运通万国、宝通;法国的东方汇理;荷兰的荷兰、安达;日本的横滨正金;比利时的华比等银行,均在皇后中道一带。华资银行有中国、交通、东亚、广东省银行香港分行、中南、华侨、广西、广东、国民、盐业、上海商业储蓄、香港汕头商业、四海通等13家银行。华资银行相对资本较少,其中总行在美国侨资广东银行,1935年因为侨汇减少周转不灵而停业,国民储蓄银行也因为挤兑风潮而暂时停业。此外,还有岭南、领海、国丰、宝丰、永安、陆海通等6家银业有限

---

① 广西统计局:《广西年鉴》,第一回,1933年,第471—472页。
② 沈永椿:《广西指南》,商务印书馆,1939年,第131页。
③ 广西统计局:《广西年鉴》,第三回,1944年,第958页。
④ 广西统计局:《广西年鉴》,第二回,1935年,第651页。
⑤ 广西统计局:《广西年鉴》,第二回,1935年,第609—610页。
⑥ 广西统计局:《广西年鉴》,第二回,1935年,第651页。
⑦ 广西统计局:《广西年鉴》,第二回,1935年,第628—642页。
⑧ 广西统计局:《广西年鉴》,第二回,1935年,第693页。

公司,银号主要以存款、放款为主业,一般与汇兑没有多大关系,一般经营上海、新加坡之间汇兑①。

香港银行机构的成立始于1845年,东亚银行公司在香港设立支行并发行纸币,其后银行银号各类的金融组织相继设立,风气云涌使香港成为华南地区的金融中心。1912年划一货币,通行港币。及至1920年代中,"香港之金融机关则极完备,银行业有十余家,资本多充足,举凡汇兑存款按揭等,莫不迅速敏捷,信用昭著,近来吾国政客,多提其资到港银行存款,为备后日失败时,可作修养之用,而成功者亦可为其运用之基金,是以港中各银行家尤得利用此款,为增加信用之工具"②。截至1947年香港约有银行30家,银号钱庄等250家,重要的银行为外人经营,银号钱庄均为华人开办。渣打银行、汇丰银行、有利银行分别成立于1856年、1866年、1892年,均为英资,均有货币发行权,所发行的纸币以汇丰银行最多③,汇丰银行类似于香港的中央银行。

1947—1949年,香港的金融机构快速增长,"银行业在这两年间急速增加,主要的原因为法币价值不断崩泄和南京对金融业营业的掣肘太大,币制下跌,仅仅在最近的两年间,就跌了将近二百倍",同时,南京方面对于银行业的限制过于严酷,外汇内汇重重限制、不许经营商业性贷款、不许经营货物购销业务,"以1947年为例,全年官定利息涨价3倍余,暗息达7倍,而物价涨14—15倍,外汇涨近30倍,就算准许银行放款,所得也不偿所失,……这就是国内银行不能生存,而不得不来港设立一个据点的理由。一般来说,银行不惜在香港支付昂贵的房屋'锭手'及房租,而争取在港设立,主要的目的不外两端,有大官僚资本关系的银行,是为了资金的逃避及利用特权做外汇黑市买卖,与官僚资本关系较疏的,最低限度也想'保值',以免法币——金圆券给它贬值贬光了"④。1949年,香港银行共有51家(外资13家、华资34家,以及尚未清楚的4家),银号200多家,钱柜及其他经营银号业务的行庄约140家⑤。

表2-18a 香港的银行(以地理计)

总行所在地	本港	欧洲		美洲	沪	东南亚	华南	西南	其他
	香港	伦敦	巴黎等	纽约	上海	西贡新加坡	广州桂林	重庆昆明	厦门
数量	13	3	3	4	15	2	2	3	1
%	28.26	6.52	6.52	8.70	32.61	4.35	4.35	6.52	2.17

---

① 调查股:《香港志略》,《国立武昌商科大学商学研究季刊》1925年第1卷第1期,第1—17页;文心:《香港经济之现状》,《侨务月报》1936年第5—6期,第70—82页。
② 杨紫云:《香港商业发达之观察》,《商学刊》1925年第38期,第13—15页。
③ 乐天:《香港金融》,《生活在香港》1947年第1期,第63页;洪孝充:《六十年来之香港》,《循环日报六十周年纪念特刊》1932年纪念特刊,第67—70页。
④ 均强:《香港各行商业概况:香港的银行业》,《经济导报》1949年第102期,第95—99页。
⑤ 部分银号、行庄等未获得官方确认。均强:《香港各行商业概况:香港的银行业》,《经济导报》1949年第102期,第95—99页。

表 2-18b　香港的银行(以资本计)

来源	外资					华资									
	英资	美资	荷兰	法国	比利时	官僚资本或控制								华侨资本	商业金融资本
						宋孔系	CC系	政学系	广东	桂系	福建	滇帮	江浙		
数量	4	4	2	2	1	6	5	4	1	1	1	1	3	7	5
小计	13					22								7	5
%	27.66					46.81								14.89	10.64

注：复兴实业银行、德康银行、华丰银行、南洋实业银行4家，因为时间短促，未及调查列入。资料来源：均强，《香港各行商业概况：香港的银行业》，《经济导报》1949年第102期，第95—99页。

如表2-18a、2-18b所示第一类银行为各资本主义国家经营的银行，如英商的汇丰、渣打、有利，美商的大通、运通、万国、友邦，法商的东方汇理，荷商的安达、荷兰等；第二类是中国四大家族及大官僚资本控制的银行，如宋氏的中国、交通、广东、广东省、国货，CC系的农民、邮储局、中信；陈光甫的上海商业，政学系之金城、中南、盐业等；第三类是华侨资本的银行，如东亚、永安、国民、华侨等；第四类是中国地方金融资本的银行，如聚兴诚、西南兴业等。

四类银行中，第一类处于领导地位，业务发达；第二类有雄厚背景与特权，业务稳定；第三、四类有好坏之分，差距明显[①]。1948年英资银行方面，汇丰银行存款约24亿元(为香港货币发行额7亿元的3.43倍)、渣打银行约3亿—4亿元、有利银行稍少于渣打。美资银行中，大通银行存款约1亿—1.5亿元，其他银行数千万元。华资银行方面，第二类(官僚资本或控制的银行)中，上海商业储蓄银行约0.4亿元，其次为广东银行，以及中国银行、交通银行；第三类(华侨资本)银行中，东亚银行约0.5亿元，其他较少；第四类银行中，聚兴诚银行存款约0.04亿元。

香港银行的存款中，总额约36亿元，外商银行32亿元，华商约4亿元，外资占有约88.89%，其中汇丰占比约80%。1948年南京政府"改币"，进行外汇登记，限制国内银行的外汇业务，使得华资银行存款减少30%以上。香港的大工厂(各大船坞、英商工业)、大洋行(如太古、渣甸、怡和等)向英商银行贷款，中小工商业向其他外资银行或华商银行贷款。华商银行的吸存利息高出1—5厘，故而利润空间更小，且没有竞争力。仅有东亚、广东、华侨等等华资银行具备经营押汇业务的条件，至于华资银行经营汇兑，按官价无利可图，只能秘密地进行黑市交易，并成为很多银行的主要业务之一，在1948年7—11月后受到严厉打击。南京政府的币制改革，影响到一切与内地的金融交易，包括汇丰银行[②]。

---

① 均强，《香港各行商业概况：香港的银行业》，《经济导报》1949年第102期，第95—99页。
② 均强，《香港各行商业概况：香港的银行业》，《经济导报》1949年第102期，第95—99页。

时人皆言,"汇丰银行实际上为香港市场之中央银行,其下为各种洋商银行及华商银行,再其下为银号及钱兑业。此外又有票据交换所、证券交易所、票据承兑市场、金银交易所等等,……故自 1929 年美国证券大恐慌以来,至 1931 年英国放弃金本位,对于香港金融尚无若何不利影响,此则由于其金融市场根基之稳固也","抗战爆发后,香港政府因前曾设立外汇管理基金以平稳汇价,密切联系于英镑,颇不受国币汇价之影响,资金多逃避于是。""汇丰银行不仅为最主要之发行银行,而各银行因票据交换关系,都在汇丰存款。"

香港票据交易所成立于 1931 年,至 1939 年参与银行有 16 家:中国、交通、东亚、台湾、东方汇理、渣打、大通、汇丰、有利、万国、安达、荷兰、华侨、大英、正金、广东银行,1937 年汇丰银行的报告书称往来存款为 7 亿元。香港为转口口岸,汇兑业务发达,银行钱庄势力庞大,除了以上 16 家交换银行外,尚有国华、金城、上海、国民商业储蓄、广东省、广西 6 家非交换所会员,作为汇兑银行公会会员(还包括中南、香港汕头、康年储蓄、嘉华储蓄、中国国货、新纱宣、华比、香港信托、永安银行,以及大源银业公司),故而华商银行多在香港设立分行,汇兑银行公会主席为渣打银行,华商公会主席为中国银行,就组织而言,没有上海同业组织严密、完整①。

2. 港粤桂的金融关系

近代中国三大"市平"货币,即上海九八规元、汉口洋例、天津行化,均为虚银两(记账银),以及北平公码。1929 年南京政府公布度量衡法,采用国际公制以及辅助的市用制,1934 年各种平式一律废除改为标准制与市用制。1933 年 4 月 5 日,财政部明令所有公私款项的收付、订立契约票据等一切交易,一律改用银币,废除银两,原订以银两收付的交易,在上海以七钱一分五厘折合为国币一元,上海以外的地方,以 4 月 5 日申汇行市,先折算成规元,再换算为银币②。

按照香港的时间,早上 7 点钟悉尼的金融市场开市,8 点轮到东京,9 点是香港与新加坡,中午 13 点是巴林,下午 15 点是苏黎世,17 点是伦敦,晚上 21 点是纽约,……直到第二天凌晨美洲市场收市亚洲市场又开始③。近代时期的香港汇兑,以伦敦汇票最多,其次为申票,再次为纽约汇票,一战爆发后,欧货缺乏,日本汇票增多,此外还有印度、新加坡、荷兰及南洋各埠零星汇票。国内的汇票"若广州香港间,则在省恒以省双毫购港单,在港以西纸购省双毫为多,港地通用货币,除一小部分用现币外,大半均用纸币"④。对中国而言,"香港外汇之最重要者,自属申汇无疑,今为述其平价之计算。查现银运往香港者,大多转往广州至香港,则因港币系订铸于英印,无需银之必要,然银价不定于广州,而定于香港,每逢港市银价腾涨

---

① 崔晓岑:《香港金融概况(附表)》,《财政评论》1939 年第 1 卷第 4 期,第 139—148 页。
② 丘斌存:《广东币制与金融》,上海新时代出版社,1941 年,第 37—38 页。
③ 卢受采:《香港经济史(公元前约 400—公元 2000 年)》,人民出版社,2004 年,第 6 页。
④ 《记香港金融业》,《银行周报》1917 年第 1 卷第 22 期,第 10—13 页。

时,沪商即从事于银块之输往"①。晚清民国时期,由于政局经常动荡不安,广州的商贾富户纷纷将现金与贵重物品存入沙面的外国银行。

香港的金融业具有殖民地的特征,且工业、农业均不发达,其业务主要是进出口贸易,汇丰、渣打、有利银行在英国及其领地均有分支机构,控制了进出口贸易金融网络,国内银行大多只能办理对内地的进出口金融、部分华侨汇款、少数工商业贷款,各银号更是只能服务内地各乡村的汇款、货币兑换、小规模的厂商资金融通。"即以港钞流行甚广一端而言,亦可见香港金融在国际上尤其在华南一带势力之大。香港更以华南汇兑中心见称,与华北之大连,华中之上海,往昔鼎足而为中国三大汇兑中心。国际局势之变动,在香港金融市场上即有敏感之反响。复因其与英镑密切联系,故影响英国外交内政之因素,同时亦对香港金融发生作用。"②二战期间,港府施行了一些积极的经济政策,例如实行金融管制,不兑换敌人发行的军票;充裕物资、恢复工业生产以求平抑物价③。抗日胜利以后,虽然物价涨了7—10倍,但"香港的物价还是比较稳定的,它不像内地物价那么狂涨,虽然这里有若干物品是由内地运来的,为什么香港的物价会比较稳定呢",主要是因为币制比较稳定,对外汇进行统制,对汇率进行管制,尽管抑制了进出口贸易,但稳定了港币的购买力④。二战前后,利用国内不靖、国币狂跌、国内权贵来港储蓄的机会,大量发行货币以获利,1937年港币发行额为223 367 223元,1948年第一季度增加至61 614.2万元,增加2.76倍数。新增加的部分大多数为中国人的储蓄、产品、劳务(华侨)⑤。

1842年英国统治香港以来,于1862年设立造币厂,铸造银币流通市面。"香港货币,向采银本位,其所以如此者,纯以与中国通商之便利,及华人商务在港居多之关系"⑥,"起初澳门银河、广东官银钱局、万国宝通等银行,亦曾一度有纸币在本港流通"⑦。1896年规定以墨西哥银元为本位币,英国银币、香港银币为同标准货币,以及经过总督认可的同价银元,"直到1913年8月香港政府颁布外国货币禁止流通条例后,遂不复现"⑧。此外,还有五种辅币(银币),即十文铜币、半毫、一毫、二毫、五毫(即半元),中国的一文铜钱也在市面上流通,成为第六种辅币,港人将银元称之为"大银"、银币称之为"毫子"、铜币称之为"仙士"。银本位取消后,辅币改为镍币,分半毫、一毫两种,旋即又改印为五分、十分两种纸币⑨。市面上流通的有一圆银币、半圆银币、二十仙银币、十仙银币、五仙银币、一仙铜币,以及广东银行铸造

---

① 洗凡:《香港币制概说》,《金城》1927年第2卷第5期,第38—47页。
② 崔晓岑:《香港金融概况(附表)》,《财政评论》1939年第1卷第4期,第139—148页。
③ 赵元培:《光复后的香港贸易(香港通讯)》,《经济周报》1946年第3卷第2期,第14—16页。
④ 《漫谈香港的物价》,《报报》1946年第2卷第4期,第58—59页。
⑤ 林哲:《香港经济的解剖》,《真善美(广州)》1948年第6期,第22—25页。
⑥ 麦思源:《六十年来之香港》,《循环日报六十周年纪念特刊》1932纪念特刊,第41—63页。
⑦ 麦思源:《六十年来之香港》,《循环日报六十周年纪念特刊》1932纪念特刊,第41—63页。
⑧ 调查股:《香港志略》,《国立武昌商科大学商学研究季刊》1925年第1卷第1期,第1—17页。麦思源:《六十年来之香港》,《循环日报六十周年纪念特刊》1932纪念特刊,第41—63页。
⑨ 乐天:《香港金融》,《生活在香港》1947年第1期,第63页。

的二十仙、十仙币①。

香港纸币非法定货币，只是一种支付票据。"纸币遂为一般人士所爱用，而笨重不灵之银币虽具有法币资格，反为社会所摈弃。已故'香港纸'之价格恒超香港银之上，而隐然使香港成一纸币世界，……遂使一般人误认香港之金融制度为纸本位制"②。"至于比年以来，港币之势力实已由香港而潜入中国腹地，其通行之范围最少包括广东广西两省。港币被视为一最可靠之有价证券，有财产者人怀港纸，尤以政变发生时为甚。"③由于港币发行谨慎稳重，发行量增加有度，致使市面上港纸紧缺，物以稀而贵，而港币对大陆银元汇市的升值，也使香港商务受损。

香港贸易的繁荣给广州新的机遇，省港两地在城市发展的定位上是以互补为主，而非完全的竞争关系，虽然它们在珠三角地区有着混合的腹地，但是香港的腹地基本上是海向的、而广州则基本上是陆向的。自开辟为自由港以来，香港开始朝着外贸转口中心、金融中心、自由贸易中心发展，实际上作为金融和转口中心，香港的外来资本、港口航运等要素资本，可以弥补广州港口建设滞后、资金匮乏的不足。1845年香港英国丽如银行分行是第一家股份制新式银行，几乎同时在广州设立代理处，当时丽如银行在香港发行的纸币，还不能在广州兑现④。香港国民商业储蓄银行，总行设在香港德辅道中，同时在西堤二马路1号设广州分行、江西路49号设上海分行，注册资本100万元，业务涉及按揭、汇兑、储蓄等⑤。1848年粤港之间就有定期轮船通航，广州的进口洋货来自香港，出口土货输出到香港。另据海关统计，在广州和九龙之间的民船贸易中，45.6%的进口洋货、26.9%的进口土货输入广州，42.6%的出口土货来自广州⑥。

除了地理因素外，外国控制的香港所提供的安全保障，有利于资本在香港集中，从而形成了经济发展的一个重要促进因素。外国资本有力地保持在银行、商业、航运等企业中的垄断，英国香港汇丰银行长期操纵着整个华南的金融。香港的商行多与内地做买卖，存储银元，广东流行毫券。例如，广州湾"该埠交易结账多以白银为本位，国币次之，省券在市面上交易甚少，各种货币价格具随香港市价变动"⑦。澳门的货币很杂糅，国币、毫券、葡政府的大西洋纸币、港府的港币，都可以使用⑧。

广西省"梧州则为广西全省商业及金融之中心，其对外贸易之兴衰关乎对外汇兑之变化，每足以影响全省之经济，……考我国外汇兑，大率以上海为中心，然则梧州至国外汇兑（并非以上海为依据），盖广西对沪之贸易为数甚少，其大部分之贸

---

① 调查股：《香港志略》，《国立武昌商科大学商学研究季刊》1925年第1卷第1期，第1—17页。
② 黄仲琪：《香港商务问题》，《台中半月刊》1929年第14—15期，第29—32页。
③ 黄仲琪：《香港商务问题》，《台中半月刊》1929年第14—15期，第29—32页。
④ 汪敬虞：《〈广东银行研究〉书后》，《中国经济史研究》2002年第3期。
⑤ 香港国民储蓄银行广告《广州国民日报》，1912年8月7日。
⑥ *Kowloon Trade Returns, for the Year 1887*, pp. 449-467,《中国旧海关史料》。
⑦ 《调查资料：广东省各县市金融情况汇报：香港金融情况简报》，三十年，五、六、七、八、九月份，《广东省银行季刊》1941年第1卷第4期，第450—453页。
⑧ 刘纯正：《东方的蒙特卡罗澳门》，《新东方杂志》1941年第3卷第1期，第144—146页。

易均以粤港两地为主要,而香港则为两粤贸易之枢纽,亦系两粤国外汇兑之中心,故梧州之国外汇兑,不特以香港为标准,及梧州对沪之汇兑,亦由港币申算以得"①,由于梧州与香港之间的汇兑,只有例期汇市没有电汇,故而梧州国外汇市,并非以香港电汇为标准,而是以港纸市价为依据,其间的趋势大体无异,但由于有10个小时左右的时差,不仅受到世界银价的影响,而且受到港币价格变动的影响。

(四) 保险业

保险业是指将通过契约形式集中起来的资金,用以补偿被保险人的经济利益业务的行业。近代华南地区的现代保险业源于香港,并伸展到广州,以及基于港穗的华南各地、国内其他大城市及东南亚华侨集聚地。

1. 香港保险业情形

保险业的出现是源于保护人身或财产的意外损失,一般而言,出现在经济活跃、交通便捷、商业兴盛、人口密集、疾病传染、灾害频发的地方。在论及香港保险业行庄时,评论多认为"该行营业,资本甚伟"②。例如,在香港匹头行,保险费成为一项基本费用,"自欧战后(按指一战),各洋行订立合同除现银出货外,并限定仓期,倘逾期一天,亦需缴纳仓租、利息、燕梳等重费",后经过双方商讨,将利息由月两分降为九厘③。大型的保险公司主要为外资经营,其中香港华商保险业共24家,专营人寿保险4家,其他为水火等业④,华商何昆山组建泰安公司,经营保险业⑤。

如表2-19a所示,由于香港是华南地区的贸易与金融中心,在港保险公司多为总部(总局)或其分公司,总公司在其他地区并在港设立分公司的保险公司仅2家,即广州的羊城保险置业公司、上海的宝丰保险公司。

表 2-19a 在港的主要保险公司

类 型	名 称	地 址	总部所在
总公司	上海联保水火险公司	德辅道中269	香港
	永安人寿保险公司	德辅道26	香港
	先施人寿保险公司	德辅道中144	香港
	先施保险置业公司	德辅道中144	香港
	均安水火保险公司	广东道西29	香港
	陆海通人寿保险公司	德辅道中207-29	香港
	爱群人寿保险公司	德辅道32-65	香港
	联泰水火保险公司	德辅道中	香港
	香安保险公司	永乐街85	香港

---

① 麦叔度:《香港与梧州对各国之汇兑》,《统计月报》1935年第5—6期,第140—144页。
② 《经济情报:国内去年香港各行营业获利》,《金融经济月刊》1938年第2卷第1期,第57—62页。
③ 《香港商业调查详志:疋头行》,《香港华商总会月刊》1934年第1卷第4期,第100—105页。
④ 《一年来之香港华商保险业》,《保险知识》1949年第2卷第1—17期,第53页。
⑤ 洪孝充:《六十年来之香港》,《循环日报六十周年纪念特刊》1932年纪念特刊,第67—70页。

续 表

类型	名 称	地 址	总部所在
总 局	永安水火保险公司	德辅道中 225	香港
分公司	上海联保水火险公司	德辅道中 269	香港
	羊城保险置业公司	德辅道中 195 三楼	广州
	宝丰保险公司	皇后大道 6	上海
	陆海通人寿保险公司	油麻地弥敦道 374-376	香港
	陆海通人寿保险公司	湾仔告罗士打道 67-77	香港

资料来源：《中国保险年鉴》，1936 年，第 151—167 页。

表 2-19b　总部在港的保险公司情形

总公司	分公司	代理处	成立时间	资 本	经营范围
上海联合保险公司	上海、汉口、哈尔滨、大连、广州、仰光	镇江、九江、杭州、烟台、青岛、威海卫、龙口、辽宁、营口、长春、吉林、大黑河、泰安镇、三岔河、公主岭、郭家店、范家屯、安东、富锦、珠河、黑龙江、海拉尔、满洲里、阿什河、一面坡、普兰店、卅里堡、富尔基、金州、新加坡	1915.1	300（实收143）	水火险、船壳险、汽车险
永安人寿保险公司	上海、汉口、长沙、广州、石岐（办事处）、澳洲（分局）	长沙、石岐、重庆、南昌、青岛、南京、北平、烟台	1925.8	500（实收200）	人寿保险（包括储蓄、教育年金等）、意外保险
永安水火保险公司	上海、汉口、广州；分局：石岐、汕头、暹罗；办事处：天津、澳洲	南京、无锡、常州、苏州、杭州、宁波、温州、长沙、常德、江门、澳门、中山、梧州、青岛、绍兴、兰溪、湘潭	1916.1	150	火险、水险、兵险、盗贼险、汽车险、火车险、风险、按揭储蓄信托汇兑货仓
先施人寿保险公司	上海、广州、石岐（分局）	南京、汉口、福州、烟台、北平、唐山、青岛、嘉兴、杭州、苏州、常州、宁波、南浔、澳门、兰溪、温州、海宁、安庆、江门、新会、小榄、汕头、容奇、九江、济南、哈尔滨、天津	1922.10.14	200（实收69.721）	人寿保险

续 表

总公司	分公司	代理处	成立时间	资 本	经营范围
先施保险置业公司	上海、天津、广州、石岐、新加坡	全国通商口岸、内地市镇及南洋群岛	1915	120	水险、火险、置业
均安水火保险公司	总代理：广州	佛山、九江	1912.9.11	50	水险、火险
香安保险公司	广州	上海、江门、石岐、澳门	1914	100	火险、水险、按揭、置业
陆海通人寿保险公司	广州、台山、油麻地、湾仔		1927.9.1	200（实收50）	人寿保险
爱群人寿保险公司	广州	台山城、新昌埠、公益埠、西宁市、蟹岗埠、江门、冲蒌墟、新加坡、纽约	1928.9.6	150（实收54）	人寿保险
联泰水火保险公司	上海、广州				

资料来源：《中国保险年鉴》，1936年，第151—167页。资本单位为港币万元。

如表2-19b所示，在港注册的保险公司其分公司延伸到国内各地各主要商埠口岸，尤其是全国的经济中心上海、华南地区的经济中心广州，以及华侨集聚的新加坡、澳洲、暹罗、仰光等地[①]。根据各保险公司的业务规模，分为全国性的保险公司或地方性保险公司，全国性公司的代理处遍布国内各主要城市，地方性公司的代理处多分布在珠三角地区或香港本地。

2. 广州保险业情形

广州最早出现的保险业为水险。1835年在广州、澳门成立的"于仁洋面保安行"（Union Insurance Society Co.）承保外轮水险，由"广东省城商人联合西（洋）商纠合本银"合资创办。1836年香港成立"谏当保险行"（Canton Insurance Office），洋股主要认购方为怡和洋行，1882年改成为"广东保险公司"，资金扩充到250万元，大量吸收华股，香港著名的绅商何东、何福、何甘棠等兄弟，都是该公司的股东，何东曾出任公司董事与中国经理处代表。保险在广东被音译为"燕梳"（Insurance），在广东保险公司后，又成立有英商迈尔佛素火险燕梳公司，德商鲁麟洋行火险燕梳公司与礼和洋行火险燕梳公司，日商三井洋行火险燕梳公司，瑞士同和洋行代理的

[①]（香港）永安人寿保险公司在澳洲设立分局，永安水火保险公司在暹罗设立分局，先施保险置业公司在新加坡设立分公司，（香港）上海联合水火公司在仰光设立分公司。

巴利亚士燕梳公司,英商鸟思伦火险燕梳公司与南英燕梳公司等①。

除了洋商保险业外,华商也筹资保险,最早出现的是行业火险互救组织。1905年广州酒米业首创火险联保,加入联保的商户,遇到火灾要互相救援,不出人力者要缴纳罚金补偿损失铺户。后来演化为保险公司,缴纳3%—6%的保险费作为赔偿金。1908年又创办有长安火险公司、和乐联保火险公司、远乐火险公司,这三家后来合并为"冠球联保火险公司",而后又出现全球保险公司、集益火险联保公会、同益火险联保公会。华资保险业收费低廉,且投保人一般也是股东之一,商户乐意参加,因此在抗战前夕,民族资本保险业一度很繁荣。战后,英商南英保险公司、美商美亚保险公司、港商联安保险公司与联泰保险公司都相继复创或新创,中央信托局保险部、中国银行的中国保险公司都在广州设立分支机构,沪商的大安、永安、上海、宝丰、华泰、鸿福、兴华、民生、保平等保险公司也在广州设立分公司②。

1915年广州出现"乙卯大水",十三行街一家商户避水搬上二楼,失火殃及附近的火油公司、火柴店铺,引起油箱爆炸,一连烧毁二千多家店铺。虽然这些店铺大多购买了火险,但洋商保险公司见灾情严重无法赔偿,于是卷款潜逃。1920年代涌现冠球、全球等30余家保险公司,维持到1935年。

外地保险公司在广州设立分公司:除了上述的总公司在香港的上海联合、永安人寿、永安水火、先施人寿、先施置业、均安水火、香安、陆海通人寿、爱群人寿、联泰水火外,还有总公司在上海的太平、安平、通易信托公司(保险部)、宁绍人寿、宝丰、泰山(在广州设立华南分公司)、华安(在广州设立两广分公司)。

与香港略微相反,根据表2-20a可见,在穗的主要保险公司多为香港、上海总公司的分公司或在华南的总代理。同时,香港保险公司在汕头、中山、台山设立办事处,例如,在汕头市升平路119号,设有永安水火保险公司分局;在石岐镇大马路,设有永安公司的永安人寿保险公司办事处、永安水火保险公司分局;在石岐镇孙文西路,设有先施人寿保险公司分局、先施保险置业公司分公司;在台山镇城台西路56号,设有陆海通人寿保险公司分公司。

表2-20a 在穗的主要保险公司

类　型	名　　称	地　　址	总部所在
分公司	上海联保水火险公司	一德路西448号	香港
	永安人寿保险公司	长堤靖海路口	香港
	先施人寿保险公司	长堤先施一街4号	香港
	香安保险公司	拱日中路39号	香港

---

① 陈新华:《广州解放前的保险业》,《广州文史》1987年第2期。
② 陈新华:《广州解放前的保险业》,《广州文史》1987年第2期。

续 表

类 型	名 称	地 址	总部所在
分公司	陆海通人寿保险公司	一德西路146号	香港
	爱群人寿保险公司	长堤大马路	香港
	联泰水火保险公司	长堤大马路85号	香港
	太平保险公司	拱日中路38号	上海
	安平保险公司	拱日中路38号	上海
	通易信托公司保险部	拱日中路16号	上海
	宁绍人寿保险公司	长堤马路129号	上海
	宝丰保险公司	十三行马路上海银行	上海
总公司	羊城保险公司	长堤258号	广州
	珠江保险公司	十七甫路北街	广州
	广州大华保险公司	长堤大马路85号	广州
总代理	均安保险公司	十八甫路北街	香港
华南区分公司	泰山保险公司	长堤潮音街光楼	上海
两广分公司	华安合群保险公司	一德路中圣伯禄楼	上海

资料来源：《中国保险年鉴》，1936年，第151—167页。

在穗地注册的总公司仅3家（羊城保险公司、珠江保险公司、广州大华保险公司）；与表2-19b相比，这3家公司的资本、业务内容、业务地域范围等，均不及香港保险公司，仅羊城保险置业公司，在海外的新加坡、庇能（槟城旧称）、仰光设立分公司，其他各分公司或代理处，多在省内主要商埠或市镇。

表2-20b 总公司在穗的保险公司情形

总公司	分公司	代理处	成立时间	资本(万元)	经营范围
羊城保险置业公司	香港、哈尔滨、新加坡、庇能（槟城旧称）、仰光	吉隆坡、汕头、江门、石岐、大良、梧州	1913.9	港币100	火险、置业按揭
珠江保险公司	汕头		1926	100(实收25)	火险
广州大华保险公司		江门、新会城、台山城、新昌埠、陈村、九江、石岐、潮境、市桥、虎门	1932.7	100(实收30)	水火险、意外险及其他保险

第二章 产业地理与生产空间

二、信息与服务

近代中国对外经济联系首先是围绕口岸的国际贸易展开的,首先可见的是进出口洋货与土货的对流,其中,外国资本主义对华最直接、最有效的影响方式,就是通过各洋行控制、影响中国的对外贸易①。在近代华南地区,则主要通过区域经济中心香港、广州的行庄,来操纵本区域的进出口贸易业务,实现各类要素的流动,其中之一为相关的信息交换与贸易服务。大约在1870年代,广州沙面租界一带的洋行就已经超过一百家,同时,更多的华商也逐渐卷入了外贸活动。

(一) 以行庄为中心的服务

沙面集聚的新式洋行,一般被称之为新十三行,包括怡和洋行(英国)、太古洋行(英国)、天祥洋行(英国)、泰和洋行(英国)、三井洋行(日本)、卜内门洋碱公司(英国)、免那洋行(丹麦)、洛士利洋行(英国)、礼和洋行(德国)、旗昌洋行(美国)、慎昌洋行(美国)、鲁麟洋行(德国)、时昌洋行(英国)。这些洋行以广州为中心据点,将业务范围扩大到珠江三角洲,以及广东、广西省内各县,甚至于湖南、贵州、云南等地,主要日常业务是输出土货、运入洋货。例如,沙面亚细亚火油公司在买办的帮助下,建立了销售网络,除了广州本市以外,另有东江(河源、老隆等)、西江(都城、芦苞等)、北江(南雄、连县等)、珠江(九江、官山)的销售网络。

广州的洋货进口商大约100多家,大多兼营批发与门市零售。广东的洋货进口分为三种形式:① 直接向外洋订购,② 向在港粤中国办庄订购,③ 向港粤外国洋行订购。第一种仅占2.6%,主要是后两种方式②。

广州的出口商有100多家,出口也分为三种:① 直接出口到外洋;② 售予办庄;③ 售予洋行。第一种同样极少;售予香港办庄的土货部分销售于香港,大多运往南洋、美国等华侨较多之处;第二种占出口货品总值的39%,主要是果蔬、药材、木材、土纸、纱绸、桐油等;第三种形式最多,占58.8%,例如出口的生丝、钨矿、锑矿等全部售予洋行,草席、鸡鸭毛、桐油等多数售予洋行,其价格"多以香港市价为依据(如生丝、桐油等货),亦有以伦敦市价为依据者(如锑、钨),根据当地市价者较少。"③

香港商业各行庄一共约40家,大致可以分为四类。第一类为大农业类产品行庄:包括米业、面粉行、茶行、果菜行、酱料凉菜行、牛羊行、鸡鸭栏行、生猪栏行、猪肉行、鲜鱼行、咸鱼行、柴行、集木行、参茸行、中药行。第二类为工矿业及其制成品行庄:包括织造行、唐装首饰行、新旧铜铁行、电器行、藤器行、糖浆行、麻包行、建

---

① 1930年的调查表明:"广东土货出口之方式有三:一、直接输出;二、售于办庄;三、售于洋行,直接输往国外之土货为数极微,……外货进口方式有三:一、直接向外订约;二、向粤沪办庄订购;三、向粤外国洋行订购。……直接向外洋订购之货物,为数极微,……其余皆以后两种方式购入。"(蔡谦:《粤沪对外贸易调查报告》,商务印书馆,1939年,第11页)
② 蔡谦:《粤省对外贸易报告》,商务印书馆,1939年,第9—10页。
③ 蔡谦:《粤省对外贸易报告》,商务印书馆,1939年,第11页。

造行、煤炭行、矿业行、银砂行、盐业行、洋货行、匹头行、樟木家私行。第三类为金融、服务类行庄:包括银业行、当押行、保险业、客栈行、酒楼行、影戏行、小轮船行。第四类为地域性行庄:包括金山庄行(面向美国、澳洲)、南北行(国内米、油、糖、豆、药材、海产、什货等)、上海庄行(来自天津烟台、威海卫、上海、汉口、青岛等地,以油豆生仁为大宗)[1]。

从事转口贸易规模较大的外商有瑞记、德记、太古、天祥、太平、绍昌、怡和、三井等,"此等商店固有营汽船业、保险业之代理,及其他公司之代理等业,而大部分以一定手数费为目的,而作为买卖货物之代理,而雇用人员十数名,乃至数十名,又有雇用华人为买办者"。中国商店有200多家,分属南北帮、九八帮。"此等中国商人,作各地中国商人之代理,其代理买卖额,为香港中继贸易之冠,外国商店为其本国及其他商店之代理,其代理买卖额次于华商,而外国商店则直接与九八帮与南北帮直接交易焉。"[2]

外商通过洋行了解内地商情,控制进出口贸易,销售洋货,并办理金融、保险、运输等业务。"洋人心计甚工,……一切日用,如药材、颜料、瓶盏、针、纽、肥皂、灯饰、钟表、玩器,悉心讲求,贩运来华,虽僻陋市集,靡所不至"[3];石油及其下游产品均被美孚、亚细亚、德士古三公司垄断,大新、先施等大型百货公司,洋行出售的商品中,洋货占九成。

就洋行的经营项目而言,在贸易进口方面,包括鸦片、军火、棉织品、呢绒、机械、颜料、煤油、化工原料、医疗品、电器、轮船、水泥、洋钟、火柴、洋纸、肥田料、食品等物品;在出口方面,则控制生丝、茶叶、花生、织席、桂皮、猪鬃、羽毛、桐油、皮革、烟草、瓷器等,以及钨锑锰锡等矿石。银行业务包括:存贷、国际汇兑、进出口汇押、发行货币等。洋行的业务不仅仅局限于贸易本身,还投资于具体的产业,例如太古洋行、怡和洋行、大阪轮船公司、日清轮船公司投资于航运业,英商的香港牛奶冰厂公司、屈臣氏汽水厂,丹麦的大北毛厂等。

华商由洋行经手购买的进口商品,开始时是委托洋行代为购买、运输、报关等,及至民国后华商对外国商情相对了解后,改为委托洋行代为订购,运输、报关等由国内进口商自行完成。其中由洋行经手购买的洋货占进口总值的70%[4]。所谓"办庄"是指中国人设立的进出口庄,专门代客商选办洋货、推销土产,总号大多设在香港或国外,一般专营一种货品或一国贸易,例如南北行(专营洋米)、海味行、参茸药材行,以及南洋庄(专营南洋贸易)、金山庄(专营对美国贸易)。粤商从香港进口洋货,大多通过香港的办庄代购,香港的办庄也在内地各埠设立分号或联号。

---

[1] 《经济情报:国内去年香港各行营业获利》,《金融经济月刊》1938年第2卷第1期,第57—62页。
[2] 调查股:《香港志略》,《国立武昌商科大学商学研究季刊》1925年第1卷第1期,第16页。
[3] 姚贤镐:《中国近代对外贸易史资料(1840—1895)》,第2册,中华书局,1962年,第1094页。
[4] 蔡谦:《粤省对外贸易报告》,商务印书馆,1939年,第10页。

1939年香港有各类办庄200多家,广州有30多家。1937年通过办庄进口的洋货占总进口的26.9%,尤其是米、参茸、海味、鲜果等①。

相对于洋行,早期华商的商行,主要是从内地收集土货出售给洋行,然后从那里获取洋货,再销售到内地,通过贸易连接口岸和腹地,通过物资的流动影响腹地的商业交易。由于洋商的活动基本停留在港埠城市和主要的传统城市,越到内地交易成本越高,所以只有煤油、火柴等最基本的物美价廉的民生类资源才有市场。广州米糠行主要是采办本省土米、国内土米以及洋米,设在沙基一带,大约有40家,该业合股经营。"米糠行向以在港购办安南、暹罗、仰光等地产米,运省销售为大宗,故在香港多设有'寓所',往往联合数家,共设一港寓,……买手则驻在其间,代理办货,及报告每日香港米市情形,今年因为洋米进口税重,采办国米较为合算,故多派买手往上海、芜湖、长沙等地采办国米。"②形式类似于杂粮行。

据蔡谦的调查,"广州对外贸易现大部分均以港币为结价之货币单位"。无论是向洋行订购的洋纸、西药、化学原料、煤油、汽油、钢铁、布匹、呢绒等,还是经由办庄的米、木材、参茸、海味,以及出口洋行的生丝、羽毛、桐油、草席、牛皮,出口办庄的蔬菜、药材等,均以港币结算。只有爆竹、土纸、部分木材、纱绸、蔬菜按港币行情折合为毫券结算;另外,锑、锡矿砂均采用英镑或其他国货币结算。"综计广州进口贸易用港币结价者占99%,用毫券及其他外币者仅占1%,出口贸易用港币结价者占70%,用英镑及其他外币者占21.4%,用粤币者仅占8.6%"③。其他各埠的进出口,并非像广州那样,大多完全按照香港行情,以国币与毫券支付。

广东的生丝出口商分为华行与洋行,广州的丝商与制丝商家,组织成立广东丝绸公所,洋商则成立广州洋商丝业公会,据1933年的调查,有华行27家,洋行10家④,通过华行输出约28.73%。1929至1933年中,华行占比分别为30.45%、33.23%、25.48%、25.42%、29.05%,洋行占比分别为69.46%、66.77%、74.52%、74.58%、70.97%,但是,生丝的定价权在于外人⑤。广州出口生丝,大半为厂丝,经过丝行,售予洋行,广州的洋行均在沙面,"一切包装、报关、装船、运送(广州丝例送香港出洋),诸项费用,概由丝行承担"⑥。罗定的桂油,也是由县城的商号收买转运香港,售予西洋商行,在香港加工提炼制作后,输出外洋⑦。

如前所述,近代粤省最主要的出口商品为茶叶、生丝,尤其是后者,"(广东)全省商业之荣枯,市面金融之盈绌,及人民生计之难易,莫不与粤丝贸易有直接间接

---

① 蔡谦:《粤省对外贸易报告》,商务印书馆,1939年,第10页。
② 广东省银行经济研究室:《广州之米业》,1938年,第22页。
③ 蔡谦:《粤省对外贸易报告》,商务印书馆,1939年,第15页。
④ 华行:南生、永泰隆、兴记、祥兴泰、和兴、公兴、宝隆、经纶、秉石、利昌、丽生、利和祥、均盛、裕诚、义和、绍和祥、昌光、广生、阜经、永丰、福泰、厚成、德和成、永安、广安、公信等;洋行:时昌、保合、泰和、信孚、恒泰、毛吉、祥利、宏发、同和等。
⑤ 广东省政府秘书处:《广东生丝统计》,1934年,第60—62页。
⑥ 夏光耀:《生丝》,正中书局,第127页。
⑦ 刘懋初:《广东经济纪实》,1934年,第151—154页。

之关系"①。中国丝、茶出口都操纵在洋商、洋行手里,其总号均设在香港②,海关贸易报告也显示,所有广州出口的蚕丝产品,都先运到香港再转运外洋③。故而近代华南地区的商业命脉通过香港、广州的行庄所维系。

(二) 行庄的资源配置

承接上述以外洋行庄为中心的经济服务系统,接下来讨论这一系统是如何实现资源的集聚与配置。

以生丝业为例,"广东省的缫丝工厂散在四方,所有制成品都要经过广州市街的生丝买卖行卖出,所以广东各丝厂产出的生丝,非先输出到广州不可。其运输方法,大抵上是用轮船或民船装载,送到广州"。通过广州的行庄出口。关于珠三角地区、长三角地区生丝业发展差异的讨论,也认为"广东的缫丝工厂散在各地,不能如上海一样享受金融上的便宜,但在广东一年中差不多都实行养蚕,期间随时得以从事茧的购入,因之一时要不多额的资金",更多地采用小型工厂生产,"广东缫丝业者,一般都是资本微弱,以自己的财力,经营缫丝业的极少,都仰给于地方钱庄或广州生丝买卖行,……广州生丝买卖行,常有投资于地方缫丝业,或者进而成为经济上的分担,时其间发生亲密关系"④。这其中一个重要的原因是行庄的作用。

其他商品的进出口情形类似,近代香港的洋行根据伦敦的电报商品价格行情,先扣除自己的费用与利润,然后开出洋行收购价;广东的茶栈、丝行再根据洋行的开价,同样扣除自己的费用与利润后,向产区报价,产区的各级商人,如法炮制,出笼内地收购价。"生丝对外贸易向为洋行所把持,故习惯上,价格之计算,系以香港货币(港纸)为本位"⑤。同时,根据蔡谦对广州与香港的150多家进出口商的调查,140多家认为洋行除了获得应有的2%的佣金之外,并没有操纵货价,只有数家较小的进出口商,偶尔被欺压;进出口商利用洋行在国外的关系与组织,比自己直接从外洋购买或直接出口有利⑥。

同时,"在华的进口洋商,避免汇回现金。为要抵偿一部分进口货值,他们宁愿购买廉价土货出口,以代替汇回的进口货款"⑦。从1870年代起洋行和买办就开始收购过去无人注意的烟草、桂皮、皮毛等土货,到了90年代种类又有扩大,杂货在出口贸易中开始占有一些比重。"幸轮电纷驰,土物出境倍易于前,……而密观实情,则价格为港政府所操纵……则(桂省商贩)一出一入,无异以资本博充港商贩奴。"⑧

---

① 广东省建设厅蚕丝改良局刊行:《广东蚕丝复兴运动专刊》,1933年,第36页。
② 转自余神武、刘存宽:《十九世纪的香港》,中华书局1994年,第296页。
③ 《粤海关报告汇集》,暨南大学出版社,1995年,第914—915页。
④ 广东省政府秘书处:《广东生丝统计》,1934年,第18—20页。
⑤ 广东省政府秘书处:《广东生丝统计》,1934年,第87页。
⑥ 蔡谦:《粤省对外贸易报告》,商务印书馆,1939年,第13页。
⑦ 1876年海关报告册,总论,第121页。
⑧ 黄占梅修、程大璋纂:《桂平县志》卷二十九,1920年。

如前节所述,随着近代广州作为商业贸易中心地位的下降,1840—1870年间广州的港口建设与城市发展极其缓慢,但也有一些新的因素正在发酵,主要表现为广州的核心腹地——珠三角地区农业商品化与外向化的进展,以及外围地区的经济成长。广州一方面继续争取从外地获得茶叶、生丝,主要是生丝,另一方面,开始在本地进行茶叶和生丝的生产。到1870年代,华南商人这时也大规模地卷入了外贸活动,初步发展于1880—1889年;到1910—1920年趋于繁荣,达到近代以来商业贸易的顶峰,这也是行庄经济最为活跃的时段。

外国洋行的分行常把大部分棉织品运到国内的主要商埠,但位于较小通商口岸(它们是大贸易区的城市市场)的这些分行甚至不能与中心一级的中国销售商发生长期直接的联系,当然更不提与中间市场或集市市场发生联系了。"不论进出口商品,来自国外的进口品,中国人也具有垄断的地位。在靠行会组织垄断的将商品买进卖出方面,对内地市场的影响方面,自由包租沿岸交易的外国船只的能力方面,无论哪一方面,外国洋行都不能攻破中国商人,这一点已经成为明显的事实。"①

其中最大的问题是出现在流通服务环节,"在广州,所有的大宗外国进出口货物的厘金都由包税组织包收。这些组织通常是由经营上述进出口货物的商人构成。这种制度像……对我们的商业损害极大,并且是违反条约规定的"②。……事实上,广州厘金局和香港的英国商行中的华人买办已联合起来,共同对付英国商人和中国消费者,为自己谋取厚利,与此同时,英国商人却完全蒙在鼓内,一无所知,因为他们自己不懂华语,在可信赖的雇员中亦无人会讲华语"③。西方资本主义国家的商人与中国内地的商人,即那些熟悉、控制着初级市场的商人之间言语不同,气味各别,因此相互之间很少交易,西方资本主义国家的一些商人或其他人企图深入内地以熟悉初级市场,但也是遭到抵制而受挫。于是外国势力面对着中国商人的势力和中国市场的惯例,通过极其有限的渠道,如买办中介或外交渠道,如果他们想对中国市场条件做出更多的把握,还得等待那些想在中国扩大市场影响力的中国商社进行具体的研究之后。④ "香港的英国大商行通过进出口贸易每赚得一元钱时,他们的买办及买办的朋友就能从中赚得2元钱。……要是情况仍与现在这样,那么买办势必成为商人而英国商行老板反成了他的代理商。"⑤

这时中国的商行依然停留在消极的转手贸易,主要还是从内地收集土货出售给洋行,然后从那里获得洋货,再销售到内地。1930年时蔡谦调查粤省贸易时发现,直接输往国外的土货为数极微;售与办庄的货物,多以专供香港、南洋、美国等

---

① (日)滨下武志:《近代中国的国际契机——朝贡贸易与亚洲经济贸易圈》,中国社会科学出版社,1999年,第218页。
② 按指参见1858年中法条约第14款。
③ 英国外交部:《布克莱商会访华团报告》,1898年,载彭泽益:《中国工商行会史料集》,中华书局,1995年,第661—662页。
④ (日)滨下武志著,朱荫贵、欧阳菲译:《近代中国的国际契机——朝贡贸易与亚洲经济贸易圈》,中国社会科学出版社,1999年,第218页。
⑤ 英国外交部:《布克莱商会访华团报告》,1898年,载彭泽益:《中国工商行会史料集》,中华书局,1995年,第663页。

处的华侨消费;大宗土货如牛皮、生丝、钨砂等大多全部售与洋行。外货进口方式主要通过向粤沪办庄或外国洋行订购①。外资企业在广州城市发展中不占有重要的地位,外资对广州的影响主要表现在对外贸易上,通过洋行控制进出口贸易。

在主要城市、市镇之外的农村市场,商业大多是地方性的。例如在对番禺河南调查中发现,区中最普通之商业为米粮店、茶馆、杂货店、水果店,经营地方必需的各种商品。"在大村中,米店、杂货店、食物店、茶馆、铁匠店、理发店,为吾人所常见,此外或尚有一医生。"②桂西北环江县托峒圩商人莫仁昌等人合伙开设了一家商店,名义上经营布匹和杂货,实际上还从事放款预购黄豆的活动。此外,还廉价收购当地的牛皮、糯米、黄蕈、水草、莳柏皮、五倍子、辣椒等土特产,运往宜山怀远镇出售;再从怀远镇购入煤油、食盐、布匹、洋纱等商品运回本地高价出售。有时还贩运食盐、洋纱等商品至贵州荔波县,并从荔波县贩运鸦片到本地和怀远镇销售③。

此外,以湘米运粤为例,最大困难就是有效的组织、流通,在扣除一笔运费和贸易费之后,在广州销售的湘米的市价总不能超过广州的米谷,同时,广州的市价与洋米是联动的。霍亮的调查显示:"洋米销粤有强固的贸易组织,香港米行实系安南暹罗华侨火砻的销米经理(Sales Agent),各地行市时时互通往来,据暹罗某米火砻沪庄经理称,火砻自购入暹罗日起,磨米运港至售出日止,为时不过两星期余,期间既短,故其所担价格风险并不大,这为推销湘米最要注意的一点,铁路当局总要使将来米商自长沙购入日起至广州售出日止,不得过两星期余,然后能立于均等机会竞销,希望将来粤汉铁路贤明当局,能于客商托运后最快以三天装车为限"④。

通过以上的事实与分析,可以比较清晰地看到中外行庄在地方经济流通系统中的角色与位置,这是一个有层次的网络结构,伴随着近代华南地区商业与商务活动的兴起与发展,实现了一个不断的调整与适应。

(三)商务及其网络

及至清末,华南地区一些新的行业、新的经营方式、新的商业理念陆续诞生。例如洋庄丝行(经营机制丝出口)、燕梳行(保险业)、轮渡行(蒸汽船内河航运)、矿商公会、金山庄(经营美洲进出口)等。广州,以及邻近的南海、佛山、江门、顺德等繁盛的市镇,也出现了国人经营的新式银行、新式药店、百货公司、房地产公司、西式酒楼等。一些商人采用国外的方法经营商业,具有一定的资本主义色彩。广州的部分商号已经能够较熟练地运用商业广告进行宣传,扩大营业额。粤商开始大量地走出广州,到广西、上海、天津、香港、澳门、南洋或其他口岸去经营。

同时,一些旧的商业行业,由于数量上的扩展和质量上的变革,开始部分地具

---

① 广东经济年鉴撰委员会,《广东年鉴》,广东省银行经济研究室,1941年。
② 冯锐:《广东番禺县茭塘司河南岛五十七村普通社会经济调查报告》,民国时期社会调查丛编,第2编,乡村社会卷,福建教育出版社,2009年。
③ 《广西壮族社会历史调查》,第1册,广西民族出版社,1984年,第259页。
④ 《附:广东缺米情形及湘米销粤的希望》,吴正:《皖中稻米产销之调查》,交通大学研究所,1936年,第133—134页。

有了新式商业的要素。一直经营烟丝行业的朱广兰号,本来是设于19世纪中叶一个销售与出口烟丝的店号,随着出口业务的扩大,在香港、澳门和南洋等地设立了分店和烟丝加工厂,生产花生油、烧酒(加工烟丝用)、商标纸、铁罐、木箱等作坊,在广州开设有两家机器榨油厂,在澳门设有彩色印刷商标、广告印刷厂,利用机器制作烟丝。20世纪初全盛时期,国内外的分店多达一二十处,从业人员(包括老板、店员、长工、技工)不下四五百人,财产价值不下数百万。以朱广兰号为代表的这种商行在营销数量、运作模式方面,都已具有一些现代新式企业的风格。

近代以前广州的日用商品店主要经营手工作坊与农村的手工业产品,自从洋货涌入后,工匠在与洋货的竞争中,对洋货逐步进行仿制与改造形成了具有地方特色的"广货"。清末广州经营日用工业品的行业约50个。清末民初,广州商业零售逐渐有成行成市的特点,出现了各类专业街市,如下九路的金饰街、杨巷的布匹街、德星路的小百货街、长寿路的典当及医院诊所街、文昌路的家私街等,而批发店则多集中在同兴街、荣阳街、长手里、吉星里等,零售以十八铺一带为最盛。逐渐形成了相对集中与固定的服务对象:惠爱路(今中山路)、永汉路(今北京路)以军政界、教育界为对象,高第街以家庭妇女为对象,河南洪德路以居民与农民为主。

1909年广州城区已有店铺27 524家,城内的商业行业已有100余个,附近的一些主要城镇的商业也日益繁荣。1914年澳洲华侨马应彪在广州创办先施公司,主要经营环球百货,兼营东亚大酒店、汽水厂、化妆品厂、玻璃厂、皮鞋厂、饼干厂,以及保险公司与信托公司。该公司在广州率先实行明码实价、橱窗陈列、分柜售货、多功能服务、专人开票收款、免费送货、固定营业时间、雇用女售货员等方式,深受顾客欢迎,并引领当日的商业时尚。1918年澳洲华侨蔡兴、蔡昌兄弟与其他侨商集资40万港元,在广州西堤创办大新公司,楼高9层,是20世纪初广州最高的大厦。塔楼上原有以"大新"二字联缀的对子:"大好河山,四百兆众;新开世界,十二层楼。"1—7层是百货公司,8—9层及天台建成游乐场,不仅自置有供水、发电等设备,还装载了当时广州罕见的升降机4部接载客人。在大厦的东侧还修筑了一条汽车道,方便小汽车盘旋而上顶层,极尽一时风头。引人注目的还有设在顶层的天台花园、天台游乐场,那里经常有"文明戏"与杂耍等节目演出,入场券每位一毫,一时游人如织,又有"九重天"的雅称,是有钱有闲阶层游宴玩乐的去处①。1930年初惠爱路(今中山五路)的大新分公司,又被称之为"城内大新",西堤大新公司则为"城外大新"。

1920—1930年代广州酒(旅)店也发展到高峰,集中在长堤、太平南路一带有新亚、爱群等一批中西合璧的酒店,成就了一派盛世浮华的景观。1929年广州经营日用工业品的商店约有767家。1930年广州店铺达到35 964家,形成了70多

---

① 广州省立中山图书馆编:《老广州》,岭南美术出版社,2009年,第157—158页。

个商业零售行业①。广州日用品商店在经营品种、组织形式、管理方法等方面都有很大进步,出现了由杂到专、由土转洋、华洋结合的升级。当时大新公司经营的"环球百货",主要还是国货,兼营洋货,洋货一般经由香港的总公司直接向外国厂商进货,以澳洲与美国货为多,后来多向日本购货,九一八事变后,全国上下抵制日货,国货成为公司经营的大宗,其时,大新公司还兼营亚洲酒店、觉天酒家,以及理发、照相、餐饮等,整个连锁行业都以"百货"作为招牌。1935 年因资金周转不力向香港汇丰银行借贷,丧失实权,广州沦陷后为汉奸李辅群接收,改为东亚百货公司,1948 年正式复业,但经营已经大不如前②。

伴随着晚清以来华南地区商务与商业法成长,以厘金与海关、常关税为主构成的商业税收,直接影响甚至间接决定了口岸、腹地及其经济网络。

1874 年前后在丝茶出口方面,由于广州征收繁复的税厘,实施自由港的港澳对于经营进出口业务的华商显然具有很大的吸引力,使得贸易转到澳门等地③。侨乡恩平、开平处于广州、澳门之间,开平水口完税后的茶叶,根据澳门和广州的税率自行决定出口港④。直到 1906 年,"北江对洋商来说,还是个未知领域"。该年港商才在这里设立一个"北江发展公司",北江内地的洋货与土货子口单转运才开始施行⑤。主要原因在于半税是"解部之款",不能为地方所截留,"粤省官吏于半税一事深恶而痛疾之故,故华人不敢请纳半税,洋人虽纳半税,而货到后仍有落地捐之征,综计之时完纳厘金之数更多"⑥。

据晚清《广东财政说明书》的列举⑦,广东的厘金税卡一共 51 个,除了北江、高雷钦廉、潮汕之外的 27 个,分别沿着梧州以下的西江、惠州以下的东江、清远以下的北江、珠江三角洲,尤其是西江中下游直到三角洲地区,几乎和珠江三角洲港埠的核心腹地区完全重合。

海关和厘金、常关的关系,及其对于腹地形成的影响,在常关和厘金尚未废止前,一个重要的展示就是子口税单的运用。广州的洋货子口转运单一般是发送到边缘腹地,如粤北的连州、韶州、西南的罗定州,广西的梧州(转口广西内地)、浔州、桂林、柳州,以及江西南安、贵州,甚至云南⑧。早期子口税单的扩展意味着边缘腹地的延伸,推动广西的桂皮、南雄的烟叶、始兴的土纸等特色土货的出口。

图 2-7 反映了商务、金融、税收三者从口岸到腹地的影响力,正是这些力量影响,甚至塑造了腹地流动的时空形态,为腹地的变动赋予了一个经济、政治与社会

---

① 广州省立中山图书馆编:《老广州》,岭南美术出版社,2009 年,第 151 页。
② 广州省立中山图书馆编:《老广州》,岭南美术出版社,2009 年,第 155、160 页。
③ 各地生丝汇集澳门,然后用轮船运到香港出口,1871、1872 年从澳门出口分别达到 235.68 万、322.4 万元。
④ "1874 年经澳门这一条线,每担茶叶包括出口税只付 2.385 两,若经广州,包括税和捐每担共需付 4.117 两。"(1874 年粤海关十年报告,《粤海关报告汇集》,第 113—114 页)
⑤ 1907 年三水海关报告,广州市方志办编辑:《三水海关贸易报告辑本》,第 133、139 页。
⑥ 布里难:《中国商埠情形记》,邵之棠辑:《皇朝经世文续编》卷四十六至卷五十五,外交,成文出版社,1967 年。
⑦ 广东清理财政局编:《广东财政说明书》,第六类厘金,1910 年。
⑧ Transit Trade Table, *Trade Return for the Year 1876 - 1904*, Canton,《中国旧海关史料》。

空间,寻求成本的最小化与收益的最大化。

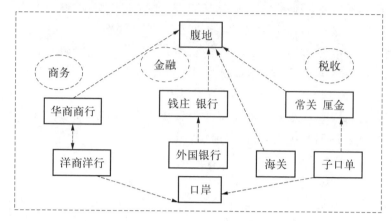

图 2-7　口岸与腹地间的作用力

简评：服务部门的生产空间

金融服务部门的力量很强大,能够使得生产的最终受益者从生产的发生地转移到金融资源配置中心,从而实现资源与财富的跨区域的移动与再分配。在近代华南地区的社会再生产循环中,港粤桂的金融机构在货币配给与调节上,逐渐形成了以香港与港币为中心,一个覆盖整个区域市场的联通网络。正如我们日常所见的流通部门的要素流动一样,流通背后的服务部门通过资本的力量,控制着区域的金融、信息资源的再配置,这与市场流通网络所见的要素组织具有一定程度的相似性,但一般而言,往往能够形成更为强大的经济影响力与制约力。

金融中心通过财富积累,将其汇聚到金融的交易环节,而非生产环节,使得这些核心区域获得了相对于边缘地区的经济优势,虽然后者一般拥有更丰富的资源,但是,在整个的剩余分配与再生产的循环中,一般处于明显劣势的位置。从某种程度上而言,这种优势迫使经济边缘地区向经济核心地区开放,这与近代以来华南地区的口岸开放、贸易拓展的进程同样是一致的,经济相对落后的边缘与腹地区域,通过进口产品、开放内部市场,允许外来者进入金融市场、供给资本,一方面出口自然资源、半制成品、手工业成品,获得相对的比较优势与相对收益,虽然该收益的边际效用一度呈现不断下降的趋势;另一方面,进口高附加值的产品与服务,最终融入跨区域的全球经济分工与生产网络。

从生产与服务的属性而言,金融、信息与服务并非传统意义上的生产性环节,属交易与服务环节,无论是外资商业银行、本国国有银行、私人金融机构,通过调节货币的供给与资本的流动控制或影响区内的经济生产活动,还是以洋行为中心的行庄组织,通过信息与市场渠道控制或影响区内的生产流通活动,均显示出近代华南地区交易服务环节的生产空间,从中我们可以看到空间、时间、组织上的多重属性。

从经济活动的空间性而言,所有的经济活动都是一个时间与空间的过程,时间层面的价值增长自然是不言而明的,但空间层面的价值增长则常常模糊不清。通过服务部门的经济活动及其空间属性来看,无论是现代性的外来或本地金融机构、传统的金融载体,还是近代外来的洋行、本国的行庄,都展示了一种空间性的生产图景,让我们可以比较清晰地看到香港、广州、梧州、龙州等处于不同空间层次上的城市,在近代中国的社会再生产进程中,所获得价值生产或增长的空间差异性。

第三节 第一产业:农业

有关近代经济发展估算的学术纷争中,分歧主要集中在农业与农村经济增长方面,无论是斯密型增长还是过密型增长,两者都承认的一个前提是:在近代中国商业贸易和城市化的推动下,农业经济的专业化、商品化、外向化发展迅速,差别在于商业化、外向化带给农民的是一种质的发展还是一种量的增长,即这是一种广泛性的数量变化,还是集约型的质量变革,抑或是不能度量简单地给予标注,其中争议最大的即为农业经济领域,从该部门可以观察这些变化及其特征。

一、种植业经济

在近代时期,广大农村居民多为农夫,主要职业为从事农业生产,尤其是农业种植业,华南地区农业部门的种植物,主要有米、麦、玉蜀黍、豆、芝麻、桑蚕、茶、甘蔗、落花生、烟草、兰草、蒲草、蓝靛、苎麻等,其中既有自给粮食作物,亦有经济作物。关于种植业经济,需要关注的问题依次有三:生活所需的粮食生产、流通、消费的循环过程;近代农业生产的变与不变;农业作物及其经营方式的变化。

(一)粮食的生产与流动

在近代华南地区的种植业中,一般而言,传统的粮食作物比重极大,非粮食经济作物的比重极小,但是,区内不同地方的差异很大,以至于存在完全不种植粮食作物、完全依赖其他区域补给的地方。作为最基础的民生类产品,粮食的生产、流通,以及其在区内的循环,自然就是一个非常醒目、攸关的问题。

1. 粮食生产的变化

就近代华南地区米谷类粮食的生产与消费而言,广东省缺粮频繁,一度有赖于广西省、长江流域或南洋地区米谷的输入。"米、豆、芝麻、落花生等物,珠江三角洲附近产米虽饶,惟全省食指浩繁,故食品仍仰给邻省。"[①]"本省产米,分为早晚二造,以丰年论,早造登场能供三个半月之需,而晚造收获,可供六个半月之用,由此可

---

① 洪懋熙:《最新中华形势一览图》,东方舆地学社,1936年,第22页。

知,广东每年约缺乏两个月之粮食"①。

如表 2-21 所示,在近代南方地区,与周边省份相比,唯有广东省的耕地面积一度持续减少,除了早期略有增加以外,一直负增长,相反地,清末民国时期广西省的耕地面积增长了近3倍。

表 2-21 近代华南及部分邻省耕地面积变化(单位:千市亩)

	1812	1851	(+/−)	1887	(+/−)	1914	(+/−)	1929—1946	(+/−)	1949	(+/−)
广东	42 513	47 923	12.73	46 091	−3.82	43 030	−6.64	40 989	−4.74	52 021	26.91
广西	11 912	12 486	4.82	11 896	−4.73	21 255	78.67	27 494	29.35	35 000	27.30
湖南	41 912	43 622	4.08	46 282	6.10	48 637	5.09	50 207	3.23	51 369	2.31
福建	18 120	18 207	0.48	17 852	−1.95	19 994	12.00	21 095	5.51	21 094	0.00
贵州	3 671	3 742	1.93	3 555	−5.00	7 649	115.16	23 174	202.97	23 173	0.00
云南	12 362	12 985	5.04	12 368	−4.75	20 677	67.18	26 216	26.79	30 717	17.17

资料来源:章有义:《近代中国人口和耕地的再估计》,《中国经济史研究》1991年第1期。

广东省的耕地主要集中在江河两岸与山间谷地,主要在大河的下游三角洲、滨海平原。珠江三角洲耕地密度约为50%、韩江三角洲约30%,其他地方约10%—20%,其中粤东粤北北部、海南岛中部耕地密度在10%以下,就土地的垦殖率而言,地区分布很不平衡②。

清代乾隆中期以后,广东省大部分荒地已经被开垦,这也是珠江三角洲等地沙田发育的重要时期,新成沙滩面积较大,人工筑堤,种植芦草,大规模地人工围垦造田③。随着时间的推移,越晚开垦的土地,期间的费用越来越高,边际生产效益越来越低,也就使得开垦工作逐渐回落。地政局1930年代的统计显示,广东全省的荒地面积共1 414.8万市亩④,约占耕地总面积的1/3,似乎农民对可耕地的利用已经达到饱和的状态。发展集约化经营,采用较先进的耕作技术,提高复种指数,发展多种经营,实行专业化生产,提高资本投入,提高单位面积产量,已经成为新的方向。

就香港而言,人的日常生活所需第一为粮食,主要靠输入⑤。裕民垦牧公司在租界对面的宝安县深圳河边,开辟农村种植粮食,种粮约5 000多亩,东部靠近广九铁路,水陆交通便利,属于业主集资建设农场,招佃开垦,主要种植水稻⑥,产量有限。

---

① 陈启辉:《广东土地利用与粮食产销》,第25982页。
② 梁仁彩:《广东经济地理》,科学出版社,1956年,第23页。
③ 乔素玲:《清代广东垦荒述略》,载明清广东省社会经济研究会编《十四世纪以来广东社会经济的发展》,广东高等教育出版社,1992年,第69—70页。
④ 陈启辉:《广东土地利用与粮食产销》,成文出版社,1977年,第25738—25742页。
⑤ 第二为蔬菜,部分靠输入;第三为木材,完全要输入。方秉铸:《远东经济:香港的农业与工业》,《经济评论》1948年第3卷第20期,第10—12页。
⑥ 林彬、邓瑞宾、杨旭初:《香港新界农业调查》,《农社年刊》1925年第2期,第110—115页。

广西省的作物夏季主要是水稻,冬季主要是旱粮。东南部、东北部开发较早,地势平坦,土质较肥,灌溉方便,交通便利,人口稠密,大多移自广东或湖南,农业的技术水准也相对较高,农业比较发达;西部与北部则基本相反,多崇山峻岭,土质贫瘠,灌溉困难,开发较晚,地广人稀,文化落后,耕作技术落后,接近于刀耕火种。水稻的产量以南部浔江流域各县最多,其次是东北部湘江流域、桂江流域,再次是中部柳江流域、西南部左江流域,最后是西部的右江流域与红水河流域[①]。

杂粮主要是玉蜀黍,其次是甘薯与芋、小麦与大麦、大豆,稻米在广西省民众的食用结构中,占67%,剩下33%为杂粮所代替,主要有甘薯、玉蜀黍、芋头、木薯、麦、陆稻等,所以,广西的米谷并非出产丰富,但能有大量出口到省外。广西省浔江、剑江沿岸及桂林附近,土壤肥沃,五谷丰登,出产以米、麦、玉蜀黍、落花生为主,夙有"广东之谷仓"之称。

1820年,桂东、桂东南的桂林府、梧州府、浔州府、郁林州、平乐府耕地面积占全省的64.8%,桂西、桂西北的镇安府、泗城府、庆远府及桂中柳州府耕地占比为12.2%,西南部太平府、南宁府、恩思府占比为23.0%。1934—1943年,随着垦荒的进行,桂西、桂西北、桂中耕地面积占全省31.05%,桂东北、桂东、桂东南(不含钦州地区)占比42.3%[②]。

1935年广西省的调查[③]显示:① 甘薯或种于畲地或与水稻轮作,甘薯种植面积270万亩,年产量1 300万担,是民众最重要的辅食,因其量重值微,鲜有运出外地销售。甘薯产量分布,与水稻颇为相似。② 玉蜀黍种植于广西左右江流域及红水河流域一带,灌溉不便的旱地,例如天保、龙州、百色、庆远等地。大致与水稻种植区域相反,有零星外运出口。种植面积约470万亩,年产580万担。③ 芋头面积130多万亩,年产近530万担,平均亩产4担,产量比较高,颇为经济。芋头的种植大致与水稻相近,以浔江流域的平南、桂平、玉林、贵县、藤县、苍梧、北流、陆川、博白等县为多,桂江流域的灵川、临桂、昭平3县,以及怀集、柳江2县,出产丰富。④ 陆稻,是一种旱地粗放作物,可与杂粮混合种植,多种植于山丘斜坡之地。1935年调查约种植64万亩,产量约70万担。⑤ 木薯源自南美,种植于郁江、浔江、柳江流域与桂江下游,1935年调查面积62万亩,年产100多万担。⑥ 麦,广西大麦产量不多,约10多万担,1935年调查小麦面积约30万亩,产量30万担,主要产于全县、兴安、桂林等县。省政府为了增加粮食生产,积极推广冬季作物,1938年新增20多万亩小麦。加上大麦,共产出71万担。1939年增种50万亩,增收50万担。冬小麦可与水稻轮作,小麦面积可扩大到1 250万亩。但小麦产于气候温和干燥少雨地区。在广西高温潮湿气候下,品质不佳且生产效率较低,所以生产成本较高,

---

① 陈正祥:《广西地理》,中正书局,1946年,第62—64页。
② 樊端成:《近现代广西农业经济结构的演变透视》,中央民族大学博士论文,2009年,第43—44页。
③ 张先辰:《广西经济地理》,桂林文化供应社,1941年,第49—51页。

农民更倾向于水稻与杂粮。⑦荞麦,对土地要求较低,1935年面积87万亩,产量60万担。东北的全县、兴安、桂林,中部的柳江忻城、来宾,西南的镇边、雷平、龙茗等县,主要为自给消费。⑧豆类作物中主要的黄豆,面积180万亩,年产110万担。可制作豆腐、豆芽、腐竹、豆豉、豆浆、酱油等日常所需的食品,销路很广,为农家主要的商品作物。出产地:天河、都安、忻城、上林、果德、万承、左县、兴安、桂林。其中桂林腐乳、昭平豆豉、全州豆腐干等,颇负盛名。

根据1940年《稻作区域》的记载,广西省的桂东北、桂西北为单季稻区,桂中为单季双季混合稻区,桂南、桂东南为双季稻区①。玉米、黄豆、谷子、红薯等旱地作物的间作、套作、轮作比较普遍。

农业是广西经济的重心,出产与出口贸易以农产品为大宗,全省88%为农户。最主要的农作为夏季水稻,北部地区有大小麦,南部有热带果物。据1933年广西省政府统计局的统计,广西耕地面积约2900万亩,占土地面积的9%,其中水田约1900万亩,占耕地面积的64%,水田中除了少量蔬果外基本是水稻。广西大部分地区,均栽培双季稻,部分地区则能够种三季稻。"广西虽号称地广人稀,然农业经济规模之狭小,并不亚于长江流域人口稠密之水田区域。"据广西省立师范专科学校1933年对24县48村2707个农业经济单位调查的结果,小于等于5亩的经营占41.5%,5—10亩经营占28.8%,50亩以上的0.9%②。全省自耕农占46%,兼耕农28%,佃农26%。在稻产丰富的藤县、岑溪、容县、玉林、陆川、博白、北流等县,自耕农比例不足20%。地权最为分散的是西南部各县,除了龙津与凭祥外,养利、同正、左县、万承、崇善、上金、镇结、龙茗、雷平、天保、靖西、向都等县,自耕农达到80%。据1935年的调查,同期全国每亩的产量平均为3.3担,广西全省各县每市亩水田水稻的产量,平均仅2.51市担。其中,不足2市担的县别有:西隆、西林、田西、乐业、天峨、万岗、田阳、果德、邕宁、平南10县;3—4市担的有:靖西、明江、宁明、思乐、南丹、河池、思恩、宜北、隆安、三江、武宣、全县、灌阳、恭城、钟山、平乐16县;大于4担的有:资源、兴安2县。

水稻产量以东南部浔江流域各县最多,东北部湘江流域、桂江流域次之,中部柳江流域、西南部左江流域再次之,西部右江流域及红水河流域最低。主要原因:一是自然条件的差异,东南及东北部土地肥沃,灌溉便利,西部崇山峻岭,土地贫瘠,灌溉困难;二是东南与东北部交通便利,人口稠密,耕作技术高,经营集约。水稻栽培属于劳动密集型,而居民又多以米谷为主粮,所以发现水稻种植与人口分布基本重叠,有着密切的关系。大概各部分食用米谷的比例,东北部以桂林为中心区域,中部以柳州为中心区域,大约80%,东南部浔江流域70%,西南部邕宁及左江流域60%,西部右江流域及红水河流域45%③。

---

① 转自傅荣寿等:《广西粮食生产史》,广西民族出版社,1992年,第110页。
② 张先辰:《广西经济地理》,桂林文化供应社,1941年,第37页。
③ 张先辰:《广西经济地理》,桂林文化供应社,1941年,第41页。

2. 粮食的流动

在传统社会经济再生产方式下,"官出于民,民出于土",但是,广东省地少人多,粮食不能自给,平均每年缺粮三个月以上,为全国著名的缺粮区,清晚期人称"综全省而计,岁短四月之粮"①。根据1930年代的估计,广东的垦殖指数大约14—15,低于江苏(68)、河北(45)、山东(44)、河南(40)、安徽(40),甚至不及山西(23)②。

对于欠富裕的地区而言,米谷缺乏问题主要靠生产杂粮补足,例如,广东省石城县(今湛江西北丘陵)"民间多种稻粮,收获不丰。止足敷邑内口食,一遇岁歉饥荒,在所不免,故贫民必栽番薯以辅助之,盖可节省谷食三四也。"③对于相对富裕的地区而言,则依赖从外部市场供给米谷,广东省年约1/4的食米需要从外部输入,其中,米谷主要来自国内的广西、湖南等省,国外的暹罗、安南等区,面、麦、牛奶、咖啡、饼干、面包、红糖等食物,以及供给富裕阶层的各类高等洋货(酒、纸、布、烟、熟食等),更陆续取给于外国,在1930年左右"以农立国"的中国,时人惊呼中国已是一个"无业国家"④。在本处暂且仅仅讨论华南区内的粮食流动。

结合表2-22a、b,关于1930年代广东省分县人均粮食生产、消费、流通,以粤东、粤中、粤西、南路、粤北、琼崖六个次一级地方区分,以及表2-22c,通过比对生产与消费量,可以看出,人均生产量(单位:担)的递减序列为粤北6.30、粤中4.39、琼崖4.38、粤西3.83、粤东3.3、南路2.83,人均消费量(单位:担)的递减序列为粤中4.90、粤北4.58、粤西4.42、南路4.26、粤东4.12、琼崖4.07,输出或输入比例(%)的递减序列为粤北27.21、琼崖7.2、粤中-11.78、粤西-15.62、粤东-24.86、南路-50.46。再结合表2-22c各次级区域粮食的输入、输出量,可见人均消费最高的粤中区并非输入米谷最多的区,相反地,粮食生产面积与产量更低且经济情形较为宽裕的南路、粤东区,从外部输入的米谷总量更多。

表2-22a 1930's分县人均粮食生产、消费、流动(单位:担)

粤东地区			粤中地区			粤西地区		
县名	人均生产	人均消费	输入或输出(%)	县名	人均生产	人均消费	输入或输出(%)	县名	人均生产	人均消费	输入或输出(%)
普宁	1.27	4.20	-231.94	顺德	1.08	4.58	-325.01	广宁	1.73	4.97	-186.93
大埔	1.78	4.86	-173.02	南海	1.29	4.15	-221.54	郁南	3.47	6.86	-97.35
丰顺	2.19	5.38	-145.57	台山	1.61	4.79	-197.57	云浮	2.46	4.70	-90.73

① 《茶阳三家文抄》卷三,何如璋《复粤督张振轩制军书》。
② 陈启辉:《广东土地利用与粮食产销》,成文出版社,1977年,第25698页。
③ 钟喜焯修、江珣纂:《石城县志》卷二,实业,民国二十年。
④ 1929年8月23日邓彦华在广州中央公园的演讲:《广东的建设问题》,广东建设编辑处、粤东编译公司,1929年9月。

续 表

粤东地区				粤中地区				粤西地区			
县名	人均生产	人均消费	输入或输出（%）	县名	人均生产	人均消费	输入或输出（%）	县名	人均生产	人均消费	输入或输出（%）
潮安	1.63	3.80	−133.63	开平	2.12	4.00	−88.47	罗定	2.99	4.06	−35.86
澄海	1.59	3.30	−107.51	鹤山	2.90	5.13	−76.73	开建	3.58	4.75	−32.70
潮阳	2.59	4.70	−81.86	恩平	4.70	8.22	−74.77	粤西	3.83	4.42	−15.62
蕉岭	2.34	3.98	−70.32	花县	3.55	5.45	−53.45	德庆	4.37	4.81	−9.97
梅县	2.94	4.32	−46.89	粤中	4.39	4.90	−11.78	新兴	2.07	2.20	−6.05
饶平	3.43	4.80	−39.96	三水	4.91	5.50	−12.04	四会	4.56	4.00	12.21
粤东	3.30	4.12	−24.86	宝安	4.86	4.68	3.63	封川	5.04	4.09	18.81
陆丰	3.25	4.00	−23.27	东莞	6.05	5.72	5.32	高要	7.50	4.52	39.67
连平	5.25	6.34	−20.58	新会	5.14	4.76	7.40				
五华	3.38	4.00	−18.36	从化	4.07	3.91	16.71				
惠来	3.5	4.00	−14.34	番禺	6.75	4.71	30.25				
兴宁	3.54	4.01	−13.45	赤溪	5.88	3.99	32.07				
揭阳	2.39	2.54	−6.57	高明	5.96	3.73	37.43				
惠阳	5.13	4.90	4.57	增城	11.42	6.85	40.06				
和平	4.38	4.14	5.45	中山	7.88	4.36	44.70				
海丰	4.61	4.34	5.75								
紫金	4.39	4.00	8.86								
河源	4.73	4.26	9.90								
新丰	5.99	4.71	21.43								
平远	5.22	4.00	23.41								
龙门	6.84	5.04	26.31								
博罗	9.77	6.69	31.55								
龙川	6.95	3.98	42.79								

表 2-22b　1930's 分县人均粮食生产、消费、流通（单位：担）

南路地区				粤北地区				琼崖地区			
县名	人均生产	人均消费	输入或输出（%）	县名	人均生产	人均消费	输入或输出（%）	县名	人均生产	人均消费	输入或输出（%）
电白	1.29	4.05	−214.15	阳山	4.28	8.33	−94.60	昌江	1.62	4.40	−171.16
信宜	1.47	4.19	−184.87	连山	3.81	4.00	−4.88	乐会	2.13	4.00	−87.99
灵山	2.09	4.00	−91.32	清远	4.67	4.02	14.07	澄迈	2.40	4.13	−72.41

续 表

南路地区				粤北地区				琼崖地区			
县名	人均生产	人均消费	输入或输出（%）	县名	人均生产	人均消费	输入或输出（%）	县名	人均生产	人均消费	输入或输出（%）
合浦	2.84	5.04	−77.82	佛冈	8.17	6.39	21.78	感恩	2.49	4.00	−60.69
徐闻	2.31	4.00	−73.39	乐昌	4.85	3.73	23.21	文昌	2.66	4.00	−50.30
茂名	2.4	3.97	−65.60	粤北	6.30	4.58	27.21	万宁	2.75	4.00	−45.59
防城	2.49	4.01	−60.98	翁源	7.51	5.34	28.88	琼东	3.85	4.97	−29.07
海康	3.74	5.82	−55.69	连县	6.17	4.14	32.99	临高	3.23	4.00	−23.87
南路	2.83	4.26	−50.46	始兴	6.72	4.01	40.29	儋县	4.23	4.09	3.33
廉江	2.56	3.83	−49.35	南雄	8.86	4.88	44.95	琼崖	4.38	4.07	7.20
钦县	3.22	4.00	−24.37	曲江	7.46	3.96	46.92	陵水	5.01	4.00	20.17
化县	3.37	4.00	−18.75	乳源	5.80	2.99	48.41	琼山	6.75	4.00	40.72
阳江	3.97	4.23	−6.70	英德	7.75	3.88	49.94	崖县	8.32	4.00	51.96
阳春	4.92	4.15	15.65	仁化	8.97	4.35	51.49	定安	10.17	3.93	61.38
遂溪	6.43	4.67	27.33								

资料来源：陈启辉：《广东土地利用与粮食产销》，成文出版社，1977年，第25705—25710、25712—25717页；广东省银行经济研究室：《广东经济年鉴》，1941年，第(K)42—29页；广东省统计处：《广东省统计资料汇编》1945年10月。

表 2-22c　1930's 分区粮食生产、流动、消费（单位：担）

区名	年均产谷	人均生产	年盈（+）亏（−）量	输入（−）或输出（+）（%）	总消费量	输入（−）或输出（+）量	人均消费
南路	15 275 000	2.83	−7 707 086	−50.46	22 982 086	−11 596 761	4.26
粤东	31 554 302	3.30	−7 844 282	−24.86	39 398 584	−9 794 488	4.12
粤西	9 887 500	3.83	−1 544 806	−15.62	11 432 306	−1 785 726	4.42
粤中	34 380 945	4.39	−4 050 418	−11.78	38 431 363	−4 527 215	4.90
琼崖	8 512 900	4.38	+613 040	7.20	7 899 860	568 790	4.07
粤北	13 136 620	6.30	+3 574 886	27.21	9 561 734	2 601 748	4.58
全省	112 747 267	4.27	−16 958 666	−15.04	129 705 933	−19 507 772	4.41

注释：将稻谷碾成白米，一般按67%折算。

　　大约从19世纪中叶始，广东的米谷主要来自广西，其次是外洋（主要是安南、暹罗），时人如是评论："东米不足，西米济之，西米不足，洋米济之。"[①]同光年间，两

[①] 张维屏：《粤食》，《广东文征》，第5册，转自蒋祖缘、方志钦：《简明广东史》，第328页。

广之间的厘金征收日益烦苛,广西土米价格优势丧失,洋米、芜湖米、沪米进入广东数量增加。"洋米在本市(按指广州)及四乡均甚销流,惟芜湖米则以西江上游与封川、德庆、广宁、怀集、等县各乡村为最畅销,而南、番、顺等邑及广州米店,则绝少销售,盖芜湖米之质与味,俱酷肖桂米,且售价亦廉,故西江上游所销之米,大都非广西米,即芜湖米也。"①广州的"米则以销流四乡为多,盖外省之米,大都属于中下等,售价较廉,故以四乡为尾闾。"②

民国初年以后,洋米进口逐渐成为广东米谷主要来源。1932年广东粮食丰收,但米商大量预购安南、暹罗白米抛售,新谷价格比往年下跌15%—25%③。1933年南京政府通过对洋米征税的决议案,从9月16日开始洋米每担征收粤币1元④。1934年9月15日广东省政府颁行了新的贸易保护政策,对多种外省进口商品(包括大米)征收重税,直接导致广东境内米价高涨⑤。1936年7月后,洋米从征收半税改为全税,九龙、汕头港洋米进口,或减半或剧减⑥。

广东省来自华南区内的米谷源于广西省,1933年贵县的主要输出口商品(前8种)为:米谷、牲口、糖、牛皮、鸭毛、豆、油、药材、包粟,占比分别为68.89%、13.05%、7.83%、3.91%、2.74%、1.83%、0.91%、0.84%⑦。米谷既是广西各地圩市上最为重要的交易品,也是广西省最主要的出口农产品。

广西米谷的运销,大致可以分为两大区域⑧:各以南宁、梧州为集散中心。南宁一度作为广西省会,人口约10万,每年即需求30多万担粮食,主要依赖邕宁、左右江流域各县所生产。故而,左江上游的凭祥、宁明、明江、思乐、龙津等县的米谷,先集中于龙州,再顺江下行到南宁,其他如崇善、左县、养利、同正、扶南等县的米谷,则先直接集中于南宁。右江流域的田东、田阳、隆安、武鸣等县的米谷,也运往南宁,在供给南宁本地之余后再运往广东。

民国时期广西全省10多个主要的粮食集散地,除了龙州多运销南宁外,贵县、柳州、鹿寨、运江(今象州县)、江口(今桂平县)、桂林、平乐等地的粮食集中运往梧州,梧州为广西米谷水运中心。梧州是浔桂二江汇流处,是广西水路的咽喉,成为米谷的集中地,除了本地消费外,由西江运往广州、香港。

梧州粮食区包括浔江、郁江、桂江、柳江四大流域,范围较广。其中浔江郁江流域一带,兴业、横县、贵县的米谷,先集中于贵县,然后运往梧州,也可由贵县直接运往广东西南或广州。柳江流域的米谷,由融县、柳城、罗城、宜山、柳江等县,先集中

---

① 广东省银行经济研究室:《广州之米业》,1938年,第49页。
② 广东省银行经济研究室:《广州之米业》,1938年,第53页。
③ 马乘风:《最近中国农村经济诸实相之暴露》,《中国经济》1卷1期,第28页。
④ 广东省银行经济研究室:《广东经济年鉴》,1941年,第(K)57—59页。
⑤ 中国经济年报社:《中国经济年报》第1卷第3期,第102—104页。
⑥ 广东经济年鉴编纂委员会:《广东经济年鉴》,1941年,第D67—68页。
⑦ 欧仰羲修,梁鼎新纂:《贵县志》卷十一,1935年,第329—330页。
⑧ 张先辰:《广西经济地理》,桂林文化供应社,1941年,第42页。

于柳州;由修仁、象县、雒容等县来的米谷,先集中于运江;由中渡、永福、榴江等县来的米谷,先集中于鹿寨,然后再由这三地,直接运往梧州。桂江流域,灵川、义宁、兴安、全县、桂林所产的米谷,先集中于桂林,运往梧州,其中也有一部分售于平乐,再由平乐运往梧州,但数量很少。荔浦、恭城、灌阳、平乐所产的米谷,集中于桂江中游的平乐,再运销梧州。

1915年前,广西米谷从梧州输出的年均400万担有余,此后渐减,及至抗战前,年均输出约100万担,仍然是广西大宗的出口货物[1]。1921年前,左右江各县所产谷米,除了供南宁消费外,每年有三四十万担运往梧州。梧州出口的农产品除了广西外,还来自滇黔各地。1930年广西全省外销大米123.55万担、稻谷19.9万担,其中从梧州输出至广东的占比分别为89.5%、82.5%,从贺县、玉林、上思、博白、陆川、北流、容县等地输往广东的占比分别为10.5%、11.7%,从全县、灌阳输出至湖南稻谷占5.8%[2]。

与广东省毗邻的广西省富县、钟县、贺县、信都的米谷,经由贺江水运到广东省都城。广西省东南部的玉林五县的米谷运往广东的北海、安铺等地;东北部的灌阳、全县、资源,也有少量米谷运往湘南各地。

(二) 种植与经营的变化

近代开埠后,伴随着农业技术进步、外向型农业经济的发展,华南地区的珠江三角洲、韩江三角洲、三江平原、粤桂山区农业种植与经营方式出现改变。斯科特在考察农民面临有限的生存空间、更大的风险时,一般采用怎样的方式来获取最大化的收益,如何在面具的背后隐藏真实的想法[3]?近代中国无数的文献记录了当时民众理性的产业选择,并非以往认为的那样,传统农业社会对经济刺激不能作出正常反应,经济行为缺乏理性,西奥多·W·舒尔茨的调查也认为,在传统农业中生产要素的配置并非低下无效[4]。

1. 非粮食作物的种植

非粮食的经济作物中,珠江三角洲地区的顺德、南海县一带盛产桑蚕,韩江流域的潮州、汕头植蔗制糖,南宁及龙州之间的平原也广植甘蔗;鹤山、四会、南雄、黄冈、潮州、汕头东等地种植烟叶;北江容县大乌墟、昭平等处,盛产蓝靛;药材中著名的有广东化县的橘红、罗定的桂皮;广西省的烟叶、甘蔗、棉花、水果、杉木、桐油、茶油、八角、桂、豆蔻、砂仁、桑寄生、槟榔、凭祥龙州的八角茴香等,也多出产。

非粮食作物的广泛种植,一方面来自于本地的种植业生态系统,另一方面则源

---

[1] 张先辰:《广西经济地理》,桂林文化供应社,1941年,第43页。
[2] 广西地方志编纂委员会:《广西通志》,粮食志,广西人民出版社,1994年,第112页。
[3] James C. Scott. *The Moral Economy of the Peasant: Rebellion and Subsistence in Southeast Asia* (1976), *Weapons of the Weak: Everyday Forms of Peasant Resistance*. New Haven: Yale University Press. 1985; *Domination and the Arts of Resistance: Hidden Transcripts*. New Haven: Yale University Press. 1990.
[4] (美) 西奥多·W·舒尔茨:《改造传统农业》,商务印书馆,1999年。

于口岸开放所推动的出口贸易。

　　珠江三角洲围田区内,采用了一种比较复杂精细的农业生产方式。农民将甘蔗与芭蕉轮种,用河泥作为肥料覆盖田面,但是会抬高田面,不适宜再种植果蔬、甘蔗,所以采用轮种的方式,种蔗两年后,人力去除田底之土,降低田面,转而栽种果树;此外,部分种植烟草的农民不仅获得烟草,而且因为每年第一季的烟草田,不用施肥种植水稻,就可获得较高的产量①。根据陈翰笙的调查报告,1933年番禺的10个村庄种植水稻,2个一直栽培水果的村庄留有27.5%—37.8%的稻田②。顺德、南海、高明、新会等地,潦水浸泛,不宜种植水稻,稻田多改为池塘,基面种植桑树,形成桑基鱼塘;潮安县东厢区的溪口村原来种植柑树,"多被洪水冲坏,或患病虫害枯死,补种为难。而蕉则生长迅速,获利厚,故经营状况,日趋发达"③。1930年代在讨论在琼崖实业发展时,代表性的论点是:"发展琼崖实业,首当注重琼崖特产作物,如椰子、树胶、槟榔、咖啡等,盖非如是不足以与国内产品争;因琼崖远处天南,孤峙海心,交通不便,路途跋涉,其同为一种农产品而欲运往广州、香港或厦门、上海等处发卖,则其成本重大。"④

　　如以华南地区近代烟草的种植为例,大抵也可以看出种植方式上的变化,以及内在的推动力。广东省南雄县"人民外出经商及其他作业者甚少,俱在内地业农为多"⑤,大部分地区"以烟纸二物为供给衣食之资,故烟价高则农民经济充裕,否则经济颇形困难,烟纸二物之关系于农民生计,殊重且大也"⑥。四会县,"邑人种此(指烟草),利逾种稻"⑦。清远县种烟每亩可收获84.1元,"盖农家种烟该视为一种之良好副业,以其既能利用农闲,且近年常获善价,获利颇优"⑧。石城县(今湛江西北丘陵)"邑中出产以烟叶为大宗,运销于琼州至多,间及雷廉,岁获利在百万之谱,然惟塘蓬、长山有之,别区则无。次如蒜头,出产颇饶,获利不下数十万,然亦惟吉水一隅之地。至于甘蔗、柑橙出息较种稻为胜,但出产亦非甚多,竹蔗各区皆种,用以榨汁煮糖,获利仍未大旺,向时以种番豆榨油出息最巨,农家无不种者,近来土质变异,出产渐形缺乏,故坡地多有荒弃。"⑨琼崖地区原来种植的烟叶由于味道较淡,基本上在本地使用,很少外销。自清末侨兴公司运来洋种,在乌翔岭、五岭水口田等处试种,效果很好,逐渐扩大到岛内各地,每年产量约数千担。⑩

---

① 邵尧年:《番禺、增城、东莞、中山糖业调查报告书》,中山大学农学院,1925年,第24页,《广东农业概况调查报告书续编》,第206页。
② 陈翰笙:《解放前的地主与农民——华南农村危机研究》,中国社会科学出版社,1984年。(Landlord and Peasant in China, a Study of the Agrarian Crisis in South China. New York: International Publishers, 1936.)
③ 国立中山大学农学院:《广东农业概况调查报告书续编》,1933年,第86—87、145页。
④ 林缵春:《琼崖考察记》,《琼崖农村》,1935年,第68—69页。
⑤ 国立中山大学农学院:《广东农业概况调查报告书》,1925年,第162页。
⑥ 国立中山大学农学院:《广东农业概况调查报告书》,1925年,第164页。
⑦ 吴大遒等:《四会县志》,光绪二十三年,第88、443页。
⑧ 国立中山大学农学院:《广东农业概况调查报告书》,1925年,第210、206页。
⑨ 钟喜焯修,江珣纂:《石城县志》,卷二,实业,民国二十年。
⑩ 陈献荣:《琼崖》,商务印书馆,1934年,第35—41页。

果品类种植的因缘也比较类似。广东著名的有琼山菠萝蜜、海南岛椰子、四会柑橘、新会橙子、增城荔枝,广西有肉桂、容县沙田柚,其他桃、李、杏、梅、枣、龙眼、香蕉、无花果、橄榄、椰子、金橘、荔枝、甘蔗、芒果、胡桃、菠萝蜜、山楂等也广泛种植。① 农产中动物类有:两广各地的鸡、鸭、鹅、鸽等家禽,水牛、猪等家畜,以及广西的骡马、山羊等。

广东省番禺县"除了最低之田种水稻外,余则皆以种果树为主,杂粮次之,北部则以种水稻为多,间亦有少数种植果树者"②。由于水果出口获利增加,番禺"县中山陵无几,故荒废者甚少,且近来农民多在山陵种荔枝、黑白橄榄等树"。③ 南海县"近水陂塘兼植茨菇、荸荠、菱藕,销流既广,获利尤多,至畜牧之业,九江佛山等地最多",民众生活情形相对良好④。饶平县汉塘乡"绝无可耕之地,皆赖旱田栽培柑橘香蕉等物,年产可万元"⑤。广西省仅城市附郭,因城市居民之需要,而有较精细之蔬果栽培,至其他区域,则大规模之园艺经营,殊为鲜见⑥。广西各县的蔬果,虽然大多自给自足,但有少数特产,因为品质优良,运销省内外各地。榴江草菇,有粤商设庄收买,制成罐头,运销粤港,年产 100—200 担。桂林荸荠,产于市东门外的品质最优,颇能外销。荔浦关帝庙前的槟榔芋,为果中之上品,运销桂林、平乐、梧州等地。博白附郭的罐类,口味清美,运销梧州、玉林、容县、粤港。桂北的兴安、资源、三江、融县的玉兰片(冬笋干),在中原很有市场,汉口、长沙等地的笋庄,每隔一年来桂林收买,年产约 10 万—20 万元。

香港的粮食主要来自外地,新界的坡地虽然能够产出高品质的谷米,但数量至少,只够全港人数周食用,二战前一度高价输出至纽约,当地农民食用从越南、暹罗、缅甸输入的廉价米,战后输出受限,售卖于香港富裕华人食用。1929 年新界成立了一个"新领农业联合会"(New Territories Agricultural Association),每年举办农业产品展览,有各种米谷、果品、蔬菜,鼓励种植,不过这些果蔬只够九龙、香港消费的 1/5,其他有赖输入。二战后,为了提升粮食自给能力,香港成立了一个农业部(Agriculture Department),主要工作是增产蔬菜,举办蔬菜种植试验场,供应优良种籽、肥料,便利运输,成果显著,可以满足本地消费的 3/4⑦。香港大埔农场面积 120 亩,经营粟米、芥菜、番茄、白菜心、生菜、金笋、红菜头、韶菜、水稻、薯等,产谷 70 担,蔬菜 10 多担,销售于大埔墟与香港中环街。南华农场在九龙新界,面积 1 000 亩,分为利生园、牛潭尾蔬菜部、蕉径蔬菜部、新田畜牧部、余园总务部。先施

---

① 洪懋熙:《最新中华形势一览图》,东方舆地学社,1936 年,第 6、22、23 页。
② 国立中山大学农学院:《广东农业概况调查报告书续编》,1933 年,第 14 页。
③ 国立中山大学农学院:《广东农业概况调查报告书续编》,1933 年,第 19 页。
④ 广东省民政厅:《广东全省地方纪要》,第 1 册,1934 年,第 90、89 页。
⑤ 国立中山大学农学院:《广东农业概况调查报告书续编》,1933 年,第 86—87、145 页。
⑥ 张先辰:《广西经济地理》,桂林文化供应社,1941 年,第 50 页。
⑦ 方秉铸:《远东经济:香港的农业与工业》,《经济评论》1948 年第 3 卷第 20 期,第 10—12 页。

农业公司,在九龙青山占地60多亩,种植蔬菜、水果、饲养畜牧①。

2. 种植业经营的改变

《顺德龙山乡志》记载:1860年以来因为稻米价格的下降,桑基鱼塘获得了发展,高明县更是有10倍的增长②。顺德县"人民生计大抵农居其六,工居其二,余则懋迁农业,以桑田之利为大宗"③。

当出现不利的产业境况时,立即规避。花县第三区"五六十年前亦多种茶,年产约万余担,近则多伐去茶树而改种荔枝,约只存十分之一云"。④ "近因受洋糖压迫,多已改种杂粮。"⑤清远县在蔗糖衰落后,"又以蚕桑较为有利,因改行种桑者有之"⑥。博罗县,"十年前糖业兴盛,五年前因糖价低跌,种蔗因之衰落,近数年糖价较高,业此者遂复增多,然亦仅及十年前五分之三四而已云"⑦。1931年以后由于丝制品出口的急剧下降,工厂倒闭,到处出现了毁桑种蔗或其他作物,据1935年的统计,珠江三角洲的桑地面积减少了25%⑧,1933年顺德县就有4万亩桑地改为水田⑨。

在新会县的农业生产中,稻田占耕地的50%,葵田占10%,番薯地有5%,烟叶和桑地大约各10%不到,其余的种植蓝靛、薄丰、花生、甘蔗等。从投入产出的收益上计算,葵田利润较高,水田每亩收获稻谷4—10担、山田收获2—5担,同期新会上米价5元下米4元(每担)(考虑到由谷脱米的折耗,谷价的取值为4元),取中数水田每亩总收入大约28元。葵田每亩8 000—10 000枝"玻璃笔"(一品种)或12 000—13 000"三旗叶"(另一品种),售价每万枝分别70—80、60—70元,取中数所获的总收入大约67.5、81.25元。种植葵叶在肥料投入较多,"通常每亩施肥料约十二元",但和水稻相比利润的优势还是明显的,正常年份出口的葵扇约300余万元⑩。沙土地区多种烟叶,烟叶每亩收获干叶200—300斤,平均每担30元,大约有40—60元,蓝靛每亩10斗有余,每斗3—4元,大约35元⑪。相对而言,商品性经济作物的收益大于稻作,但是农民更多地还是选择了种植水稻。

在成本收益核算的框架之内,民众的选择既是理性的,又受到习俗的影响。

罗定县2亩烟田一年一共支出130元,可得240元,净收入110元,但是"因农家困顿异常,终日辛劳仅堪一饱,安有资本以种烟,当种烟时所需资本皆需借贷于富户,于是富户从中渔利,即以当日所借出之资本,为预购将来之烟叶,其预购价格

---

① 林彬、邓瑞宾、杨旭初:《香港新界农业调查》,《农社年刊》1925年第2期,第110—115页。
② 佛山革命委员会编:《珠江三角洲农业志》(四),1976年,第7—23页。
③ 广东省民政厅:《广东全省地方纪要》,第1册,1934年,第119页。
④ 国立中山大学农学院:《广东农业概况调查报告书》,1925年,第248页。
⑤ 广东省民政厅:《广东全省地方纪要》,第1册,1934年,第53页。
⑥ 国立中山大学农学院:《广东农业概况调查报告书》,1925年,第210页。
⑦ 国立中山大学农学院:《广东农业概况调查报告书》,1925年,第24页。
⑧ 佛山革命委员会编:《珠江三角洲农业志》(四),1976年,第19页。
⑨ 麦式剑:《顺德蚕丝业衰落之原因及其救济之方法》,《顺德第一次蚕丝展览会纪念刊》,1934年。
⑩ 广东省民政厅:《广东全省地方纪要》,第1册,1934年,第129页。
⑪ 国立中山大学农学院:《广东农业概况调查报告书》,1925年,第278—283页,本段以上数据均据此数页。

须比时价低一半"①。理性选择的前提是有限的选择。

就地理空间而言,在珠三角地区的外围,产业可供选择的空间迅速缩小,主要受到后面将要论述的社会、经济与政治空间的制约。

高要县"养蚕者非如顺德之专门养蚕而不兼营他业者,盖该处农民当蚕造时养蚕,否则兼营其他作物,查该二处虽无缫丝织造厂而每年出茧亦达数千万元云"②。

三水"县果树除龙眼有少数出产外,其他各类产额极少,然皆在各地屋旁余地散生,无专辟园地栽种者"。赤溪县的果树"非专业经营,不过植于屋边余地,……蔬菜均无大宗出口,只供自食"③。

石城县(在今湛江西北)实业志云:中有"商贾之业,邑中如市廛不过作小贩卖,为民间日用所交易而已,城内及安铺虽各有商会之设立,而经营大商业者卒鲜,当铺向有十余间,今仅寥寥一二为耳"④。"县俗鲜奔竞而寡交游,敦本业而少经商,农务耕耘女勤纺织。"

在琼崖地区农村"所调查的四县五十八村八八七家佃户中,没有一户是租入相当面积的田地,以做企业地经营的。他们租进土地,是以家庭本身的消费为目的的,即以直接消费为目的。他们是小生产者——农民,往往又是小土地所有者,惟其自家食粮的缺乏,或为单纯商品生产者之资格从事贩卖而租入土地的,所以与资本主义的租入地之中心人物是经营商品,即营资本主义的经营之资本主义的租入地者,大不相同"⑤。

此外,1933年广西经济作物种植面积仅占耕地总面积的10.4%⑥,粮食的生产仍然是其主要的种植方式。

以上有关华南地区民众的产业选择,表明了社会资源配置下个体家庭的产业发展空间。民众积极按照市场获益的多少,及时调整产业经营方式,家庭产业经营与各类副业的发展,奠定了市镇与普通民众的生活基础。开埠通商以来,直到民国中期,市镇经济的繁荣,在很大程度上得益于地方产业经营的效果。同时,通商口岸周边或基础较好的地区,由于便利的条件或产业的集聚效应,民众的产业选择通常是积极有效的,相反地,偏远地方则比较封建闭塞。但是,民众的产业选择本身存在严重的不足,首先是基于短期效益,其次,个体理性与集体非理性并存,再次,乡村家庭产业与城市现代工业基本分离。

(三)农业生产的变与不变

在西奥多·W·舒尔茨的定义中,"完全以农民世代使用的各种生产要素为基

---

① 国立中山大学农学院:《广东农业概况调查报告书》,1925年,第260页。
② 国立中山大学农学院:《广东农业概况调查报告书续编》,1933年,第67页。
③ 国立中山大学农学院:《广东农业概况调查报告书续编》,1933年,第27,32页。
④ 钟喜焯修,江珣纂:《石城县志》卷二,实业、风俗,卷三,墟市,民国二十年。
⑤ 林缵春:《琼崖农村》,1935年,第31页。
⑥ 李炳东、弋德华:《广西农业经济史稿》,广西民族出版社,1985年,第199页。

础的农业,可以称之为传统农业",传统农业是一种长期没有发生变动,基本维持简单的再生产、长期停滞的小农经济。近代各产业部门中,变动最为缓慢的自然是第一产业农业,尤其是种植业,一般可见的发展更多来自贸易的推动,而非资本或技术创新的方式,在广大农村的汪洋大海中,近代式的现代农业尚且处于点状试验形态,但是一些积极的变化也是显而易见的。

1. 科技的应用

对已有的产品或生产过程进行的小规模的改进,以获取更高的效率,一般称之为渐进式技术创新,我们日常被关注的更多的是激进式的、革命性的创新,不过,从长期或演化的视角来看,渐进式的创新同样是推动经济发展的动力之一,近代华南农业经济中不乏这些例证。但是,由于小农经营普遍存在,尽管农村中也采用了一些新式的农具,但就整体而言农业生产技术的改进不足。

关于农业生产工具与技术落后,马君武1940年在柳州讲演时曾较夸张地说:"在二十世纪之时代,尚用黄帝所创之耒耜,为耕作之唯一农具……余如耕作方法、作物品种、牲畜饲养等,一如故,毫无进步,……言森林则童山濯濯、言农地则荒地无垠、言畜牧则零星散漫、言肥料则不能自制、言病虫则束手无策、言农业组织则无巩固之基础,如此地安得不日瘠,民安得不日贫?"[①]根据卜凯的计算,中国与美国各类农产所需的劳动力对比,发现小麦生产所需的工人是美国的23倍,谷米是13.8倍,高粱是13.2倍,黄豆是7.1倍,棉花是5.6倍,红薯是5.7倍。虽然中国都市中的若干工业部门已经采用蒸汽机、电动机,但是粗笨的手制农具在农村中还占有统治地位。

经济作物的种植与加工一般都要求较高的生产技术,因此,相对而言,技术性要求较弱的经济作物分布则比较广泛,而技术性要求较强的经济作物的分布则明显集中。例如甘蔗、花生在两广不同地域的经济意义明显不同,或商品化或自给自足,但是栽培都相当普遍,主要原因还是在于其栽培的技术要求不高。蚕桑业的发展就需要又一套较强的技术配置,例如植桑、育蚕、缫丝等环节,对技术的要求逐步提升。

1930年代初,中山大学、岭南大学农学院在调查农业经济时,发现当时农民所使用的耕田、灌溉、收获工具全部属于旧式的双铧犁、踏车、簸谷器、耙、镰、锄等。在施肥方面,虽然使用花生麸、豆麸、石灰等,但仍然以人畜粪为主,价格较贵的化学肥料很少使用[②]。调查组从实务出发,提出的建议包括:① 推广改良种子;② 普遍使用氮肥、磷肥、钾肥等;③ 改良水利设施(例如,在高地兴建水池或安置水机、在低地修筑基围或安置排水设施);④ 防治病虫害;⑤ 促进生产合作事业[③]。

关于稻作改进状况。1939年10月广东省成立稻作改进所,专司其事,订立改进本省稻作生产五年计划大纲,以及实施方案、工作进展等,并划各县为若干区,分

---

① 谢道同:《广西近代农业科学技术设施沿革考》,《中国农史》1985年第2期。
② 陈启辉:《广东土地利用与粮食产销》,成文出版社,1977年,第25872—25886页。
③ 陈启辉:《广东土地利用与粮食产销》,成文出版社,1977年,第25852—25853、25881—25886页。

期分区进行。第一期主办北区十县、西南区四县、东北区六县,共二十县。预计在1940—1944年完成水稻改进工作。推广优良稻种400亩,每亩每造增加白米二十市斤,共增产白米160万担。1942—1946年第二期,举办钦廉区五县,五年完成五县水稻改进,推广优良稻种140万亩,增产白米56万担,然后逐渐推广到全省。主要工作是:水稻品种调查检定、水稻品种试验、水稻良种表证、水稻良种繁殖、水稻良种推广①。位于北江上游乐昌县的实业志,在论农业时说:"光绪末年有第四区黄姓种桑伺蚕既有动机,特碍于交通未便购种为难成效阙如,民国十九年份建设厅派员到昌试办,筑室赁田,极力提倡,将见上行下效,渐及于其他农产物次第改良,则地利之兴正未有艾也。"②

1939年广西省合并的六个区农场,都不同程度地进行了农业技术研究,第一区农场(桂林)的主要业务是水稻、小麦、棉花的技术改良,以及优良果树的繁殖推广;第二区农场(桂平)的主要业务是水稻、甘薯的技术改良,以及果树的繁殖改良、防治病虫害的试验研究;第六区农场(龙律)的主要业务是水稻、玉米的改良推广、果树繁殖等③。

关于肥料的使用,清末珠江三角洲等地,从国外进口的有机化学肥料也已经开始零星使用。"从前所用的肥料只是人与动物的粪料和各种腐败的植物,没有用过化学肥料,现在已经渐渐有人用硝了,这种肥料效力增加几倍,已经有种甘蔗的试验。其他各种甲壳动物的磷和矿山岩中的铁质,也是很好的肥料。"④"肥田料之销路以汕头、厦门居首,广州次之,上海又次之"⑤,进口大多来自香港,其中53.83%进入广东,29.68%进入福建(表2-23)。

表2-23 各口岸肥田料的进口

口 岸	价值(海关两)	%	口 岸	价值(海关两)	%
汕头	1 396 175	27.93	宁波	119 725	2.39
厦门	1 198 537	23.97	九龙广九铁路	102 963	2.06
广州	803 617	16.07	九龙	90 135	1.80
上海	410 402	8.21	胶州	75 841	1.52
江门	298 284	5.97	三都奥	67 104	1.34
福州	218 256	4.37	杭州	51 094	1.02
天津	167 179	3.34			
全国	4 999 312	100	华南	2 691 174	53.83

资料来源:《肥田料与兽骨》,《工商半月刊》1929年7月1日。

---

① 广东经济年鉴编撰委员会:《广东经济年鉴》,1941年,第A20页。
② 陈宗瀛:《乐昌县志》卷十二,实业志,民国二十年。
③ 广西地方志编纂委员会:《广西通志》,农垦志,广西人民出版社,1998年,第19页。
④ 1929年8月23日邓彦华在广州中央公园的演讲;《广东的建设问题》,广东建设编辑处,粤东译印公司,1929年9月。
⑤ 《肥田料与兽骨》,1929年7月1日《工商半月刊》。

关于农业技术进步,以及机械的引进与采用,时人评论认为"现在是机器时代,手工是不能争胜的,关于农业用机器的利益,如高处不能耕种的,用抽水机,荒地开垦用犁田机器等,结果可以生产至少多加一倍,费用可以减轻十倍或百倍,粮食自然增加"①。

1932年在广西大学增设农学院,1940年在柳州沙塘设立高级农业职业学校,1932年骆君骕在《柳州垦殖区农村概况检查报告》中写道,"本区教育情形,实极幼稚可怜至惨",平均3.883个村才有一间初级小学或私塾,"农人急于求生,已无暇顾及教育,亦无能力受教育"②。进步与变化是积极的,但依然还是比较微弱的。

至于其他诸如除害、运送、防灾等方面③,均出现了积极但仍微弱的变化,或者还局限于部分作物或部分城镇近郊。1930年代调查琼崖农村时,发现本地农业仍处于自给自足的境地,农业中劳动力、肥料、种子、耕作方法、机械应用等方面依然停滞不前④。肥料方面,除了较为普遍使用的绿肥外,化学肥料很少利用。灌溉方面除了蓄水以外,基本上仍然是人工水车⑤。

2. 近代垦殖农业的发展

清代以来传统的经营式农场,雇工经营,有一定的规模,清末兴起了资本主义企业经营的农牧垦殖公司。作为新式的经营方式,垦殖企业开办者多是华侨、商人、士绅。

根据1912年的统计,全国有171家农牧垦殖公司,前三名依次为广东、江苏、广西。1912年广西省23家农牧垦殖公司共有资金25万元,在全国排名第七⑥。1939年广西的垦殖公司(农场)一共129处,主要是垦荒造林,种植松树、杉树、油桐等,例如柳江广林垦殖公司承领21 200亩、民生垦殖公司承领20 052亩、柳城厚生垦殖公司承领8 113亩,较小的一般承领千亩左右⑦。垦殖公司向政府承领荒地后,雇工进行商品生产。例如1930年代初,柳江林垦区民生垦殖公司有425名包种工人,茂生公司有80名包种工人,厚生垦殖公司有70名长工及一批季节性包种工人⑧。

在广东省海南岛的儋县、安定、万宁、乐会、琼东、文昌、琼山等县,农田以外的土地投资,以经营各种农场的,有椰子园3处,橡胶园86处,咖啡园14处,宝庆公司在临高冕栽培苎麻⑨。在土壤肥沃,人口稀少的地方,也有类似于绥远、河套的垦殖区,公司化大规模经营。据1934年的统计,橡胶园方面,乐会县18家,安定县

---

① 1929年8月23日邓彦华在广州中央公园的演讲:《广东的建设问题》,广东建设编辑处、粤东编译公司,1929年9月。
② 左国金、李炳东、周荣源等:《广西农业经济史》,新时代出版社,1988年,第157页。
③ 1929年8月23日邓彦华在广州中央公园的演讲:《广东的建设问题》,广东建设编辑处、粤东编译公司,1929年9月。
④ 林缵春:《琼崖农村》,1935年,第16页。
⑤ 林缵春:《琼崖农村》,1935年,第17页。
⑥ 行政院农村复兴委员会:《广西农村调查》,商务印书馆,1935年,第244页。
⑦ 广西地方志编纂委员会:《广西通志》,农垦志,广西人民出版社,1998年,第21页。
⑧ 左国金、李炳东、周荣源等:《广西农业经济史》,新时代出版社,1988年,第134页。
⑨ 《民国日报》,民国二十三年十一月十四日。

17家,儋县5家,文昌县4家,万县宁3家,琼东县1家,琼山县1家,一共49家。1.575万亩橡胶园,21.7万株橡胶树,资本总额36.1万元。椰子园方面:三亚榆林9家,0.17万亩,2.7万株,资本3万元。咖啡园方面:14家,3万株咖啡[①]。这些种植园具有资本主义企业性质,资本、技术投入较多,雇工经营。"近数年来,本岛胶园,因受种种之打击,无力维持,园主弃业他徙,十九停业,任其荒芜,野草杂木丛生。"[②]1928年成立的宝庆成植麻公司,中外资本约30万元,在临高马袅附近的洋古村购地五千余亩,设立工厂,采用机械耕植,如今零落荒芜[③]。

1938年广东省政府迁往粤北,控制区缩减到粤北、粤东和粤西地区。随着战区的不断扩大及日军封锁的强化,广东的粮食问题和难民问题更加严重。国民政府利用1938—1944年的华侨捐款,1941年10月专门设立了侨资垦殖委员会负责侨资垦殖。重点在粤北山区设立了3个垦殖区和1个林场。规模最大的是位于英德县的走马坪垦殖区,面积12 km^2,其次是位于连县的龙坪垦殖区,3.33 km^2,位于曲江境内的马坝垦殖区,3.33 km^2。截至1944年共开垦农地2.911 km^2,林地4.667 km^2,及至1945年各区共安置垦民1 124人[④]。

广西省府以所有公有荒地,任人承领垦殖,1928—1945年间全省共垦荒1 734 441.37亩[⑤]。还有一些企业将资本主义的股份集资制度引入中国农业,"广美公司股本十万,均系抵美华侨所集合",雷沛鸿的崇实种植公司,每股一元可以工代金[⑥]。

1934年广西省共有垦殖公司72家,其中58%成立于1912—1916年[⑦],利益诱导的商品性生产不是广西农产品商品化的主要动力源[⑧]。1934年广西3个农场:南宁、柳州、桂平,南宁农场合并原来的西乡塘水稻试验场、育麻苗圃、杨美棉业试验分场、西乡塘林场。分稻作、棉业、麻业、园艺、畜牧、森林、调查、推广、总务九组。柳州农场源于1926年的柳江农林试验场(后改为广西实业院、广西务农局、江农林试验场、广西农林试验场、广西林试验场)分农艺、园艺、病虫害、推广、庶务、会计、文牍7组[⑨]。另,桂平农场改组自1934年8月成立的桂平水稻试验场,并扩大规模。两农场面积分别为1 800亩,4 000亩。

广西农村建设试办区各垦区成立以前,柳州沙塘、柳城无忧、石碑坪一带"本是一个荒漠的地方,土壤瘠薄,水源匮乏,村舍稀落",如今早已"变成了物产丰饶,绿茸满野,引人入胜的绿洲"[⑩]。至1937年,"各垦区所种耕地面积,计沙塘垦区2 100

---

① 《琼崖树胶园业调查》、《琼崖椰子园业调查》,《琼农》,1934年第10期。
② 《琼崖视察团农业调查报告书》,《琼崖实业月刊国庆特号》,1934年10月。
③ 《西路树胶黄麻调查报告书》,《琼崖实业月刊》第1期,1933年3月。
④ 肖仁龙:《抗战时期广东侨资垦殖与粤北山区的开发研究》,《安徽农业科学》2012年第8期。广东省档案馆等编:《华侨与侨务史料选编》(一),广东人民出版社,1991年,第246页。
⑤ 广西统计局:《广西年鉴》,第三回,1944年。
⑥ 严中平:《中国近代经济史统计资料选辑》,科学出版社,1955年,第347、343页。
⑦ 章有义:《中国近代农业史资料》,第2辑,生活·读书·新知三联书店,1957年,第353—354页。
⑧ 刘文俊:《清末民初年间广西农业商品化趋势与城镇、墟市的发展》,《广西师范大学学报(哲社版)》1995年第1期。
⑨ 广西统计局:《广西年鉴》,第二回,1935年,第305页。
⑩ 李良栩:《新生中的沙塘》,广西农事试验场、农林部西南推广繁殖站等合编:《沙塘农讯》第36期,1946年6月。

余亩,石碑坪垦区4 310亩,无忧垦区5 044亩"①。黔江流域的土著居民也掀起了一股开发土地的热潮。如在象州县,"近来外县人民在本县境内垦荒造林、种植桐茶,颇见成效,乡人踵起垦植已有多处,总计荒地五十余万亩,已垦一十八万八千亩"②。

近代广西农垦企业数量不多,发展缓慢,就其在农业经济中的比重而言无足轻重,但作为一种新的业态,在引进新式农业组织、筹集农业资金、开垦荒地、发展农业、开展农业科学研究、传播农林生产技术等方面,有积极的作用。

陈炽在其代表作《续国富策》一书中的《讲求农学说》篇中,提出改变中国传统农业生产方式,采用西方农业经营方式与生产技术,实现集约化的经营方式,精耕细作,获取更大的经济效益。

番禺河南的调查显示,农民中80%为佃户,16.1%为半田主,只有5.1%为田主。大农场平均41.8亩,中农场16.2亩,小农场1.6亩。大农场大围基大多属于不居乡村的城居地主,大农场大多以15—20年为期出租;中农场大多为半田主或佃户耕种的普通农场;小农场则是最多最常见的一种,"耕植者常为一妇人,其丈夫则在外谋生。若耕种者为一男子,则兼营他种辅助职业,或为屠夫,或为守庙者,或为小店主,或为铁匠,故彼所费于农场者,仅一部分之时间,其妻孥亦常助之入田工作,此乃一种家庭职业也"③。河南岛之田出租率高的原因主要有二:一是村人外出省港工作较多,所得寄回家乡作为家用,一旦有盈余之后大多购田变为恒产,以求年年生利,购置土地者大多并不自营;二是当地风俗将田产平分子孙,于是田地愈分愈小,本地乡民需要这些小农场以补助小职业或小商业上的不足,其中不能自行打理者,大多转租他人经营。

二、农业与生活

一般而言,大农业包括农、林、牧、副、渔等部门。近代时期,种植业之外的其他经济部门,在农业与农家的经济与生活中所占的比重呈现上升趋势,这是近代农业经济结构重要的变化之一。

（一）林牧渔业

1. 林业

近代华南地区的林业发展以广东省较为显著,1930年代广东省建设中,曾推动农林牧业的试验与发展,省农林局下有四处林场,三处农场,一处稻种繁殖场,两处果树繁殖场,"林场设立之目的在示范,农场与繁殖场设立之目的在繁殖优良种

---

① 《广西农村建设试区办公概况》,广西省政府建设厅编:《建设汇刊》第1期,1937年8月。
② 刘策群:《象县志》,第4编,经济·荒山及荒地,1948年。
③ 冯锐:《广东番禺县菱塘司河南岛五十七村普通社会经济调查报告》,民国时期社会调查丛编,第2编,乡村社会卷,福建教育出版社,2009年。

苗,以供推广材料"①。大致如表2-24所示:

表2-24 广东省优良种苗推广情况

种类	品种	推广区域	面积(亩)	数量(斤)	价值(元)
水稻	改良东莞白	番禺、阳江、中山、云浮、顺德、三水、南海、新会、增城、东莞、高明、东江、潮汕、鹤山	4 500	31 000	3 200
水稻	中山一号	番禺、鹤山、顺德、中山、云浮、高要、茂名、罗定	1 800	12 000	1 280
水稻	改良竹粘	同上	1 730	12 200	1 200
甘蔗	竹交种一号	东莞、花县、徐闻、中山、合浦	600	720 000	7 200
甘蔗	南大红	顺德、东莞	200	240 000	3 600
水产	各类鲤	番禺、中山、南海、新会、顺德、三水、高要、英德	3 400	358 000	2 064

刘维炽:《广东省经济建设概况》,《各省市经济建设一览》,实业部统计处,1937年,第231页。

此外,由于广东省内兽医技术落后,牛瘟时常发生,每年直接间接损失巨大,1931年开始制造发售牛瘟血清与疫苗,1931—1936年共计发售牛瘟血清1 065 000 cc、疫苗214 000 cc,分别注射于17 120、18 150只牛②。

近代华南地区的林木与林产品,主要消费于城市或出口外地,尤其以广西省为最重要的原产地。大批松木销往粤港作为木材,于是"松价腾贵,贫民日砍一、二株,挑入城市,高者银五、六角,少者亦三毫以上"③。除木材外,广西的林产品主要为八角、桂皮、桐油、茶油等,以及松杉枫柏樟等木材、藤竹棕榈芭蕉等用品。1932年广西各县八角产值277 900元,茴油330 300元(产于恩阳、天保、靖西、恩隆、宁明、凭祥、龙州、镇边等县),桂皮49 400元,桂油77 038 500元(产于桂平、平南、岑溪、容县、藤县),全省桐油、茶油产量分别为2 191 840元、4 456 220元④。

新桂系执政广西时,尤其重视发展经济林(油桐、油茶种植),规定各县乡村每年种植数量。1936年订颁"厉行植桐办法九条",规定其种籽由县购发,栽植三年后由领用村(街)将价款缴还,县无法购足种籽者由省代购,三年后收到价款时归还垫款⑤。1930年代后,广西成为全国桐油生产和木材供应的重要省份。桐油可用于制造油漆、防湿、制药、造革等,20世纪以后,随着车辆制造、海运、航空、电气等工业的发达,对桐油的需求日益增加。广西是桐油的主要产地,集中于柳江流域及

---

① 刘维炽:《广东省经济建设概况》,《各省市经济建设一览》,实业部统计处,1937年,第231页。
② 刘维炽:《广东省经济建设概况》,《各省市经济建设一览》,实业部统计处,1937年,第231—232页。
③ 黄占梅修,程大璋纂:《桂平县志》卷五,1920年。
④ 广西统计局:《广西年鉴》,第一回,1933年,第250—252页。
⑤ 广西省政府十年建设编纂委员会:《桂政纪实》,经济,1946年,第45—46页。

其上游各县,其次是左右江流域,再次是桂江流域①。输出除东北部有一些经湖南转往汉口,贺县部分由广州出口外,90%以上的桐油均集中于梧州,再运往香港转销国外。1920年代,广西桐油年产量已达800万公斤,1930年代年增加到1 500余万公斤,1932年占广西出口总值的8.56%,1936年增至16.36%,1937年再增至23.58%,桐油成为广西首要的出口物资②。

木本油料作物的油茶,在广西分布甚广,北部三江、融县、龙胜,中部榴江、荔浦、阳朔,东部贺县、富川等县,均为广泛栽培区,此外浔江沿岸桂平、平南,西部凌云、凤山、西隆,西南靖西、镇边,也多为栽培。茶油最早是食用、点灯及妇女润发,后来用于化学上的制烛、肥皂、生发香油、染料等,以及医药的治癣疥、防锈涂料、机器油的代用品③。1932—1938年,广西年均产出6万担茶油,先集中于长安、柳州、平乐等地,然后汇聚梧州,再运香港,转销日本、英、美等地④。

八角(或称茴香)可作调味之香料,蒸取所得的茴油,可为香水香油之原料,广泛种植于广西省的西南与西部各县,尤其是天保、靖西、龙茗、敬德、百色、龙津、凭祥等左右江流域,所出产多集中于龙州、田阳、百色等地,经南宁、梧州输出国外⑤。1937年出口八角2万担有余、茴油0.6万担有余,占当年广西出口总值的2%有余⑥。

肉桂产地集中于浔江流域,武宣、上思等县亦略有出产⑦。肉桂的树皮被称为桂皮,广西桂皮以质好、味香而著名,可提炼香精、食用、药用。桂皮、桂枝、桂叶、桂子均可用蒸馏法制成桂油,芳香浓烈,多用于调味、香水香粉类化妆品工业、杀菌药料。

茶叶产量相对不丰,仅贺县、岑溪、苍梧、横县、恭城、藤县、临桂、上林、兴安等县有较多产出,产量最盛时达10万担,1941年仅3万担有余,除自用外,销售于湖南、广东两省⑧。

此外,广西境内其他的林产还有松脂、五倍子、樟脑、樟油、天蚕丝等等,均为重要出口商品。

1930年代,广西省"复积极策进,如关于省营林场之设置与整理,县乡苗圃之设置,乡村学校林之设置,民有林之提倡,重要河流沿岸造林之促进,公路两旁植树之促进,山林火灾之防止,油桐、油茶之推广等,均曾次第计划实行"⑨。

1932年广西国有的林垦区,有柳江、南宁、桂林、田南、镇南五个,其中林场面

---

① 莫一庸:《广西地理》,桂林文化供应社,1947年,第35页。
② 钟文典:《20世纪30年代的广西》,广西师范大学出版社,1993年,第240页。
③ 张先辰:《广西经济地理》,桂林文化供应社,1941年,第105页。
④ 广西省统计局:《广西年鉴》第三回,1944年,第498页。
⑤ 广西省统计局:《广西年鉴》第三回,1944年,第337页。
⑥ 张先辰:《广西经济地理》,桂林文化供应社,1941年,第107—108页。
⑦ 广西省统计局:《广西年鉴》第三回,1944年,第498页。
⑧ 广西省统计局:《广西年鉴》第三回,1944年,第498页。
⑨ 广西省政府十年建设编纂委员会:《桂政纪实》,经济,1946年,第34页。

积、已造林面积与比例见表 2-25。

表 2-25　广西省各林垦区(1932 年)

林垦区署名	林(桐)场名	林场面积(亩)	已造林(亩)	已造林(%)
柳江	柳城	45 600	8 837	19.38
	柳州	43 200	6 248	14.46
	宜山	27 000	5 022	18.60
	雒容	—	1 822	—
南宁	茅桥	115 560	2 880	2.49
	槎路	103 140	2 250	2.18
	西乡塘	98 820	1 480	1.50
	军山(桐场)	90 720	2 270	2.50
桂林	桂林	18 900	800	4.23
田南	百色	?	?	
镇南	龙州	?	200	

资料来源：广西统计局：《广西年鉴》，第一回，1933 年，第 242 页。

以私人公司名义请领林场，主要在柳城县、柳州、宜山、象县，其中，柳城县 9 家共 80 250 亩，柳州 7 家共 79 303 亩，宜山 9 家共 17 592 亩，象县 4 家共 6 897 亩，以及洛县 1 家 1 500 亩，中渡县 1 家 350 亩，修仁 1 家 350 亩，藤县 1 家(面积不详)。以私人个人申请林场的面积大多较小，主要在柳城、雒容，分别约 4 200、9 200 亩[①]。

1934 年广西省农林局成立前，有五个林垦区，分别是柳江林垦区、南宁林垦区、镇南林垦区、田南林垦区和桂林林垦区[②]。之后，将各林垦区所办理的业务并归农林局管辖，合并为四大林场：雒容林场、庆远林场、南宁林场、龙州林场。1937—1948 年 11 年间(缺 1943 年数据)广西总计植树 1 309 615 亩、825 916 208 株，年均 119 056 亩、75 083 292 株[③]。

战后香港森林部(Forestry Department)也在九龙与兴谟森林区植树造林，培育幼苗栽种[④]。

2. 畜牧、渔业

近代华南地区的畜牧业，大多为一家一户的养殖，一两头猪牛羊等，不成规模。例如，海南岛地广人稀，畜牧业发展较好，畜产品出口中除了大宗的猪、牛、家畜外，

[①] 广西省统计局：《广西年鉴》，第一回，1933 年，第 245—248 页。
[②] 广西省统计局：《广西年鉴》，第一回，1933 年，第 243 页。
[③] 广西省统计局：《广西年鉴》，第三回，第 508，511，514，517 页；广西省政府统计处：《广西省统计摘要》，第 3 号，1948 年，第 18 页。
[④] 方秉铸：《远东经济：香港的农业与工业》，《经济评论》1948 年第 3 卷第 20 期，第 10—12 页。

牛角、牛皮、猪鬃、鸡蛋等也很多①。香港东英学圃,约 400 多亩,种植水果兼养蚕育猪。泰亨农场,300 亩,主要种植果树、蔬菜,兼营家庭畜牧。赖安农场,约 10 多亩,全部种植菠萝。另有九龙牛奶公司,创办于 1903 年②。

渔业方面,香港二战前有渔民 7.75 万人,有渔船 7 000 多艘,年产销鱼类 200 万担以上,买卖的组织有渔商、鱼栏,渔民将渔产交由渔商运往鱼栏,由鱼贩经销,其中 45% 销往外地(华南、马来亚等地)。渔民的资金来自渔商贷款,渔商的资金来自鱼栏,分别收取 3%、6% 的佣金,同时控制了交易,时常通过伪造单据、度量工具作弊。二战后,渔民仅 2.6 万人。本地有发展渔业的天然便利,由于缺乏组织与资本,收入大多为中间商攫取。港府沿用日占时期的渔业管理方式,对香港仔、长洲、大澳、箐箕湾、大埔等渔市进行统制,建立产销合作社,负责收入、运输至鱼贩,取代了渔商、鱼栏的职能,同样收取 9% 的佣金(声称将作为香港渔业基金,用于相关基础建设与公共事业,但未见落实),但并未能给渔民提供贷款,故而为渔民所抵制③。随后,政府扶持成立"渔业合会"(Fisheries Co-operation),同时设立了渔业部(Fisheries Department),提供贷款,鼓励渔民互助,截至 1947 年底,贷款 524 160 元,成立趸售渔市场,在四个主要渔村设立"渔业联合管理处",运输鱼至市场,低价为渔民配送粮食、面粉、糖、盐、冰、桐油等,渔市场有公开价格,除了渔市上获得少量佣金外,其他属于渔民④。

渔业是澳门为数不多的产业之首,其流通机构主要是咸鱼栏,即渔业交易所,其次为标家,即向鱼栏趸批咸鱼者。鱼栏资本雄厚,向渔船贷款不取利息,收买其所捕的鱼,获得佣金及 10% 的鱼值。据鱼栏估计,全澳的渔船有 6 000—7 000 艘,渔民约 10 万人,显然包括了澳门与中山县及其附近渔民。1932 年由澳门运往内地的咸鱼大约 15 万担,其中 12 万担经由拱北关,其他由轮船运往广州、香港。1933 年 5 月起国府执行新关税,咸鱼类税大体增加约 1.5 倍。这些本来属于内地国货的咸鱼,于是被征收了洋货税,因而转入澳门或由澳门转运内地的咸鱼减少,本地渔民因为利润下降,甚至有无法偿还鱼栏贷款者,于是很多转型他业,例如走私贩运洋货至内地⑤。

(二) 农家副业

1933 年 1 月陈济棠颁布了《广东三年施政建设计划》,在农业方面,主要是大力鼓励农民养蚕、种蔗,以为发展地方工业提供原料,进而带动出口加工贸易,利用现有的条件与基础,走农业副业与乡村工业的发展思路。

---

① 许崇灏:《琼崖志略》,上海中正书局,1935 年。
② 林彬、邓瑞宾、杨旭初:《香港新界农业调查》,《农社年刊》1925 年第 2 期,第 110—115 页。
③ 郭新:《香港渔业概况》,《行总农渔》1946—1947 年第 4 期,第 28—29 页。
④ 方秉铸:《远东经济:香港的农业与工业》,《经济评论》1948 年第 3 卷第 20 期,第 10—12 页。
⑤ 何璞赍:《澳门渔业近况》,《关声》1934 年第 3 卷第 10 期,第 38—40 页。

区分:农村副业与乡村工业

副业的本意是相对于主业而言,本地的副业可能是另一地的主业,就近代华南地区的一般情况而言,种植业是主业,再排除大农业中的林、牧、渔之外,即为副业,即家庭或小作坊式的养殖、采集、手工制作以及少量的市场交换。

近代广东农村副业生产很发达,农民除依靠自己在土地上收获的农产品维持生活以外,还依靠鱼、盐、木材、柴薪、土特产、果木及饲养家禽收入。对于贫困的农民而言,这是一种较容易接受的生产方式[①]。当时华南地区农村副业主要为蚕桑业,以及织布、葵扇业等类型。如表2-26所示,单纯考虑农家所拥有的各项副业的广泛度,仍然以家庭养殖最高。

表2-26 各副业在广西农家的比例

类别	养猪	养鸡鸭	砍柴草	种菜	纺纱织布	帮工	植树	兼营贩卖	其他
%	73	69	46	43	27	24	21	20	30

资料来源:广西省政府统计处:《广西年鉴》,第三回,1944年,第391页。

陈正祥在讨论其时广西省的土布业时,将其分为三类:① 最为普遍的一种形式,作为农家妇女副业;② 以家庭为单位,家庭主业式的手工业;③ 以工厂形式存在的工业,雇佣工人,机器作业[②]。大抵可以作为一个标准:分别为农村副业、乡村手工业(工业)、工厂工业。

根据行政院农村复兴委员会1934年在苍梧、邕宁、柳州、桂林、龙州五县的调查,有土地的农户,在副业方面的净收入为每户26.7元,其中副业包括雇工、贩运、打柴、缫丝、渔业、织草席草帽、榨油、种菜等。平均十亩土地的自耕农的农田收入为111.5元(未扣除必需的成本[③])。考虑到副业统计中尚有缺漏,农田种植中的成本,以及平均数以下的农家广泛存在,普通农家收入结构中,副业所占的比例估计在35%—40%左右。农家副业单户收益中,收入最高的是短距离的商人,其次是各类匠人与手工业者,覆盖农户面最广的是打柴、零工者,商业资本与技术的力量无处不在。

1. 一度作为"主业"的副业:蚕桑业

珠江三角洲区内河网密布,桑基鱼塘交错其间,交通方便,除了粮食以外,盛产蚕桑、塘鱼,尤其是蚕桑的饲养每年可以达到8—9造,是最重要的农村副业[④]。顺德、南海、中山、三水、新会、高鹤等县的桑地面积,约占全省的75%,产茧量占90%左右,尤其顺德县是全国三大著名的生丝产地之一。1912—1924年生丝出口占全

---

① 梁仁彩:《广东经济地理》,科学出版社,1956年,第22页。
② 陈正祥:《广西地理》,中正书局,1946年,第164页。
③ 行政院农村复兴委员会:《广西省农村调查》,商务印书馆,1934年,第181—183页。
④ 佛山革命委员会编:《珠江三角洲农业志》(四),1976年。

国的37.6%,1929年后由于全球性的经济危机等因素而严重衰退。

嘉靖万历年间(1522—1620),顺德县、南海县的种桑养蚕和基塘养鱼已是农业生产主要部分,特别是南海县的九江乡①;顺德县的大良、陈村一带,也达到"民半树桑"的程度②。塘鱼面积也日益增加,仅南海县在1371—1581年,鱼塘由323亩增至48326亩③。清初自广东生丝出口增加以后,更由于1757年关闭漳州、定海、云台山独开广州一口之后,桑基鱼塘发展迅速,珠三角地区原来的果基鱼塘大量改为桑基鱼塘④。1736—1840年是珠江三角洲地区第一次"弃田筑塘,废稻树桑"高潮。由于丝价上升,经营蚕桑的收益倍于稻田,桑地面积逐渐增加,南海县九江乡1831年已经"境内无稻田,仰籴于外"。在主要蚕桑地区的南海县九江乡、顺德县龙山等地相继设立了丝市与桑市。

太平军兴起、岭外商路被破坏以后,广州的外贸开始立足于珠江三角洲及其邻近的地区。到1870—1894年,广州的茶叶和生丝出口摆脱了主要依赖外省供应货源的状况,主要来自本地和邻近的地方⑤。由于出口成长机制的推动,在棉植业凋零的同时,蚕桑业格外兴盛起来,咸、同年间珠江三角洲再次掀起了一个"弃田筑堤,废稻树桑"的高潮,蚕桑生产区日益扩大,南海九江、顺德龙山、龙江等乡境内几乎不见稻田,为清一色的桑基鱼塘区,居民以"农桑养蚕为业"⑥。蚕桑不断发展之后,有些地方的"果基鱼塘"仍然继续保存甚至发展,而另一些地方的果基鱼塘很快衰落,大量改为桑、塘专业性生产,"民多改业桑鱼,树艺之夫,百不得一"⑦。顺德西海一带,咸丰以前,还有稻田,后皆变为基塘,全县在光绪年间,开挖的基塘就有十万亩之多,桑基面积达到三十万亩以上,稻田面积不及总耕地面积的十分之一。南海县,"近二十年来,遍地皆种桑、麻、柚,行销最广,为植物一大利源。傍海蛋民,多业桑蚕,岁获厚利"⑧。地方志中记载:南海县境内桑田,以江浦、黄鼎、主簿为多。而江浦之官山、简村、金瓯、龙津,黄鼎之罗格、良溪、大岸,主簿之九江、沙头、大同为尤最。十亩桑田,浓荫绿郁,且各处均有桑市。即此数处而论,其桑田不下数十顷。若五斗之所属,神安所属,三江所属,寥寥而已。蚕业盛于西樵,非西樵之天气地质独优也;风气已开,日渐发达,有不期然而然者矣⑨。果基向桑基的发展,为珠江三角洲塘鱼、生丝出口贸易打下了基础。

此外,还增加了新的蚕桑生产区,主要在西部的高明县、高要县,南部的香山县,番禺县南部的沙湾、市侨等处。高明县,"桑种园苑者肥美,田原者次之。年收

---

① 朱次琦:《光绪九江儒林乡志》。
② 刘伯渊:《广东蚕业调查报告》,1922年。
③ 顺德、番禺、新会、三水、香山、宝安、东莞县共有103662亩,《珠江三角洲农业志》(三),1976年。
④ 《珠江三角洲农业志》(三),第10页。
⑤ 1872年粤海关贸易报告,《粤海关报告汇集》,第77页。
⑥ 张凤锴纂:《南海县志》卷四,舆地略,物产,宣统二年。《珠江三角洲农业志》(四),1976年。
⑦ 《珠江三角洲农业志》(三),1976年。
⑧ 桂坫等:《南海县志》卷四,宣统二年,第31页。
⑨ 桂坫等:《南海县志》卷四,宣统二年,第34页。

六造,末曰寒造。秀丽围近年业蚕之家,将洼田挖深取泥,复四周为基,中凹下为塘,基六塘四,基种桑,塘蓄鱼,桑叶饲蚕,蚕矢饲鱼,两利俱全,十倍禾稼"①。以前从没有蚕桑的东莞县在同治、光绪年间也开始植桑养蚕。"广州蚕桑之利,顺德称首,南海次之,莞未之前闻,……前三十年间,诸士绅立普善堂,提倡蚕桑,购桑栽于顺德,并请养蚕之善者为之师,自是播种渐兴,峡内石步周围半仙山诸乡,产丝尤伙"②。"计一妇之力,岁可得丝四十余斤。桑叶一月一摘,摘已复生,计地一亩,月可得叶五百斤,蚕食之得丝四斤。家有十亩之地,以桑以蚕,亦可充八口之食矣。"③形成了包括南海县的九江、海洲、镇涌、金瓯、缘潭、沙头、大同等乡,顺德县的龙山、龙江等乡,香山县的小榄和鹤山县的坡山、维敦等连为一片的"桑基鱼塘"专业生产区域。桑基鱼塘在当时是集约化程度较高的土地利用方式,对明清珠江三角洲经济的发展起了重要的推动作用。桑基鱼塘得以发展的一个重要原因是国际生丝市场的开拓与扩大。至清末,广东以桑基鱼塘为主的基塘区面积达100万亩④。

珠江三角洲的桑地面积,从1921年到1925年,由96.4万亩扩展到139.7万亩,增加了45%,占全省桑地面积的95.4%,产量的96%⑤。丝类产品为粤海关举足轻重的大宗出口货,在土货出口结构中占有50%—70%的份额,1925年蚕桑业全盛时,广东蚕桑产量占全国的1/3,直接、间接的经营者约达218万人⑥,1928年广州丝类出口曾达到58 936 855海关两,不过,96%的产品来自在珠江三角洲地区⑦。国际市场需求的扩大能有效刺激国内蚕桑业规模的扩大,市场机制能有效地发挥作用。到1931年以后,"丝业不景,经营者日渐减少,现仅集中于三角洲一带,自栽桑育蚕而至缫丝织染,在本省生产事业中仍占相当的位置"⑧。

1910年代末期,在广东农林专科学校的推动下,在高州附近、德庆和肇庆之间、仁化县的北江上游以及海丰县、粤东沿海附近,都出现了植桑的高潮⑨,但是,四会县南部"养蚕以中下区为多,但俱作副业"⑩。1919—1929年生丝价格持续上涨,推动了蚕桑业的高速发展,分布区域又扩大到西江流域的高要、德庆、郁南、云浮、罗定、封川、开建等县,北江流域的清远、花县,东江流域的增城、惠阳、宝安、博罗,甚至南路的茂名、电白、吴川等地,一时都形成蚕桑业⑪。

例如,乐昌县(位于北江上游)在"光绪末年有第四区黄姓种桑饲蚕既有动机,

---

① 区为梁等:《高明县志》卷二,光绪二十年,第30页。
② 陈伯陶等:《东莞县志》卷十三,宣统三年,第3、431—432页。
③ 陈伯陶等:《东莞县志》卷十三,宣统三年,第7、432页。
④ 佛山地区革委会"珠江三角洲农业志"编写组:《珠江三角洲农业志》(初稿)(三、四),1976年。
⑤ 刘伯渊:《广东蚕业调查报告书》,1922年;考活:《南中国丝业调查报告书》,1925年。
⑥ 广东省政府秘书处:《广东生丝统计》,1934年,第107页。
⑦ 广东省政府秘书处:《广东生丝统计》,1934年,第107页。
⑧ 广东农林局:《广东蚕桑业概况》,新建出版社,1941年,第2页。
⑨ 1912—1921年粤海关十年报告,《粤海关报告汇集》,第1029页。
⑩ 国立中山大学农学院:《广东农业概况调查报告书续编》,1933年,第93—95页。
⑪ 《珠江三角洲农业志》(四),1976年,第15页;李文治:《中国近代农业史资料》,第3辑,第193页。

特碍于交通未便购种为难,成效阙如,民国十九年份建设厅派员到昌试办,筑室赁田,极力提倡,将见上行下效,渐及于其他农产物次第改良,则地利之兴正未有艾也。"①石城县(今湛江西北丘陵)的蚕桑之业,"近始试办,丝质甚佳,但业此者寡,桑不成市,桑稀则失其所饲养,桑稠则不免废弃,求与给不能适合,无利可获,是有待于劝导振兴者也"②。广西省的蚕桑业主要在梧州、浔州两地,最盛时年产50万—60万元,"惟育蚕之家,狃于故常,只借天然生育,如能从事人工改良,年产当不止此"③。广西容县,"光绪元二年,务蚕者逐渐加增,至十一、十二年更踊跃劝功,蒸蒸日上。每年邑中共得蚕丝银约万余两。上半年时亢旱,农田失收,借此稍资穷困,而人人亦因此愈知育蚕有益,争相劝勉矣。十三年冬,各家赴粤东买桑秧数百万株,及时分种。就合邑而论,以辛里为最多,坊里厢里思里次之,离城稍远又次之。就坊里而论,种桑者约近百家,多则万余株,少别千百株"④。"综计开办以来,桂梧两局约各得丝两万余斤,容藤两县共得丝五万余斤,其余各属出丝或一万或千数百斤不等。查东贩来梧属设栈收买者不下八九家,官局虽有织成绸匹,购丝者多购绸者少,则以丝斤既免税厘,较可获利;绸匹犹须完纳,价重难销"⑤。"现据各处禀报,领种桑株约共有二万七千六百余万,复广购甚子给种,以补桑秧之不足,民间桑事大起。商贩蚕种,价值倍昂,体察情形,已有渐推渐广之势"⑥。

2. 家庭手工副业

广东番禺县茭塘司河南岛五十七村的调查显示,"营商业及手工艺者,所入甚微,不能维持生活,故尚需借耕种为补助"⑦。南海县"人民习商,善居积,且以手工业发达"⑧。"大概在劳动社会里,不论男女老幼,都有工作的必要。当我在调查的时候,眼见四五岁的孩子已开始跟着爷娘在田边工作,或在路旁割草。至于七八十岁的老翁老妪,还未停止他们的劳动,女的在家里织布,男的在街上贩卖,或在田中耕种,各自食其力。这种勤劳的精神,委实令人敬佩。"⑨家庭副业中除了蚕桑外,主要有纺织、茶叶、蔗糖,以及其他更零碎的手工业与家庭养殖。

(1) 纺织

长久以来"耕织结合"是中国小农家庭的主要特色之一,大量廉价的机制棉纺织的输入,逐渐改变来这种情形,恩平县原来"夏天用白麻、青麻先织为纱,冬天用棉先纺为纱,各再织为布,用土靛染为男女常服。同(治)光(绪)以前,邑人服用多

---

① 陈宗瀛:《乐昌县志》卷十二,实业志,民国二十年。
② 钟喜焯修,江珣纂:《石城县志》,卷二,实业,民国二十年。
③ 《梧州商业概况》,1929年7月1日《工商半月刊》。
④ 何ızıyang:《省心堂杂着》卷上,第16页,"查明土性宜桑,上容县邑侯禀",第432页。
⑤ 马丕瑶:《马中丞遗集》卷二,第27页,"请免新绸税厘并择奖员绅折",光绪十六年,第432页。
⑥ 马丕瑶:《马中丞遗集》卷三,第91—100页,"酌保蚕桑出力员绅折",光绪十七年,第432页。
⑦ 冯锐:《广东番禺县茭塘司河南岛五十七村普通社会经济调查报告》,民国时期社会调查丛编,第2编,乡村社会卷,福建教育出版社,2009年。
⑧ 广东省民政厅:《广东全省地方纪要》,1934年,第1册,第90、89页。
⑨ 伍锐麟、黄恩僯:《旧凤凰村调查报告》,《岭南学报》第4卷第3期,1934年8月。

取之,家中妇女机声轧轧,到处皆闻。自洋纱洋布输入,其价较廉。邑人非购洋布,亦购洋纱,所织之土布,所谓家机布,已少见矣"①。大致分为两步,首先是洋纱代替土纱,使得手纺业与手织业分离,然后是洋布代替土布,使得手织业与农业分离,在通商口岸附近和交通沿线地区,纺织分离与耕织分离的进程出现较早较快,在交通闭塞地区和边远乡村,这一进程较晚较慢。手工棉纺织业的发展,促进了近代中国民族资本棉纺织厂的兴起②。

1935年对广西40个县的调查显示,纺纱织布的农户占总农户的22.2%,广东为9.2%③,明显较低。与广东毗邻的陆川县"无人不着洋布,无家不购洋纱,麻棉稀种,贫家尚有绩麻者,问以丝绸不知何谓,富家多不织而衣,利权外溢数亦巨矣"④。由于不同的发展基础与分工差异,这种类型的区别不仅在两广省间存在,即便在广东省内也普遍存在。

(2) 茶叶

在近代开埠早期,茶叶一度是仅次于生丝的出口品,根据粤海关的统计,1864年出口中茶叶占比24.84%,1872年为10.06%,1880年9.12%,1888年5.62%,1896年1.09%,1908年0.91%,在出口贸易中茶叶的相对比例与绝对价值均迅速下降。

据1875—1876年上海英国驻华领事报,英国茶市来源于印度与中国,从1875年起中国茶的供应已停滞不进,全部增加数字为印度所独占。中国茶在美国的情况,与此完全相似;十五年以前,美国茶叶市场是为中国所独占的,现在日本茶却占消费量的半数⑤。

相关的观察认为:"印度制茶较中国优越的地方,在于机器胜过手工。中国的小农生产是不能与印度的大茶园竞争的,前者正为后者所排挤。控制着伦敦茶叶市场的,正是这些有充足资本的大茶园,它们具有改良的机器以及最好的焙制技术。"⑥

根据1889年总税务司署送总理衙门的文件:"查茶叶不但本产于中国,且中国茶叶之味较他处尤佳。而中国茶叶虽出口者年比年增,有多无少,然英国近所需茶之人,较前倍多,其倍多之人,大半不需中国之红茶,而需印度之茶。即美国近日需茶情形亦然,其倍多之人大半不需中国之绿茶,而购日本之茶。推原其故并非因中国茶料之逊,实以印度日本之茶,备办出口者,俱加意留心,一无亏假,直至需茶者之手,始终不变,且其价值,亦较中国为廉。"⑦作为家庭副业的茶叶,未能有效地科学化生产与销售,泯然失色。

---

① 余丕承:《恩平县志》卷四,舆地,民国二十三年。
② 戴鞍钢:《中国资本主义发展道路再考察——以棉纺织业为中心》,《复旦学报(社会科学版)》2001年第5期。
③ 彭泽益:《中国近代手工业史资料》,第3卷,三联书店,1957年,第752页。
④ 古济勋修,吕浚堃、范晋藩纂:《陆川县志》卷三,舆地,风俗,1924年。
⑤ 李文治:《中国近代农业史资料》,第1辑,第394页。
⑥《北华捷报》(North China Herald),1887年10月27日,第446页,李文治:《中国近代农业史资料》,第1辑,第394页。
⑦ "访察茶叶情形文件",第4页,总税务司申呈总理衙门,光绪14年7月24日。李文治:《中国近代农业史资料》,第1辑,第394页。

(3) 蔗糖

根据粤海关的统计,1884 年前总出口中蔗糖的比例一度能维持到 3％—5％左右,1872 年前尚能维持 2％左右,而后逐渐下降到 0.1％—1％左右;与此相反,进口白糖从 1880—1900 年 1％—2％,至 1924 年增加到 14.48％,而后下降到 3％—8％左右。

1882—1883 年香港与英美对汕头糖的需求还在增长,但到 1884 年直接运到美国的糖已经没有,运往英国也减少很多。主要是因为在政府补助政策的刺激下,欧洲大陆甜菜糖的生产大为扩展,同时蔗糖也从其他各地区获得充分供应。1885 年马尼拉和爪哇糖对香港的廉价供应,开始代替了汕头糖的地位。汕头糖对香港的出口已经减少,1890—1891 年两年的出口总额不足 2 万担,不及 1886 年的 1/10,但同时由于国内市场需要的增长,汕头糖仍保持着原价①。汕头、琼州贸易报告中的蔗糖出口减少,海关认为原因在于:其他各处糖特别是爪哇糖的竞争,其他国家对制糖农作物的保护政策,以及中国南方产糖各省流行的旱灾②。

广西的甘蔗制糖原料丰富,遍布贵县、柳城、邕宁、西隆、阳朔、贺县、富川、恭城、永福,主要采用土法,1933 年前后一度年产糖 42.8 万担,价值 50.9 万元,大量输出。但由于炼制技术落后,糖的质量相对比较粗劣。

(4) 其他

对于其他家庭副业发展更为后进的地区,副业一般是额外的补充,没有固定的产业部门,大多混杂于农家家庭日常生活之中,这与汉代农业兴起以来的部门外生产是一致的,仅仅是在量的方面有所增长而已。

东江支流增江上游的龙门县,"农作物、土特产,产量不多,仅供本县之用","以制纸为业最盛时纸厂百余家,今则仅存数十家,所出皆普通草纸名南昆纸","南昆山亦产茶,仅供自用,未有出口",该县"出口货每年计数二十万至四十万元。杉木二十余万元,竹纸二十万元,草菇十余万至二十万元,木炭十余万元,苗竹八万元,生猪六七万元,丹竹二万元,麦二万元,鹅鸭万余元"③。广西西北部百色县两琶乡那架村,有 14—15 户兼营竹具业,编制各种箩、筐、篮、席等,每户年出产约 70—80 对箩筐或 50—60 张大小竹席,大约占总家庭收入的 30％—40％,家庭年内的油、盐、烟及其他杂用,多靠此来开支,甚至补贴口粮④。上思县那荡乡平方村刘继田家,以编织竹笠为生,在维持全家生活外,还略有剩余⑤。

(三) 农家经济

亚当·斯密建立起来的对国家生产与消费的分析,被称之为政治经济学,其本质是国家尺度上的资源管理,同时"经济"一词在 18 世纪的英语国家,是指家庭财

---

① 1882—1991 年海关贸易十年报告,汕头,第 526—527 页。
② 1886 年海关贸易报告,第 3 页。
③ 邹庆时:《龙门县志》卷十,实业志,民国二十五年。
④ 广西壮族自治区编辑组:《广西壮族社会历史调查》,第 2 册,广西民族出版社,1985 年,第 222 页。
⑤ 广西壮族自治区编辑组:《广西壮族社会历史调查》,第 3 册,广西民族出版社,1985 年,第 107 页。

务管理,现在"经济"的本意依然包含了"小型的、节约的"含义,于是经济学自然要关注个体(individual)的经济决策。

1. 贸易、交换、消费

以下两张表格对比起来比较有意思:表 2-27a 为广西省政府的统计,关注本地农产品的流通方面,表 2-27b 为广西海关的出口统计,关注本地农产品的出口情形,大体上一般性贸易与专门性的外贸的差别导致产品的价值方面有明显的差异。

表 2-27a 广西输出农产品情形(1920—1930 年代初)

名 称	谷米	木材	家畜家禽	桐油	赤糖	鲜干果	桂皮	药材	牛皮
年值(豪币,万元)	800	440	310	250	60	60	50	50	50
运销地	粤	粤	港、粤	美	港、粤、沪	粤、港、沪	德、美	港、粤、其他省	港、粤、南洋

表 2-27b 广西三关年均出口货物情况(1927—1931 年)

名 称	桐油、茶油等	畜牧产品	药材	纺织原料	瓜果	粮食	蔬菜	烟草	……	全部
年值(海关两)	2 519 927	2 073 515	565 515	495 643	241 876	179 806	178 936	80 672	……	
%	29.03	23.89	6.52	5.71	2.79	2.07	2.06	0.93	……	100

资料来源:广西统计局:《广西年鉴》,第一回,1933 年,第 408—411 页。

一般而言,广西传统的农产品有谷米、花生、豆类、棉花、烟草、瓜子,林木产品有桐油、桂油、柴炭等,禽畜产品有牛、皮革、猪鬃、鸭毛,手工业产品有草辫、纸、竹器等。从市场流通方面而言,1930 年代广西出口的大宗货物,依次是米谷、木材、家畜家禽、油类(桐油)。从出口贸易方面而言,一些原来在省内、国内市场中不占重要地位的商品,因为出口国外而兴起,例如桐油,因在油漆工业、染料工业中的使用,国际市场需求扩大,成为广西重要的出口商品。

根据张晓辉的估计,"在民国元年至抗战爆发前,从总体上看,广东的农业生产是向前发展的,尤其是在 30 年代前期,稻谷、甘蔗、烟叶、花生、芝麻、黄麻、油菜籽等农作物都达到民国时期的最高水平"[①]。根据科大卫的推断,顺德、南海、中山的桑地一共有 130 万—160 万亩左右,这些土地所能生产的粮食不过只有 370 万担,但是广东在 1897—1921 这些没有受到饥荒或战争的年份,平均需要进口 550 万—

[①] 张晓辉:《民国时期广东社会经济史》,广东人民出版社,1998 年,第 64 页。

560万担粮食①,所以水田植桑不能成为进口粮食的唯一原因,粮食消费的增长就成为可能。科大卫再根据广东对外出口地区一般的食物结构中米谷占有较高的比例,推导出粮食的进口不是乡村贫困的证据,相反地,这是收入增加的表现。不过这里需要补充的是这种情况者适用于都市及其邻近地区。由于种植经济作物与外贸的增长,为农家带来了可观的收入,农民有能力选购进口大米,广东输入大米并非是源于粮食短缺,而是农民生活水平提高下的选择②。连浩鋆认为,广东产米不敷民食用是无可质疑的事实,在人口增长与耕地不足的困境下,在当时的条件下又无法开垦荒地或提高生产水平,从区外、国外进口则是唯一的办法③。

广东省城周边地区产出的粮食,尤其是高等级的米谷,流向城区。城外的凤凰村中"农产以稻谷为最大宗,……其次如薯、萝卜、花生、蔬菜等。农产品除供给本村外,其余则于墟日携往敦和市贩卖,运至广州市贩卖的为数甚少。全村统计,收入既微,而日常用品如油、柴、棉、布等均不能自给,必须仰给于城市"④。广东省紫金县畜牧中有20%运往博罗县,其中二四五区一半土地种水稻,"人民日食半杂薯栗,有余则运往省、惠发售"⑤。博罗县的谷米行销于本地或广州,"农家不能不以谷易银,岁可二十余万担落河出境,往省发售,自食不足则以杂粮佐之",一般丰年则增加销售,歉年则减少⑥。

1930年代初广西西北部、中部、东南部农产品商品化比较明显,一般农民日食米饭一餐,杂粮、粥两餐,只有在雇工帮佣时才日食两餐米饭,桂西部分地区还停留在刀耕火种阶段,农民只能在逢年过节或墟期才能吃米饭⑦。西江沿线贫农多食粥少食饭,东江沿线贫农早晚半饭半薯,海南岛多数地区农民一年中8个月以上以薯类为主食⑧。

苍梧、平南、藤县等地的蚕丝收入,一度年达到200万元,及至丝价跌落后,"育蚕者不独无利可图,且时有亏耗之虞,故郁江一带农民,已纷将桑树斩伐,改种其他作物"⑨。在城镇,"当无洋油时多榨工,无洋布时多染工,无洋纱时多弹棉工,无洋式凳椅时多木工,无洋衣时多缝工",随着洋货的输入,"外货愈輳,土工愈寡"⑩。

在《春蚕》中有一些形象的描述:"洋鬼子怎样就骗了钱去,老通宝不很明白。

---

① David Faure, The Plight of the Farmers: A Study of the Rural Economy of Jiangnan and the Pearl River Delta, 1870‐1937, *Modern China*, Vol. 11, No. 1 (Jan., 1985), 3‐37.
② David Faure, The Rural Economy of Pre-Liberation China: Trade Increase and Peasant Livelihood in Jiangsu and Guangdong 1870‐1937, Hongkong Oxford University Press, 1980, pp. 56, 58.
③ 连浩鋆:《二十世纪三十年代广东米荒问题的研究》,《中国经济史研究》1996年第4期。
④ 伍锐麟、黄恩俦:《旧凤凰村调查报告》,《岭南学报》第4卷第3期,1934年8月。
⑤ 《工商半月刊》,《广东各县物产状况调查》,1932年9月1日与9月15日。
⑥ 《工商半月刊》,《广东各县物产状况调查》,1932年9月1日与9月15日。
⑦ 广西省统计局:《广西年鉴》,第一回,1933年,第184页。
⑧ 卜凯:《中国土地利用:中国22省168地区16786田场即38256农家之研究》,台北学生书局,1971年,第503页;萧铮:《民国二十年代中国大陆土地问题资料》,第50—51册,台北成文出版社,1977年;陈启辉:《广东土地利用与粮食产销》,成文出版社,1977年,第25666页;陈正祥:《广东地志》,香港天地图书公司,1978年,第247页。
⑨ 行政院农村复兴委员会:《广西省农村调查》,商务印书馆,1934年,第172页。
⑩ 黄占梅修、程大璋纂:广西省《桂平县志》卷二十七,民国九年铅印本影印。

但他很相信老陈老爷的话一定不错。并且他自己也明明看到自从镇上有了洋纱、洋布、洋油——这一类洋货,而且河里更有了小火轮船以后,他自己田里生出来的东西就一天一天不值钱,而镇上的东西却一天一天贵起来。"①"就是这么着,因为春蚕熟,老通宝一村的人都增加了债!老通宝家为的养了五张布子的蚕,又采了十多分的好茧子,就此白赔上十五担叶的桑地和三十块钱的债!一个月光景的忍饥熬夜还不算!"②茅盾的《春蚕》、叶圣陶的《多收了三五斗》中所描述的"丰收成灾"的现象,所显示的是近代中国产业机器与手工产业剪刀差的拉大,对应的则是近代中国对外贸易条件的下行趋势③。

农产品的相对价格在1930年达到顶峰,然后开始下降,1931年下降7.6%,1932年下降10.5%,及至1935年(与1930年比较)下降35.7%④。大萧条的到来使得贸易条件对农业家庭不利,农产品的降幅大于工业品价格的降幅,这一差距在1931—1933年间扩大,由于农产品价格下降,农村地区的购买力从1931—1932年降低了约30%,1933年又降低了30%⑤。

2. 农家的收入

根据1930年赵承信的《广东新会慈溪土地分配调查》(表2-28),"农家的家长未必是农夫,如家长不是农夫,农业于他们大概是次要的了,他们有往外经商或为工业劳动者的,至于真可称为农家的(农业户的地主除外)占不着全乡家数之一半,故就这一乡来说,耕种一业不能谓之占绝对重要的地位,不过比较上,耕种在乡村里确实是比其他的职业都重要"。全乡共777家,调查了768家,与农业无关的有210家,占27.34%⑥。

表2-28 广东新会慈溪土地分配调查

地主职业分类	家数	%	亩数	%	家庭平均亩数
绅 士	8	4.19	104.80	2.60	13.10
无 业	16	8.38	433.81	10.75	27.11
国外商	102	53.40	1 762.62	43.66	17.28
地方商	23	12.04	651.93	16.15	28.34
香港商	13	6.81	427.37	10.59	32.87
死 亡	22	11.52	459.59	11.38	20.89
其 他	7	3.66	196.80	4.88	28.11
总 数	191	100.00	4 036.92	100.00	21.14

---

① 茅盾:《春蚕》,《现代》2卷1期,1932年11月。
② 茅盾:《春蚕》,《现代》2卷1期,1932年11月。
③ 袁欣:《中国近代的对外贸易条件:一般趋势及与农产品贸易的关系》,《中国农史》2008年第3期。
④ 国家关税税则委员会:《上海商品价格年度报告》,附录7,1936年,第122页。
⑤ (日)城山智子:《大萧条时期的中国:市场、国家与世界经济(1929—1937年)》,江苏人民出版社,2010年,第99—101页。
⑥ 李文海:《民国时期社会调查丛编》(二编),乡村社会卷(下),福建教育出版社,2009年,第913—924页。

侨乡因为拥有侨汇的挹注，"经济情形者较为充裕"。台山"除两造水稻及芋薯外，其余作物寥寥无几，……该县男人以出洋经商为业，耕田者十之无一二"。"每年由外处汇向款项则约有四五千万元，故各县居家男女往往穷奢极欲，虽物价腾贵，仍不减其奢华也。"①以至于一般的食品在台山不仅没有输出，而且"其价格较之广州香港每元价约高二毫以上"②。"近一二年受世界不景气之影响，失业华侨回国日众，地方经济、农村生活愈加困难。"③台山"这一带的人，没有什么生产，生活大部分靠侨汇维持。抗战期间有一度侨汇不通，人民受过很大的痛苦。"④开平侨乡的生产生活与台山相似，农作物输出少，进口粮食，依赖侨汇，每年的侨汇"总计约千万以上"，"故其在家之男妇有所依赖，除早晚两造外，绝无冬畦之事"，不过"平原绝无旷土"。除了沙岗蒜头外"其余农作物皆无输出，故开平轮船入口则满载货物，出口则空船而已"⑤。"近岁邑中新市踵兴，旧市亦次第改造，建骑楼，气象一新，然充斥于市者，境外洋货尤占大宗，农工不昌"⑥。

但是在珠三角等富裕地区之外，情形则明显不一样。1914年广西省农作物中，粮食（水稻，兼及麦、黍、高粱、芋、马铃薯）种植比例占比96.86%，经济作物（果树、蔬菜、烟草、桑、茶、药材、甘蔗、花生、麻类、棉花），占比3.14%。如表2-29所示，1933年广西农作物种植占比94.7%，经济作物占比5.3%⑦。

表2-29　广西郁林县26家纯佃农经营收支(1933年)

全年平均收入（元）	286.91	100%
农场收入	270.14	94.15%
家庭工业收入	3.24	1.13%
副业收入	13.53	4.72%
全年平均支出（元）	250.71	100%
生产资料	66.85	26.66%
生活资料（包括雇工费用）	183.86	73.34%
地租（元）	68.51	

资料来源：千家驹、韩德章、吴半农：《广西省经济概况》，商务印书馆，1936年，第55—61页。

郁林县纯佃农家经济来源，基本来自农场种植收入，少量是副业与家庭手工业；支出中73.34%以上是生活资料，用于投入生产的生产资料成本仅26.66%。郁林县的经济状况在广西省内尚属较好，纯佃农家庭的账面收入是36.2元，如果

---

① 国立中山大学农学院：《广东农业概况调查报告书续编》，1933年，第41—42页。
② 国立中山大学农学院：《广东农业概况调查报告书续编》，1933年，第41—42页。
③ 广东省民政厅：《广东全省地方д要》，第1册，1934年，第67页。
④ 蔡რ修：《香港·广州·台北访问记》，《同工》，1949年第3卷第5期，第115—116页。
⑤ 国立中山大学农学院：《广东农业概况调查报告书续编》，1933年，第51—52页。
⑥ 《开平县志》卷十二，民国二十二年本。
⑦ 广西地方志编纂委员会：《广西通志》，农业志，广西人民出版社，1995年，第212页。

扣除地租则－32.31元,不过因为地租一般用实物支付,佃农家庭收支得以平衡。1934年对广西39个县的调查显示,实物地租占比93.7%,货币地租占比6.3%①(表2-30)。另外1934年广西59处调查显示劳役地租占比6.77%,即一些地主自己经营部分田地,佃农需要提供劳役,虽无明文规定,但还是比较常见的,有三种类型：无工资确定日数、无工资不确定日数、不确定工资与日数；实际情况也包括三种：以全部劳役抵租、以部分劳役抵租、无偿劳动(即额外地租)②。根据对广西省昭平等14县36村的调查,农民借贷资金用于生产的为24%,用于消费的为76%③。

表2-30　部分省实物、货币地租(%)(1934年)

地区	调查县数	实物地租%	货币地租%
全国	879	78.8	21.2
广东	39	76.1	23.9
广西	39	93.7	6.3
福建	28	80.8	19.2
江西	24	92.9	7.1
湖南	39	92.6	7.4
贵州	21	90.4	9.6
云南	31	86	14.0

资料来源：国民党政府中央农业实验所：《农情报告》第3卷第4期,第90页。

如表2-30,就地租形态而言,广东省高出于全国平均值,广西则远低于均值,与同为内陆省份的江西、湖南、贵州相近。近代华南地区农家经济的空间差异显著,无论是在生产、流通还是分配、消费环节,从这个意义上说,即便在以往认为相对比较平稳和缓的农村、农业部门,基于地理上的复杂性也超出了以往的认知。

简评：第一产业的生产空间

关于近代农业增长的问题一直是备受争议,持"过密化增长"论者认为,农业商品化和专业化并没有打破旧有的农村生产格局,农民只是在有形或无形中被迫介入市场的,农业总产量的提高被增加的投入给抵消了④;持增长论者认为,战前中国的农业增长率维持在1.2%—1.5%之间,而不是叶孔嘉、珀金斯估计的0.8%—

---

① 严中平：《中国近代经济史统计资料选辑》,科学出版社,1955年,第289页。
② 陈正谟：《中国各省的地租》,商务印书馆,1936年,第43页；冯和法：《中国农村经济资料(续编)》,上海黎明书局,1935年,第592页。
③ 广西省统计局：《广西年鉴》,第2回,1935年,第273—276页。
④ 黄宗智：《华北小农经济与社会变迁》,中华书局,2000年；《长江三角洲小农家庭与乡村发展》,中华书局,1992年；《中国研究的规范认识危机》,牛津大学出版社,1994年。

0.9%，商业化给农村带来新机会、新利润，并且认为战前中国是高度发达的自由竞争市场形态①。两者的分歧固然是基于数量估算上以及生产率判断上的差异，但是均存在一个共同的误区，都试图将大国农业经济平均化、均值化，试图得出一个绝对的标准。在评论近代各种类型的农业生产时，需要关注三点：第一，近代农业整体上依然是传统农业；第二，近代农业是一个更加精细化的结构；第三，近代农业生产具有明显的空间属性。

陈济棠主政广东期间(1931—1936年)，颁布"三年施政计划"，宣布以整理和建设来创造"模范之新广东"②，以短平快获得成果，在兴办实业方面成效显著，但对于农村建设未能顾及。之前在提及农家副业时讨论的蔗糖出口业日趋低迷的情形，一个主要原因是此种基于传统式农业经营的业态效率低下且颇为脆弱。一般蔗农多预先贷来资金，收成时再以蔗抵债，这期间除应纳利息外，糖价且不能任意提高，因此，在韩梅地区经营糖业者之中，除榨糖业者、糖贩、糖行尚可借买卖交易获得较大利润外，一般蔗农本身所能求取的利润则是相当有限的，一旦遇上水旱等自然灾害则更为糟糕。斯科特将传统农业称之为糊口经济，大约洪水淹到脖子的阶段，一个风浪过来就是灭顶之灾。

同时，我们需要看到近代农业另一个显著的变化，即农业与手工业、商业结合程度的加深，尤其是在交通便利的地区。无论是葵扇业或桐油业，都以农民家庭为生产单位，在生产方面而言均未脱离农业，但在市场的联系方面，商人扮演的角色愈显重要。这种农业与手工业、商人与小农生产者的结合到了二十世纪愈加复杂化、精致化，在地方的生产系统上，形成了农业种植、农业经营、手工业生产、商人贩运等相互关联的系统。这种手工业和农业的结合，就是民国时期农户中80%以上的自耕农和半自耕农的生产形式，当经济作物比较多地出现，农业进一步外向化与商品化时，农业的生产主体依然是小农家庭，家内成员仍然是主要的劳动力。这种小农生产者，虽经历了商业化的加速发展，却依然在内外变动的冲击中表现出顽强的应变力和生存力③。这种变化与延续、发展与不发展的矛盾现象，对20世纪地方经济增长的影响是持续存在的。

这一过渡性的农业经济形态带来了比较多的困惑，无论是持乐观论者还是持悲观论者，均能找到其适宜的"证据"。这个时候我们就更需要知道发展、增长、停滞分别出现在哪些地方或部门。近代农业经济地理比较清晰地展示了粮食种植业区、经济作物种植业区、农作物主营区、手工业作为主业或副业区，不同的地域背景

---

① Rawski, Thomas; *Economic Growth in Prewar China*, Univ. of Colifornia Press. 1989; Brant, Lore; *Commercialization and Arrgicultural Development in East-Central China*, 1870-1937, Cambridge Univ. Press. 1989; Myers, Ramon H.; *How did the Modern Chinese Economy Develop?* Journal of Asian Studies, Vol. 50, 1991.
② 广东省档案馆：《陈济棠研究史料(1928—1936)》，广东省档案馆，1985年，第132—212页。
③ 叶汉明：《十九世纪末惟县的社会经济变迁——山东经济中心东移对地方社会的影响》，载叶显恩主编《清代区域社会经济研究》，中华书局，1992年。

下形成了明显差异的农家经济形态,虽然这一经济形态本身处在不断变动之中,不过比较清晰地展示了近代华南地区农业经济增长的地域性,拓展了基于农业部门经济分析的认识。

故而,第一,从某种程度上说,传统农业经济下农业资源的配置并非无效,相反地,农民与农家能够对外部市场经济产生积极迅速的反应,外部市场、小农经济理性在一定程度上比较有效地结合起来,促成了广泛可见的近代农业经济的阶段性繁荣景象。第二,从传统农业发展自身而言,发展的关键是引进新的现代农业生产要素,例如技术进步、资金投入、制度安排等,从而改造传统农业,使之成为经济增长的源泉之一。在二战后约10年,全球经济发展是以工业化为重心,认为只有通过工业化才能实现经济的"起飞",农工业的比重问题,甚至是工业内部的比重问题,一度被广泛讨论,这大约是从农业经济文明转入工业经济文明时代的一个不言自明的回应。

第四节　第二产业：工业

王亚南认为:"中国工业领域的出品,大约有四个产源,即独立手工业的、家内工业的、工场手工业的、工厂工业的。"①独立手工业一般是指旧式的、传统的手工制作,家内工业一般是指农家手工副业,工场手工业一般介于指小商品生产与大工业之间的过渡形态,也是近代中国成长比较明显的部门,既具有前资本主义的属性,也混有资本主义的特征。当时比较有名的工场手工业行业有广州的绫罗业、边带业、玻璃刺绣业、象牙细工业;顺德的丝织业、棉织业;潮安的瓷器业;汕头的罐头业、调味业;佛山的造纸业②。工厂工业一般是指现代式工业,近代粤桂省区内主要的现代工业集聚地为广州、顺德、佛山、潮安、汕头、梧州等都市或市镇,主要分布在纺织业、饮食品业、化学工业、机械工业、交通工业、服用品业、器具业等工业门类。

一、工场手工业

至于工场手工业的属性,王亚南认为:"在大工业已经占着支配地位的社会,工场手工业是可能更有资本主义性质的,但在经济落后,大工业不发达的社会,工场手工业却是更可能具有非资本主义性质。"③汪敬虞也认为中国手工工厂向机器大工厂过渡,不是发生在大机器工业出现之前,而是发生在大机器工业出现之后④。

（一）工场手工业态

王良行通过对清末以来中国对外贸易条件、贸易绩效的研究,论证了近代贸易

---

① 王亚南:《中国半封建半殖民地经济形态研究》,人民出版社,1957年,第59页。
② 《全国工人生活及工业生产调查统计报告书·四·工厂概况统计表》,1930年,第6—8页。
③ 王亚南:《中国半封建半殖民地经济形态研究》,人民出版社,1957年,第61页。
④ 汪敬虞:《论中国资本主义两个部分的产生——兼论洋务企业和中国资本主义的关系问题》,《近代史研究》1983年第3期。

对手工发展的促进作用①。1936年粤海关进口洋货减少进口土货增多,海关认为:"按自国内实业逐渐发展以来,本埠进口之制成品,即已受到影响,本年则此项情形,尤为显著,盖以土货品质,益见改善所致。"②"盖因粤省食粮不足,手工业相当发达,而新式工业尚在萌芽时期之故也。"③

就华南地区广东而言,"本省工业大多停留在手工业时期,其著名者有顺德、南海之丝业;潮州、枫溪、大埔、高陂、南海、石湾、廉江、安浦之陶瓷业;北江各属及茂名、信宜之纸业;新会之葵业;鹤山、南雄之烟业;梅康之席业;徐闻之糖业;梅录、博茂之榨油业;合浦、小北江之碗泥业;梅菉、东西江之砖窑业;兴宁、佛山之织布业;盐埠之爆竹业;阳江之皮箱业等等"④。

图2-8为1863—1921年粤海关四类大宗出口土货年际价格成长率,厂丝的单位价格增长较为快速平稳,手工地席、白丝的价格增长幅度相对较弱,桂类原料的出口价格增长幅度较弱且波动颇大。厂丝生产集中在广州与顺德、南海一带;以地席为代表的爆竹、葵扇之类的手工业生产主要分布在珠江口沿岸地带;桂皮等出口原材料主要来自口岸的外围地区,尤其是广西省农村。这些都暗示着,基于进出口贸易的工业主要受益地区,依然局限于港口城市及其毗邻地区,广大的边缘农村地区所获得的回报相对为少。这其中一个重要的原因是生产方式、规模标准、技术水平等方面的差异。

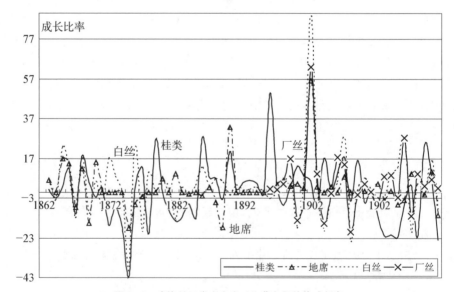

图2-8 粤海关四类大宗出口土货年际价格成长率

资料来源:*Return of Statistics of Canton for the Year 1863-1921*,《中国旧海关史料》。

---

① 王良行:《上海贸易条件研究,1867—1931》,(台湾)"国家科学委员会专题研究计划报告",1996年,第1—46页。《清末对外贸易的关联效果》,《中国海洋发展史论文集》,第6辑,中研院中山人文社会科学研究所,1997年,第281—347页。
② 《中国旧海关史料》(1859—1948),第120册,第349页。
③ 蔡谦:《粤省对外贸易报告》,商务印书馆,1939年,第6页。
④ 广东经济年鉴编撰委员会:《广东年鉴》,广东省银行经济研究室印,1941年,第D69页。

如果以粤海关最优势的出口品生丝为例，即可明晰这一点。由于生丝生产与出口的比较收益，促成了蚕桑、丝业范围的扩大。四会县本来"蚕桑不广，惟邑之西南各村间有之，故邑无丝市，缫毕则前往西南以求售，然不得善价，止可打线，不堪织绸，……疑潮不入江，其水逊南顺也"①。"新会县之栽桑，乃近十余年新起之工业，其利比稼穑较厚，然栽植面积不大（未及全县田亩的一成），但江门附近各乡则殆无不有之。……本县无茧市，但墟日或乡市中，常有担往发售者。"②该县生丝业未竟成功，主要在于市场没有发展起来，无法形成相对完成的产业链。

在后来的国际生丝竞争中，中国丝农收入下降的主要原因是世界性的经济萧条与家庭缫丝的质量问题。生丝制作及丝织业逐渐成为专门化的生产，植桑、养蚕、缫丝首先是在小农家庭完成（与制棉、纺纱、织布一体化一样），然后随着蚕茧储藏方式的改进，才集中到缫丝厂完成。家庭劳动力比雇工便宜，在高度商品化的珠江三角洲地区，经营式农业让位于小农家庭生产③。同样地，人口压力也会趋向于提高地租，从而有利于租佃制而不是经营式农业。它的根源在于生产成本与交易成本，前工业化时期的劳动生产率无法明显提高。

为此，政府与其他机构引入技术改良，蚕业学校向附近农村传播新的技术知识。为了提高产品质量与效率，引进了蒸汽机械，将家庭个体劳动方式转变为工厂集体劳动。因为传统的饲养蚕丝方法，对于蚕的病毒传播没有预防；在蚕的生长过程中，温度与湿度得不到调节，蚕业供应不一定能及时，蚕茧的质量不均；采用家庭手工的方式，抽取的纤维折断率高、不均匀。生丝业发展的挫折，表明农村缫丝业技术进步的滞后导致了失败，1900年以来珠江三角洲生丝业发展的成功，来自于机器缫丝的引进，高质量的生丝能够在国际市场上保持更高的单价。

近代华南地区的手工业中，有不少重要部门在洋货倾销下受到严重打击，例如传统的冶铁业在民初基本消失，土布业、染织业在1920—1930年代也明显出现困顿。吴承明的研究表明，在32个传统手工业行业中，鸦片战争后衰落的只有7个，继续维持的有10个，有较大发展并向机制工业过渡的则有15个，另外还产生了新兴的手工行业11个。而这些少数手工行业的衰落，并不全是进口洋货造成，而是中国本土新兴的机制产品竞争的结果④，在当时而言，工场手工业面临着类似于农业边际收益递减的窘迫境地。

即便如此，近代工场手工业的发展，还仅仅局限于一定的地理范围与行业领域。黄敏等认为近代工商业资本家实际大多由城居地主蜕变而成，近代以来虽然城居地主投资土地的热情并未稍减，但对农村其他方面的投资却日益扩大，如投资

---

① 陈志喆：《四会县志》编一，舆地略，风俗，光绪二十二年本。
② 国立中山大学农学院：《广东农业概况调查报告书》，1925年，第288页。
③ 黄宗智：《长江三角洲小农家庭与乡村发展》，中华书局，1992年。
④ 吴承明：《中国资本主义与国内市场》，中国社会科学出版社，1985年，第105、170—180页。

于农作物品种的改良,投资于经济作物的商品性生产,投资于新式农场等等①,对于农村产业的改良起到了一定的推动作用。但在近代时期,内地农村农业基本维持在"糊口"的水平线上,真正影响并改变腹地农村经济面貌的主要是外向化商品化的乡村副业与手工业。"旧经济组织的目的在能自给,略有过剩的产品,然后与农村他县做交易,所以交通不需十分便利,商业及金融的组织亦不致身份复杂。农民大部分的时间与工作,在生产食粮,供给自己家人及本地食用,此外有暇时便做手工业,农产品及家庭手工业产品大半在邻近的镇市中销售,而镇市中也有专营手工业的,供给各农村之需要。"②在远离口岸的乡村,家庭手工业的比重远远超过工场手工业,并成为主流的形态。

民国时期,在论及北江上游乐昌县的工业时,方志中如是解说:"工之制物皆赖土地生产力以为原料,利弃于地而求得善于人,殊不易得,我邑滔常习故,素惮振兴,如第一二三区木造船艇、土榨花生、茶、桐菜等油及庶而制之片糖,由笋而成之竹器、草纸,第六区浆原碗碟皆仍旧,进步未闻,此外棉织土布毛巾袜非织染弗精,则色泽欠亮,近在县城改平民工艺厂分别聘技师聚徒,学习制造竹本藤各种器具,所望从兹推广,更图生殖以供,制造工前途未可量也。"③这种情形具有一定的普遍性,在距离城市较远且交通不甚便利的农村,由于思想观念的落后、技术资金的不足,外加上政府作为的缺失,乡村工业基本上还停留在工厂手工业的阶段,无法实现向现代工业的演进。

(二)生丝业

下面以三角洲最主要的出口商品与工业行业——蚕桑、生丝业为例,作一阐释。

植桑养蚕业规模的扩大,为缫丝业获得了巨大的发展空间。广东的生丝加工主要集中在顺德、南海,农民用木制的手摇机缫丝,是农民一家一户的家庭手工作业,缫丝质量较差。由于从养蚕到缫丝的整个生产过程,都是分散在各家各户,在质量上难以获得统一的标准,丝经的粗细、色泽的均匀、断头的多少、丝的绕法等等,差别很大,很难一致,因此丝质高低,极其不稳定。这些严重的质量问题,给经过工业革命以后已经使用机器的国外丝织业生产商造成困难,法国商人将中国土丝购回里昂以后,用机器再缫,而这一工序的成本有时已经高出中国土丝的进口价格。1874年冬,陈启沅在南海县西樵乡简村开设的继昌隆缫丝厂,正式投入生产④,特别重视质量上的改进,以适应国际市场的需求。由于继昌隆蒸汽缫丝厂生产的丝质量好,售价相应提高,"成本如是也,用茧则如是也,沽出之价,竟多三分之

---

① 黄敏、慈鸿飞:《城居地主与近代江南农村经济》,《中国农史》2006年第3期。
② 刘大均:《上海工业化研究》,商务印书馆,1940年,第4页。
③ 陈宗瀛:《乐昌县志》卷十二,实业志,民国二十年。
④ 桂玷:《南海县志》卷廿一,列传八,陈启沅,宣统年本;陈天杰、陈秋桐:《广东第一间蒸汽缫丝厂继昌隆及其创办人陈启沅》,载《广州文史资料》第8辑。

一"。继昌隆的设备也比较简单,费用不高,可以提供包括锅炉在内的全套缫丝设备,因此蒸汽缫丝在广东很快获得了推广。光绪十三年(1887年),仅顺德县的机器缫丝厂已达到42家[1],19世纪末增至100家;宣统三年(1911年)增至142家[2];1912年增至162家,不久增至300多家,丝车女工达15万人之多[3],远远超过上海、无锡两地的机器缫丝厂。缫丝厂的规模最初很小,缫丝釜不过几十位,后来逐渐增至300位,最多时达800位[4]。粤海关贸易报告分析道:"1876年新式缫丝方法的使用得到保证,一方面归功于那一年的盈利很大;另一方面则是因为新式缫丝方法对人们生活带来了好处。"[5]机器缫丝厂所需要的大量蚕茧,直接促进了桑基鱼塘生产的发展。

继昌隆缫丝厂已经使用蒸汽煮茧,代替了炭火煮茧,再加上蒸汽动力和传动装置,大大提高了劳动生产率。在这个厂中,每一女工可以胜过10多个手工缫丝者的工作,"旧器所缫之丝,用工开解,每工人一名可管丝口十条;新法所缫之丝,照法开解,可管口六十条,上等之妇可管至百口"。蒸汽机器所缫出的生丝,粗细均匀,色泽洁净,弹性较好,质量是手工缫丝所无法比的[6],因此销路通畅,价格比土丝高出三分之一。

继昌隆所产的生丝几乎是为了出口,因此陈启沅在产品质量、丝厂管理上都建立了一些规范,并在广州扬仁南街自设一昌栈丝庄,从而实现了丝厂丝庄产销一条龙管理。至此,陈启沅初步建立起了一个具有现代特色的缫丝厂。

创办缫丝厂需要足够的资本,虽然收益丰厚,但是很难普及。于是陈启沅便将大缫丝机改为小缫丝机,以适应手工业者的需要。"以脚踏为动力,有利于小资本经营。""每人一具,携归家自经,绳出之丝无(论)多寡,市上均有店收之,其利更薄"[7];"小机之利尤普,卒之风气日开;南(海)、顺(德)各属群相仿效"[8]。这种形式的机器缫丝在南海兴盛起来,"用此法者不下二万余人"[9]。而各丝厂所用的机器,均系广东各地制造[10]。

需要指出,广东发展缫丝工业经历了许多困难。其一是蚕茧质量的下降。在珠江三角洲地区,养蚕方法一直没有任何重要的改进,尽管蚕茧缫丝工序有了很大进步,蚕茧的质量却逐渐下降,因为"产茧依重量而出卖于市场或缫丝工厂,农家自然希望茧量增多"[11]。1894年广东官府曾试图引进西方治理蚕蛹病害和改良蚕种

---

[1] 陈启沅:《蚕桑谱》,第1—2页。
[2] 农商局编:《第一次农商统计表》(纺织业特别调查)。
[3] 吕学海:《顺德丝业调查报告》,转自彭泽益编:《中国近代手工业史资料》,中华书局,1962年,第2卷,第53页。
[4] 乐嗣炳:《中国蚕丝》,世界书局,1935年,第236页。
[5] 1882—1891年粤海关十年报告,《粤海关报告汇集》,第896页。
[6] 陈启沅:《蚕桑谱》卷二,论缫丝法。
[7] 陈启沅:《蚕桑谱》,自序。
[8] 孙毓棠:《中国近代工业史资料》,第1辑,生活•读书•新知三联书店,1961年,第253页。
[9] 陈启沅:《蚕桑谱》,自序。
[10] 乐嗣炳:《中国蚕丝》,世界书局,1935年,第253页。
[11] 乐嗣炳:《中国蚕丝》,世界书局,1935年,第237页。

的方法,还聘请了受过良好培训的华人养蚕技术员给育蚕者以指导,但因没得到育蚕者的支持,这一计划不到两年就失败了①。此后蚕茧改良问题一直没有进展。其二是资金问题。缫丝工厂一般资金薄弱,丝业经营者不得不依赖地方的钱庄或广州的生丝买卖行②。

尽管如此,机器缫丝业仍在发展,而技术改良也在缓慢推进。例如,1882—1891年,广州的柞丝绸和柞丝绸手帕的出口,由于制作精细、式样美观,但质量稍逊日本货,因而大受影响。当地人不得不努力提高技术,到了1892—1901年,一些新兴款式的茧绸品种开始投入西班牙和中南美洲市场③。1900年以来珠江三角洲生丝业发展的成功,来自于机器缫丝的引进,高质量的蚕丝能够在国际市场上保持更高的单价。

以上的诸现象,构成一幅充满矛盾和冲突的图像:一是产品数量的迅速增加和质量上的缓慢提高;二是小机器的迅速推广和新技术推广的困难;三是白厂丝生产的发展和蚕茧质量的不断下降。由此,可以看出养蚕织丝作为珠江三角洲最重要的产业,在近代对外贸易推动下的应对机制。

据张丽分析,明末清初一亩桑地的收入大约是一亩稻田稻麦收入的3—5倍,到了1865—1880年间,一亩地的蚕桑业收入大约是一亩稻田稻麦收入的8—10倍左右,不仅种桑养蚕的每亩产值高于水稻和小麦种植,而且呈显著上升的趋势。她认为,这是1860—1900年间产业向蚕桑转移的主要原因,而在1860—1870年代之交,蚕丝的价格是17、18世纪的2.5倍,利润是3.0倍④。

尽管在珠江三角洲没有发现类似于无锡那样完整的农家收入调查,但从丝织业在出口结构中的比重以及在技术和产品上的改良,大致可以得出珠江三角洲地区近代蚕丝业是向前发展。至少在1920年代以前,虽然绝对发展和单位收益在部分时间、部分地区可能是停滞的或下降的,但发展的趋势还是存在的,甚至是明显存在的。

1923年广东省一度有缫丝工厂167家,丝厂所出生丝,交由生丝商店——丝庄经售,丝庄集中于广州西后街、西兴街、新兴街一带⑤。其中135家在顺德县,26家在南海县,4家在新会县江门、周郡,1家在番禺县,1家在三水县。其余各县都没有开设丝厂,所生产的桑茧大多贩卖到邻近县的丝厂,农家也有自行缫丝,销售于各丝厂。"广东的缫丝工厂对于构造方面,不及上海缫丝工厂,因之丝厂的建筑费

---

① 1892—1901年粤海关十年报告,《粤海关报告汇集》,第946页。
② 乐嗣炳:《中国蚕丝》,世界书局,1935年,第256页。
③ 1892—1901年粤海关十年报告,《粤海关报告汇集》,第864、918页。
④ Zhang Li, Peasant Household Economy under the Influence of International Trade, Industrialization, and Urbanization: A Case Study of Wuxi Peasants' Response to Economic Opportunities, 1860s - 1940s. Dissertation of UCLA (University of Colifornia Los Angeles), 2002. pp. 263 - 264. 张丽:《关于中国近代农业经济的探讨》,《中国农史》1999年第2期。
⑤ 广东省政府秘书处:《广东生丝统计》,1934年,第20—21页。

用比上海低廉很多。广东虽有租借丝厂而经营者,但其数不及上海多。"①

两广的生丝业95%在广东,丝厂集中于顺德县、南海县,主要有三个方面的原因:一是顺德处于珠江三角洲几何中心,珠江下游三角洲水网密布,江河四通八达,往来便利。二是顺德土壤肥沃,气候温和,适宜于蚕桑,南海在顺德之北,仅县内北部山地不宜蚕桑。三是顺德南面的中山县,所产的桑蚕多运往顺德的容奇、桂州等处出售②。

顺德、南海一带蚕丝业从业人员约218万人,实为本地的支柱产业。鼎盛时期广东省丝厂共有180余家,茧栈200余所。至1931年能维持开工者,仅120家,1933年只有68家,1934年只有22家,1935年因生丝销路略有起色,茧价亦平,故陆续复工者有三四十家③。一旦生丝类产品比较收益下降,人们开始从事其他可以替代的产品生产时,产业转移就不可避免,最为明显的表现就是1932年后大量的桑田重新种植水稻或甘蔗。

1933年拟制定改良蚕丝三年(五年)计划,总结不足时认为:"栽桑育蚕方法之陈旧、制丝技术之落伍、机械设备之破败、丝厂组织之涣散、管理人才之欠缺",以及相应的金融支持、贸易环境等。第一年的工作计划:① 扩充研究蚕桑及蚕病试验,建立一所育种室、一所定温湿室,购置育蚕器具、病理测试器材,并延请技术人员;② 扩充顺德容奇的第一制种试验场,扩大优质蚕种供给;③ 另在南海九江建设第二制种场;④ 推进制丝技术研究;⑤ 扩建缫丝厂,尤其是添置能够试制优等丝之缫机;⑥ 制定蚕丝法规,规范丝厂组织;⑦ 在顺德水藤地区、清远县各增加一个蚕桑指导所,振兴该区的蚕桑业;⑧ 举行蚕茧评比及展览会;⑨ 举行改良蚕丝宣传运动;⑩ 跟踪调查全省蚕丝业;⑪ 奖励蚕桑业技术改良中的优秀人员。第二第三年逐步增加制种场、蚕茧指导所,并建立模范丝厂,按照优等丝的要求,适应国际市场上对生丝品质的要求,克服廉价数量增长路线,提高广东生丝的市场竞争力④。

根据第四第五年的计划,除了继续推进相关的技术革新、宣传、组织工作外,还决定:① 建立并扩充第一、第二、第三制种试验场,其中第二制作场,供给到北江流域的清远、西江流域的梧州;② 设立北区蚕业试验场与模范育蚕村,甚至拟扩大到北江上游的乐昌县;③ 进一步扩充蚕业指导所、女工训练所、管丁养成所;④ 借鉴日本长野县依田社的办法,选择省内十家优质丝厂,政府出面提供便利以及50万元的资金资助,成立制丝组合,以求更接近现代工业的法则,推动技术进步,保障生丝的品质。主要内容有两条:"① 共同办理公共干茧机,以及储茧仓库、生丝检验管工训练所,女工养成所(政府代为购置、建设、培训),合作大宗购置粮食燃料机械,以及一切日用必需品;② 共同缫制同一牌号同一品质之生丝,其丝质之划一,

---

① 广东省政府秘书处:《广东生丝统计》,1934年,第18—20页。
② 广东省政府秘书处:《广东生丝统计》,1934年,第18—20页。
③ 广东经济年鉴编撰委员会:《广东年鉴》,广东省银行经济研究室,1941年。
④ 广东省政府秘书处:《广东生丝统计》,1934年,第107—139页。

由生丝检查所鉴定之。"①

对于珠江三角洲的制度环境,依据诺思的解释如果忽视了产权、制度、意识形态等因素,单凭市场上相对价格的变动是不能解释历史上的重大变革,但也并非赖作莲所论证的那样,在宗族制和"一田二主"的制度形态积极影响的同时,还隐藏着更深层的制约机制②。

强大的宗族势力对桑基鱼塘的兴修,尤其是对"弃田筑塘,废稻树桑"热潮的掀起了促进作用③。宗族组织不仅是基塘系统的组成部分,而且还大大推动了桑基鱼塘的发展。珠江三角洲的大宗族,拥有雄厚的物力、财力,对沙田的开发起了积极作用;同时沙田的大规模开发又为珠江三角洲的宗族势力的发展创造了有利的经济条件,二者成互动关系④。宗族很重视族田的捐制,族田在珠江三角洲所占比重很大。据 1934 年陈翰笙先生等调查,珠江三角洲一些县,族田占耕地面积的百分比达 50% 左右⑤。清代晚期,南海的基塘一亩租额,一般也达二十银元,比其他类型土地的租额同样高得多⑥。

国际市场需求的增长使得种桑蚕变得很有利可图。但是,一般个体农民不愿去冒这个风险,只是在保证一定粮食作物种植面积的前提下,为更好地缴纳租税,把小块土地改作桑地,从事小规模的种桑养蚕活动。一般的农家无法拿出这样的投资,正如舒而茨所言的,他们是"一分钱的资本家",他们参与的外向型生产和交换同样是出于利润的追求。

表 2-31 反映了 1920 年代珠江三角洲尤其是基塘区桑地面积数量和从事养蚕业的人数,这些地区桑地占总土地面积的百分比之高,从事养蚕业人口在总人口中所占的百分比之多,是其他地方所没有的。宗族制对"弃田筑塘,废稻树桑"热潮的掀起起了推动作用。

表 2-31　广东省桑地面积和业蚕人口(1920 年代)

类别 县别	桑地 (亩)	桑地占总土 地面积(%)	从事养 蚕业人口	总人口	养蚕业 人口(%)
顺德	665 000	70	1 440 000	1 800 000	80
南海	300 000	—	200 000	420 000	48
香山	328 800		382 600		

资料来源:霍华德、伯斯韦:《华南丝绸业调查》,第 15—37 页,引自《广东省的蚕丝业》,《中国经济杂志》1929 年 7 月第 5 卷第 1 期,第 604—620 页。

---

① 广东省政府秘书处:《广东生丝统计》,1934 年,第 155—181 页。
② 赖作莲:《论明清珠江三角洲桑基鱼塘的发展》,《农业考古》2003 年第 1 期。
③ 叶显恩:《明清珠江三角洲沙田开发与宗族制》,《中国经济史研究》1998 年第 4 期。
④ 刘志伟:《宗族与沙田开发——番禺沙湾何族的个案研究》,《中国农史》1992 年第 1 期;叶显恩等:《明清珠江三角洲沙田开发与宗族制》,《中国经济史研究》1998 年第 4 期。
⑤ 陈翰笙:《广东农村生产关系与生产力》,上海中山文化教育馆,1934 年,第 14—17 页。
⑥ 叶显恩:《略论珠江三角洲的农业商品化》,《中国社会经济史研究》1986 年第 2 期。

近代以来的国际分工和贸易,已经打破了13—19世纪中叶以前的商业发展的自然进程,农家参与的外向型生产不再仅仅是出于人口的压力,反过来也不会必然地表现为过密化,他们在面临边际效益递减的处境时还有其他选择的可能。但是,缫丝业受不确定的市场的支配,生产的扩大和减小主要依据国际上生丝的价格变化;农家也一向是市场信息不对称的盲目追随者,随时会成为贸易危机的被转嫁者,这一点在1930年后的大危机中表现得尤为明显。同时,由于品质、款式等原因,尤其是在日本、印度生丝和人造丝的市场竞争下,广东生丝市场的辐射力在1920年代以后趋于微弱。李丽莲就认为近代丝类衰落的一个重要原因,就是技术改良的滞后。此外,三角洲的缫丝业一直没有真正建立起现代性的生产机制,缺乏产业结构升级进化的内在张力。

以上三个方面的因素,共同反映出这种发展是有限的、不能持续的。自从1860年对外贸易的持续扩展以来,生丝类生产已摆脱了13世纪以来的农家规模狭小的不足,新的技术和市场等要素已经出现,农家参与生产不一定必然、被迫地选择过密化,他们在拥有多重选择的可能下,可以避开过密化的泥潭。但是,对外贸易的比较和相对收益却呈现了下降的趋势,甚至引发了严重的危机,直至大范围的衰落。这一点,已经不是简单的生产问题,它表明近代以来的发展面临着多重的外在和内在的制约,这种发展没有资金、技术,尤其没有制度的支持,不能进行可持续性的发展,而且可能会面临无法预料的逆转,这在其他的产业中同样如此。因此,黄宗智认为的过密化只是一种经验上的印象,并不是问题的真相,他关于1978年后走出过密化的解释是突然的、不合情理的,关于中国走出一条有别于一般的资本主义的发展模式,其实正是建立在近代以来自身特色的工业成长模式上,1930和1978年其实是一个连续的时段,只是往后走出了一条可持续发展的路线罢了。

(三)其他手工业

近代华南地区比较有名的乡村工场工业,除了顺德南海的生丝业,即为兴宁、郁林、桂林的织布业,都安等地的纸业,广州的火柴业。

就纺织业而言,华南地区工场手工业一度具有强大竞争力。"英国人发现他们很难在中国内地销售兰开夏布,因为中国的手工织布业进行了有力的竞争。"[①]澄海的土布,"工精质美,足与舶来之布抗衡,行销于潮梅各县,近则运销于南洋海外各群岛"[②]。纺织业中的原料棉花基本依赖外来供给,随着进口机纱相对于国产价格的下降,机纱逐渐替代了土纱,成为纺织业的主要原料,促进了土布业的发展。英国领事商业报告认为,广东传统纺织业中心之一的兴宁一带,1880年后由于"孟买棉纱售价低廉,足使织布者获得优厚的利润",1890年左右,汕头港的"棉纱进口,

---

① (美)费正清:《剑桥中国晚清史(下)》,中国社会科学出版社,1994年,第58页。
② 《广东澄海县物产状况及行销调查表》:1929年7月1日《工商半月刊》。

俱为兴宁县织布所需","而所织之布,则发往各处销售,是则棉纱进口旺弱,亦视兴宁之布畅滞如何耳"①。新造县原先"所产棉花,……为各属冠。往时业此者甚多,几于无男不种植,无女不纺织"。

广西省土布业的两个中心是南方的郁林与北方的桂林。郁林"所产的土布,花样繁多,品种精致,可和高阳土布相媲美。"全县有织户1 000余家,织机2 000余架,散布乡间,机户同时兼营农业。1911年前,郁林农村只有少数矮机,产品全部为约0.67米阔幅的麻布,利用自种棉花纺织成的棉布,均系家庭自用。1921年,先后有梁家凯、晏忠、李伟祐等成立东厢职业学校、县立职业学校,招收学生,传授织染技术,培养了一批人才。又由桂林、柳州等地引进高机,大大提高了织布速度②。至1930年代,郁林土布质量有了显著提高,可以按外地机织布花色仿造,且产量较大。据1933年调查,郁林全县工作的织机约2 000架,织户约千余,每年产布数额达20万匹,约值50余万元③。抗战胜利后,郁林土布业继续发展,1946年全县纺织及弹花等机达3万架,从业人员7万人以上,每墟交易额达3亿—4亿元(旧国币)④。桂林织布业向来颇为发达,其质量之精美并不逊于郁林。桂林的土布为工场形式,织户多集中于城厢附近,乡间很少,最盛时有2 000多家。由户主提供织机,最少的2—3架,最多的20多架,除户主家人之外,雇佣工人若干⑤。1920年代中期以前,桂林织布业有织机约300架。抗战时期,全市织机增加到2 000架,织户约500家⑥。产品种类计有土白布、土花布、土毛巾、土袜、带子、蚊帐等。据1933年的调查,桂林每年销纱合计约2 500包,按购纱量估计,年产棉织土布约60万—70万元。产品除销往附近各县外,还远销滇黔边境⑦。

"清同治以前,(广西)全属妇女于田之外,所有余地尽数植棉,夏播而秋收,自弹棉抽线纺纱至织布,纯用手工。……全属男女所用衣料均取土布,不知舶来品为何物。"⑧贵县直到"光绪以前,衣料多用土货,县属比户纺织,砧声四起。一丝一缕多由自给,于时以服自织布为贵。布质密致耐用,平民一袭之衣,可御数载"⑨。广西省三关开放后,料纱输入日益增多,手工棉纺织业中土纱已逐渐为洋纱所替代。至1930年代,织工织布几乎全用洋纱,只有桂西北较偏僻的县份,或有人用土纱作经纱。质优价廉的洋纱的使用,大幅度提高了手织业的生产效率、生产规模。与此同时,洋布代替土布的过程时展极其缓慢,工厂手工土布具有强大的竞争力。广西手工织布业中,除了兴安、龙胜、钟山、天河、思恩、南丹、河池、隆安、凤山外,棉纱均

---

① 《通商各关华洋贸易总册,汕头口华洋贸易情形略》,第91页,《中国旧海关史料》,第13卷,京华出版社,2002年,第83页。
② 周贤鉴:《解放前玉林手工业概况》,《玉林市文史资料》第10辑,第79页。
③ 千家驹等:《广西省经济概况》,商务印书馆,1936年,第112页。
④ 广西省政府建设厅统计处:《广西经济建设手册》,1947年,第63页。
⑤ 陈正祥:《广西地理》,中正书局,1946年,第164页。
⑥ 邓时和:《桂林的土布业》,《桂林文史资料》第4辑,第229页。
⑦ 千家驹等:《广西省经济概况》,商务印书馆,1936年,第118页。
⑧ 广西壮族自治区博物馆历史组:《广西土司制度资料汇编》,第四册,油印,1961年,第467页。
⑨ 欧仰羲修,梁鼎新纂:《贵县志》卷一,地理,墟市,卷二,社会生活状况,民国二十四年。

来自上海,价值 3 796 846 元,制成品均本地消费。毛巾织造棉纱全部来自上海,价值90 970元,用于本地消费①。

正如高阳的经验一样,19 世纪早期中国早期的新型纺织区是为国内市场生产产品,其目的是为了取代大量涌入中国并有可能吞噬中国经济的进口产品②。在工场手工业发展的同时,原有的家庭副业性织布逐渐衰落,更多地为工厂工业所取代。1930 年代初,(贵县)"家庭纺织之工业逐渐消灭,今欲于乡间觅一纺车几不可得矣!"③。在广东省,"以前是用粗衣麻布的,现在除了乡村里,已经满眼花红花绿,即以三水而论,从前墟期有许多用竹篮挽他所织得的家机大布,出墟求贾,现在已经没有这种现象了,……即粗布已受舶来品的争夺,市场上只有外国布销流者"④。

有关造纸、火柴等工场部门,由于规模一般较小,且存续于少数区域。其时广西的造纸业,根据原料可分为纱纸、竹纸,但早期基本上都属于农家副业,一般均手工生产,特点是"三小一广",即资本小、规模小、产量小、分布广,直到 1930 年代后才开始出现专业纱纸厂。制纸是有季节性的,一般每年阴历五月到七月,"其余时间,工人们跑到很远的地方种田"⑤。纸户将纱纸生产出来后,一般挑往圩场卖给纸庄,价格由纸庄设定,一般而言,纸户获利极微。

广东制纸业最发达、等级最优者是韶州东北一带,其中扶溪、长江、城口南雄等地为制纸中心,可以很便捷地获得毛竹、石灰、灌木等材料,但困难在于交通不便,"出品要由崇山峻岭中的纸场,运到道阻且长的城市去,所以虽然在平静时期,因为运输困难,卖价仍要很高,近年时局不靖,遍地荏苻,纸业更受多一重盗匪的摧残。茶园山里面一个小村落,在未反正前有四十家纸场,但是到了今日,只剩四家"⑥。另外,东江汕头、毗邻广西的广宁、广州附近的陈村,也出产下等纸。广西省纱纸产地也集中在都安、隆山、那马三县,而以都安为最多,都安纱纸年产约 128 万斤,大部分都运销省外,用作包物纸、炮引纸、制伞纸。广西纱纸年均输出 300 万斤以上,除了广东佛山、广州、汕头、汕尾外,包括厦门、福州、上海,以至于安南、暹罗、新加坡、吕宋、爪哇等处⑦,后来由于日本纸的竞销,纱纸业日趋衰落。竹纸产地均在竹林资源丰富的地区,广西灵川、永宁、永福、义宁、龙胜、临桂、昭平、融县等地大量生产,尤其是融县,这里竹木丰盛,居民"种植山林者十居七八,经营纸业者,十居二三",1920—1930 年代之交,融县有手工纸厂 46 家,每年产纸 50.75 吨⑧。后来由于获利甚微,纷纷改业,至 1940 年,融县手工制纸业仅存 2 家⑨。广州的火柴工业,其

---

① 广西省统计局:《广西年鉴》,第 1 回,1933 年,第 316—326 页。
② 顾琳:《中国的经济革命——二十世纪的乡村工业》,江苏人民出版社,2009 年,第 4—5 页。
③ 欧仰羲修,梁鼎新纂:《贵县志》卷二,1935 年。
④ 1929 年 8 月 23 日邓彦华在广州中央公园的演讲:《广东的建设问题》,广东建设编辑处、粤东编译公司,1929 年 9 月。
⑤ 莫古黎:《广东的土纸业》,岭南大学岭南学报社,1929 年,第 10 页。
⑥ 莫古黎:《广东的土纸业》,岭南大学岭南学报社,1929 年,第 3 页。
⑦ 广西省统计局:《广西年鉴》,第 3 回,1944 年,第 630 页。
⑧ 广西省统计局:《广西年鉴》,第 2 回,1935 年,第 451 页。
⑨ 广西省统计局:《广西年鉴》,第 3 回,1944 年,第 622 页。

中大部分为工场手工形态,"其设备有发动机者,仅为少数较大之厂家,至于工作机器,几乎全部为手摇机,所用原料,关于木料部分,上等者采用东省之白杨,其后则为美国之棉花木(Cotton Wood),大部分则使用本省各地出产之松木。药料部分除牛胶为国货外,几乎全部依赖国外之输入也"①。

广东省内工场手工业,"至于布机、纸厂、印刷、火柴诸事业亦纷倡",除了上述几种之外,比较著名的有石湾的陶瓷业、佛山的冶铁业、箩竹的织篮业、盐埗秀水的染良业,"市厘热闹,工人众多",还有白沙的绣工业、大沥的鞭炮业、小塘的杉料业、佛山九江的银业。广西省内其他手工陶瓷、竹纸、砖瓦、切烟、酿造、面粉、爆竹手工制成品均本地消费,只有皮革运销广州、香港②。

二、现代工矿业

按照科大卫对传统以来中国自身的工业制造阶段的划分:第一个时期是从明代至清中叶,工业生产主要依靠手工机械;第二个阶段开始于 1860 年代,蒸汽机被引入官办企业;第三个阶段是 20 世纪初以来以商办为主的工厂,已经比较多地采用了动力设备③。近代华南地区的现代重工业源于 1873 年"中体西用"下的广州军需工业——广东机器局,轻工业源于新式机器缫丝厂等民用工业,1872 年华侨陈启沅在其家乡——广东省南海县西樵乡设立继昌隆机器缫丝厂。

(一)广东的工矿业

就华南地区广东省而言,90%以上的近代企业集中在沿海的广州、汕头、湛江等少数城市,其他内地,尤其是粤北山区、海南岛少数民族区,很少或基本没有近代工业,资源供给地与工业生产地较远。同时,就当时的工业结构而言,以小型的轻工业占优势,化工业、机器制造业的比重低下,资金相对不足、技术相对落后。

1. 轻工业先行、门类逐渐增多

1870 年前后,广东华侨资本在南海西樵、顺德、露洲等地所经营的机器缫丝工业逐渐兴起,但因资本弱、规模小,只有局部使用蒸汽机,大部分使用手摇机,其规模远比上海地区外国资本经营的缫丝业落后④。但是,恰恰是这种方式比较适合当时的情况,珠江三角洲地区在引进机器缫丝业之初,则通过对技术的退步性改良使得丝厂落户乡村,将蚕农直接卷入到技术进步的红利分配中,实现了生丝业的繁荣⑤。晚清时期广东的轻工业企业有很多由华侨首先创办,甚至在国内也属于首创,例如我国第一家机器缫丝厂(南海继昌隆缫丝厂)、第一家火柴厂(佛山巧明火柴厂)、第一家电灯公司(广州电灯公司)、第一家橡胶厂(广东兄弟树胶公司)、第一

---

① 广东经济年鉴编撰委员会:《广东年鉴》,广东省银行经济研究室,1941 年。
② 广西省统计局:《广西年鉴》,第 1 回,1933 年,第 316—326 页。
③ 科大卫:《近代中国商业的发展》,浙江大学出版社,2010 年,第 132 页。
④ 梁仁彩:《广东经济地理》,科学出版社,1956 年,第 11 页。
⑤ 张茂元、邱泽奇:《技术应用为什么会失败:以近代长三角珠三角地区机器缫丝业为例》,《中国社会科学》2009 年第 1 期。

家飞机配件厂、最早的民办铁路(新宁铁路与潮汕铁路)等,以及广东首家华商进出口商行、首批橡胶园、首家公共汽车公司、最早最著名的几大百货公司等①。

光绪后期新式工厂增多,例如广州恒丰泰机器碾米厂、巧明与文明阁火柴厂,以及众多的小规模机器修理厂。1906年广州植丰、恒丰泰两家碾米厂采用机器碾米,营业兴旺。1911年陈沛霖、陈拔廷在芳村大涌口开办协同和碾米厂。一战期间,西方各国工业生产大幅萎缩,贸易量锐减,输入中国的洋货急剧下降,从而使国内进口洋货价格大幅度上涨。相比之下,国产商品销售价格较低,竞争能力增强,由此取代了部分洋货,中国的实业建设获得了较快发展。钟衡臧在发起成立"工业建设会"时认为:辛亥革命的胜利引来了中国资本主义发展的广阔前景,全国建立了许多旨在振兴实业的社团②。广州织布厂、针织厂兴起,仅1920年成立的火柴工厂即有23家,1919年广东兄弟橡胶厂成立,而后有怡怡、冯强等23家橡胶厂。

1921年新加坡归侨肖侨鸿、司徒广、冯强等在泰康路开设冯强胶鞋厂,主要生产"大象牌"胶鞋,是1920—1930年代广州最具有实力的胶鞋厂,由于产品质量好,花色品种多,产品行销国内与东南亚一带。随着产品销路的拓展,生产规模不断扩大,工人由原来的100多人增加到400多人,平均日产胶鞋由1 000多双,增加到5 000—6 000双,最高日产9 000双。1937年4月由于日军侵入停厂解散③。大约到1920—1921年广州的碾米厂有20多家。随后,省内各地,例如中山的石岐、顺德的陈村、东莞的石龙等处也设立工厂,采用机器碾米,甚至南海、增城、高要等县的乡村,"亦复群起仿效,至是广州之碾米也受到打击,该业也渐趋中落"④。广州的碾米厂一度减少到19家,后来又因为洋米输入增多,更减少到9家,及至1933年重开洋米入口税后,复增加到14家。碾米厂独资合资均有,一般大约30人,采用煤汽油或柴油驱动。

近代广东的重工业始于洋务筹办机器制造工业,以及民用为主的水泥工业、化学工业等门类。此外,自1890—1900年代以来一直得以稳定发展的是城市公共事业,例如电力工业、自来水业。

1873年两广总督瑞麟倡办广东机器局⑤,1887年两广总督张之洞创办广州制造局,1907年改名为广州制造军械局,1920年增设机器制造部门,1930年代增建发电厂,抗战前夕迁往广西贺县,与广西兵工厂合并。

1912年陈沛霖、陈拔廷创建协同和机器厂,并与何谓文合股扩大,专门生产柴油机,1915年又生产出117.7千瓦、用压缩空气启动、可逆转的两冲程柴油机,安装在轮船上航行于珠江水面,引起航运业者重视,继续仿制出两冲程、四冲程柴油机多种,1930年在香港开设分厂,1937年该厂累计生产出各种规格的柴油机368台/1.68万

---

① 张晓辉:《略论民国时期广东经济发展的特征》,《广东史志》2002年第1期。
② 上海:《民声日报》1912年02月28日。
③ 广州省立中山图书馆编:《老广州》,岭南美术出版社,2009年,第123页。
④ 广东省银行经济研究室:《广州之米业》,1938年,第23页。
⑤ 陈真编:《中国近代工业史资料》,第3辑,生活·读书·新知三联书店,1961年,第210页。

千瓦,有85台设备,340名职工,为华南最大的机器厂,产品行销华南、东南亚、加拿大等地。广州沦陷后,厂房设备遭到日军洗劫一空。抗战胜利后,恢复机械维修业务①。

1906年两广总督岑春煊奏准开办广东士敏土(即水泥)厂,1909年建成投厂,位于广州河南芳草围,初名"广东河南士敏土厂"。这是近代中国第二家士敏土厂,也是中国南方产量与规模最大的士敏土厂。1929年为了满足修建粤汉铁路所需的巨量士敏土,广东省建设厅在广州西村动工筹建广东西村士敏土厂,从丹麦史密斯公司购进日产200吨的先进湿制法机器。1932年6月建成投产。所产的"五羊牌"水泥质量可以媲美欧美各国产品。1933年7月1日河南士敏土厂并入西村士敏土厂,成为广东西村士敏土厂河南分厂②。

1890年旅美华侨黄秉常等开办广州电灯公司,为国内民族资本最早经营的电灯公司。1901年英商旗昌洋行在广州五仙门开办粤垣电灯公司,1909年由官商合组的广州电力股份有限公司赎回自办。1919年广州电力股份有限公司转为民营,1932年被收为市营,由广州市电力管理委员会主管。1933年、1937年广州河南电厂、西村电厂先后建成,在日军侵华后严重受损③。

增埗自来水厂建于1908年,生产能力为1 350立方米/时,是广州第一家公用自来水厂,此前广州居民饮用的是珠江河水或井水。水厂最初为官商合办,1915年改为商办,1929年由市政府接管,并进行扩建,安装了第二套快滤式供水设备。东山自来水厂,1929年在广州杨箕村建成,日供水量270立方米,有效地缓解了东山一带的缺水状况,1944年被炸毁④。

2. 省营工业的兴起

1927年后工业发展得到南京国民政府的积极推动,此后十年是国内资本主义工商业迅速发展的时期。广州地区省营工业开始于1908年,鼎盛于1929—1936年,基本集中在西村与河南地,轻重工业并重发展,详细如表2-32a:

表2-32a 广州市省营工业(1929—1936年)

厂 名	资本(元)	职工人数	平均月薪(元)
广东士敏土厂	7 339 308	1 120	—
市头糖厂	8 049 882	1 380	46.00
新造糖厂	2 229 115	280	42.80
广东化学厂	2 300 000	200	16.50
广东纺织厂	5 627 076	880	
广东肥田料厂	3 590 680	—	—

① 广州省立中山图书馆编:《老广州》,第122页。
② 广州省立中山图书馆编:《老广州》,第120页。
③ 广州省立中山图书馆编:《老广州》,第134页。
④ 广州省立中山图书馆编:《老广州》,第130、132页。

大约在 1930 年代，广州建立起制糖、纺织、橡胶、水泥等现代企业，如广州的机器制造、橡胶、棉纺、碾米业，官僚资本的广州水泥厂、电厂、机制糖厂，民族资本工业在工业后进的近代中国已占有一席之地，广州市工厂工人约十万。战前根据西南三年施政计划，拟在广州筹建 22 家工厂。

1929 年前，广东市场的水泥(士敏土)80%进口自香港(其中 40%产于香港九龙、20%来自欧美、20%来自日本①)。其时广东的水泥工厂主要有河南与西村士敏土厂，其中河南厂创办于光绪末年，有员工 50 人，由于管理不善、设备陈旧，日产 300 桶；西村厂创办于 1930 年，投资 400 万元，每日出货 1 400 桶，员工 300 人，每日三班，日夜不停。西村厂的优势有二：① 购自欧美的新式机器，供应发电、蒸汽、烧磨等，其中有 2 名西方工程师，"系与机器同来，现仍在厂供职"；② 该厂西接增埗北江、东连粤汉铁路(有一支线直达货仓)，原料来自韶关、英德，由粤汉铁路直达到厂②。

1932 年广东省政府投资 89 万元，向美国化学建筑公司订购全套机器，在西村设厂，自制硫酸，1933 年正式投产。原称为广东化学工业厂硫酸部，后改为广东硫酸厂。该厂是采用当时最新式的接触式方式生产硫酸的省营企业。1934 年广东省政府又在西村工业区建成省营苛性钠厂，利用电解食盐的氯气与氢气合成法制造盐酸。1936 年广东硫酸厂与广东省营苛性钠厂合并，改称为广东硫酸苏打厂③。

1933 年广东省政府投资 6 340 万元毫银，在广州河南芳草围兴建广东纺织厂，1935 年建成投产，拥有棉、毛、丝织机共 212 台，设备大部分从英国进口，年产值 220 万元毫银。是广东第一间最具有规模的现代化纺织企业。抗战期间，部分厂房被炸毁。战后复业，先后改名为广东实业有限公司广州纺织厂、广东实业有限公司纺织厂④。

1933 年 1 月陈济棠颁布《广东三年施政建设计划》，在工业方面兴办地方官办工业，重点抓投资少、见效快、销路好、利润高的中小型企业，其中最符合广东特点、最能获得高利的是蔗糖业，并在糖业的带动下，建成了西村士敏土厂、河南纺织厂、河南造纸厂、西村硫酸厂、增埗饮料厂，着力抓西村电力厂与增埗水厂等建设，使得广州市西村工业区与河南工业区初具规模⑤。

陈济棠工业计划期间(1932—1936 年)，广东省营工业发展迅速，省营的工厂如下：西村士敏土厂、省营西村硫酸厂、省营西村电解厂(习称苏打厂)、省营西村肥田料厂、西村工业区电力厂、省营增埗饮料厂、省营河南纺织厂、无烟药厂、省营梅菉麻袋厂、省营造纸厂、省营新造糖厂、市头糖厂、顺德糖厂、揭阳糖厂、军垦区管辖的东莞糖厂、惠阳糖厂、五金试验厂、广州市垾城发电厂、广州市增埗自来水厂

---

① 至于从欧美或日本的进口比例，主要根据汇率。
② 《广东士敏土之销路与生产》；1933 年 4 月 15 日《工商半月刊》。
③ 抗战时期该厂先后六次遭到日机袭炸，厂房设备被毁。广州省立中山图书馆编：《老广州》，第 125 页。
④ 广州省立中山图书馆编：《老广州》，第 128 页。
⑤ 吴志辉：《简析陈济棠统治广东时期的经济发展》，《广州研究》1983 年第 3 期。

等,以及手榴弹制造厂、防毒面具制造厂。广东省建设厅直接经营的十三个厂(西村5个厂,4个糖厂,加上饮料厂、纺织厂、纸厂、麻织厂),当时计划投资4 500万元银毫。士敏土、白糖、纺织品等都是当时广东市场急感缺乏的,制成的硫酸、汽水啤酒等饮料都广有市场,如电解厂、肥田料厂、纸张厂等如能建成,能提供大料烧碱、肥田料、硝酸、纸张等①。近代广州各类新式工业,尤其是国营工业有了发展,但在整体上发展依然滞后,"近三十年来,新式工业虽亦有人倡办,然发展有限,最近省营工业突飞猛进,始有制糖厂、纺织厂、麻织厂、士敏土厂、酒精厂、制纸厂、硫酸厂、饮料厂、肥田料厂等之设立"②。

1936年粤海关发现进口洋货减少、进口土货增多,"盖因粤省食粮不足,手工业相当发达,而新式工业尚在萌芽时期之故也"③,故而认为,"按自国内实业逐渐发展以来,本埠进口之制成品,即已受到影响,本年则此项情形,尤为显著,盖以土货品质,益见改善所致"④。除了上述省营工业外,民营工业也较快发展(表2-32b),民营经济充满夹缝中求生存的韧性,只要给一点点希望、一点点缺口,它们就会抓住机会野蛮生长。

表2-32b 广州市主要的七种民营工业(1936—1937年)

工业类别	工厂数量	填报资本	估计资本	年产量/值	职工人数	平均月薪(元)
机器工业	22	148 190	740 950	939 500元	655	23.40
火柴工业	11	372 000	—	200 700箱	3 514	11.00
肥皂工业	80	—	555 840	1 764 000箱	560	17.00
榨油工业	37	137 000	—	486 732担	34 665	散工制
橡胶鞋工业	17	—	1 138 000	8 780 000双	3 128	21.40
煤油工业	17	284 000	—	556 800罐	191	17.50
碾米工业	14	105 545	—	2 279 498担	429	16.50

除了上述所列以外,广东省其他的工业多聚集在珠江三角洲地区,缫丝工业集中在顺德、南海,丝织工业集中在佛山;制糖工业集中在番禺、顺德、南海、中山、江门、广州、汕头;陶瓷工业集中在石湾、饶平、大埔等地。虽然近代广州、汕头等城市,也是商业发达、工业基础比较薄弱,远离珠江三角洲与潮汕平原的粤北、粤东、粤西丘陵山区和海南岛,除了一些手工作坊外,几乎没有初具规模的现代企业,琼崖各属,抗战前每年的工业营业额仅约40余万元⑤。

---

① 谢英明:《陈济棠主粤时期省营工业概括杂忆》,《广东工商史料辑录》第2辑,民建广东省委、广东省工商联编。
② 广东经济年鉴编撰委员会:《广东年鉴》,广东省银行经济研究室印,1941年,第D59页。
③ 蔡谦:《粤省对外贸易报告》,商务印书馆,1939年,第6页。
④ 《中国旧海关史料》(1859—1948),第120册,京华出版社,2001年,第349页。
⑤ 《琼崖各属工业之发展》,《新广东月刊》1935年3月第27期,第125—126页。

1938年10月广州陷落,粤省建设厅在内地筹建工厂,并资助香港工厂内迁,1940年1—10月共迁移60多家工厂,主要是树胶厂、纺织厂、小型工艺厂(铁罐、玻璃等)[1],一度推动了工业的扩散,但同时也滞缓了本来已经落后的现代工业化进程。

3. 实业建设与工业改良

伴随着蔗糖、生丝等行业外贸出口的下降,关于新工业建设以及旧工业改良一直成为各界讨论的中心话题之一,并一度取得了积极的成果,推动了相关工业部门的技术进步与产业改良升级。

当珠江三角洲一带传统经营的蚕桑业衰微之后,桑地荒芜,陈济棠乘机大力宣传并鼓励农民种植甘蔗,制定对农民有利的种植甘蔗收购政策。根据糖厂公布的甘蔗收购办法,蔗农可以向糖厂预约售蔗,并向糖厂申请贷款作为资本,使得一贫如洗的农民获得发展甘蔗生产的部分资金。为了提高甘蔗产量与质量,从国外引进甘蔗良种,使得甘蔗产量成倍增长。陈济棠还采取强制措施,将全省适应种植甘蔗的地区划分为五个蔗糖营造区,种蔗面积达到十万多亩,保证了各糖厂的原料来源,制糖业的原料成本占总成本的80%左右。

广东制糖业采用旧法,设备技术落后,主要是畜力旋转石碌制作,产品的成本高质量低,原糖制造费每担5元,每亩甘蔗产糖量5担,盈利能力为115.5元/百担。"然本省之实业,其可兴者固多,但其规模最大,最为有望,而能容纳最多量之劳动力者,厥惟糖业。盖糖业系农业工业合而为一之大企业,其需要之人工至多,其可安插失业人数至巨"[2]。陈济棠时期,兴办的6家糖厂是国内第一批现代化甘蔗制糖厂。新式糖厂日榨蔗能力为7 000吨,日产糖725吨。原糖每担制造费3元,每亩甘蔗产糖8—9担,盈利能力为228元/百担,约为旧式制糖法的一倍。仅1935年各新式制糖厂正式投产的头10个月,就盈利1 000万元有余。

为了扩大蔗糖的销路,对冲广东每年100万担的洋糖进口,陈济棠首先采用关税壁垒,对洋糖实行专税制度,限制洋糖的倾销。进口白糖每担课关税16元,另纳捐0.7—0.8元,这样进口白糖的成本约25元,而广东白糖在上海的市价是每担16.5元,年销售120万担。此外,陈济棠在广东的势力范围内,对市场进行统制,应对国内同业竞争,对盐、酒、烟等市场畅销商品实行专卖制度,例如在糖的产销上,颁行《民营糖厂取缔暂行规则》、《糖业营运取缔暂行规则》、《取缔贬价竞卖推销蔗糖暂行办法》等一系列糖业产销统制法规,使得广东新糖厂的产品独占广东市场,并逐步在全国占有重要地位[3]。

陈济棠的首席经济策士冯锐,是留美的农业科学博士、制糖专家,被委任为广

---

[1] 《国内劳工消息,(二)劳工行政,(二)粤省当局资助香港工厂内迁(十月七日)》,《国际劳工通讯》1940年第7卷第11期,20页。
[2] 石作秋:《发展广东糖业意见书》,广州洗天成印务局,1935年,第12页。
[3] 吴志辉:《简析陈济棠统治广东时期的经济发展》,《广州研究》1983年第3期。

东省农林局长,冯锐提出以制糖业作为"广东三年施政建设计划"的中心项目,另外开办技术人员讲习班,培养技术后备力量。各糖厂都开办了糖业人员训练班,由制糖专家讲课,吸收中学毕业生参加短期培训,然后派往各糖厂工作。同时聘请各种科技人员与管理人员,安排到各个工厂出任厂长、筹备主任或部分技术主管。

关于蚕丝改良工作,第一是建立十所蚕丝改良实施区。总区设在顺德大良,由于附近蚕农多数文盲,且无生产组织,主要关注义务教育、公共卫生,并负责管理其他各改良区——云路、容桂、两龙、马齐、黄连、伦教、杭镇、官山、民乐,其中前六分区在顺德县,第七分区在中山县,第八九分区在南海县。除了容桂分区靠近第一蚕种制造场,尤其注重改良育种工作外,各分区工作主要为三:① 推广相关知识与技术学习;② 促进生产组织化;③ 提升农村蚕桑各家庭成员参与的积极性。第二是改良蚕种制造场所。筹备设立 8 个原蚕育种场及繁殖区——北区原蚕育种场,第一、第二原蚕育种场,顺德容奇第一、顺德两龙第二、南海官山第三、中山杭镇第四、顺德大晚第五蚕种制造场。第三是建立改良缫丝场所。① 协助广东纺织厂设立制丝部。该厂在广州河南,有十五绪多条缫丝机 28 具,五绪立缫机 114 具,缫丝女工均经过新式训练,技术员聘自江浙丝厂。② 建立第一缫丝厂,以扩大生产。1935 年成立于顺德大良,有十五绪多条缫丝机 20 具,五绪缫丝机 180 具。女工亦经过新式训练。月产改良丝 35—40 担,供给纺织厂丝绸部制作新式绸缎。建立的改良丝织厂有:顺德丝织示范工厂、南海丝织示范工厂。

蚕丝改良后,在产量方面,平均每张碧交改良蚕纸可收蚕 100—145 斤箔片,比土种多 1/3 以上;价格方面,蚕农饲养改良蚕每张蚕纸可增收 20—30 元。碧交改良蚕制丝比土丝每斤可减少蚕量 12 两,且水结比伦月土蚕减少 6—7 两,所成之丝身明梗净泡少,织成丝绸媲美湖丝。碧交改良蚕匀度平均为 91.87,属于国际标准 AAA 等级。以前广东缫丝厂多为两绪缫丝机,工作迟钝,每日每釜只可出丝 8—10 两,新式织机可达到 12—18 两。上海环球铁厂的新式多条缫丝机,所出产的丝,匀度、光泽、洁净。以前土丝织品,主要为晒薯莨绸,销路不广,改良出品有方巾纺、白丝绒、碧焰、纹帐罗、丝斜、云绸、伦教绸、黄连绸等。此外,政府组织帮助织户销售产品,"本省丝织品之推销,除了一小部分织户之经济比较充裕者,能自行直接销售广州市,因为获得较多盈利外,其大部分之穷困织户,因资本不充,需款周转,不惜以低下之值,将所出织品,卖与就地类似掮家之丝织品小贩家,借济资金之融通,……(小贩家)故意压低价值",政府当局拟救助家庭织造手工业,组织丝织品运销合作社,并筹备提供信用借款[①]。

此外,就广东省的矿产业而言,本省矿产资源不丰,城市所需煤有赖华北或外

[①] 刘维炽:《广东省经济建设概况》,《各省市经济建设一览》,实业部统计处,1937 年,第 231—236 页。

洋。直到清末才对私人开放矿禁。1908年5月11日,粤督张人骏奏请,将同治二年(1862年)因"矿场易聚匪滋事"而封禁的花县煤矿开放,"今则情形有别,民智日进,自宜因时变通,酌予弛禁,由官先择地开办"①。近代式矿业发展明显滞后,沿海地带产盐,主要供给闽赣湘黔南部一带。另有高要、清远、从化及原广州府等地的铁矿,阳江的金矿,曲江的锑矿、煤矿,东沙、西沙的磷矿。不过,广东省内的煤虽有产出,但品质不佳,且运输成本高,城市所需的煤大多仰给日本或河北进口②。

(二)广西的工矿业

19世纪末广西西南部的矿产,渐为外人所知,并谋求开采,并如是评论:"俟西国矿师到即可开采,中国政府不知中国有此佳矿,绝大利源,不知开采,徒知罗雀掘鼠,外借洋款,殊为可惜,倘准西人合股开采,中国国家定然饶裕,轮船往来更不知若何辐辏矣,香港商务有不因之日盛耶。"③1915年广西地方当局准许商人设立矿业公司,民间可以自由采矿,并免收出口税。1915年,近代广西第一个制造机器工厂建成——梧州民营天和机器厂。1919年广西近代第一家火柴厂建成投产。

表2-33是有关近代广西城市工业的分布,其中,较大型的现代化企业大部分都集中在梧州、南宁、柳州。1933年在广西八大城市(梧州、南宁、柳州、玉林、贺县、桂林、百色、龙州)中,梧州工业资本占八市总资本的58.48%,机器马力占八市总马力的55.45%。梧州工业约近30家工厂采用动力,大多为柴油、电力引擎,少量采用蒸汽与煤,计有300多匹马力。发电厂数量较少,且大多是小规模,再加上本地的木材供应丰富、价格低廉,燃料多采用木材与柴油。④ 梧州制造火柴厂,1921年成立,年产值36万元,厂内工人300人,厂外工人1500人⑤。"梧州市机器工业,尚在幼稚,只有小规模之机器厂六间,每厂雇佣工人最多不过20人。"⑥1933年10月广西省梧州、柳州、南宁、龙州、贺县的同业公会组织如下:梧州同业公会14家,涉及轮渡业、花纱业、海咸货业、油米业、柴业、银业、华洋匹头业、运销滇黔杂货业、西江电船业、水面商业、染布业、平码业、土制煤油业、药业;柳州1家图书文具印务纸料业;南宁5家经纪业、屠业、轮船业、烟酒酱料杂货业、花纱匹头业;龙州1家杂货业;贺县1家连贺杉业⑦。相关的工业商业组织以梧州最多,其他城市明显比较微少,且工业商业混在一起,并没有清楚可见的区分。

---

① 《清德宗实录》卷三三八、四二五、五三六,第331—332,584—585,134页,广东省、广州市方志办编:《清实录广东史料》(六),广东人民出版社,1995年,第273、349、447页。
② 广东省政府秘书处:《广东生丝统计》,1934年,第18—20页。
③ 曾广铨(译):《英文译编——外国时务:扩充香港商务》,《时务报》1898年第67期,第15—16页。
④ 刘大钧:《中国工业调查报告》(上册),第3编,《工业分地略说》,1937年,第41页。
⑤ 《梧州商业概况》:1929年7月1日《工商半月刊》。
⑥ 《梧州商业概况》:1929年7月1日《工商半月刊》。
⑦ 广西省统计局:《广西年鉴》,第2回,1935年,第482页。

表 2-33　广西省分城市工业数据(1932年)

	工厂数	%	资本数	%	原动力 H.P.	%
梧州	716	29.34	2 427 815	58.48	1 741	55.45
柳州	318	13.03	835 755	20.13	322	10.25
南宁	774	31.72	586 597	14.13	517	16.46
桂林	144	5.90	137 478	3.31	490	15.61
百色	72	2.95	79 099	1.91	70	2.23
郁林	117	4.80	31 670	0.76		
贺县	80	3.28	24 984	0.60		
龙州	60	2.46	16 475	0.40		
全县	159	6.52	11 581	0.28		
总计	2 440	100	4 151 454	100	3 140	100

资料来源：广西统计局：《广西年鉴》，第一回，1933年，第327页。

整体而言，广西省工业体系中的主要门类与部门尚没有形成，大约还只能按照"分业"(传统式的行业划分)，而无法按照当时上海的工业门类法区分，即便当时华南地区工业相对比较发达的广州市，也仅分为不甚标准的七类：机器工业、火柴工业、肥皂工业、榨油工业、橡胶工业、煤油工业、碾米工业[1]，所以不要说梧州了，完全按照工业分业来代替分类，例如表2-34a中的工厂种类显示为：制帽、烟叶、制水、汽水等等[2]。

表2-34a、b关于1932年南宁、梧州市的民营工业数据显示，梧州市工业门类、工厂数量、资本额、工业产值等均明显超过南宁，且其产品除了供本地消费外，还比较多地运往区外，例如广东、香港、云南等地。

表 2-34a　邕梧民营工厂分类表(1932年)

	工厂种类	厂数	资本	工人	产品	产值(元)	原料来源	销售地
南宁	碾米	2	2 200	43	白米	150 000	邕宁	南宁
	面粉	1	1 800	13	线面	10 000	上海	龙州、百色
	烟叶	3	9 580	44	烟丝	175 000	武鸣	龙州、百色、云贵
	印刷	1	6 000	33	文具书籍	24 900	—	南宁
	机械修理	3	3 900	60	修理机件	50 500	粤、南宁	龙州、南宁

---

[1] 曾养甫：《广州之工业》(上)，广州市立银行经济调查序言，商务印书馆广州分馆，1937年。
[2] 在"工业分类"概念出现之前，近代中国存在一个广泛使用的传统概念——"工业分业"。这源于手工业行业的演化，基本上是以行业进行区分，约等于传统同业组织业别的划分，属于传统工业或手工业中的"行业"分类概念。而"工业分类"则是相同性质的工业行业的归类，是基于现代工业生产原理的划分。因而，这两个概念的含义大不相同。

续 表

	工厂种类	厂数	资本	工人	产品	产值(元)	原料来源	销售地
梧州	织造	2	1 600	25	线衣袜	13 750	—	梧州
	制帽	1	7 000	24	各种帽	70 000	粤沪	邕、桂、柳
	面粉	3	6 000	60	面粉	83 000	桂柳邕	梧州
	烟叶	7	39 800	137	卷烟烟丝	782 350	北流、柳州	省内外
	制水	1	5 000	5	冰	3 800	—	梧州
	汽水	1	1 800	4	汽水	6 000	外国	梧州
	建筑	1	5 000	160	建筑物	50 000	—	—
	锯木	3	31 000	167	松阪	288 300	柳濛藤	粤、港、澳
	印刷	4	8 400	38	印刷品	44 500	—	—
	机器	3	4 140	61	机器	58 468	—	—
	翻砂	2	2 750	21	铜铁模型	23 257	—	—
	火柴	1	40 000	240	火柴	280 000	—	本省、云贵

资料来源：广西统计局：《广西年鉴》，第一回，1933年，第310—311页。

表2-34b 邕梧民营工厂比较(1932年)

	南 宁	%	梧 州	%
工厂数	10	25.64	29	74.36
资本额	23 480	13.34	152 490	86.66
工人数	193	17.00	942	83.00
产值(元)	410 400	19.42	1 703 425	80.58

近代广西省的省营新式工业发展相对更晚，在抗战期间才获得突进，主要集中在桂林、柳州、梧州、南宁，主要为机械工业、化学工业、食品工业、电工业四类，其中广西土敏土厂的规模最大，资本550万元，其次为广西纺织机械工厂，资本102万元(表2-35)。

表2-35 广西省营新式工业统计(1945年)

工 厂 名 称	厂址	成立时间	资本(国币元)
广西土敏土厂	桂林	1940	5 500 000
广西纺织机械工厂	桂林	1938	1 020 000
桂林纺织业示范工厂筹备处	桂林	1941	600 000
桂林自来水分厂	桂林	1936	438 700
广西印刷厂	桂林	1933	129 291
广西电力厂	桂林	1940	194 593

续表

工　厂　名　称	厂址	成立时间	资本（国币元）
广西酒精厂	柳州	1932	139 064
广西制革厂	柳州	1933	76 671
广西染织厂	柳州	1935	209 090
广西机械厂	柳州	1936	103 737
广西纸烟厂	柳州	1939	200 000
广西铁工厂	柳州	1938	100 000
柳州电力分厂	柳州	1935	286 956
柳州自来水厂筹备处	柳州	1936	43 539
广西火柴厂	梧州	1935	100 000
梧州电力分厂	梧州	1940	341 300
广西自来水厂	梧州	1933	382 286
南邕电力分厂	南宁	1940	400 000
南邕自来水分厂	南宁	1934	94 918
广西面粉厂	临桂	1940	900 000
广西实验茶厂	临桂	1941	400 000
广西陶瓷厂	宾阳	1936	156 750
广西省第一民生工厂	贵县	1926	59 877
广西制药厂	天保	1934	200 000
广西造纸试验所	灵川	1938	65 104
贵县糖业指导所	贵县	1939	/
桂平电分分厂	桂平	1938	68 310

资料来源：陈正祥：《广西地理》，中正书局，1946年，第89—94页。

1910年广西省工业资本仅8.6万元，仅相当于同年钱庄、典当资本总额的606.2万元的1/70。同期，全国的工业资本一般为钱庄、典当资本的1/3[1]。民国初年广西全省手工业工厂与作坊只有126个，工人1.82万人[2]。1947年广西具有一定规模的现代化工厂仅有88家，同期广东则有1 117家[3]。直到1949年，新式工业产值在整个经济中的比重不到8%。广西经济中心城市梧州，1933年全市工业资本约189万元，当时商业资本，仅钱业就有约200万元[4]。全市商业营业额278.23万元，是工业产值的17倍。广西省政府1942年6月对桂林人口职业调查显示，桂

---

[1] 汪敬虞编：《中国近代工业史资料》，第2辑下，科学出版社，1957年，第1017页。
[2] 彭泽益编：《中国近代手工业史资料(1840—1949)》，第2卷，生活·读书·新知三联书店，1957年，第558—559页。
[3] 广西省政府统计处编：《广西之生产力及其在全国的地位》，1949年。
[4] 广西省统计局：《广西年鉴》，第1回，1933年，第329、367页。

林 153 913 人中,从事农业生产的 20 011 人,占总人口的 13%,从事工业生产的有 13 239 人,占 8.6%,从事商业 46 366 人,占 30.12%①。民谚"无东不成市,无市不趋东"。"此种工业之兴起,非源于社会自发之需要,不必全为经济上之理由,而或有其军事上与政治上之注意点。"②1915 年广西工场 74 家,占全国的 0.38%,工人 953 人,占全国总数的 0.15%③。1940 年代,广西全省现代工业仅有 88 家,资本 542 万国币元。近代广西省工业多以手工业为主,主要产品为火柴、小五金、小农具、土布、土糖、土纸、陶瓷等商品。

与沿海省份不同,在抗战期间,外省工厂陆续迁入桂林、柳州、梧州等地,一共 230 多家,广西的工厂数增加到 287 家,资本总额 7 亿元,工人 1.3 万人。1940 年湘桂铁路通车,战后 1947 年全省工厂 87 家,工人 3 120 人④。

附录(1934 年广西六地工人收入分配):

梧州、南宁、桂林、柳州、平乐、郁林工人平均食品费用占比分别为 62.83%、60.52%、62.02%、59%、64.15%、72.2%,沪平津在 56% 左右。梧州、南宁、桂林三地工人收入尚且整体为正数,柳州、平乐、郁林多为负数,表明后者城市工人大多为兼职或仅为来源之一。至于广西省非城区的收入水平,"本省工资,就所查六十县中,以崇善、明江、榴江、龙州、柳州、百色、富川等县为最高,靖西最低,边僻区域如义宁、永福、富川、贺县……等处,建筑木工与泥水匠工资,完全相同,盖技术粗浅、分工不精,固无等级可分。总之,工人每月所得平均最高不及 5 元,最低只有 2 元有余"⑤。

表 2-36 广西省六地工人收入分配(1934 年)

a 梧州

	工资(元)	食品(%)	衣服(%)	房租(%)	灯火燃料(%)	杂项(%)	盈亏(%)
修理机械	304.77	50.6	9.4	5.7	9.0	25.3	+32.7
玻璃	259.75	43.6	6.2	6.9	5.1	33.1	−14.0
皮鞋	246.92	47.2	12.6	8.0	7.1	25.1	+13.5
植棉冷衣	242.76	42.8	0.7	3.1	7.1	46.3	+7.6
火油	238.45	58.9	13.3	4.0	5.9	17.9	+25.7
造船	190.05	67.4	7.6	3.9	6.1	15.0	+4.2
皮箱	187.40	77.0	0.3	6.7	5.7	10.3	+0.9
苦力	174.86	78.5	4.4	4.1	6.0	6.9	+21.7
火柴	156.84	62.7	4.4	5.0	7.4	20.4	−6.5

---

① 广西壮族自治区地方志编纂委员会编:《广西通志》,人口志,广西人民出版社,1933 年,第 30 页。
② 千家驹等:《广西省经济概况》,商务印书馆,1936 年,第 93 页。
③ 陈真编:《中国近代工业史资料》第 1 辑,生活·读书·新知三联书店,1957 年,第 16 页。
④ 谢之雄:《广西壮族自治区经济地理》,新华出版社,1989 年,第 43 页。
⑤ 广西省统计局:《广西年鉴》,第 2 回,1935 年,第 467 页。

续 表

	工资(元)	食品(%)	衣服(%)	房租(%)	灯火燃料(%)	杂项(%)	盈亏(%)
染布	151.65	66.5	7.0	2.2	9.5	14.8	+16.0
锯木板	144.08	74.7	5.0	6.6	3.9	9.8	+3.0
火柴散工	135.26	78.7	1.8	3.4	7.6	8.5	−27.3
藤竹器	121.08	68.4	5.8	8.6	6.8	10.4	−11.9

b 南宁

	工资(元)	食品(%)	衣服(%)	房租(%)	灯火燃料(%)	杂项(%)	盈亏(%)
织布	270.77	43.5	8.8	10.5	6.5	30.7	+20.7
修理机械	259.45	62.2	7.3	9.5	8.7	12.3	+21.9
染布	250.58	62.3	5.2	11.1	6.1	15.3	+8.1
碾米	214.15	59.7	2.1	—	11.3	26.9	+15.0
皮箱	200.23	50.7	14.5	0.3	6.8	27.7	−1.9
制革	190.89	47.9	2.6	5.3	7.9	36.3	+4.7
爆竹	161.53	80.5	2.3	6.9	7.5	2.8	−3.9
木器	155.30	53.6	15.5	0.6	5.1	25.2	+29.9
烟丝	106.32	62.6	2.1	13.3	5.6	16.4	+3.2
打棉胎	73.65	82.2	2.7	—	0.6	14.5	−42.6

c 桂林

	工资(元)	食品(%)	衣服(%)	房租(%)	灯火燃料(%)	杂项(%)	盈亏(%)
皮鞋	177.68	51.7	10.8	7.3	5.1	25.1	−5.0
织布	150.68	69.7	5.0	3.1	8.6	13.6	+9.0
苦力	127.22	69.7	5.2	6.9	7.7	10.5	−10.1
牙刷	125.66	52.6	9.3	10.8	14.1	13.2	+9.5
烟丝	106.32	62.6	2.1	13.3	5.6	18.4	+3.2
造篦	103.23	65.8	4.3	4.5	8.0	17.4	−42.5

d 柳州

	工资(元)	食品(%)	衣服(%)	房租(%)	灯火燃料(%)	杂项(%)	盈亏(%)
皮箱	178.05	53.4	11.8	7.1	4.5	23.2	−0.7
苦力	163.86	62.9	6.2	6.4	5.7	18.8	+14.7
香业	110.11	60.7	7.3	3.2	11.1	17.7	−19.8

e 平乐

	工资（元）	食品（%）	衣服（%）	房租（%）	灯火燃料（%）	杂项（%）	盈亏（%）
苦力	156.03	56.0	5.2	6.6	8.9	23.3	−18.4
棉布	107.69	72.3	5.2	8.3	9.6	4.6	−10.6

f 郁林

	工资（元）	食品（%）	衣服（%）	房租（%）	灯火燃料（%）	杂项（%）	盈亏（%）
织布	138.08	72.2	6.3	0.4	6.6	14.5	−26.3

资料来源：广西统计局：《广西年鉴》，第二回，1935 年，第 470—472 页。

（三）粤桂之比对

如表 2-37a、b、c、d 所示，自晚清至民国初期，广东省工业成长一直不及江苏省（该数据包括上海），但至民国初年，工厂、公司、工人数目逐渐超越湖北省（包括武汉）、直隶省（包括天津），从相对的角度而言，工业成长在全国仅次于江苏省。

表 2-37a 各城市历年设立的厂矿及资本（1895—1913 年）

	工厂数	%	资本额（千元）	%
上海	83	15.12	23 879	19.85
武汉	28	5.10	17 240	14.33
天津	17	3.10	4 219	3.51
广州	16	2.91	5 791	4.81
杭州	13	2.37	1 552	1.29
无锡	12	2.19	1 422	1.18
其他	380	69.22	66 185	55.02
合计	549	100	120 288	100

资料来源：汪敬虞编：《中国近代工业史资料》，第 2 辑，下册，科学出版社，1957 年，第 654 页。

表 2-37b 雇佣 500 人以上工厂及工人数（1900—1910 年）

	华厂数	厂（%）	工人数	人（%）	外厂数	厂（%）	工人数	人（%）	工厂总数	厂（%）	工人总数	人（%）
江苏	48	41.38	66 360	50.66	18	45.00	36 030	32.93	66	42.31	102 390	42.59
广东	38	32.76	21 620	16.51	—	—	—	—	38	24.36	21 620	8.99
湖北	9	7.76	15 529	11.86	3	7.50	4 200	3.84	12	7.69	19 729	8.21
其他省	21	18.10	27 476	20.98	11	27.50	36 100	33.03	32	20.51	63 576	26.45
合计	116	100	130 985	100	40	100	109 410	100	156	100	240 395	100

备注：资料来源于清廷农商统计、海关关册、日人调查、各类英文年鉴、地方调查，摘自汪敬虞编：《中国近代工业史资料》，第 2 辑，下册，科学出版社，1957 年，第 1183 页。不是某一个年份的数字，只能看作 1900—1910 年这一时段的概数，共包含 13 省（苏、浙、鲁、鄂、冀、粤、湘、赣、闽、豫、辽、蒙、黔）。

表 2-37c 25 省工场动力及职工数（1915 年）

	使用动力	%	不用动力	%	合计	%	职工人数	%
江 苏	149	31.17	1 139	5.90	1 288	6.51	142 678	23.02
山 东	121	25.31	815	4.22	936	4.73	24 774	4.00
广 东	101	21.13	755	3.91	856	4.32	54 181	8.74
浙 江	13	2.72	2 488	12.88	2 501	12.63	73 739	11.90
直 隶	26	5.44	2 241	11.60	2 267	11.45	43 183	6.97
四 川	4	0.84	1 951	10.10	1 955	9.87	38 201	6.16
广 西	0	0.00	74	0.38	74	0.37	953	0.15
其他省	64	13.39	9 858	51.02	9 922	50.11	242 016	39.05
合 计	478	100	19 321	100	19 799	100	619 725	100

备注：一共包含 25 省，源自陈真、姚洛编：《中国近代工业史资料》，第 1 辑，三联书店，1957 年，第 16 页。

表 2-37d 各省注册工厂与公司（1916 年）

	工厂总数	注册工厂数	注册（%）	注册公司数	公司—工厂
江 苏	1 284	155	12.07	385	230
京 兆	233	12	5.15	79	67
广 东	1 091	33	3.02	75	42
山 东	785	31	3.95	71	40
湖 北	467	19	4.07	56	37
直 隶	2 443	45	1.84	74	29
浙 江	1 465	42	2.87	12	－30
江 西	1 630	60	3.68	26	－34
广 西	76	1	1.32	5	4
26 省合计	20 319	521	2.56	1 102	581
广东名次	5	5	6	3	3

备注：原数据中分省数据，与合计总数有出入，尤其是注册工厂数字，根据原始数据进行了修正，资料来源，陈真、姚洛编：《中国近代工业史资料》，第 1 辑，三联书店，1957 年，第 20 页。

表 2-37e 两广城市工人数在全国与区内的比重

全 国			两 广		
城市	工人数	%	城市	工人数	%
上海	262 894	23.80	广州	239 365	72.23
广州	239 365	21.67	顺德	54 449	16.43
汉口	169 992	15.39	佛山	17 855	5.39
无锡	70 685	6.40	潮安	10 538	3.18

续 表

全　国			两　广		
城市	工人数	%	城市	工人数	%
苏州	58 814	5.33	汕头	6 871	2.07
顺德	54 449	4.93	梧州	2 322	0.70
青岛	26 428	2.39			
武昌	23 974	2.17			
南京	17 877	1.62			

资料来源：刘大均：《全国工人生活及工业生产调查统计报告书·四·工厂概况统计表》，1930年，第6—8页。

就动力而言，广东与江苏、山东名列前三，为近代中国"用机工业发达之区"；就职工人数而言，广东与江苏、直隶名列前三，为近代中国"工业最盛之省"[①]。

据表2-37a、b、c、d、e多个时间点、多种数据来源的工业统计，前述所论的近代华南地区的工业成长，从地理分布上而言，粤桂省区工业首先集聚在珠江与韩江三角洲地区、西江沿线的都市与市镇，例如广州、顺德、佛山、潮安、汕头、梧州等城市，尤其是广州市。同时，据1933年的调查，符合国民政府所颁《工厂法》规定的厂矿，全国共2 435家，其中，广东215家，占8.83%；全国共有工人47 420余人，广东2 180余人，占4.60%；全国共有工矿资本额406 872 634元，广东为11 657 832元，占2.87%，1932年度销售产品总值达1 113 974 413亿余元，广东为57 436 972元，占5.16%[②]。如表2-38所示1948年的情形广州城市工业中，合于工厂法的工厂数仅次于上海，但在工厂总数、职工数方面在全国位居6—7名，在动力使用方面更靠后一些。

表2-38　华南城市工厂在全国的位次（1948年）

	全国	汕头	%	广州	%	广州名次（在谁之后）
工厂数	14 078	121	0.86	473	3.36	6 上海天津台湾南京重庆
合于工厂法	3 312	15	0.45	269	8.12	2 上海
不合工厂法	10 766	106	0.98	204	1.89	8 上海天津南京台湾重庆汉口北平
职工数	682 399	5 233	0.77	25 085	3.68	7 上海天津台湾重庆沈阳青岛
动力（座数）	83 440	20	0.02	887	1.06	7 上海天津青岛沈阳台湾重庆
动力（马力）	827 272	266	0.03	10 022	1.21	9 上海沈阳台湾青岛南京北平重庆汉口
每月用电度数	168 274 911	30 861	0.02	1 369 488	0.81	10 上海沈阳天津台湾青岛汉口南京北平重庆

资料来源：谭熙鸿、吴宗汾：《全国主要都市工业调查初步报告提要》，国民政府经济部全国经济调查委员会，1948年，第20—33页。

---

① 就手工业而言，则以浙江、直隶、四川为兴。陈真、姚洛编：《中国近代工业史资料》，第1辑，生活·读书·新知三联书店，1957年，第17页。
② 刘大钧：《中国工业调查报告》（中册），《合于工厂法工厂分业统计表》，1937年。

通过图2-9a、b的数据,可见粤桂工厂数、资本总额、总产值分别占全国的9.32%、2.99%、3.47%。结合表2-39a、b的数据,以工业大类划分,大约粤桂在全国占据平均比例的产业为:木材制造业、水电业、建筑材料业、饮食制造业、交通用具制造业。其中,木材制造业主要为锯木;水电业为水厂;建筑材料业为钢铁、钉;化学工业主要为火柴、梗片、化妆品、搪瓷;饮食制造业主要为榨油、碾米、罐头;交通用具制造业为铁路机车;纺织业主要为棉织、丝织;服用品制造业主要为衫裤、袜;

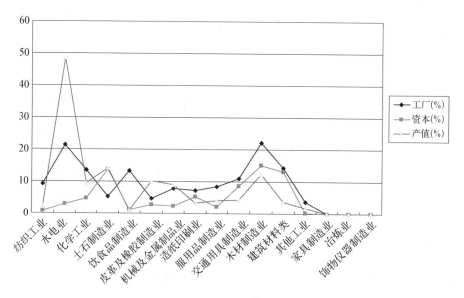

图2-9a 粤桂工业各门类在全国同类中的比重(%)

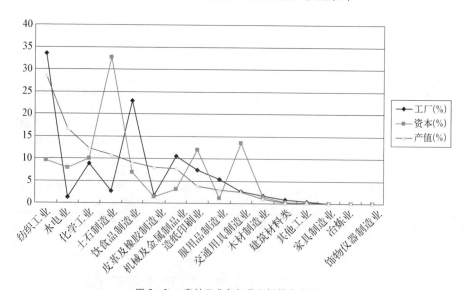

图2-9b 粤桂工业各门类之间的占比(%)

机械及金属制品业主要为电池、修理、电筒、洋骨伞；造纸印刷业主要为印刷；土石制造业为砖瓦、水泥；皮革及橡胶制造业为制革、制胶。相对缺乏的工业门类还包括：机械及金属制品业中机器制造类的印刷机、针织机、纺织机；交通用具制造业中造船类、造车类；土石制造业中的玻璃制造业、石灰石粉制造业；化学工业中的皂烛类、制碱类、碳酸钙酸类；纺织工业中棉纺织类的纺纱、纺纱兼织布、毛织类、边带类；服用品制造业中的线毯毛巾类；饮食品制造业中的面粉类、制烟类、调味品类。

如表2-39a所示，以工厂数量计算，粤桂地区位列前三位的工业门类为：纺织工业、饮食品制造业、机械及金属品制造业、化学工业。前2项即占所有工厂数的56.39%，前4项占比为75.77%。

表2-39a 粤桂工厂数在全国的比例与位序（以业别计）

	>15%	>9.32%	>0,<9.32%
总工厂数与总平均占比 (227,9.32%)	木材制造业(4,22.2%)；水电业(3,21.43%)	建筑材料业(2,14.29%)；化学工业(20,13.51%)；饮食品制造业(52,13.33%)；交通用具制造业(6,10.91%)	纺织工业(76,9.26%)；服用品制造业(12,8.51%)；机械及金属制品业(24,7.84%)；造纸印刷业(17,7.26%)；土石制造业(6,5.36%)；皮革及橡胶制造业(4,4.76%)；其他工业(1,3.7%)
工厂数	7	80	140

资料来源：刘大均：《中国工业调查报告·中册·合于工厂法工厂分业统计表》，1937年，第1—32页。其中，3个行业（家具制造业、冶炼业、饰物仪器制造业）占比为0。

表2-39b 粤桂工业资本在全国的比例与位序（以业别计）

	>10%	>2.99%	>0,<2.99%
总工厂数与总资本平均占比 (227,2.99%)	木材制造业(4,15.13%)；土石制造业(6,13.64%)；建筑材料业(2,13.17%)	交通用具制造业(6,8.65%)；造纸印刷业(17,5.25%)；化学工业(20,4.61%)	水电业(3,2.95%)；皮革及橡胶制造业(4,2.73%)；机械及金属制品业(24,2.31%)；服用品制造业(12,2.19%)；饮食品制造业(52,1.24%)；纺织工业(76,0.7%)；其他工业(1,0.25%)
工厂数	12	43	172
资本总额(%)	34.39	35.50	31.10
厂均资本(元)	348 952	100 512	21 309

资料来源：刘大均：《中国工业调查报告·中册·合于工厂法工厂分业统计表》，1937年，第33—64页。

如表2-39b所示,粤桂省区各工厂资本,大约等于全国均值的产业部门有:木材制造业、土石制造业、建筑材料业、交通用具制造业、造纸印刷业、化学工业,单厂投资相对较多;纺织品业、饮食品业、服用品业等日常轻工业门类的单厂资金投入较少。如表2-39c所示,水电业、土石制造业、木材制造业、皮革及橡胶制造业的工厂数量较少,但单厂的产值较大,总产值也较大;造纸印刷业、纺织工业、饮食品制造业、杂工业的工厂数量较多,总产出值大,但单厂的产值较小。

表2-39c 粤桂工业产值在全国的比例与位序(以业别计)

	>10%	>3.47%	>0,<3.47%
总工厂数与总产出平均占比(227,3.47%)	水电业(3,48.66%);土石制造业(6,14.05%);木材制造业(4,12.45%);皮革及橡胶制造业(4,10.11%)	化学工业(20,9.49%);机械及金属制品业(24,9.05%);交通用具制造业(6,4.33%);服用品制造业(12,4.18%);建筑材料业(2,3.74%)	造纸印刷业(17,3.29%);纺织工业(76,2.29%);其他工业(1,1.85%);饮食品制造业(52,0.98%)
工厂数	17	64	146
产出总值(%)	36.48	25.52	41.80
厂均产出(元)	830 260	154 218	110 780

资料来源:刘大均:《中国工业调查报告·中册·合于工厂法工厂分业统计表》,1937年,第377—428页。

表2-40中所列的数据中,较大规模的造纸厂有3,其中广东盐埗1、香港1、江门1;布厂有3,其中南海2、番禺1;丝厂有7,其中南海3、顺德4;织造厂有7,其中番禺3、三水1、佛山1、九龙1、香港1;糖厂有2,在香港;食品厂有1,在汕头;烟草公司有1,在香港;制革厂有1,在番禺;肥皂厂有1,在香港;水泥厂有2,广州1、九龙1。

表2-40 粤桂各类工厂数量与比例(1916年)

	广东	%	广西	%
缫丝	97	15.54	—	—
丝厂	3	0.48	—	—
棉织	67	10.74	3	0.48
金银器	3	0.48	—	—
铜铁器	54	8.65	7	1.12
陶瓷器	160	25.64	5	0.80
造纸	65	10.42	9	1.44

续 表

	广东	%	广西	%
油　类	113	18.11	9	1.44
火　柴	5	0.80	—	—
酒　类	4	0.64	—	—
烟　草	16	2.56	12	1.92
碾　米	11	1.76	—	—
刺　绣	1	0.16	—	—
竹木品	4	0.64	4	0.64
制　糖	69	11.06	3	0.48
小　计	572	91.67	52	8.33

从地理上而言,技术型的工厂多数分布在珠三角地区,尤其是香港、广州。从结构指标上来看,近代华南工业基本为轻工业、劳动密集型产业,着眼于进口替代、加工出口,处于早期工业化阶段。广东:"本省工业夙盛,广货名著全国,丝织之丝绸,麻织之夏布、佛山之竹布、洋布,均驰名于世,紫檀家具、织席、制糖、造纸、陶冶、藤器、爆竹等工,亦颇著,……如广州之刻牙、刺绣,梅县之画扇,潮安之泥像,则美术之尤著者也。新式工厂如洋袜、肥皂等厂,广州香港等处,所在多有之,而缫丝一业为尤盛,粤江口三角洲,烟突如林,凡三百余厂,视江浙犹有加焉。"①广西省:"工业不甚发达,制造品仅有葛布、竹布、焦布、皮革、八角油、桂油、花生油、桐油、茶油、糖、樟脑等物而已,苍梧、桂平、容县一带,昔日产丝尚盛,今亦渐微。新式工厂仅有苍梧一缫丝厂,其余殆无足观矣。"②

据表 2-41a,如果以资本计,广东占比 90.82%,其中广州市占比 62.05%,珠江三角洲地区占比 80.09%,韩江三角洲地区占比 10.47%,广西占比 9.18%;如果以产品总值计,广东占比 98.08%,其中广州市占比 74.03%,珠三角地区占比 94.56%,韩三角地区占比 2.98%,广西占比 1.92%。各市县详细的工业分类统计可见表 2-41b。

表 2-41a　华南地区主要县市工业统计(1933 年)

	工厂数	%	资本额(元)	%	职工数	%	产品总值(元)	%
广州市	1 104	52.52	13 024 470	62.05	32 131	52.11	101 569 022	74.03
顺德县	492	23.41	771 540	3.68	13 167	21.35	11 796 284	8.60
汕头市	175	8.33	2 197 870	10.47	4 555	7.39	4 083 726	2.98

---

① 洪懋熙:《最新中华形势一览图》,东方舆地学社,1936 年,第 22 页。
② 洪懋熙:《最新中华形势一览图》,东方舆地学社,1936 年,第 23 页。

续 表

	工厂数	%	资本额(元)	%	职工数	%	产品总值(元)	%
惠阳县	49	2.33	188 650	0.90	824	1.34	586 162	0.43
新会县	40	1.90	508 816	2.42	909	1.47	1 148 874	0.84
中山县	39	1.86	730 730	3.48	418	0.68	5 977 972	4.36
南海县	36	1.71	1 187 615	5.66	6 703	10.87	6 579 106	4.80
台山县	22	1.05	323 593	1.54	453	0.73	444 752	0.32
曲江县	9	0.43	53 668	0.26	196	0.32	767 279	0.56
东莞县	7	0.33	25 120	0.12	120	0.19	1 119 100	0.82
三水县	2	0.10	50 281	0.24	434	0.70	491 427	0.36
广东省	1 975	93.96	19 062 353	90.82	59 910	97.16	134 563 704	98.08
南宁县	45	2.14	305 900	1.46	768	1.25	847 404	0.62
苍梧县(梧州)	38	1.81	1 394 292	6.64	709	1.15	1 469 230	1.07
桂林县	24	1.14	74 900	0.36	113	0.18	117 600	0.09
马平县(柳州)	20	0.95	152 670	0.73	164	0.27	205 660	0.15
广西省	127	6.04	1 927 762	9.18	1 754	2.84	2 639 894	1.92
粤桂两省	2 102	100	20 990 115	100	61 664	100	137 203 598	100

资料来源：据刘大钧：《中国工业调查报告》，下册，第 2 编，《地方工业概况统计表》，1937 年。民国《工厂法》规定的工厂为使用动力、雇佣工人 30 人以上，该编所作的统计，不限于符合《工厂法》之厂家。

就工厂的数量而言，依次为广州市(1 104)、顺德县(492)、汕头市(175)、惠阳县(49)、南宁县(45)、新会县(40)、苍梧县(38)、中山县(39)、桂林县(20)、南海县(36)、台山县(22)、马平县(20)、曲江县(9)、东莞县(7)、三水县(2)。再结合表 2-41b 分县市的工业统计，仅广州市具有相对比较多样化的工业门类，顺德县的支柱产业为生丝与丝织业、惠阳县为纺织业。就工业部门结构而言，占比 5% 以上的工业门类(或行业)为印刷业、生丝丝织业、棉纺织业、土制煤油业、针织业、机器制造与修理业，多为传统技术下的工场工业，近代工矿业行业或门类明显不足。

此外，就广西省的矿产而言，锰、锑、钨、铅矿丰富，多出口香港或国外。广西比较著名的矿业是锡、锰、钨、金，在全国均有影响。但是，矿业大多小本经营，探测开采技术落后。广西锡矿分布区域有三：富川、贺县、钟山三县境内，丹池两县境内，陆川博白两县境内，主要在第一第二区域，尤其在第一区域。1937 年广西东北区纯锡产量 2 982 公吨，锰矿约 14 万公吨，钨砂 1 230 公吨，锡矿开采炼成锡锭后，大多运往梧州转到香港，锰矿、钨砂的销路与锡矿一致[①]。富贺钟三县的锡矿开采后，用汽车运出平乐，转用民船运梧州，换轮船到香港。丹池矿由人力运到河池，汽车

---

① 陈正祥：《广西地理》，中正书局，1946 年，第 89—94 页。

表 2-41b 华南地区主要县市工业统计（1933 年）

	广州市	顺德县	汕头市	惠阳县	新会县	中山县	南海县	台山县	曲江县	东莞县	三水县	南宁县	苍梧县	桂林县	马平县	总计
印刷	284	14	52	2	21	9		11				17	10	12	6	438
丝及丝织	2	415	2	47			8				1					426
棉纺织	106		2	47			2									157
土制煤油	144		65													144
针织	60		65													125
机器制造修理	80	11			5	4	4	5					7			116
毛巾	54	32														86
碾米	12	20				20	10			7						70
翻砂铁工	25		30						1			3				58
电器机械类	56															56
其他化学工业	54															54
烟丝						6		3				24	6	8	13	51
肥皂	35		10		9				1			1	7	4		39
制革	32															36
榨油	31		9										1			33
染料	11						4	1	1		1					32
食品	8		3		1		1									20
火柴	18							1								20
橡胶制品	18															19
化妆品	14															18
金属品制造	7		3					1								14
饮品	10															11
油漆油墨颜料	10															10

续表

	广州市	顺德县	汕头市	惠阳县	新会县	中山县	南海县	台山县	曲江县	东莞县	三水县	南宁县	苍梧县	桂林县	马平县	总计
纱布药棉	8				1											10
煤球	8															8
平布	5		2													7
造冰	2		5										1			6
玻璃	1				1											6
铁路机厂	3		1					1	1							6
电池			6													6
锯木			3										3			5
炼锑									5							4
制线	1		3													4
砖瓦	2						2									3
铁质家具	3															3
建筑材料	3												1			3
水厂	1		1													3
水泥	2															2
搪瓷	2															2
酒精	1						1									2
牙签	1														1	1
石粉	1															1
制糖																1
造纸				1					1							1
牙刷													1			1
制酸																1
共计	1 104	492	175	49	40	39	36	22	9	7	2	45	38	24	20	2 122

资料来源：据刘大钧：《中国工业调查报告》，下册，第2编，《地方工业概况统计表》，1937年。

到柳州,民船到梧州,轮船转香港。锰、锑、钨、铅等矿,也与其类似。1928至1932年,年均运销各类矿石19 490 730斤①。广西省的煤、铁矿相对贫瘠,在郁江中游贵县有汞矿,苍梧、昭平、天保、崇善等地有金矿,贵县、贺县、富川等地发现有银矿。广西"苍梧县属金星尾东安公司之金矿,桂林、灌阳之铁矿,河池之锡矿,惜多用土法,致耗费多而获利少,成效未著"②。

简评:第二产业的生产空间

我们知道,近代中国工业萌芽于洋务运动,成长于甲午战后及清末民初,发展于民国时期,大体上与近代中国以来的商战立国、实业计划、工业立国是一脉相承的。

近代以来,农业与手工业者中大量剩余劳动力的出现,为资本主义的发展提供了充足的人力资源。同时,国外先进技术装备的传入,推动资本主义工业的兴起,城市新兴工业有所发展,工业部门开始增多,结构也日趋复杂。刘大钧也认为:"吾人采用工业化之界说为'各种生产事业机械化及科学化,而其组织与管理亦科学化及合理化'"③。"工业化不独可改变我国现有之生产与分配制度,同时更形成人民之心理、态度与观念的重大改变。"④大体而言,没有工业革命的近代中国,正在试图从传统的农业经济转型近代工商业经济,虽然仅仅局部区域少数部门得以实现。

近代华南地区的新式工厂主要是织布厂、火柴厂、兵工厂、造币厂、皮革厂、水泥厂,包括部分机器缫丝厂,但传统手工业仍占有主要的地位。就这个工业结构而言,主要偏向轻工业,大多采用劳动密集型生产,动力设备使用不足,现代工矿业仍然不具有领导地位,工厂手工业仍然占有重要的地位,一度仍然是工业生产的主要部门,也是消费与贸易的主要生产部门。

当近代中后期工业经济诞生、壮大之际,工业化一度是社会各界讨论的主题之一,为此进行了一系列的调查、统计、促进工作,已经初步形成了自己的工业体系,虽然并不完整⑤,且尚未成为全国通行的工业分类标准。这主要是因为工业化对近代中国经济的影响远小于市场化商业化,尤其是外向型的商业化经济,在整个经济产出系统中,现代工业经济仍然不是最主要的部门。

1930年代王亚南评论:"关于今日中国社会的经济性质问题,已早不是商品化成分对自然经济成分是否占有优势的问题,而是一般占优势的商品本身是采取前

---

① 广西省统计局:《广西年鉴》,第1回,1933年,第296—297页。
② 洪懋熙:《最新中华形势一览图》,东方舆地学社,1936年,第23页。
③ 国民经济研究所:《工业化与中国工业建设》,商务印书馆,1944、1945、1946年,第3页。
④ 国民经济研究所:《工业化与中国工业建设》,商务印书馆,1944、1945、1946年,第7页。
⑤ 木材制造业、家具制造业、冶炼工业、机器及金属制品业、交通用具业、土石制造业、建筑工程业、动力工业、化学工业、纺织工业、服饰业、橡革工业、饮食品业、造纸印刷业、饰物仪器业、其他工业。参见方书生:《近代中国"工业分类"研究》,《中国经济史研究》待刊稿。

资本主义的小商品生产形态,抑或是采取资本主义商品生产形态的问题。"①根据国民政府经济部1948年4月的调查,合乎《工厂法》规定的工厂仅占23.53%,工业经营的规模仍然较小,其中重工业的机械、冶炼、电工器材、交通用具制造4业的总占比仅18.26%,平均每厂工人约42人,人均使用动力1.35匹马力②,资本主义工业化生产仍然未取得领导地位。

1935—1949年工业化研究成为中国的社会热点问题,其时所发表的近600篇相关的文章与著作,对工业结构、制度、空间等均有争论、阐发,但同时,在1930—1940年代国民政府并没有组织、领导过全国性的工业化运动,也没有进行大规模的工业化建设,其时的工业化思想依然泛泛而论,没有付诸实践,形成系统的理论与战略③。同时,近代中国工业发展在空间上是严重失衡的,现代工业不成比例地聚集于上海,其他通商口岸工业尚未真正现代化,更遑论内地各城市与广大的乡村。

近代华南地区的经验表明,广州、顺德、佛山、潮安、汕头、梧州等城市,珠江、韩江三角洲及西江走廊,已经明显有别于传统的农业经济区域,成为具有新元素的工业化生产单元,局部采用了现代式的工业生产方式与手段。近代中国工业生产空间,沿海沿江局部的点(城市)、线(经济走廊)、面(区域)的生产空间已经初步形成,进一步强化了之前基于商品与要素流通的情景,从流通领域萌生的生产方式正在工业产业领域开始展开,但仍属于不甚成功的实践。

第五节 空间的生产:结构与形态

一般而言,财富是经济过程中价值增加的积累回报,经济发展的核心是创造价值,不发展的经济形态则表明,该个体、群体或组织在利用资源进行生产的时候,因为自然原因或社会原因,未能获取或保留其价值。价值的度量工具一般是市场经济中商品和服务交易中的货币,价值链的源头是自然资源,在特定的时间与空间范围内,经过生产与流通环节的增值以后,通过多次分配的方式最终体现出来。所以,这里涌现两个关键词:时间(演化)与空间(分布),在特定的时空格局中,实现近代产业的发展。

一、市场、分工与产业演进

近代中国首次全面卷入全球化,参与世界市场的生产与交换,这是一个时间上的演进,也是一个空间上的调整。对于近代经济发展或不发展的争论,从时间的角

---

① 王亚南:《中国半封建半殖民地经济形态研究》,人民出版社,1957年,第56—57页。
② 谭熙鸿、吴宗汾主编:《全国主要都市工业调查初步报告提要》,国民政府经济部全国经济调查委员会,1948年,第20—33页。
③ 赵晓雷:《20世纪30—40年代中国工业化思想发展评析》,《社会科学战线》1992年第4期,第211—218页;张申、陈霖:《近代中国工业化思想形成发展的外在动力和内在演化——基于涵化视角的考察》,《财经研究》2013年第12期,第43—55页。

度上看,问题的关键是部门指数的修订,以求更贴近实情;从空间的角度来看是同时共存的进步与停滞,如何精细刻画并界定。就共同点而言,价值回报的分配方式,从产业链的角度来看,各行为主体获得的收益是不平等的;从经济发展的地理格局来看,不同空间载体上的行为主体获得的回报是不平衡的。例如,在顺德县生丝业的生产、流通与出口中,桑农、蚕农、丝厂、行庄,它们在这一进程中都创造了价值,但是各行为主体从中获得的回报是显著不平衡的,也许留存在生产地——顺德乡村,留存在桑农茧农的价值不到最终产品总价值的10%,更多的价值流向丝厂、洋行、金融机构、政府税收、运输与销售环节。也许同样在一担生丝的经营中,顺德县、新会县、高明县、合浦县等地,丝农所获得的利润呈现等差分布,在这样的一个价值链中,在空间地理上,分配回报的不平等是显而易见的。这一价值链循环构成了本节的主题——空间生产:产业的结构与地理。

(一)收益递增与经济进步

亚当·斯密发现,劳动分工具有降低发明成本的作用,欧洲经济兴起的关键环节就是制造业中出现了精细的分工,例如在手工工场中,缝衣针的制造过程被分解为十多道工序,从羊毛到制造成织品的过程被分解为几十道工序。操作过程中精细的分工,使工人只需要多次重复简单的动作,这就把人们天生的发明欲集中在一些有限的难题上,刺激人们考虑如何用机械代替手工,用水力、风力等自然力代替人力和畜力。发明那些从事简单操作的机械,创新成本大大降低,欧洲终于出现了一系列的技术突破和发明创造。从这个意义上看,导致西欧出现技术突破的关键环节是劳动分工。

分工与资源配置是经济学的两个关键问题。亚当·斯密认为分工能促进劳动生产力、交换产生分工、分工水平取决于市场范围。对于第三点,他认为市场的大小要受到交通运输条件、地区人口、财富数量的影响,随着市场范围的扩大,分工与专业化的程度不断会提高;反之,则意味着若市场范围过于狭小,则分工与专业化的生产就不会出现。也就是说市场与分工之间存在直线的因果关系。

依据斯密定理所示,随着市场范围的扩大,分工与专业化的程度不断提高,反之,狭小的市场则不会出现分工与专业化生产。就实际情况而言,市场范围缩小,分工程度下降,但市场范围扩大,分工程度未必一定随之提高。分工演进是否最终实现还取决于交易效率的高低。当交易效率太低即专业化带来的收益小于交易费用时,人们就会选择退回到专业化以前的水平。这样即使外在的市场规模能提供更优的专业化水平,新的分工也不会形成。只有当交易效率提高到专业化带来的收益超过交易费用时,人们才会选择新的分工方式,供给才会增加。因为在同一时间,不同的地区具有不同的交易效率均衡点,只有在该节点才会形成外在需求与内在供给的相对统一。

按照传统观点,分工是一种生产关系的变革(尽管不是根本变革),它来自生产规模的扩大,生产规模扩大来自生产力发展,而生产力发展的原动力又归结到生产技术。这样,传统的探讨就成为:生产技术受制于分工,分工受制于生产规模,生产规模取决于生产力,生产力又取决于生产技术,陷入了典型的逻辑循环。在斯密之后,由于报酬递增与分工的冲突,分工理论没有取得显著的进展,经济学关注的核心问题逐渐转为资源配置问题①。

1928年阿林·杨格在《收益递增与经济进步》一文中,再次探讨了有关分工理论、经济组织问题,并提出三个命题,即递增报酬的实现得益于劳动分工的演进;不但市场的大小决定分工的程度,而且分工演进制约市场的大小;需求供给是分工的两个侧面。尤其是第二个命题被认为是对斯密关于劳动分工依赖于市场范围的重大突破,由静态分析转向了动态分析。劳动分工取决于市场规模,而市场规模又取决于劳动分工,劳动分工与市场规模之间存在循环累计、互为因果的演进过程。这一思想在新古典经济学的框架中得以复活。

杨格认为,随着分工演进,个人的专业化水平提高,劳动生产力得到增进,产业的不断分工与专业化是报酬递增得以实现过程中的一个基本组成部分。分工通过对生产要素的不同组合,使得各种经济资源的效能得到充分的发挥。分工促进专业化,专业化是分工的表现与结果,专业化经济是基于内生优势的经济,它本质上是比较优势的一种。一个社会拥有细密发达的分工,则拥有较高程度的社会分工,劳动者可以在专业化生产下提高劳动技能。

在这样的情况下,分工与专业化不仅仅能带来产品数量的增加,增加市场交易,促进市场规模的扩大,同时能够提高市场贸易方式,从而进一步推进分工与专业化发展,实现劳动分工与市场规模的循环累积演进。

诺思等认为②,西欧生产规模的扩大,不是由于技术进步引起的生产力的发展,而是由于市场利益的刺激,是人们利用市场兴起所造成的盈利机会的结果。市场兴起,才是西欧技术突破、经济崛起的关键所在。市场在刺激技术创新上具有双重作用。一方面,广阔的市场销路刺激了生产规模的扩大,引起劳动过程中精细的分工,大大降低了技术创新的成本;另一方面,广阔的市场销路又大大增加了技术创新的潜在收益。所以,如果没有市场盈利的刺激,很难设想西欧会出现具有世界意义的技术发明和创新。

(二)近代的市场与分工

王国斌更进一步认为:推动明清中国和近代早期欧洲经济成长的动力是相同的,都来自地区专业化和劳动分工这个动力,即所谓的"斯密动力"③。而地区专业

---

① (澳)杨小凯著,张定胜等译:《经济学——新兴古典与新古典框架》,社会科学文献出版社,2003年。
② (美)道格拉斯·诺斯、(美)罗伯特·托马斯著,厉以平等译:《西方世界的兴起》,华夏出版社,2009年。
③ Wong, Bin, *China Transformed: Historical Change and the Limits of European Experience* [M]. Ithaca Cornell University Press, 1997.

化与劳动分工都只能在一个整合的市场中才能良好运作。孤立的市场代表的是停滞的经济,如果经济要成长,这种市场就必须向外部开放。

西欧产业革命促进了生产力的发展与世界市场的形成,进入世界市场的商品数量与种类大幅度增加,促成了资本主义经济的扩展,并向全球寻找市场与原料。同时,19世纪前半叶出现的铁路、轮船、电报等近代交通工具,加强了与世界各地的联系,推动了世界市场的形成。

随着沿海口岸对外开放,区域经济成长的动力从内陆转向海洋,沿海口岸城市及其毗邻地区,开始参与全球性的国际分工与贸易,国外工业品通过口岸城市行销内地,国内的农副产品也经口岸城市集中出口国外,外国机制工业品与中国农副手工业产品之间的交换更加密切,以口岸城市为中心的外向化的市场流通体系,逐步取代了明清时期形成的内向化的市场体系。

就外向化的积极意义而言,贸易促进了市场容量的扩大,分工促进了效率的提高,尤其在19世纪后20年,激发了华南地区市场的快速扩展。对于主要的出口行业来说,例如缫丝、织布、爆竹、葵扇业,国外市场扩大,国内生产规模也快速增大,技术水平也相对有所进步,珠三角地区几次兴起"弃田筑塘,废稻树桑"的热潮,顺德县从事蚕桑业的人口一度达到80%以上。此外,伴随着有限技术的进步,劳动密集型手工业与小机器产业获得快速发展,国产土布、火柴等产品,形成进口替代的势头,并转成出口导向,分别运销到内陆省份,名曰"广货"。

就近代对外贸易的整体概况而言:1902—1936年的中国综合贸易条件指数,大概自1917年起就越来越趋于不利,仅仅在1924—1930年间有所好转[①]。由于初级出口产品需求有限、易被复制,相应的技术进步、资金支持、经营理念的滞后,使贸易入超越来越严重。这表明在参与国际分工中,相对资源优势很容易被技术劣势抵消,出现比较收益的下降。

市场的交易环节也存在影响,尤其是货币交换方面。1872—1929年铜银的交换比率有四个阶段,1872—1906年银对铜的价格渐渐下降(世界银价下降),1897—1906年相反地上升较快,1907—1921年缓慢上升(铜价贬值),1922—1929年银价下落,铜价贬值。1900年以前,制钱是普通民众计算收入的货币单位,是收购出口货和计算出口货成本的单位,因此,以制钱为单位衡量的进出口物价指数更能反映腹地贸易收益的变化,20世纪以后银元的广泛使用,这样的双重汇率就消失了,影响贸易的主要因素是金银比价[②]。

"银汇的下跌显然会促进出口,但制钱的缺乏和物价的上涨,许多人相信已相当地阻滞了出口贸易。"[③]于是,"在华的进口洋商,避免汇回现金。为要抵偿一部分

[①] 袁欣:《近代中国的贸易条件:一般趋势及其与农产品贸易的关系》,《中国农史》2008年第3期。
[②] 郑友揆:《十九世纪后期银价、钱价的变动与我国物价及对外贸易的关系》,《中国经济史研究》1986年第2期。
[③] 1897年中国海关贸易报告册,总论,第3页。

进口货值,他们宁愿购买廉价土货出口,以代替汇回的进口货款"①。表4-42所表示正是内地土货对进出口物价的波动情形,于是,从1870年代洋行和买办就开始收购过去无人注意的烟草、桂皮、皮毛等土货,到了1890年代种类又有扩大,杂货在出口贸易中开始占有一定的比重。

表 2-42　进出口商品与内地土货物价指数比较(以钱文计)

时期 (各年平均)	内地土货物 价指数	进　口　价　格		出　口　价　格	
		指数	与内地物 价比较	指数	与内地物 价比较
1870—1875	93.1	97.9	+4.8	98.8	+5.7
1879—1880	86.6	76.0	−10.6	83.3	−3.3
1881—1885	77.5	72.6	−4.9	76.7	−0.8
1886—1890	75.7	67.5	−8.2	73.9	−1.8
1891—1895	73.5	72.4	−1.1	77.9	+4.4
1896—1900	92.1	73.2	−18.9	95.6	+3.5

资料来源:海关十年报告,1882—1901年,折算比率为1:1.114;杨端六:《清代货币金融史稿》,第188—189页,根据郑友揆的估计。

侯继明认为,"经济中的现代部门多年之中,以至显示长期增长联成一条线的趋势"。②他列举了从1867—1932年进出口增长率分别为2.5%、2.4%,并以铁路、矿井、纱厂作为例证。问题并不在于贸易是否在国民经济中占6%—8%的比率抑或更多,不在于人均单位贸易的比重,而是相对的贸易收益以及贸易的惠及范围。1930年代后期在农村衰退的同时,城市和沿海仍保持一定的繁荣发展,这种贸易的结构性变迁是以牺牲广大腹地的利益为代价的,这也表明港口贸易、中心城市、内陆腹地之间运行机制上的空间等级化。

1930年代中,随着世界经济不景气,各国高筑关税壁垒、封锁市场、对外倾销之际,香港各界也在讨论,香港的自由港制度是否需要改制,改为有税口岸?无论是从殖民地喂给母国或国家政治的角度,还是从英国在华利益比重的下降,尤其是面临日本的竞争方面,均似乎需要取消自由港制度。但由于香港的特殊性,一是香港的贸易与市场走弱,改为有税口岸更会使得经济萎缩;一是香港的立足基础是转运,"盖香港为一转运口岸,各地货物之来去,多经香港再转运他处,其在香港消费者,多属日用物品,如食品、牲畜、匹头、燃料、建筑材料等类"③,并未有工业或农业

---

① 1876年中国海关贸易报告册,总论,第121页。
② Chi-ming Hou: *Foreign Investment and Economic Development in China,1840-1937*,Cambridge,Mass,Harvard University Press,1965,p.126.
③ 《民国十九年香港贸易统计》,《统计周刊》1931年第2卷第7期。

的产业基础,如何独立自主?故而,姚忠华建议从国际分工合作、要素流动效率的角度,在现有的分工合作框架下,借助资本与贸易的力量,在自由贸易与适当管制之间寻找平衡点,则可以获益最大[①]。

(三)分工与产业演进

众多的研究都证明了农民对价格的积极反应,例如1870年后棉织品的显著增长,1890年后蚕桑的适度成长,茶与糖出口的下降等等,显示出农民能够根据市场价格与预期收益,及时地调整产业结构,获得不完全性竞争市场下的最大收益。通过1920年后从暹罗进口米谷,从上海进口面粉来看,前引的科大卫的论著解释出口下降的原因在于个体农场产品的高度花费(包括1930年后蚕丝市场的崩溃与价格的减半),但是这能够解释农家的收益变化吗?

王良行详细考察了中国近代贸易的关联效果并认为[②]:① 在上游关联效果方面,至少有4 000万劳动力投入生丝、茶叶等出口商品的产销工作,航运、铁路、保险、金融、公用事业等基础建设以及煤铁矿、钢铁厂、土木工程、机器制造、船舶修造等现代产业随着对外贸易的成长有了长足的发展。② 在下游关联方面,金属及棉纺织品的进口淘汰了少部分传统工业,但也促进了农具、家用品、船舶、建材、油漆、庙宇装饰品、锡箔、包装材料、军火、机械、纺织、印染等传统或现代工业的发展或兴起;而出口商品如生丝和棉花的增产,除了促进食品加工及丝织等传统手工业的发展之外,更刺激了现代机纺工业的兴起。③ 在消费关联方面,贸易部门的需求几乎全由国内生产供应,进口货所占的比重平均不到3%。

此外,这些关联效果的地理分布也非常广泛。茶、丝、大豆、花生、油菜籽、棉花、烟草、麻纤维、芝麻、甘蔗、樟脑、皮毛、羽毛、猪鬃等农牧产品的产制地区大多在通商口岸之外,涵盖几乎整个中国的经济领域。航运、铁路、金融等基础建设以及煤铁矿、钢铁厂、锡箔、包装材料和纺织等传统及现代工业的分布也相当广泛,并且往往深入中国内地各处。近代进出口贸易所产生的关联效果,对中国经济发展的促进效果要大于破坏效果。

我们知道,商业资本具有两种次级形态:商品经营资本与货币经营资本,彼此之间是可以互相转换的,作为商人因为不生产商品,首先要拥有货币资本,并在市场上转化为商品,进而实现资本循环,在流通中获得增值。前近代传统商业资本是独立于生产之外的,用于交换与流通环节,局限于流通领域,但在资本主义生产方式下,商业资本的位置发生改变,逐渐从属于生产资本,成为产业资本再生产的一个职能资本与组成部分[③]。

中国在历史上一直以"农本"主义作为立国之本,及至民国时期兴起"以工立

---

① 姚忠华:《香港改制问题的商榷》,《香港华商总会月刊》1934年第1卷第4期,第34—41页。
② 王良行:《清末对外贸易的关联效果》,载王良行著:《近代中国对外贸易史论集》,知书房出版社,1997年。
③ 马克思:《资本论》,第3卷,人民出版社,1975年,第297—303、366—367页。

国"之论,两项争论之余,才渐渐清晰,农工之间互相支持,农工融合,农业的发展需要资金、技术、教育等方面的配合,才能有望走向现代化,实现工业化是国家富强的契机之一。

根据分工理论,分工与专业化不仅仅能带来产品数量的增加,增加市场交易,促进市场规模的扩大,同时能够提高市场贸易方式,从而进一步推进分工与专业化发展,实现劳动分工与市场规模的循环累积演进。随着沿海口岸对外开放,区域经济成长的动力从内陆转向海洋,沿海口岸城市及其毗邻地区,开始参与全球性的国际分工与贸易,国外工业品通过口岸城市行销内地,国内的农副产品也经口岸城市集中出口国外,外国机制工业品与中国农副手工业产品之间的交换更加密切,以口岸城市为中心的外向化市场流通体系,逐步取代了明清时期形成的内向化的市场体系。

如图2-10a、b,在近代中国的产业分工与创新图谱中,首先获得比较收益的是价值链底端、沿海乡村农家的商品化农业与手工业,众多的研究都证明了农民对价

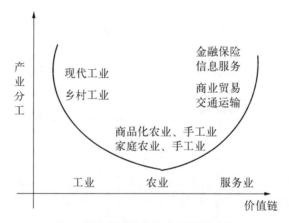

图2-10a 近代产业分工中的微笑曲线

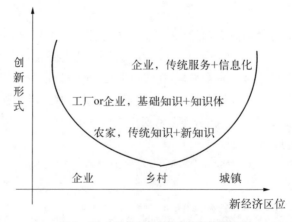

图2-10b 近代产业创新中的微笑曲线

格的积极反应,能够根据市场价格与预期收益及时地调整产业结构①。其次是价值链两端的工业与服务业部门,无论是市镇传统的、还是城市现代式的产业部门,无论是现代化都市、还是远离市场的农村,均参与了近代这一分工与专业化进程。进入近代时期,伴随着区域经济资源的流动,经济生产及社会再生产的过程,这既是一个价值生产的过程,也是一个价值空间循环的过程。近代中国的城市、城镇、乡村(都市、都市近郊或交通沿线、内地),采用各自的方式参与市场分工,基于不同的地理距离形成不同的"经济距离"与比较收益,但是,由于处在价值链的低端,边际收益呈现不断下降的趋势。

二、多元规制下的资源配置

专业化与分工是古典经济学分析的关键,但如果考虑到成本因素,则需要考虑政治经济体制。新制度经济学认为制度变革决定交易成本,有效的制度变革促进经济的发展,反之阻碍经济的发展。

(一)工商之策与口岸经济

1. 滞后的工商之策

1860—1894 年洋务派努力建设一个政府投资或政府控制的西方式的密集型的工厂来实现军事现代化,而不是鼓励发展私营企业;政府不仅不为私人在现代化的各个部门的努力提供公共产品,甚至反对私人对现代化各个部门的公共性投资,例如铁路、内河轮船运输。尽管中国农业的商业化程度有所提高,但并没有真正的技术进步②,清廷所创办的工业的溢出效应也就微乎其微。

对商业而言,清廷同样无意于在内地开埠经商,"惟开埠通商事关交涉,虽自辟稍可保主权,而内地就不同口岸,但此治外法权尚未收回之前,多一商埠则多一纠葛"③。从刘坤一的奏折中也可以看出:"沿江、内地多开口岸实属有害无利,盖内地与沿江断不虑有侵占,而于华洋杂处,制造皆有大损,且内地开口,沿途经由之地皆隐成口岸,且内地名虽开通一地,实则沿江海而至内地各处均与口岸无异,所损尤大,而于商务未必真有利益。"④

1899 年 12 月,在港绅商集会中华会馆,演说振兴中国商务事宜,华商何晓生认为:"予等久居海地,素知货值畅销,即为国本。盖经商者恃以获利,食力者借以谋畜,谋食有赖,则民众共有鼓腹含哺之乐。细思华人生计未为丰裕,欲广其谋食之路,非扩充商务不能。……以今日中国商务而论,其要者为大开口岸,各国得以通

---

① 侯继明(Chi-ming Hou):1965;科大卫(David Faure):1980、1989;王良行:1997;吴松弟等:2006。例如 1870 年后棉织品的显著增长,1890 年后蚕桑的适度成长,茶与糖出口的下降等等。
② (美)费正清、刘广京编,中国社会科学院历史研究所译:《剑桥中国晚清史》,中国社会科学出版社,1996 年。
③ 《外部奏议复察哈尔都统诚勋奏请开辟张垣商埠折》(光绪三十四年六月初二日),《清季外交史料》卷 215,第 11—12 页。
④ 《江督刘坤一致外部英使所开邮政圜法及口岸情弊请饬盛宣怀切实与辨析》(光绪二十七年十一月十一),王彦威、王亮:《清季外交史料》卷 150,第 20 页。

商,至若保全中国之商利,当以练兵为首"①。廖紫珊认为:"近年沿海口岸,华商生意日有起色,若再加以整顿,协力维持,则不独沿海口岸各项生意可沾利益,即内地各处百货流通,亦有蒸蒸日上之势。"②

与清廷所统治的广州城相比,香港与沙面租界在提供公共或准公共产品方面要更加有效率,例如维护与改善港口设施、公共道路与运输、照明、水电供应、通讯设施等。

晚清以来中华帝国与欧美列强的交涉中总是处于失败,一开始归功于自己的军事不如人,后来又认为自己的机器不如人,于是兴起了洋务运动,中体西用,发展官商合办企业,甲午战争、庚子赔款后才意识到是制度方面的缺陷。

当时政治革命的主要内容之一是解决民生问题,就当时的农业而言,粗放型产品不能适应市场需求,迫切需要发展工业,否则面对工业发达国家的经济扩展潮流,社会经济方面的权益都将被掠夺,在清末新政以前,晚清的政体阻碍工业发展,阻碍产业革命。

维新思想家薛福成《论公司不举之病》(1893)通过对其时中外公司得失的对比,指出仿效西方资本主义国家,由民间资本集股成立公司,谋求富强,同时要求政府采取相应的改革政策,维护公司的权益,推动公司的发展。如果公司不能兴起,则工商各业就不振兴,没有工商业的振兴,国家就不能富强。乐昌县(位于北江上游)实业志云:"清之季各省设劝业道……各县设劝业分所……乃有劝业之名无劝业之实,民国亦徒循故事,曰农曰林曰工曰商曰矿,均未能树之风声,所谓登高一呼众山响应者,从前无此景象,今则时逢训政,百度维新,树木千寻苗于波涛万顷,源自滥觞。"③

近代华南的发展情形,表明了地方资金技术不足的情况下,产业发展的基础比较脆弱,国家的税收、激励、扶植政策具有积极的效果。同时,显然政府的产业意识比较迟缓,相关的救助措施滞后,同时动荡的社会环境难以保证产业的持续发展。在一个市场与产业发展开始起飞的地区与阶段,资源的配置显然不够合理。同时,在国家的微弱推动下,地方产业却获得了相对有效的发展,尤其在广州、汕头、顺德、南宁等地,从传统中孕育的现代工商业、现代农业获得了发展的机会。

1910年胜因在谈到实业救国时认为:"近今十年,国家于新创之实业,亦未尝无维持奖励之意,施及于今终无明验大效,此则经制不定之害也。"并提出五条建议:① 国家需要改良行政机构,保障国民经营,保护其财产;② 统一整顿度量衡、货币,维护市场公平公正;③ 保证市场上商品流通顺畅,市场活跃,互相补充调剂;④ 让有才干的人去充分发挥才华,废除将人才束缚在科举考试上的不良制度;

---

① 来稿:《香港绅商演说商务》,《清议报》1899年第6期,第333—344页。
② 来稿:《香港绅商演说商务》,《清议报》1899年第6期,第333—344页。
③ 陈宗瀛:《乐昌县志》卷十二,实业志,民国二十年。

⑤ 保护、奖励、提倡实业,并形成一股热潮,使人们的精力集中到实业建设上来①。

概而言之,商业经济的制度规范,必然对交易行为的成本产生或正或负的影响,在追求交易成本最小化、市场收益最大化的基本原则下,经济资源配置的空间结构自然会相应有所调整。

2. 口岸经济先行

在论及口岸与腹地经济发展的差距时,常常看到的证据是因为内地不具有口岸的商业与经济环境。广州中心未成为洋货转运内地的货源地的一个原因是:"大规模经营的外国商人致力于大宗交易,不熟悉内地贸易情况,也不专心关注,而小商人(此地不多)又觉得转运单对他们用处不大,甚至认为对于内地运输情况不了解,滥用'准单'会招致麻烦。"②在特定的情况下,市场流通成本是重要的因素,"中国大局不靖,或入内地,或不能流销,欲抬出来转往别处,又要纳税,不似香港自由来往,且汇单市金操诸香港"③。

近代香港的经济发展,是比较典型的口岸经济范例。海运是香港经济的命脉,其工业亦直接、间接与海运有关,如造船业、来料加工业,其工业原料全部进口,如糖厂原料来自爪哇,麻绳厂原料来自菲律宾,香港工业之发达在于运费低廉之故④。同时,香港工业品的市场不在本港,"香港所有工场,完全以香港为单位的极少,重要工场多半以广州或上海为根据,仅以香港作为作业工场之一部分而已。"⑤

关于香港工业品的销路市场,根据厂商会的调查,中国占80%,南洋与海外占20%⑥。国内主要运往广州、梧州、江门、广州湾(为转运云南)、汕头、厦门、福州等地;内地销售的困难在于三:① 关税增加;② 银价伸缩无定,广东双毫、港纸伸缩相差近40%;③ 国内纺织工厂的建立。1931年棉纺织品运往国内115万元,东南亚410万元,南亚201万元,中南美洲13万元,澳洲5万元,西亚40万元,非洲13万元,欧洲4万元。1934年国内10万元,东南亚117万元,南亚5.5万元,中南美洲6.5万元,西亚2万元,非洲3.2万元,欧洲2.7万元⑦。

香港棉纺织厂原料来源中,棉纱多为上海出品,电光纱与棉仔纱来自英国,人造丝来自意大利或荷兰。"手织机现尚盛行,惟多用以织丝或织纱之长短袜,笠衫布机多为潭根斯兄弟公司出品,手织机与本港所制之机器,只适于织组劣质纱而已,粗笠衫乃用单号棉纱,较好者用棉仔纱,用电光纱或人造丝者甚少。……羊毛织品,发展之程度不若袜及笠衫之速,其原因为气候之关系,目前香港羊毛织造厂所用之机器

---

① 《东方杂志》第7年第6期,1910年7月。
② 1876年粤海关十年报告,《粤海关报告汇集》,第165页。
③ 邹兆奇:《广东工商业盛衰的关键》,载《黄埔商埠月刊》第9期,民国十六年八月十五日。
④ 张其昀:《香港的前途》,《思想与时代》1948年第51期,第1—3页。
⑤ 菊生:《东亚共荣圈与香港》,《东亚联盟》1942年第12—1期,第82—88页。
⑥ 孙儒:《香港的工业投资与当前困难(香港通讯)》,《展望》1948年第2卷第2期,第9页。
⑦ 《香港织造业调查》,《纺织时报》1934年第1125期,第4—5页。

全为手工织机。织布业近日亦见发达,主事者多从沪来,……织造厂共约400间,三年以来倒闭频仍,现所存者只约100间,织造品行销于香港甚少。"①

1947年中观察者发现,香港几大轮船公司,包括中小轮船公司纷纷谋求将轮船转卖,以为清偿债务,主要原因在于"内战扩大,钞票贬值,中国各口岸进出口货几乎全部停顿了,香港是转运口岸,欧美进口货及中国西南各地出口货,经以香港为汇总,而今各地进口货及中国西南各地出口,已全部陷于停顿,香港半年来商业不景,工业疲敝"②。

近代中国经济发展的动力源自外部,口岸一度是区域经济活动的窗口与发动机。近代经济史的经验表明,口岸经济先行的力度、强度、持续度直接影响到区域经济的整体变化与发展。

(二)资源配置的约束条件

产业发展的资源配置与制约条件,主要包括资金、技术、税收、社会安定,甚至是有效的市场、锐意进取的产业政策等软环境,构成了产业发展的空间。

韩江流域的红糖出口顶峰是1899年,此后逐渐减少,1926年后急剧减少,只有汕头开埠时的1/4—1/5,白糖更是在1909年即跌至开埠时的4.92%,几乎到了山穷水尽的地步。由范毅军的研究认为,在考虑到爪哇糖、日本糖等外部因素之外,国内方面的表面原因是汕头新式榨糖工业未能发展,实际原因是传统农业生产方式下,榨糖原料价格偏高,新式工业无法获利而发展③,表现在三个方面:肥料(东北豆饼)价格提升引发的生产成本提高;租佃与借贷的生产关系限制了糖业发展;政府在技术、税收、产业引导方面的政策几乎没有正面意义。琼崖的特产如椰子、橡胶、咖啡、黄麻等等,也曾经一度有着商品化的发展,自从世界经济危机以后,价格跌落,加上南洋经济不景气的影响,汇款减少,农村经济愈来愈困难。琼崖农林渔盐矿丰富,建议力行移民、实行合作、发展农业教育、开发交通④。

调查员陈泽霖对于新会发展农林的主要意见是:① 设立农村学校、农林试验场,因为"县中之农民绝未受有教育,农业技术绝无研究机关";② 建设农会,"日下盗风猖盛,百业多废,虽由地方多故及内争有以促成之,而地方长官,不能从民生方面着想,使万民有可安守之业,当亦不能辞其咎";③ 发展交通,"虽得天然之便,而多筑马路以通各乡,则实属不可缓之事";④ 促进生产,"果树老死之田近多改植葵,则亦当设法维持,以保名产,至葵桑二种耕作已有蒸蒸日上之势,又极宜留心扶助也"⑤。

建设广东的相关对策,首先在于完善交通,其次在于发展模范产业(例如蚕丝、蔗糖、水产、森林、稻作、园艺、茶叶等试验场,附属工厂、工业化验所、新式农具制

---

① 《香港织造业调查》,《纺织时报》1934年第1125期,第4—5页。
② 梁一栋:《从航业看香港》,《中华海员》1947年第3期,第13—14页。
③ 范毅军:《广东韩梅流域的糖业经济(1861—1931)》,中研院近代史集刊。
④ 林缵春:《琼崖农村》,1935年,第44页。
⑤ 国立中山大学农学院:《广东农业概况调查报告书》,1925年,第291页。

造、肥料厂,国有糖业、土敏土厂等),第三是各县市政改造,第四建设农田水利,第五建设商埠码头仓库,第六设置长途电话播音台,第七疏浚河道与防洪,第八是改善航政设备,第九开垦荒山荒地,第十是建造气象台①。

1. 市场秩序

容奇处在广州至香港航线的中端,是顺德与毗邻各县生丝的汇集地,本来直接出口香港更加便捷,但是,粤海关当局规定本地的生丝必须一律于广州报关出口,使得顺德、香山的生丝、丝绸和乱丝头等集中到广州、容奇等地出口,广州海关设有容奇支关,负责查验征税②,但是两县的洋货进口与一般的民船出口则更多地直接与香港贸易。二战后,"港政府虽不再供给进口商美汇头寸,但对出口商之外汇绝无统制意图,故桐油商将桐油走私至香港,即直接装运美国,贬价出售,争取外汇后,一方面存入美国银行,一方面即在香港或上海以黑市价格抛售,盖用此方法较正式结售外汇输出者,可获二倍以上之利润"③。

地方货币的紊乱、税收的无章,乃至苛压将会极大地抬高交易成本。1902年《中英通商条约》要求中国采用一种"统一的全国通用的货币,因为一个地方的'两'无论在重量上还是在'成色'上,很少和另一个地方的'两'相同,结果是产生了无休止的、巧妙的兑换贸易"④。

市场发育的滞后,无疑不利于地方贸易与产业的发展。新会县、惠阳县蚕桑生丝业的失败,在于地方的桑叶市场没有发展起来,"新会县之栽桑,乃近十余年新起之工业,其利比稼穑较厚,然栽植面积不大(未及全县田亩的一成),但江门附近各乡则殆无不有之。因其邻近桑市不远也。本县无茧市,但墟日或乡市中,常有担往发售者"⑤。惠阳县第一区曾经开办蚕桑,"嗣因惠属无茧市买卖,诸多不便,三四年间亦遂停辍,现时第一区业桑者殆全无矣",第六第十两区,从前也有蚕桑,"只因同业人少,不成桑市,蚕桑失败者无可补救,卒至歇业"⑥。

相反地,顺德县的生丝业获得成功,除了丝业银行的支持外,在于专业化的蚕茧、桑叶、蚕种市场⑦。新会"县内有一丝厂,位于江门火车站之傍,为顺德人经理,资本则顺德人与新会人各半云。内有女工三百余,构造织机一如顺德者,现所出丝为蒸汽直缫六头之合丝,成立已一年,颇有获利云"。新会县有两个茧市,都是顺德人经营的,大概有四万斤的交易量(每斤里一两四钱)⑧。

---

① 1929年8月23日邓彦华在广州中央公园的演讲:《广东的建设问题》,广东建设编辑处、粤东编译公司,1929年9月。
② 汪文炳:《香山县志续志》卷二,舆地,民国十二年本。李历本:《二十年代容奇经济概况》,《顺德文史》第2期。
③ 《桐油大量走私香港》,《通讯(湖南)》1947年第7卷第6期,第19页。
④ 1892—1901年粤海关十年报告,《粤海关报告汇集》,第964页。
⑤ 国立中山大学农科学院:《广东农业概况调查报告书》,1925年,第9、31、198、288页;1929年,第98页。
⑥ 国立中山大学农学院:《广东农业概况调查报告书》,1925年,第9页。
⑦ Howard and Buswell, *a Survey of Silk Industry of South China*, Canton: Lingnan Agriculture College (Faure, David: The Plight of the Farmers: A Study of the Rural Economy of Jiangnan and the Pearl River Delta, 1870 - 1937, *Modern China*, Vol.11, No. 1 (Jan., 1985), 3 - 37.)
⑧ 国立中山大学农学院:《广东农业概况调查报告书》,1925年,第288、291页。

2. 资本与技术积累

资本与技术是经济增长中的重要因素。"向来丝厂合本多在两万两之谱,从前四五百人之厂需建置银一万五六千两,近则需要二万两以上,故断无足本之丝厂,只靠银号揭用。"①煤油工业,其规模较小者,则设备就简,数百元之装置即可营业②。1934年从化大岭山民福公司产品运销的调查显示"既无大规模之工厂,亦无大资本之商店,经济能力极为薄弱,……(生产)除了自给外,尚有贩售各地,惟数量不多,获利甚微"③。

顺德县"故先设立农业推广处,指导各乡农民种植其他需要农品,以期稍增生产,借资弥补"④。三水县"农民智识困陋,墨守旧法不知改良,遇有病虫之害则束手无策,应宜设立农林试验场,将各种耕作新法及病虫防除法试验推广,俾农民有所取法,北部山岭宜开辟公路以便运输,奖励农民造林,依法保护"⑤。

在农林专门学校的推动下,在高州附近、德庆和肇庆之间的西南之南、仁化县的北江上游以及海丰县、粤东沿海附近,都出现了一个种桑高潮。由于使用随便的方法使蚕种的质量日渐下降,政府做过一些努力,介绍科学养蚕的方法⑥。新兴县"惜土人多墨守旧法,不善改良,以至生产品如烟叶、荔枝、柑橙等不能逐年加增,甚者形成减少,查其原因,由于土地肥力不能维持农工也"⑦。

3. 各类捐税

有关捐税的征收标准,事关商业流通的费用、工业生产的成本,故而积极或消极的捐税征收将会直接影响到商人、企业家(以及个体与家庭)的经济选择。

顺德"(近年)虽经县府呈请准予减免丝类各厘捐,及财政部将出口税减免,为消极之救济"⑧。梧州市柴业行的土匪式捐税,"所经粤省沿江各卡,任意苛征,比从前加之数倍之税,盖因包商制,各卡并不依照税则度船征税,只有任意估价"⑨。英德县的一头羊经火车运到广州的费用为2元,"乡民以所及运费太过苛刻,由是裹足不前",木材的情形类似,"运费多无利可图也"⑩。

1883年4月30日许应骙奏请免广西米谷厘金,"近因广西厘金过重,有落地出入境等名目,计每万斤须实银十六两,广东行销之米,均自洋船运来,西江米船几乎绝迹"⑪。1894年7月23日御史钟德祥的奏本相似,由于厘金的关系,桂米成本过高,无法和洋米竞争,但直到1934年千家驹等人进行广西省经济调查时,发现西江

---

① 桂坫纂:《南海县志》卷四,舆地略,宣统二年。
② 广东经济年鉴编撰委员会:《广东年鉴》,1941年,广东省银行经济研究室。
③ 广东省民政厅:《广东全省地方纪要》,第1册,1934年,第51页。
④ 广东省民政厅:《广东全省地方纪要》,第1册,1934年,第120页。
⑤ 国立中山大学农学院:《广东农业概况调查报告书续编》,1933年,第30页。
⑥ 1912—1921粤海十年报告,《粤海关报告汇集》,第1029页。
⑦ 国立中山大学农学院:《广东农业概况调查报告书续编》,1933年,第62页。
⑧ 广东省民政厅:《广东全省地方纪要》,第1册,1934年,第120页。
⑨ 《梧州商业概况》;1929年7月1日《工商半月刊》。
⑩ 国立中山大学农学院:《广东农业概况调查报告书》,1925年,第192页。
⑪ 《清德宗实录》卷一六一,第266页,广东省、广州市方志办编:《清实录广东史料》(六),广东人民出版社,1995年,第73页。

中下游名目各异的税卡仍十分繁多①。

1899年12月在港绅商集会中华会馆,演说振兴中国商务事宜,华商何沃生认为:"不知此中厘税,归公用实得三成,余则尽充办理者私囊之用,无有如洋关之涓滴无私者"②。

针对工厂倒闭或停业、不能与外货竞争的原因调查,受访者中约25%认为成本太重,18%认为厘税太重,16%认为资本不足;11%认为国产原料不良,10%认为机械及原料受制于洋货,20%认为政府无援助、机械不精、工人不良。因而,受访者中约30%希望减轻厘税,17%希望提高进口货税率;17%希望发展各地交通;11%希望设法提倡国货;10%希望统一币制;10%希望切实保护治安;5%希望协助对外贸易③。

对于如何发展建设,时人认为重要的一条是减免税捐,"豁免粗制土货之内地税捐,则在中国国内市场当能与外货争衡,故我国将来之粗制工业,其决胜地不在国外市场,而在国内市场,不必增加输出,只需减少输入,亦可达到输入均衡之目的。查近年来政府对于特种事业之奖励,仅免其输出国外之出口税,而不免其销流内地之出入口税,又不能税重外货,致在国内市场土货亦为洋货所压倒,盖不知市场在此,而不在彼也,……内地之出入口税厘,实为奖励洋货输入,阻碍土货运销之魔物,其至土货多有做充洋货,以求子口半税之特权者,此自杀之政策"④。

4. 政策与环境

由于台湾、爪哇等地改用新法制糖,品质良好而成本又轻,对于广东土糖市场的竞争力增强,于是地方当局实施糖业统制,同时并经营种蔗制糖及运销事业,在提高质量降低成本之余,加强政策管制,土糖产量年有增加,洋糖入口数量逐年减退⑤。

糟糕的治安情况,或者说政府参与的强征盘剥,只会破坏业已形成的脆弱的经济基础。1865年7月10日,总理衙门奏称"南海、番禺、顺德三县劫案甚多,获案者不过十之一二,州县官置民事于不问"⑥。清远县"近其更以盗贼纵横,牛畜被掠夺,遂致歇业者以有之,欲图挽救,不惟当求改良,尤其注意保护也"⑦。"民国初年三水的乡村多遭盗贼的骚扰,水上居民……不得已相率而来河口,盖当时海关设定于此,得军队的保护,已免扰乱,且易谋生。"⑧邓本殷为筹饷三十万元,其中海口、琼山各五万元、文昌四万元,其他十一县十六万元,更在海口按各商店营业大小,再抽铺

---

① 《清德宗实录》卷三四三,第389—390页,广东省、广州市方志办编:《清实录广东史料》(六),广东人民出版社,1995年,第277页;千家驹:《广西省经济概况》,商务印书馆,1935年。
② 《香港绅商演说商务》,《清议报》1899年第6期,第333—344页。
③ 《全国工人生活及工业生产调查统计报告书·四·工厂概况统计表》,1930年,第6—8页。
④ 1929年8月23日邓彦华在广州中央公园的演讲,《广东的建设问题》,广东建设辑处、粤东编译公司,1929年9月。
⑤ 广东经济年鉴编委员会:《广东年鉴》,1941年,广东省银行经济研究室。
⑥ 《清穆宗实录》卷一四二,第357页,广东省、广州市方志办编:《清实录广东史料》(五),广东人民出版社,1995年,第304页。
⑦ 国立中山大学农学院:《广东农业概况调查报告书》,1925年,第210页。
⑧ 伍锐麟:《三水河口蛋民调查报告》,广州私立岭南大学岭南社会研究所,第34页。

底捐十万元,每日派驳壳枪队挨户追讨,故而形成了关门停业的罢市风潮①。

新生活运动后,作为烟、赌根据地的深圳、广州河南,逐渐转入地下,广州禁烟、禁赌、禁嫖,1930年香港也明文禁妓,也许仅是文本上的,私下各昏儿也是充斥其间,譬如九如坊的私寨。号称"东方蒙地卡罗"的澳门,却更加表面化繁荣起来,虽然经济并没有改善。澳门有四多:烟馆多、赌馆多、妓馆多、当押店多,赌馆名之曰高庆坊、不夜天、银牌,烟馆称之为茶话室②。在澳门,"鸦片是公吸的,路上'公烟开灯'之招牌与上海'大减价'之市招一样,到处飘扬。……妓女整千整万,随客选择,……赌博普及全地,各店都有赌具出售,……葡萄牙人利用这三大毒害,可抽烟税、嫖税、赌税"③。"澳门统治者的精神是相当涣散的,所以市政建设和商业经营,都很平凡。"④"惟澳门既非军港,又非发展帝国主义侵略之根据地,乃以被征服地人民视我华人,恣其榨取,其榨取为中世纪式而非帝国主义的经济侵略,于是举凡近代文明国家所指为不名誉之行为"⑤。

三、空间生产绩效的验证

经济发展模式转移的导向,是转向更加有利可图的地区,转移的目的或者是为了开拓新的市场,或者是为了利用新的资源(原材料或劳动力),或者兼而有之,从而获得更多的剩余价值,所以这一进程在空间上必然是结构性的、不平衡的。

(一)核心圈:变革与发展初步完成

"就河南村区之文化而论,在广东各乡村中,可称为首出之区;因其位置最佳,近接省会广州,居民外出就业之机会多,且易得良好职业也。"⑥

广州河南旧凤凰村号称为当时"七十二村中最落后的乡村",1934年100家233人的职业调查显示,从事商业的20人(8.58%),佃农、雇农、自耕农等100人(42.91%),雇工、手工之类106人(45.49%)(其中雇工52人、泥工21人、机器工人2人、绣花纺织21人),其他7人。在职业中,以雇工为主体的手工业者已经超过农业,这些雇工主要在"广州市及附近较兴旺的地方","在村里他们没有耕田,又不易找到别种工作,于是背井离乡","业商的约分为油米什货店、茶楼、银牌、烟赌等类,他们的资本虽然少,但入息颇好,在村中算为富户"。"至于妇女职业则以绣花织布为最多,每月收入由一元至四五元不等,他们家里置有小型粗简的织布机,较贫的农家,妇女多到田间工作"。在总收入中,来自手工业的也略大于农业⑦。从整体上

---

① 《海口商埠之罢市风潮》,《广州国民日报》1912年9月18日。
② 蔡如霖:《澳门杂写》,《宇宙风》1938年第73期,第40—41页。
③ 中道:《香港与澳门》,《生活(上海1925A)》,1930年第5卷第21期,第340—342页。洪孝充:《六十年来之香港》,《循环日报六十周年纪念特刊》1932年纪念特刊,第67—70页。
④ 刘纯正:《东方的蒙特卡罗澳门》,《新东方杂志》1941年第3卷第1期,第144—146页。
⑤ 进三:《处处风光:澳门小记》,《老实话》1935年第53期,第13—14页。
⑥ 冯锐:《广东番禺县菱塘司河南岛五十七村普通社会经济调查报告》,民国时期社会调查丛编,第2编,乡村社会卷,福建教育出版社,2009年。
⑦ 伍锐麟、黄恩倩:《旧凤凰村调查报告》,《岭南学报》第4卷第3期,1934年8月,第35页。

看,城郊农家的生产结构已经出现了明显的变化。"农产收入的数目竟退到第三位,而雇工及其他(包含小买卖、商业、烟赌、租项等)两项的收入反居其上。……很多有田的人都把田卖给武村的人或卖给岭南大学,宁愿做些小买卖,或跑到附近的广州市佣工,稍微有资本的便做点生意,因此在乡间耕种的人日少。"①

在珠江三角洲地区,田价的高低依次为果园、桑田、稻田、旱地。在广州郊外的番禺芳村、花埭、冲尾等处,面积在 3 亩以上的花果苗园地有 20 多个,资本最大的有四五万元,每年销于本地及外洋各埠的产值总在十万元以上。在番禺,除了地势较低之田种水稻外,其余皆主要用来种果树,次之是杂粮,番禺的北部虽然以种水稻为多,但间或亦有少数种植果树者。种植作物的不同导致全县各地农民的经济收益不同,"经济情形以东北、东南农民较为充裕,因该地农民多种植果树,略有补故也,西北、西南两部分农民虽间有种果树者,惟不如东北、西北多且普遍也"②。

上述情形,不仅发生在广州郊外、番禺,也发生在南海、顺德,以及新会、香山和新宁各县。

南海县靠近省会,百姓"习业多学工商,次为农事";在农业生产上,县境西北部多种谷类,沿江各地桑蚕殊盛,围西大巷种植果木,还有辟地围畦,专门培植花果之苗。由于广泛种植经济作物,当地人"稍勤勉之家,略可自给",因之获利较多者亦不在少数③。顺德县"人民生计大抵农居其六,工居其二,余则懋迁农业,以桑田之利为大宗"④。

新会物价"与广州相差无几,若以物价加运费而与广州香江比较,尚可平六七厘(6%—7%)左右,大宗出口可平 15%"。蔬菜生产主要在江门与会城,"每日约出产 60—100 余担"⑤。在农业土地利用中,稻田、葵田、番薯地分别占 50%、10%、5%,烟叶与桑地大约各 10%不到,其余的种植蓝靛、薄苛、花生、甘蔗等⑥。

1880 年前后,香山县除南乡人多在外经商之外,其余地方的百姓"则专恃田产,邑城富者置田,贸易非所长。村落小农概业于耕,故农伤则举邑疲弊"⑦,但到了民国中期,风气已大变:"二四两区之民,多以南洋美洲为营业地;五六七区之众,则多在京津申韩及其他各省业洋务或经纪,至三八九区之众庶,或致力蚕桑或致力田园,滨海居民渔业亦盛。"在全县 40 万元的地方赋税收入中,来自钱粮正税及附加的仅 5 万余元⑧。

新宁、台山、开平等侨乡,民众对侨汇依存度高。新宁县"男人以出洋经商为

---

① 伍锐麟、黄恩俙:《旧凤凰村调查报告》,《岭南学报》第 4 卷第 3 期,1934 年 8 月。
② 国立中山大学农学院:《广东农业概况调查报告书续编》,1933 年,第 18—19、14、17 页。
③ 广东省民政厅:《广东全省地方纪要》,第 1 册,1934 年,第 90、89 页。
④ 广东省民政厅:《广东全省地方纪要》,第 1 册,1934 年,第 119 页。
⑤ 国立中山大学农学院:《广东农业概况调查报告书》,1925 年,第 290、285 页。
⑥ 广东省民政厅:《广东全省地方纪要》,第 1 册,1934 年,第 129 页。
⑦ 田明耀:《香山县志》卷五,舆地,风俗,光绪五年。
⑧ 广东省民政厅:《广东全省地方纪要》,第 1 册,1934 年,第 25、77—78 页。

业,耕田者十之无一二。""每年由外处汇向款项则约有四五千万元,……虽物价腾贵,仍不减其奢华也。"一般的食品在台山不仅没有输出,而且"其价格较之广州香港每元价约高二毫以上"。开平与台山相似①。

不过,即便在城郊或工商业兴盛的县域,发展主要还是集中在重要的市镇,即使在工商颇为繁盛的新会,同样存在着明显的区域经济差异、"飞地"现象。新会当地的乡土志指出:"县西南多农,鲜贾,依山濒海者以薪类耕渔为业,民无积蓄而多贫,故其俗朴而野,……东北多商鲜农,贫者则习工计以谋生,其俗文而巧。"②这种情形同样出现在珠江三角洲其他富庶的县份。番禺"县地近省会,经营企业者皆集中广州,故内地均不发达,如市桥、高塘、江村、新造、东围等墟场,虽称垦田兴盛之区,亦不过只有小商店及手工业而已"③。

在近代华南地区,核心腹地具有当时最有生命力的产业生产方式,产业成长与变革,已经获得了长足的进步,在外贸出口导向上,已经超过广州等高度商业化的港口城市。但是发展主要还局限于一些中心市镇,县域内部同样有较大的差异。这种情况在核心腹地的外围与过渡腹地表现得更加明显,显示出那些"烟火万家"的大镇,在推动区域经济发展方面的局限。

(二)外围圈:局部的影响与变革

图2-11反映了珠江三角洲地区近代产业变革初步完成的区域,以及各类出口物资的产地情况。据此,初步完成近代产业变革的区域,大致在各港的核心腹地区,即由香港、广州、澳门、江门、三水诸港口城市及其周围的区域。在这一区域的外侧,也即是核心与边缘腹地的过渡地区,大约往西沿西江两岸延伸到梧州,往北到达四会、清远、花县、从化一线,往东到达惠州,清末以来因受到通商口岸的影响开始了产业变革,但主要限于个别产业和局部地方。

三水县属于广州核心腹地外围,这种变化的发生已经较晚。三水海关所在的河口镇,原来相当荒凉,只有十余只小船用于货物起落,1903年广州至三水的铁路通车,"各江来往轮船多泊于此后,河口乃逐渐有店铺的建筑而日趋繁盛"。④调查报告显示:三水"县属蚕桑以南部各区多为平原,十分之七皆为桑田,其养蚕方法皆与顺德各地无异,每年出茧三四百万担左右",而且商人颇多。该县境内邻近粤港的南部,经济发展较快,北部交通不便,农民以种植粮食自给为主,经济相对南部滞后⑤。

四会县之人,"道光之初,俗渐奢华……遂相率往佛山、省城以图生计……洎乎各口通商而后,之上海、之福州、之天津、之九江、之汉口者实繁有徒……皆以洋务

---

① 国立中山大学农学院:《广东农业概况调查报告书续编》,1933年,第41—42页。
② 卢学骏:《新会潮连乡志》卷一,舆地略,物产,民国二十年。
③ 广东省民政厅:《广东全省地方纪要》,第1册,1934年,第106页。
④ 伍锐麟:《三水河口蛋民调查报告》,广州私立岭南大学岭南社会研究所,1934年,第33—34页。
⑤ 国立中山大学农学院:《广东农业概况调查报告书续编》,1933年,第27页。

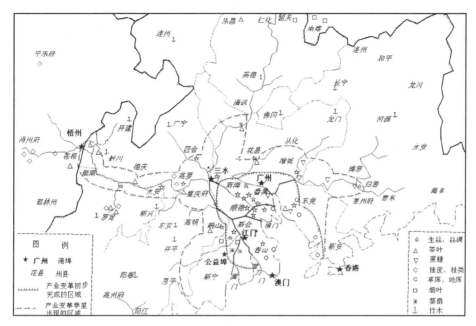

图 2-11 珠三角地区产业层级图

为汲汲,而读书应试之人日少,即青衿中亦有舍本而从事于斯者。同治以来,更远赴外洋各埠矣"。县境内的发展主要集中在交通便利的南部①。

花县在广州的北面,县内以邻近广州的南部第三区诸乡多产茶叶,较为富裕②。

从化县在广州的东北部,县内的产业呈带状分布。其中,北部以种稻为主,兼营松、杉、茶、纸、炭等林副业;中南部以种水稻为主,兼营果树园艺与蔗糖业,蚕业略有之,畜牧如养鹅、养鸭等业亦见于中南部③。

清远县在广州的西北部,经济作物的种植主要集中在靠近广州的县境东部。其中的第九、第十两区是该县主要的烟草种植区,"从前总产额年不过百余万斤,近则可三百余万至四百万斤",粮食供应也不能自给,"东部之琶江,从前产稻常自给,近亦每不告敷矣"④。

新兴县虽然在肇庆东南、西江以南,但大多数的地方交通并不方便,全县经济除了五区交通便利,人们多出外洋谋生,六区土地肥美,而外出谋生者亦众,经济稍觉宽裕之外,其余各区的人都是"自耕而兼食力者",经济均比较困难⑤。

罗定县在广东西部、西江以南,人民大多外出谋生,本县经济作物主要是茶叶,

---

① 陈志喆:《四会县志》卷一,舆地略,风俗,光绪二十二年。
② 国立中山大学农学院:《广东农业概况调查报告书》,1925年,第246页。
③ 国立中山大学农学院:《广东农业概况调查报告书》,1925年,第251页。
④ 国立中山大学农学院:《广东农业概况调查报告书》,1925年,第206页。
⑤ 国立中山大学农学院:《广东农业概况调查报告书续编》,1933年,第57、59页。

每年出口值达一千万两,"农家生活强半仰给于此"①。

封川县在广东西北部,西江以北,交通不便,除"附近西江地方间有船运,余则多用肩挑而已"。至于经济,除了邻近西江、交通稍便利的地方略充裕外,其余大多比较困难②。

阳江县位于广东省西南部,濒临南海,"往昔贫民佣惟恩(平)、新(会)邻近作苦功,间有佣于远地或外洋者,……二十年来,轮渡畅通,凡游学、从军、营利、求禄远行者络绎矣"③。

恩平县偏于内陆,在四邑侨乡(新宁、开平、新会、恩平)中相对后进,社会变化迟至清末才发生,"光宣以后,质朴之风已变浮华,衣服多尚丝绸";但从有关"妇女鲜事纺织"的记载来看,这种变化主要由于出国务工的人寄汇回家的款项所致④。

惠阳县在珠江三角洲以东,为惠州府附廓县,商业以县城为盛,而"县民多习农业"⑤。

综上所述,在过渡腹地,商品经济比较发达的地区主要集中在靠近广州、香港、澳门的地方,越靠近港口城市经济越发达,不仅县与县之间如此,一县之内同样如此。同时,又受到交通条件的制约,凡交通便利的地区均感受到港口与核心腹地的影响,生产与生活方式获得一些改良与进步,而不仅仅是一种商业贸易数量的有限增加。除此之外,其余广大的地区,商品经济仍不活跃,近代产业的成长尤其不明显。

(三)边缘圈:在变革性影响之外

西江各县,除了西江中段商业中枢的高要县,以及前述生产能力颇为活跃的罗定县外,1934年广东省民政厅的林翼中在巡视后认为:"其次则郁南县属之连滩,亦有织席之手工业,附近人民均以此为生活,其原料虽大部分来自东莞县,惟生产颇巨,工资所得,数亦不菲,其余各县人民,除农业外,并无其他工业可做,经济能力极为薄弱。"⑥两相比较,已经大致上道出了过渡与边缘腹地发展的差异。

事实上,对于过渡、边缘腹地而言,界限并不能按照县域的边界来划定。在那些区位良好的地区,已经零星地接触到了通商口岸的气息,但除了内地少数如韶关这样的传统城市外,在一般县域,传统的生产方式依然是经济活动的主体,有限的商业交换与市场发育不能成为现代性经济发展的参照系数,基本上还处于变革性的影响之外。广宁、南雄、始兴三县的情况就是如此。

---

① 国立中山大学农学院:《广东农业概况调查报告书》,1925年,第255页。
② 国立中山大学农学院:《广东农业概况调查报告书续编》,1933年,第71、72页。
③ 张以诚:《阳江县志》卷七,地理志,风俗,民国十四年。
④ 余丕承:《恩平县志》卷四,舆地,风俗,民国二十三年。
⑤ 广东省民政厅:《广东全省地方纪要》,1934年,第107、130、210页。
⑥ 广东省民政厅:《广东全省地方纪要》,1934年,第56页。

广宁县位于广东的西北,靠近广西省,除了沿小北江地方可用浅水轮船运输之外,其余地方交通极不方便,货物都用肩挑。全县除六区、七区农民耕田者众,耕山种茶者为多,常年有收入,经济较为宽裕以外,其余各区都以种竹木为主,极少种植其他经济作物,"常须资本流动,故较为艰难也"①。

南雄县人民外出经商及从事其他职业的人甚少,大部分务农,种烟、造纸是主要的经济收入来源,"故烟价高则农民经济充裕,否则经济颇形困难"②。

佛山镇的绸缎行,"售诸内地、外埠,远及西北两江";绒线行、京布行、集木行"售于内地四乡、广肇属各县,西北两江"③。

靠近湖南省的始兴县是广东境内商业最不发达的地区:"男则力农耕,而无事商贾者,有皓首而足迹不履城市者,妇女惟好纺织,居室仅足以蔽风雨,衣服皆朴素无华。"④1933年决定修建粤汉铁路株韶段后,有关部门对湘潭、衡阳直到韶关、南雄铁路沿线区域进行商业调查,发现这一地区几乎没有新式工业。当然,始兴县依靠当地的自然资源,仍有一些山林特产,这些特产,如杉木、纸、烟油、石灰等,除了销往南雄、仁化、曲江、英德等韶关境内,主要销往广州、佛山、西南、四会、清远,而输入的商品(洋纱、布匹、土货、油、糖)主要来自广州和邻近的湖南、江西两省⑤。

始兴县的情况表明,虽然这些地处偏远的县份,与广州、佛山等华南地区的主要城市都保持着商业联系,但是这种商业联系过于有限,并没有为地方的产业带来新的变革,广州、佛山与始兴还是处在两个世界之中。

在近代华南地区,就商业与生活而言,广州的层次最高,"香港则与之相等,澳门、汕头次之,内地小商埠又次之"⑥。1934年的增城县"商业亦形衰落,然而人民生活尚较博罗、龙门各属为稍裕"⑦,又显示了核心与边缘腹地的差异。但就产业而言,广州、江门已有零星的机器大工业,核心腹地与部分过渡腹地普遍发展了机器小工业与适宜的家庭手工业,但是边缘腹地各乡间,商业仍然日中为市、三五日一墟期,所售的多为日用品、农产品以及竹木材炭⑧。产业发展的地域空间从过渡腹地就已经断开,再无法传递到边缘腹地。

金秀县大瑶山面积约2 300平方公里,没有一个圩市。瑶民需行走几十里甚至上百里的山路到附近平原地区赶圩,用土特产换取必需的生产、生活用品⑨。

黔江中游的来宾县,各圩市都有数量不等的手工业铺户。但是,毗邻贵州省的

---

① 国立中山大学农学院:《广东农业概况调查报告书续编》,1933年,第84、86页。
② 国立中山大学农学院:《广东农业概况调查报告书》,1925年,第162、164页。
③ 冼宝干:《佛山忠义乡续志》卷六,实业,民国十五年。
④ 陈庚虞:《始兴县志》卷四,实业,商业,民国十五年。
⑤ 铁道部经济调查委员会:《粤汉铁路株韶段经济调查报告书》,1934年,第8页。
⑥ 王金绂:《中国分省地志》(广东),商务印书馆,1932年,第93页。
⑦ 广东省民政厅:《广东全省地方纪要》,1934年,第304页。
⑧ 广东经济研究会:《广东经济概况》,1934年。
⑨ 《广西瑶族社会历史调查》,第1册,广西民族出版社,1984年,第214—216页。

南丹县月里圩解放前夕有27家人经商,资本额合计6 900元;从事手工业生产的只有15人,资本额合计745元①。

近代广西省西北各县的方志中经常见到的记载是"民但务农,不谙商贾",其他边远少数民族地区更是长期处于"刀耕火种"的生产水平。

(四)讨论:变革、影响、范围

通过以上关于空间性生产过程的描绘与分析,已经基本显示出口岸与腹地之间的地域关联。最显著的变化是核心腹地已经初步完成了变革与发展,对于外围地区已经产生影响力,现代性经济因素已经扩展到大珠江三角洲地区,带动了这一区域的经济发展,但是,边缘地区基本上还处于这一进程之外,在核心与边缘的过渡地区,局部的影响已经出现,但并不太明朗,仅仅体现为点与线的扩张而不是普遍的经济发展。

近代华南地区的经济发展,呈现一种地域性的分工,这一经济地理的过程,即为空间的生产。

表 2-43a 广西省主要城市商店店东籍贯

	本省	%	外省(含粤)	%	广东	%	总数
梧州	268	33.50	532	66.50	505	63.13	800
南宁	619	67.43	299	32.57	258	28.10	918
柳州	314	55.18	255	44.82	177	31.11	569
郁林	400	91.74	36	8.26	35	8.03	436
贺县	64	39.75	97	60.25	96	59.63	161
百色	81	51.59	76	48.41	65	41.40	157
龙州	150	60.48	98	39.52	99	39.92	248
全县	116	32.77	238	67.23	186	52.54	354
总数	2 012	55.23	1 631	44.77	1 421	39.01	3 643

资料来源:广西统计局:《广西年鉴》,第一回,1933年,第423页。

1930年代初广西本地商人,在人数上已经赶上并超过外省商人(主要为粤商)。根据1933年对梧、邕、柳、桂、贺、百、全县8市商店店东籍贯的调查,广西全省的本地商人为2 012人,超过广东的1 412人,占比为55.23%(表2-43a),但是,除了郁林本地商人、商帮,在学习粤商的过程中壮大起来之外,桂东南、东北的梧州、贺县、全县的外省商人(基本为粤人)仍超过广西本地人,本地商人人数在桂省中西部占有优势。

---

① 宾上武修,翟富文纂:《来宾县志》,地理篇三,民国二十五年。《广西壮族社会历史调查》,第1册,广西民族出版社,1984年,第225—226页。

表 2-43b 广西省工会会员的籍贯

地方名	工会名	总人数	本地人（%）	外县人（%）	外省人（%）
梧州	理发业职业工会	153	3.92	1.31	94.77
	玻璃产业工会	112	6.25	0	93.75
	药业职业工会	223	21.97	0.45	77.58
	造船业职业工会	155	29.03	2.58	68.39
	茶酒楼职业工会	496	38.91	1.61	59.48
	县铁机染斜布业职业工会	657	26.48	14.76	58.75
	中华海员工会广西梧州分会	1 357	19.6	29.18	51.22
	皮箱业职业工会	115	41.74	8.70	49.57
	挑运业职业工会	903	52.93	5.54	41.53
	平码秤务业职业工会	76	56.58	3.95	39.47
	印务职业工会	115	65.22	12.17	22.61
	盐务业职业工会	120	94.17	0	5.83
	火柴业职业工会	191	94.24	0	5.76
	小计	4 673	35.89	12.52	51.59
南宁	邮务工会	71	43.66	18.31	38.03
	中华海员工会广西南宁分会	301	44.85	43.19	11.96
	民船船员工会	282	40.07	58.51	1.42
	小计	654	42.66	47.09	10.24
桂林县	理发业职业工会	168	5.95	0.6	93.45
	车缝业职业工会	80	8.75	3.75	87.50
	苦力业职业工会	50	2.00	18.00	80.00
	制烟业职业工会	86	16.28	24.42	59.30
	革履业职业工会	53	75.47	5.66	18.87
	制篦业职业工会	133	11.28	88.72	0
	小计	570	15.26	27.19	57.54
平乐县	革履业职业工会	51	0	1.96	98.04
	苦力业职业工会	57	1.75	12.28	85.96
	建筑业职业工会	159	100	0	0
	放筏业职业工会	104	82.69	17.31	0
	肩挑业职业工会	54	3.70	96.30	0
	小计	425	58.35	18.35	23.29

续表

地方名	工会名	总人数	本地人(%)	外县人(%)	外省人(%)
柳州	织布产业工会	103	0	4.85	95.15
	县理发业职业工会	110	5.45	30.91	63.64
	肩挑业职业工会	192	82.29	6.77	10.94
	小计	405	40.49	12.84	46.67
桂平	屠业	95	100	0	0
	理发业	65	50.77	35.38	13.85
	车缝业职业工会	83	66.27	20.48	13.25
	小计	243	75.31	16.46	8.23
荔浦县	车缝业职业工会	76	88.16	5.26	6.58
合计	各市县各工会	6 886	37.42	17.41	45.16

资料来源：广西统计局：《广西年鉴》，第二回，1935年，第462—466页。

数据说明：仅统计有籍贯记录的工会会员，覆盖了77.28%的会员数，主要缺失部分为南宁的数据，故而该部分的相关数据仅供参考。

1930年代初，广西本省工会会员籍贯所显示的情形（表2-43b），与商业店主籍贯的数据类似，梧州、桂林的外省会员显著超过本地，甚至中部柳州亦以外省人为多，全省平均仅37.42%为本地人，在挑运业、建筑业、平码业、放筏业、盐务业、邮务业等属地化行业，以及火柴业、印务业等低技术劳动密集型行业中，本地人数量占有优势。

粤桂经济商务影响与联系，展示出空间生产的形态。"因为原有的社会经济组织，在若干买办性商业及其相应的买办性质企业活动的沿海大都市，乃至有新式交通工具联系的内地若干城市及附近地区，尽管已经换了原形，且还附以资本主义的外观，但在广大的农村，却不过在手工业与农业的自然联系上，遭受破坏，其余作为封建生产关系之基本部分的土地所有形态与使用形态，依旧执拗地顽存着。"[①]

表2-44解析了近代中国三种空间尺度上的产业分布，由于习惯、知识、技术、信息、资本等要素在不同空间尺度上准入度、作用力的差异，全球化的地方性生产通过层级式传递，从而形成了近代中国的地方经济成长，推动了城市经济集聚，同时再次扩大市场容量，推动外贸港口的迅速成长，初步解析了近代中国外来经济刺激下的本地化反映，以及相应的变化进程。

---

① 王亚南：《中国半封建半殖民地经济形态研究》，人民出版社，1957年，第355页。

表 2-44 近代中国地理、产业与其相互关系

区域	主导产业	主要交通方式	活动半径	制约要素				
				习惯	知识	技术	信息	资本
乡村	传统农业、手工业	步行-马车-木船	15—25 km	＊	＊	－	＋	－
市镇	外向化农业、手工业、低端服务业	马车-电船-小轮	25—100 km	－	＋	＊	＊	＋
城市	制造业、服务业	轮船-汽车-火车	100—1 000 km	－	＋	＋	＊	＊

注：＊代表强，＋代表较强，－代表弱。

简评：生产空间与空间生产

王亚南认为："即如在资本主义经济已经高度发达的社会，仍不免多少留下自然经济成分的残渣。而在中国这种社会，在广大农村中，特别在比较偏僻的落后地域中，我们虽然没有可资利用的统计，来确定中国自然经济成分和商品经济成分，分别各占着如何的百分比；单从量上说，也许前者还要占有着较大的比例。……事实上，关于今日中国社会的经济性质问题，已早不是商品化成分对自然经济成分是否占有优势的问题，而是一般占优势的商品本身是采取前资本主义的小商品生产形态，抑或是采取资本主义商品生产形态的问题。"①此即为近代中国，在缤纷之下的经济原生态，同时具有显著的地域、结构差异，故而，一方面近代华南地区的生产就有空间性；另一方面是不同的空间以不同形式参与到生产进程之中。

在近代华南地区，在交通便利的城市、城市近郊、市镇之外，基本上还是以自给自足为主的微小的经济组织，由一种相对地说未发生变化的运输体系维持着，以至于农民常是商品的生产者而非消费者。同时，在城市及其邻近属地，已经初步形成了有别于传统农业经济下的新经济形态。

农工商的情况，也许正可以证明黄宗智的观点，伴随着人口压力而来的过密型商品化，也就是没有增长的发展，它既有早期资本主义萌芽的一面，又有封建主义的停滞的一面。而这些只有通过劳动组织的改良、技术的进步或更多的单位劳动力资本投入才能实现②。民国时沿海偏僻的小城商品化程度就是如此之低，与其时地方凋敝也不无关系，再反观一百多年前的江南，甚或珠江三角洲，不能不诧异以往研究中对商品化程度的过高估计，据吴承明先生的对国内市场商品流通量的研究表明，1867—1883 年市场商品量增长为 74.4%，进口平均年增长率为 1.88%，同

---
① 王亚南：《中国半封建半殖民地经济形态研究》，人民出版社，1957 年，第 56—57 页。
② 黄宗智：《中国研究的规范认识危机》，牛津大学出版社，1994 年。

物价指数修正后仅增长 59.7%,进口平均年增长率为 1.57%;1899—1908 年市场商品量增长为 35.7%,进口年平均增长率为 3.45%,同物价指数修正后进口年平均增长率仅为 1.54%①。黄宗智在华北地区和长江三角洲的实证研究发现这样一个悖论——自然经济与整合市场的同时出现和长期并存,并进而提出如何解释近代发展的整合市场的形成过程②。

杉原熏(Kaoru Sugihara)认为 18—19 世纪早期,与英国占主导地位的大规模生产相比,中国以家庭与以乡村为中心的小规模生产,为劳动密集型技术发展提供了机会,虽然没有提高劳动生产率,但提高了人均年收入,具有相对优势,使人力资源充分利用,并称之为中国的"勤劳革命"③。在没有工业革命的同时,通过商业革命引发的新经济形态,逐渐参与到近代时期的国际劳动与分工体系当中,以比较收益的形式获得发展,故而出现明显可见的空间形态与结构。

小结:产业地理与生产的空间

在前近代中国,以个体家庭为基本经济单位的小生产是社会再生产方式的基石之一,近代以后则趋向于形成新的社会补偿与再生产机制。

关于近代中国社会再生产的实现,王亚南认为:"中国社会的商品,大体上,不是当作商品生产出来,不是当作交换价值生产出来,而主要是由于从属于国际资本的我们的商业,以及与商业连同作用的高利贷业,多方促使我们那些原本是当作使用价值生产出来的土产物变为商品。所以,它们之被投到市场上来,就大抵不是由于生产者,不是由于产业资本家,为了追求成本价格以上的平均利润使然,倒反而是由于各种各色的商人(买办式的、兼为高利贷者的、兼为官的),利用一般独立手工业者农民乃至工场手工业者的不利地位,以便勒索高额利得使然。"④

如果单纯地计算近代中国的经济增长,也许并不认可这一说法。不过从本章所讨论的历史经验表明,近代中国经济是由地方化的流通领域开始,无论是早期外商在华经营的工业,均围绕着外贸而展开,至于本国的商业与经济成长,更是自商业而发端,故而有近代中国商业革命一说。

根据比较优势学说的假设与原则,在生产分工中,任何一方在所有物品的生产上均享有比较优势,比较优势的本质是互利的。再依据伊莱·赫克歇尔(Eli Filip Heckscher)从地域分工和贸易而来的资源禀赋理论,一国在密集使用其相对丰富和廉价要素的产品生产上具有比较优势,因而应专业化生产并出口这类产品,并进

---

① 吴承明:《中国的现代化:市场与社会》,生活·读书·新知三联书店,2001 年。
② 黄宗智:《中国研究的规范认识危机》,牛津大学出版社,1994 年。
③ Sugihara, Kaoru, The East Asian Path of Economic Development: A Long-term Perspective [A]. Arrighi, G. and Hamashtia, T. and Selden, M. eds. *The Resurgence of East Asia: 500, 150 and 50 Year Perspectives* [C] London and New York: Routledge, 2003, 78 - 123.
④ 王亚南:《中国半封建半殖民地经济形态研究》,人民出版社,1957 年,第 77 页。

口那些密集使用了本国稀缺要素的产品,以获得比较利益,因此,各地能生产出价格相对低的商品,则具有相对优势,因为形成了区域内部,以及区域之间生产、贸易、消费的循环。

一如本章各节内容的编排,首先是第三次产业开始,然后才延伸到第一、第二次产业,从第三次产业的流通、服务部门,然后顺延到第一、第二次产业生产部门。在近代中国,商业利润远超过产业利润,呈现诸多的革命性的变化,但却曾未出现于工业领域。也许"在产业不发达的社会,即在前资本主义社会中,……商业资本不但不会被吸收到社会总生产过程中,而社会一般零碎的、独立的、大体上还滞留在落后的自然状态中的产业,根本就不易形成一种有机的社会生产过程,形成一种足够左右商业的社会优势,而同时,商业却还可以利用其较为适中的,并且在事实上控制着生产物买卖价格的地位,反过来,在社会生产过程的外部,对社会全般的产业,行使支配。……因此之故,在广义经济学上,就提示了我们这样一个法则:在资本主义社会,是产业利润规制着商业利润,而在前资本主义社会,则是商业利润规制着产业利润"①。

商业性或类商业性的要素资源,不仅在第三次经济领域活跃非常,且一度流入第一次、第二次的农业与工业部门,促成了近代中国外向商业化农业与手工业的成长与繁荣。虽然在某种程度上而言,完全现代意义上的产业,不仅第一次、第二次产业,也包括第三次,在整个近代时期的经济生活中均未曾占有支配性的地位与作用。但同时,我们需要看到近代中国处在一个过渡时期,过渡经济的特征非常明显,从这种意义上看,既不能用西方的历史经验来衡量,也不能用本国后来的实践来反证。近代经济地理意义上的生产空间特征,以及基于空间意义上的经济再生产过程,正提醒并揭示了这一点,这也是以往我们经济史研究与争论中所忽略的一点。

---

① 王亚南:《中国半封建半殖民地经济形态研究》,人民出版社,1957年,第352页。

第三章　城市、人口与循环的空间

就我们午餐而言,它来自哪里？大米可能来自东北或东南亚,蔬菜可能来自山东或安徽,牛奶可能来自内蒙或澳洲,水果可能来自国内或美洲,制作午餐的器具可能来自上海或波恩,燃气可能来自新疆或中亚,如此等等,不一而足,其来源地图似乎极其复杂。当然,对一位食用者而言,无须知道这么多,只要拿出货币进行支付,然后即可享用。当我们习以为常地只需关注自己口袋中货币存量的同时,在另外一个循环的空间里,各种资源与要素正在悄无声息地流动着。在全球或区域性的生产与服务体系中,或者在产品与价值的流动中,价值链的起点在哪里,终点又在哪里？一个个人、一座座城市、一片片区域,同时是一个起点、一个中继点、一个终点,或者兼而有之,在这个循环的空间里,只有方向没有尽头,只有新陈代谢没有持续不变。

第一节　开放经济下的城镇转向与人口

由于分工、专业化与市场交易等因素,促成了各类资源与要素的集中,于是,各种经济活动集中于某一据点(一般是各类生产性的城市、乡镇),以期共享各类基础设施(例如道路、港口、交通、通讯、市政等资源),利用适宜可用的知识、技术、信息,以降低其生产、流通的成本,并能够接近大规模的城市消费市场,形成一种自我生长。于是,就这一类据点而言,出现了产地型、市场型、枢纽型等多种形态城镇;就其业态而言,出现了既有地方植根性,又有区域或全球一体化的产业。例如,广东省顺德县的蚕桑生丝业,就利用本地的桑、茧、厂、行一体化市场,以及知识、技术、人力、服务等储备资源,形成蚕桑生丝产业链,在这一地方化经济形态下,众多上下游产业部门在该地区集聚,从而实现成本节约与效率提升。于是,在近代华南地区,在这一经济情景与开放环境下,城市化与城市经济形成,出现了现代性的城市以及多层级的城镇体系,以及与此相应的人口及资源的移动与循环。

一、城的"市"化：以广州为中心

毋庸置疑,近代式城市的形成是中国文明史上的一个新起点,故而学界对此多有讨论、阐发[①]。有关近代中国城市的生长方式,或许可以分为四类,完全新生型(香港、青岛、大连、哈尔滨等)、基本重建型(上海、天津、汉口等)、传统新生型(广

---

① 可参见熊月之、张生：《中国城市史研究综述(1986—2006)》,《史林》2008 年第 1 期；何一民：《清代城市研究的意义、现状与趋势》,《湘潭大学学报(哲学社会科学版)》2009 年第 5 期。

州、济南、镇江、苏州等)、传统保留型(南京、北京、西安等)。华南地区也出现四种类型的近代式城市:① 从口岸的基础上新建并快速成长起来的城市,例如香港、汕头、江门、三水;② 因为口岸开放、商埠建设带动传统老城新生的城市,例如广州、梧州、琼州、南宁;③ 因为对外贸易而调整的传统产业型城市,例如佛山镇;④ 新变化较微弱的传统政治型城市,例如桂林。在此四类城市中,第二类即传统新生型城市数量众多,这类型城市代表了近代中国城市整体转向的主要方向与路径,从中可以发现更多本土性、现代性交融的特征,但由于其"近代特征"并不是很明显,仍然不够醒目且容易被忽略。就近代华南地区而言,众多的传统新生型城市中,广州可以被视为最典型的样本,这里先以广州为例作一个解剖。

进入近代以后,广州城市最显著的改变就是由一个传统的省"城"变成近代中国第一个"市",在政治功用之外,且具有显著的市场聚集能力。以往对近代广州城市成长的研究论文中,比较早的时候多关注商埠因素对城市的发展的影响、关注城市空间的演变,然后逐渐转向关注城市建设、政治参与、现代广州秩序的建立①。于是,近代广州城市的空间演变,就成了一个众所周知的学术常识,一般会在此基础上进行相关问题的研究②。可是,除了城市建成区的兴衰陵替之外,我们真的已经理解了第一次全球化与对外开放时代广州城市的空间演变么?理解了近代数量繁多的一类传统新生型的"市",是怎样从传统到现代化蜕为蝶、蔚为壮观么?

众所周知,明清时期全国市场的流通中心不在府州县城,而在一些主要市镇,及至近代,最终形成了一种新型点状的行政区划——市③。晚清至民国见证了广州城市形态与结构从传统"城"到新兴"市"的戏剧性改变,并嵌入地方独特的文化与制度,实现近代城市的新陈代谢。在全球化浪潮第一波时代,由于相对要素比较简洁、明朗,从广州"城"与"市"关系的演进入手,我们可以更清楚地看到,近代商业文明在古老的城墙之外再造一个没有城墙的——"市",并通过"市"的模范效应改造传统的"城",并在现代市政理念下,逐渐形成政区型的现代城市。

(一)城外市:清季城墙之外的"市"

清季以来,广州内城密集的人口,溢出到城外,形成新的商业与居住区,官府为了保护这些地区,在老城的外面筑墙形成了左右两个翼城。当人口再进一步扩大时,城区空间向哪里拓展?一方面通过整建与填充城内街道,增加密度;另一方面是突破已有的城墙约束,形成新的"市"——商业区与居民区。1840年代以后,开

---

① 王尔敏:《广州对外通商港埠地区之演变》,《汉学研究》1987年第4期;傅崇兰:《广州城市发展与建设》,中国社会科学出版社,1994年;倪俊明:《广州城市空间的历史扩展及其特点》,《广东史志》1996年第3期;Yeung Wing Yu Hans(于永明) Guangzhou, 1800-1925: The Urban Evolution of A Chinese Provincial Capital. Dissertation of Hong Kong Chinese Univ. 1999;Michael Tsin(钱曾媛),Nation, Governance and Modernity in China, Canton, 1900-1927, Stanford Univ. Press, 1999;钱曾媛:《重绘广州》,《城市史研究》,第22辑,天津社科院出版社,2004年,第179~198页;杨颖宇:《近代广州长堤的兴筑与广州城市发展的关系》,《广东史志》2002年第2期,等等。
② 曾珏霞:《广州城市空间结构演变下的住区分布研究》,《城市观察》2010年第5期。
③ 吴松弟:《市的兴起与近代中国区域经济的不平衡发展》,《云南大学学报(社会科学版)》2006年第5期。

埠通商进一步促进了外向化的手工业与商业发展,加速了城墙以外的西、南、东三个方向的扩展,引发了传统城墙之外"市"的生长,开始了近代城市的革命。

1. 城外"市"的涌现

[1] 西关与沙面

西关本为种菜、莳花的园林区,清初在城外蚬于埗、珠江航道白鹅潭出口处,形成了十八甫商业区,而后在其南侧设立了十三行,一般将十三行街以北注明为广州城的郊外[1]。1858年十三行商馆被焚,直到光绪初年,仍然稀疏孤零不成街道形式[2]。西关真正成为城外"市"始于同治年间。当时距离泮塘(即西关最西处[3])、南岸等乡数里之东,开始建有新宝华坊等街道。后来在西关的厂房、街道逐渐增多,形成了城郊纺织工业区[4]。光绪中叶时,在上、下西关涌平原上,陆续兴建宅区。以前的菱塘、莲渚完全变成民居,于是与泮塘等处连成一片。

沙面是第二次鸦片战争后在广州城西面新建的建成区。1861年十三行西面珠江岸边,俗称沙面的小沙洲被辟为租界,开始建造住宅。由于沙面是从香港港、黄埔港进入广州的必经地,于是新式轮船码头陆续在沙面至潮音街口(今爱群大厦)附近兴建,白鹅潭港区逐渐向珠江后航路方向扩展,朝着洲头咀、芳村、大涌口、白鹤洞、白蚬壳等处延伸,形成了一片商业区与居住区。

[2] 南郊与河南

广州城南的商业市区基本上向南沿着珠江延伸。最早是在白鹅潭东岸洲头咀到龙溪乡之间(今大基头一带)辟建居住区,主要在邻近西关与沙面的地带,其蔓延的模式与西关大致相同。

河南即位于珠江南岸的江南地区,在同治年间城市化速度加快,"有商店数千间、工厂数百间,……所办洋庄席,行销于外洋"[5]。1892—1901年粤海关十年报告论述到河南地区:"每年都有越来越多的建筑拔地而起,那里有许多货栈、草席工厂、商行分店、造船厂、煤店与船用杂货店。地产都已经涨价,……河南北端一英里范围之内的池塘已经不复存在,……花地岸上增加了许多房屋,本地的帆船制造厂、船坞码头等,均生意兴隆。"[6]

[3] 东郊与东山

因为偏离珠江主航线,广州城外东部的商业经济远逊于西关与南关,直到20世纪初期,仍然冢墓林立,为稻田、菜地、池塘遍布的农业生产区。美国浸信会教士曾买下了东山最高点及附近地方,设立外人住所、男女神道学校,办理培正中学、培道

---

[1] 根据1856年12月21日测定的商馆区地图。
[2] 曾昭璇:《广州十三行商馆区的历史地理——我国租界的萌芽》,《岭南文史》1999年第1期。
[3] "泮塘"是半溪半塘的意思。黄爱东西:《老广州》,江苏人民出版社,2000年,第166页。
[4] 曾昭璇:《广州及周围地区的景观沿革——释〈广州杂钞〉(下卷)》,载《岭南史地与民俗》,广东人民出版社,1994年。
[5] 史澄:《番禺县志》卷一二,商业,同治十年。
[6] 1892—1901年粤海关十年报告,《粤海关报告汇集》,暨南大学出版社,1995年,第926页。

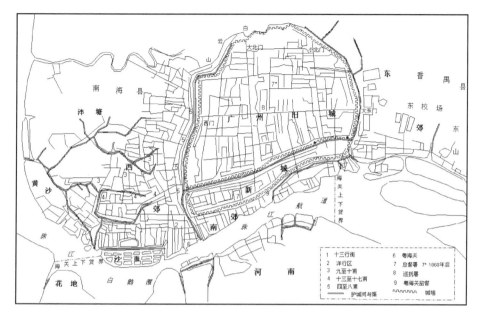

图3-1 广州城区的空间格局与拓展(1905年左右)

女中、恤孤院、养老院、美华书局、浸信医院等,其他教派教会也接踵而至①。随后,东濠口东侧的北横街、线香街、永胜街、永安横街,以及珠江北岸一带均开辟为商业区。

东郊新建成区的蔓延始于清末时期,待到民国初年,外人和本地富商开始在这里建设住宅,于是东郊出现了"地价日增,房宇日盛"的景象②,民国时期半数的新式建筑分布在东山,几乎可以和长堤西濠口相媲美。

2. 城外"市"的演进逻辑

近代广州在全国的贸易地位虽然相对下降,但贸易总值不断上升,贸易商品多样化,贸易结构不断优化。如前所陈述与分析,19世纪后期主要进口鸦片、棉毛制品等消费品,主要出口茶叶、生丝、草席、蔗糖等初级原料与手工制品。到20世纪初,煤油、钢材、水泥、蒸汽机、柴油机、纺织机等工业、建筑设备开始大规模进口,相反地,一般消费品不仅部分实现进口替代,尤其是火柴、棉织品一度出现出口导向趋势。我们知道,商业贸易本身并不会促进经济增长,但大量的商业流通促成了资本向生产领域的转移,推动近代工业、交通运输、金融汇兑等行业的发展。

根据城市内部地价的差异,在其发展中,工业及低价格住宅将会外迁,较高地价的中心区用于商业、办公及高级住宅,市中心区发展商业、办公为主的CBD,CBD的外围才是各类型的工业区。晚清及至民国时期广州城外"市"的土地在产业上的分布,可以用图3-2来表示,交通、物流、金融、信息、商务等生产性服务业的租金

---

① 松:《东山浸信会见闻片断》,《广东文史资料选辑》,第20辑,第197、200页。
② 周伟光:《广州指南》,商务印书馆,1934年,第3页。

最高,其次是商品零售业,再其次是工厂制造业。近代的租界是中国城市之外的"特区",由于其经济、政治等方面的优势,首先集聚了商务贸易、金融、信息服务等现代服务业,沙面就是按照近代城市规划而建立的,形成了较好的城市基础设施与市场制度,聚集了经营轮船、码头、铁路、金融、保险等的"新十三行"①,当时的生产性服务业基本上集聚在沙面,以及长堤、西濠口一带。零售业主要分布在西关、南郊一带,例如大新公司、先施公司先后落户西堤。制造业主要在西关纺织区、西村,以及后来的花地一带。

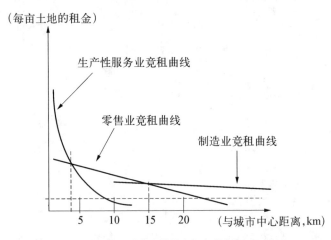

图 3-2　城市土地租金与产业分布

结合图 3-1 所示的城市空间演进,我们可以看到,及至清末民初,广州旧城墙外的西、南、东、北四郊,都获得了不同程度的拓展。虽然,城外"市"的扩展主要还在西关,其次是河南,东山还比较少(直到民国中期以后才开始迅速形成),但这些城外区域的"市",不再用城墙圈起来。与整齐的旧城坊相比,新建城区的街道布局固然多有凌乱,但却显示了经济的繁荣与市场的活跃。对于民众而言,有城垣的城市代表了传统官方的"城",集中了绝大部分的衙门等官方的权威机构,城垣之外才是各类经济活动的"市",设有各类非官方的市场与社会组织。于是,广州"城"的行政空间与城外"市"的经济空间分离更加明显,当时的三大商务活动中心全在广州旧城之外②,在"市"的布局中,来自行政命令的影响已经相对比较微弱,近代中国第一次在传统城市形态之中打开了一个缺口。

(二) 城中市:拆城修路再造"市"

1. 修路与拆城

近代广州城市的基础设施建设,源自于晚清开始的权宜之计,而后随着城市发

---

① 主要有怡和、太古、卜门内、三井、旗昌、慎昌、礼和等。
② 邓雨声:《全粤社会实录初编》,1910 年,卷 2,第 1 页,载《清代稿抄本》(第一辑)第 49—50 册,广东人民出版社,2008 年。

展与民国的"拆城修路"运动,而逐渐成型。

1886年张之洞修筑长堤以来,拆城修路时有展开,但当时主要还是一时之需的权宜之计,未有完整的计划。总督议筑长堤的肇因是为了消除城内的洪水问题,但是,首先修筑的是地势较低、靠近沙面与旧城的南关,而不是蓄洪能力较高的洲头咀等地,因为优先考虑的是"国威"与"体制",与沙面租界区相竞争,而非真的防治洪水。张之洞在堤岸折中解释道:"伏查广州名邦,素称雄踞,乃自洋人筑成沙面,……不独相形见绌,商务受亏,实非鲜浅,且粤省通商三十年,洋行轮渡久设码头……(我们)并无码头一处,不独上下不便,亦与体制有关。"[1] 1914年沙基段长堤完成,从沙面直达广九铁路大沙头终点站,是当时广州最长最宽的马路[2]。地方当局沿长堤的余地构建一套马路系统,"略仿香港已成棋盘之式"[3]。及至清末时期,尽管广州城市依然保留着基本的样式,但在"新政"下还是进行了一些城市化的举措。

近代广州老"城"变成新"市"的空间再造,直接源于城市经济的发展。道光年间广州居民120万人,其中城内90万,城外30万,1900年则快速升至到约240万人,曾经视为屏障的城垣反而成了城内外交通的阻碍,故清末已有拆城之议。民国以后,随着防卫技术的改变,城墙已经被认为没有保留的必要,计划拆城墙以扩大市区;修筑马路以利市内外交通;兴建高层建筑和西式新村。

民国初年,因为资金的短缺与时局不稳,广州的市政建设比较缓慢,直到1918年成立市政公所,从而结束了广州由南海、番禺分管的历史,整个市区行政归于划一,开始大规模有秩序地拆城筑路、扩宽街道、发展公共交通、拓展市区空间。开埠以来第一次大规模的市政建设工程,即拆除广州旧城的城墙与城门,利用城基发展城市的近代交通。一共有15个城门的城墙被拆除,5 000多栋房屋被征用,修建了10公里长的新式马路,只有一段长4 000英尺的城墙,为了保护都督官署不受损害而被保留,"数千年军事家凭陵制障碍物,次第荡平"[4]。随后,城外的道路修筑到白云山麓的沙河村与外侨集聚的东山区[5],城市空间获得了空前的拓展,并将番禺县捕属及河南的街区以及近郊乡村划为市区,为1920年的市区划界奠定了基础。

新兴崛起的市政当局,以公共投资建造郊区公路和基础设施,进展迅速。至1921年,城外的马路一直通到白云山下的沙河村和外侨人口不断增加的东山,次年,老城区两侧的西关与东山地区已经连接起来,新修的道路共约13.7万英尺。以惠爱路为东西主干线,以永汉路为南北主干线,加上东西走向的长堤,初步形成

---

[1] 梁鼎芬纂:《番禺县续志》卷廿十,人物,民国二十年。
[2] 1912—1922年粤海关十年报告,《粤海关报告集》,第1012页。
[3] 《华字日报》(香港),1905年12月22日。
[4] 广州市政府:《广东市政报告汇刊》,民国十二年,第69页。
[5] 1912—1921年粤海关十年报告,《粤海关报告集》,第1039页。

了一种新的道路网络①。

如图3-3所示,1923年以前城区道路的修建规划,优先考虑旧城、南关,其次是东郊,最后才是西关与河南,这主要出于政府规划,但同时与急于拍卖老城地产、西关商民阻止拆建也直接有关。至此,城墙之内的"城"已经变成了开放的"市",以前作为官府的老城区变成了一个新的商业区、政务区,大约在永汉北路(今北京路)与惠爱路(今中山路)所在的地区,通过拆城修路再造一个新的城区。

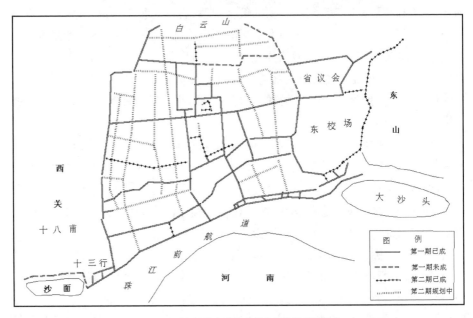

图3-3 广州城市道路建设与规划(1923年)

2. 城中"市"的演进逻辑

城市变化的内在动力是经济结构的变革,近代广州莫能例外。如第二章所述,近代开埠通商以后,在对外贸易的促进下,华南地区的城市工商业逐渐发展并繁荣起来,城市人口持续增多,进入民国以后,在城市工商业与大规模人口集聚的推动下,作为华南地区的工商贸中心与交通运输枢纽,广州西关、南郊、东山等"市"边缘地带的土地地租,已经高出老城区的地租与老城改造的成本,由于修建道路、改善交通正在成为可能,推动了广州中心老城区向"市"区的演进。

对于民国前期,通过修路与拆城活动,改造广州老城的道路系统,将城墙之内的老城变成一个新的商业区。可以用图3-4来表达,随着道路改善、人口迁移与土地租金的变化,城市空间亟须扩大,推动老城区重新成为新的商业区。

在交通工具与交通设施比较原始的条件下,假设土地竞租曲线为图3-4中

————————
① 广州市政府:《市政府统计年鉴》,民国十七年,第257页。

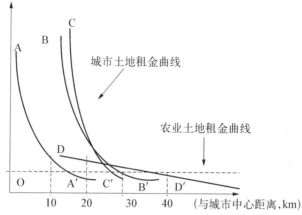

图 3-4 道路与交通改进、人口迁移与土地租金斜率

A,城市面积半径为 OA′。如果交通条件与设施相对充足的情况下,道路的建设会使得土地租金曲线从 A 推到 B,从而使得城区面积半径从 OA′点扩大到 OB′点。随着基础设施与交通的进一步改善,城市面积逐渐扩大,土地租金曲线斜率降低,由曲线 B 变成曲线 D,城市面积半径进一步扩大到 OD′。但是由于城市的人口同步增加,增大了土地租金的斜率,由曲线 B 变成曲线 C,城市的面积半径是 OC′。于是城市的中心保持紧凑型向外扩展的趋势,城市中心延续历史上的城市中心位置,郊区化的进程则比较缓慢。

近代早期广州传统式的商铺多集中在长寿里,然后逐渐形成了兼营国货、洋货的店铺,一般规模都比较小。1907 年,广州华侨资本的第一家公司形式的百货店——光商公司在十八甫开业,首创分柜售货。1911 年,澳洲侨商在长堤投资 100 万元开设先施百货公司,兼营酒店、食品、化妆品、水火保险、信托银行等。新式商品采用现代商业模式进行经营。1912 年 10 月广州证券、粮食、花纱布、皮毛交易所成立,从事现货与期货交易。1930 年代,惠爱路、上下九路、长堤等传统商业中心进行了重建,广州市的商业店面增加到 2 万家。至此表明,由于城市的扩展,曾经被旧城墙包围的老城区,通过拆城修路,被重新纳入"市"区之中。1935 年广州城区的地价级差显著,十三行十八甫、惠爱路永汉北路地价是全市均价的 4—3 倍,永汉、靖海、太平、长寿区住户与商店之比约为 2:1,该四区集聚了全市 47.15%的商店①。

据文献记载,"往昔拆城筑路以前,城西风俗语言,与城北略异,殆成对峙之势,逮市政肇兴,城内各马路渐次星举,而西关仍守其旧式街道"②。西关大屋、西濠口

---

① 《广州年鉴》卷三"土地",卷四"人口",1935 年,第 263—265 页,第 5 页,第 12—13 页。
② 广州市政府:《广东市政报告汇刊》,民国十七年,第 7 页。

高层西式洋房、东山新式洋房、人口密集区多进窄巷式的竹筒屋、老城区传统的正堂屋，各行其是，这也表明城外自生的"市"、城内新育的"市"，以及租界，城外东界正在规划的"市"，具有更多的异质性。

（三）市中城：民国市政下的"市"

1. 新市政下的广州"市"

[1] 资产阶级的新广州

1920年粤军驱逐老桂系，厉行改革，组建新政府，"首倡地方之治，以为各省先导"①。"以广州为全省首善之区，市政宜臻完善，前市政公所只注重拆城筑路，其余市政，多付阙如，乃着法制委员会议定市制，划定广州市区，置市政厅，总理区内市政。"②1921年将市政公所从交通不便的育贤坊禺山，迁到南关长堤③。孙科出任市政厅长，引进西方制度草定条例，宣告成立第一个城市行政区④。市政府成立工务局规划全市路网，拆城筑路，推广教育，维持警政卫生，"模范市政之誉，见称于国内外"⑤。孙科的规划有三个主要目标：① 广州城市外向的港口与内陆交通，内在城区的街道交通；② 改革城市的卫生设施，使之适合人类的居住；③ 建设中国历史上缺乏的公共场所：公园、剧院等公共舞台。无论是城市交通、生存环境，还是公共空间的设立，都具有某种资本主义意义上的"民主化"，并且将其纳入现代政府的管理机制。

为了实现政府的权力，空间被赋予想象与规划。1928年广州成立了有史以来第一个城市规划工作的机构——城市设计委员会。该年修筑了东北隅交通总汇的应元镇海等路，以及仓边等路，改善了西关与长堤交通要冲的十三行马路，修筑了沟通十七、十八等甫的要道⑥。1930年制订《广州市工务之实施计划》，规划市区郊区共建马路96条(市区61条，郊区35条)。1933年市政会议决定，再增建58条马路(市内26条，郊区32条)，并大面积铺沥青路面，郊区道路由小北至姑嫂坟、三元里至斌华桥、广番花公路等马路。1920年代在东山规划兴建的模范居宅区位于执信学校的四周，计划将东门外马棚、竹丝两岗及其附近地区建设为美式的模范住宅区，清浚内街渠道与濠泊，在市郊外建立平民模范居宅区⑦，并规划在河南修筑马路、堤岸、海珠公园铁桥、模范居宅区。

以上是广州市政当局对于开拓市区、发展城郊公路、建设示范住宅区、发展警察卫生事业的规划。从空间上开看，首先是从沙面东部西关与南关交界的长堤开始，然后将重心转到广州新城与老城，其次是东郊、北郊，再到西关、河南。从操作

---

① 顾敦鍒:《中国市制概观》,《东方杂志》第26卷第17号。
② 广州市政府:《广东市政报告汇刊》,民国十二年,第73页。
③ 广州市政府:《广东市政报告汇刊》,民国十二年,第69页。
④ 周振鹤:《行政立市,广州为先》,《羊城晚报》1997年10月10日。
⑤ 《本市新闻——孙市长之临别留言》,《广州民国日报》1924年9月17日。
⑥ 广州市政府:《广东市政报告汇刊》,民国十七年,第1—11页。
⑦ 广州市政府:《广东市政报告汇刊》,民国十七年,第20—11、120页。

程序上看,改造欠发展地区比重建已发展地区阻力更小、更为便利。从实际收益上看,开发广州老城区的背后具有财政意图:出售官产。从意识形态来看,以财政支援的形式发展城郊的道路,建设模范住宅区,被赋予了政治与文化的诉求——树立南中国首府的雄伟形象。

[2] 广州城市的规划空间

广州城区原有的范围即警界范围,1923 年确定的城区面积为 66.20 km²。1932 年第一次大规模人口调查显示,广州市区人口达到 104.26 万人①。旧市区工厂外迁,保留行政中心,改造为商业区。随后城区开拓为:"东至东圃东陂,南极河南黄埔,北尽白云山,西达增陟对河之两岛。"②拟定的区域一共 537.03 km²,当时广州市政委员长林云陔调查发现"本市官有空地位数不少","市区辽阔,重烦统驭,经济现状有所未能,或可暂用权宜区域之划分,依据现有警察之地为标准"③。于是"将拟定区域暂为缩小,另立权宜区域"④170.37 km²,如图 3-5 所示。当时已经划入的三元里、黄埔等处,"一切行政事宜,仍由南海、番禺两县处理"⑤,事实上权宜区域大大超过警界范围,已经大于其时城区所能拓展的地域,不过,行政区型的城市已然形成。

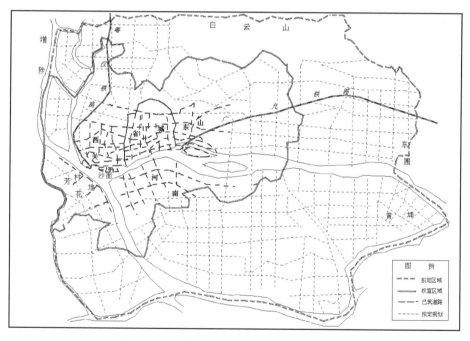

图 3-5　广州城市的空间格局与扩展(1932 年前后)

① 广州省立中山图书馆编:《老广州》,岭南美术出版社,2009 年,第 278 页。
② 广州市政府:《广东市政报告汇刊》,民国十二年,第 128—130 页。
③ 广州市政府:《广东市政报告汇刊》,民国十二年,第 130 页。
④ 广州市政府:《广东市政报告汇刊》,民国十七年,第 65—66 页。
⑤ 广州市政府:《广东市政报告汇刊》,民国十七年,第 66—67 页。

2. "城""市"的演进逻辑

城市发展史告诉我们,早期发展的动力与标准是商业资本主义,后期更多的是多种政治经济的合力,真正影响城市规划的往往是深刻的经济与政治变革①。

近代广州城市经济的一个突出特色是"商强工弱",属于工业基础薄弱的消费性商业城市。1949年广州市的工业总产值(包括手工业)只有2.39亿元(同期上海23亿元)。根据1947年国民党经济部发布的20个主要城市的调查资料,广州的工厂与工人数占全国的3%,低于天津、青岛②。近代早期广州的工业类别,主要有火柴、机器纺织、造纸、食品等轻工业,以及电灯、水泥、玻璃、机械修理等。到民国中后期,主要增加有电力、电池、机械、化学等重工业。消费性轻工业占工业总值的90%以上,并没有形成大规模的人口集聚,城市的空间扩展速度也相对较慢。

民国时代,广州为国民革命的策源地与西南护法的大本营,1921年中华民国正式在广州设立政府,努力将其建设成南方的首府与模范城市,城市发展中政治与意识形态的诉求越来越浓厚。拆除象征传统的城墙,扩展道路,规划交通,拓展城区,接着是建立市政机构,通过规划管理,保证城市规划按照政治与文化的预设,而不是晚清以前的自由发展。例如,在城市道路建设上,民国期间重点建设广州旧城区,而非晚清时期已经发展较快的西郊、南郊地区③。西关的城市改造相对滞后,政治中心与居住中心分别向老城区与东山转移,民国中后期的新式建筑基本上集中在东山,一般性的住宅模式则留在西关。

以新知识分子、海外留学生为主体的群体,认为一个国家的城市化进程与市容风貌是一个国家发达程度最直接的反映,积极推动市政改革与城市建设运动④。留美知识分子孙科在广州开启了近代较完整的市政制度,《广州市暂行条例》也成为南京民国政府城市组织的蓝本,对民国时期的城市组织与城市建设产生了深远的影响⑤。市政府采用了促进经济增长的战略,通过利用土地级差地价来重新配置用地,推动了中心城市内部空间结构的重组,通过改善市政基础设施带动新区开发,以吸引投资、收取土地费,从而引发了城市向外扩展。城市规划的设计功能受到重视而被强调,政府以规划为工具,引导城市向更高的质量发展⑥。高层建筑、自来水、电灯、电报、电话,"功能分区"、"快速干道"、"环形马路"等近代城市规划精神在广州得以实践。

图3-6演绎了供求模式下城市空间的相对变化,随着近代市政理念的形成与

---

① (美)刘易斯·芒福德,宋俊岭、倪文彦译:《城市发展史:起源、演变与前景》,中国建筑工业出版社,2005年,第584页。
② 引自《广州工业四十年》,广州人民出版社,1989年第4页。
③ 清同治年间广州城郊有名可考的街道有453条,其中西关162条(上西关36条、下西关126条),旧城区115条,东关62条、新城区49条,鸡翼城31条,河南22条,北关12条。民国期间修筑的道路按现在的分区分布如下:越秀区70条、东山区43条、荔湾区40条、海珠区4条、天河区3条、芳村区2条。(根据同治《番禺县志》、同治《南海县志》、民国《广州城坊志》、1995年《广州市志》的记载)
④ 赵可:《20世纪20年代新型知识分子城市观念的变迁——以归国留学生为中心的考察》,《社会科学研究》2003年第5期。
⑤ 赵可:《孙科与20年代初的广州市政政策》,《史学月刊》1998年第4期。
⑥ 张庭伟:《1990年代中国城市空间结构的变化及其动力机制》,《规划研究》2001年第25卷第7期。

公共产品的首次提供,推动了城市初始空间的形成,再伴随着预期公共产品的大量供给,形成了城市的规划空间,但由于资源的相对稀缺性,大量的公共产品供给无法得以满足,于是在相对供给下,形成了城市的实际空间。相对于近代广州而言,"市"的空间从城墙的边缘地带,扩展到旧城区,并进一步延伸到"权宜区域",实际上已经超越了当时城市所能有效管理的空间。这表明在资本主义的市政理念下,以"市"为中心政区的模式形成,以前同时存在的"城"与"市"形态,成为现代性的城市。

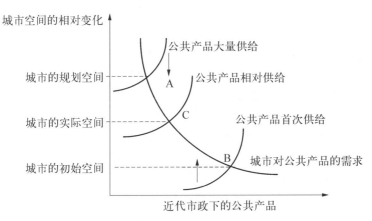

图 3-6 市政建设下"城""市"的空间调适

(四)广州经验及其普适意义

中国历史上有"城"有"市",但一直没有合称的"城市"概念,都、府、州、县之类的"城"与产地或市场枢纽的"市",虽联系密切但却相互独立。在行政管理上,前近代中国一直是划片式的城乡合治,"城"与"市"均淹没在乡村的汪洋大海中,无边无际的乡村才是前近代中国农业文明下最重要的商品生产地与消费地。当然,随着明清时期市镇的兴起,新的萌芽正在孕育,但并未形成革命性的转变。及至 19 世纪中叶,中国遭遇了千年未有之变局,或被动或主动地开埠通商,并逐渐地融入到全球生产与分工之中,东来的殖民者在沿海沿江各据点或租借地,建立了其居留、交易,以至于加工生产的场所。随着贸易的扩大、产业的发展、人口的集聚,不同的新"城市"次第出现。作为一种新的组织形式与文明载体,宽敞整洁干净的道路、鳞次栉比的楼宇、琳琅满目的商品、快速有效的通勤等,示范效应逐渐扩大。大约在1920—1930 年代,"城市"在中国已经蔚为壮观,经由南京国民政府建制的"市"150个左右,中国历史上由来已久的城乡合治改为城乡分治,城市在一片汪洋大海中浮现并跃跃欲试。

1. 近代广州"城市"形成的轨迹

清季以来,广州的老城是封闭式的,主要官衙都集中在此,部分后来设立的官署设在外城区,外城同样是封闭式的,只有城外的商业区呈敞开式,新的城市最终从边缘地带兴起并蔚为主流。大体而言,在晚清时期属于城市的自由蔓延阶段,进入民国以后则转换道路规划式发展阶段,基本上以道路建设与街区拓展的互动发展,及至民国后期又转入新区建设模式(主要为居住区、商业区、工业区)。

首先,在近代早期,从老城区的西郊、南郊蔓延所形成的新商业区,是最早的城外"市"。沙面租界宽阔平整的近代化道路系统与广州城垣内外狭窄弯曲的古代道路系统形成鲜明的对比,催化了近代广州城外"市"的形成。西关成为晚清以降广州传统商业的中心,西关、西堤一带是城市金融中心。在全球化对外贸易的推动下,在西门城外僻地的西关一带,形成了纺织业机房区、高级住宅区、西濠口洋商区。东山是城外"市"的另一个新增长点。民国中期以后,教会人士、归国华侨越来越多定居东山,巨商、政客也在东山经营大厦,1930年代住宅区的范围已经基本可以与昔日的西关相媲美。

其次,在近代中期,在拆城修路的倡导下,旧城区的"城"成为"市"的一部分。历经浩浩荡荡的拆城修路运动,改善了交通基础,推动了城墙之内的"城"变成了开放的"市",以前作为官府的老城区正在变成了一个新的商业区、政务区。晚清至民初形成的三大商业中心,分别是沙面洋商区、西关第十甫和上下九甫华商区,长堤西濠口新兴商业区。进入民国中期以后又产生了新的转移,从西关、沙面、南关,延伸到河南这一区域成为最主要的商业区,老城区内的惠爱路和双门底(今北京路)经过开发成为政治中心与传统商务中心,东郊、东山成为新兴的现代住宅区,西关西郊成为新的工业区。

再次,在近代后期,在近代市政理念下,"市"成为新型政区,实现"城""市"一元管理。1949年前广州的商业区集中在西郊与南关,旧市区保留部分传统的商业、钱庄等;规模较大的工业主要分布在用水与水运便利的沿岸。高级住宅区集中在东山、西关沙面两个方向。棚户区则分布在珠江两岸的车站、码头、铁路和工厂附近。这座城市的传统色彩依然明显,城市重心区依然是西关与老城,新兴的西濠口与东山的现代气息依然不是这座省城的主体。1931年广州市政府合署选定中央公园后段,表明当时广州城的中心区在惠爱中路和永汉路(今北京路)一带,所以中山纪念堂、海珠桥、市政府合署、中央公园客观上形成了广州一条纵横南北的中轴线[①]。

2. 广州经验及其普适意义

由于城市工商业发展与人口集聚,广州成为华南地区的工商贸中心与交通运输枢纽,在南方大港计划中,孙中山在规划商业、工业、交通布局时,已经注意到"此

---

① 朱晓秋:《近代广州城市中轴线的形成》,《广东史志》2002年第1期。

所以便利其工商业中,又以供给美景以娱居人也"①。1923 年广州市工务局的"假设拓展市区域计划"也认为,凡是"水陆交通要塞能划圈或开辟为实业工厂商地点者,均应划入范围"②。1932 年广州市政府的《广州市城市设计概要草案》,核心内容有二:第一,将全市地域划为工业、住宅、商业、混合 4 种功能区,促进城市工商业的成长;第二,建设城市内外流动通道,包括市区道路、与外区域水陆空道路。1921 年 2 月 15 日颁布的《广州市暂行条例》第三条规定:"广州市为地方行政区域,直接隶属于省政府,不入县行政范围",广州成为近代中国第一个市,第一个城市型的政区③。

与上海不同,广州城区的规划一度被很好地执行,旧城的复兴是成功的,城市的形成过程中,以"城"而非"市"为主导。主要原因在于,广州一度是南方政府的政治中心,通过恢复老城商业区、发展城郊的道路、建设模范住宅区,该城被赋予了政治与文化的诉求——树立南中国首府的雄伟形象。拆城筑路、推广教育、维持警政卫生,"模范市政之誉,见称于国内外"④。有别于单纯工商业城市的近代形成之路,这是传统改建型城市的一个显著特征。

整体而言,广州依然是一个传统型城市,口岸因素只是有限地影响,并未决定城市的发展轨迹,正如苏耀昌所言,外来势力对广州与华南的卷入,基本上是一种经济形式,而非政治形式。作为传统的府城治所,如果外力的作用不足以重建新城市,自然是逐步地影响与改变。对于广州等中心城市的分析,可以得出这样的认识:作为近代新陈代谢的都市,广州城市发展的驱动力首先来自于租界,并逐渐为华界所学习,通过城市的空间扩张与中心功能的强化,逐渐成为区域性商贸中心;作为传统改造型省会城市,广州城市的核心竞争力是在民国政府的培育下逐渐成长起来的,同时,香港是珠江三角洲的门户口岸,在缺乏强有力的工业支持的情况下,广州只能成为区域性的次级中心。

古代中国的城是建立在城墙之内,市分布在城外以及灯火万家的集镇。及至近代,在市场与商业经济的推动下,兴起了约 150 个"市",其中大多数不是通商口岸,很多是传统型的"城",在近代时期,通过老城的新生形成了一种新的城市之路,演变而成新"市"。不同于完全新建的近代城市,例如香港、青岛、大连等,也不同于外力下重建的近代商埠城市,例如上海、天津、汉口等,传统新生型城市是近代中国城市演进的主流。众所周知,广州经验是近代中心城市型政区与"市制"的摇篮与样本,近代广州作为传统新生型城市的代表,见证了第一次全球化时代,传统城市

---

① 孙文:《建国方略》,中州古籍出版社,1998 年,第 223 页。
② 广州市政府:《广东市政报告汇刊》,1928 年,第 66—67 页。
③ 《广州市暂行条例》,《东方杂志》1925 年第 16 期;傅林祥:《自治市制与城市型政区的萌芽》,《中国行政区划通史》,中华民国时期卷,复旦大学出版社,2007 年。
④ 《本市新闻·孙市长之临别留言》,《广州民国日报》1924 年 9 月 17 日。

走向近代的历程。

在近代中国的 150 个左右的市中,多数是在原有治所基础上的新陈代谢,由于外力不足以推倒重建或另起炉灶新建,一般均为通过老城新生、培育工商业的方式,形成新的城市。在这一名单上,又可分为三类:一类为出现转折性变化、明显成形的城市,如广州、沈阳、吉林、济南等;一类为出现显著变化、基本成形的城市,如镇江、福州、龙江(齐齐哈尔)等;一类为未明显变化、基本未成近代之城市,如苏州、开封、杭州、武昌、长沙等①。

三类城市异中有同,差异源于本来的基础、外力干预等因素,但存有一个显著的共同点,即在近代时期,近代意义上的城市均为工商经济属性。华南地区汕头、海口的经验也证明了这一点。1920 年代,海口"城内狭窄的小巷在一天天消失,让位于新的林荫大道,老旧的被烟熏黑的小店铺,被拔地而起用钢筋水泥建造的大型货仓取代,里面摆满了来自世界各地的货物。"②汕头开埠以前只是一个濒海集市,1860 年后,随着海运交通与内外贸易的发展,市区不断沿西南海滩造地延伸,靠近码头的货栈——怀安、怡安、万安、棉安、镇邦街逐渐取代行街、顺昌街一带的"旧市",成为新的商业中心,名曰"四安——镇邦"。随后商业中心又转移到南北货运行铺较为集中的地区:永兴、永泰、永和、永安街、升平路,名曰"四永——升平"。1914 年汕头商埠人口 3 万人,1921 年汕头与澄海分治,成立汕头市政厅时,市区总人口 8 万人,1929 年改市以后,全面建设市政,数年之间,狭窄的旧街道成为外马路、中山路、民族路、至平路、商平路、国平路、西堤路等新马路,南生公司、中原酒家、永平酒楼等高层建筑拔地而起,1933 年市区人口达到 19 万人。

回首过去,近代全球化、市场化经济下形成的城市成长路线,无论是城市形态,还是演进方式,大大不同于最近 60 年的城市发展线路图。目前我们城市空间进程中出现的迥异于西方模式的众多特征,更多的是源于对市场进行干预的结果,从空间优化与效率演进的角度来看,应该重新回归对市场机制、城市经济效率的适度遵循。

二、城镇的演进:以珠三角为中心

斯波义信在研究清代 124 个府治、州治、县治后发现,仅仅 54%仍存续下来,这并非说明基层基点的县治重要性下降,而是推陈出新的市镇,尤其是重要的大镇,容纳了大量增长的人口③。

在近代时期,高层次的市场中心一般都是位于主要的水、陆交通线上或其终

---

① 丁文江、翁文灏、曾世英:《中华民国新地图》,上海申报馆,1934 年。
② 萨维纳:《海南岛志》(1925—1929 年的实地考察),漓江出版社,2012 年,第 9 页。
③ (日)斯波义信:《中国都市史》,北京大学出版社,2013 年。

点,可以方便地进行货运与客运,中层次的市场中心处于相对次要的交通位置上,而基层次的集市则位于越来越不方便的支线和河道支流附近,从理论上而言,可以得出一个层级分明的市场网络结构①。在近代中国实际或特定的区域中,围绕不同类型的城镇,形成了有层次的市场网络与城市体系,珠江三角洲地区是特征明显的区域之一,其城镇体系的形成与演进具有一定的普适性。关于近代珠江三角洲地区的市场空间有:① 在三角洲地区内部:大致上形成了以广州、香港(包括澳门、江门)为高级中心,以佛山、陈村、石龙、三水等重要市镇为次级中心,以市桥、大良、容奇、石岐等一般市镇为低级中心的市场体系。② 在三角洲的外围:除了中心商埠以外,基本上以府县中心与乡村集市连接着广泛的腹地。整体而言,大致是以口岸为中心的非对称性多边形结构,然后由次中心、分中心呈树枝网络状传递,沿着交通线而延伸。接下来将要实证分析近代时期,珠江三角洲地区城镇关系的新变化及其绩效。

(一)中心城市与市镇的应对

入清以后,珠江三角洲地区出现了广(州)、佛(山)、陈(村)、(石)龙四大镇,其中,位于区域几何中心位置的广州佛山镇,是本区域内外经济资源的交换中心,顺德陈村、东莞石龙作为东南方向的两翼与延伸,分别位于珠江三角洲水网中心与东江水陆要冲,于是,在珠三角地区形成了一个区域性的线性市场结构。但是,随着广州、香港等港埠的对外开放,珠江三角洲地区的中心城市发生了改变,区域内外的市场流通、结构与脉络出现了新的变化,次级市镇格局更是出现了一系列的变数,经历了一个时间和空间的演进过程,就市镇本身而言,则是一个从数量到结构的过程,就城镇之间的关系而言,则是一个系统重新组织与调整的进程。

从表 3-1 可以看出,清光绪至宣统年间,随着广州、香港等地先后开埠通商,珠江三角洲地区墟镇的数量出现了一个较大的增长,平均成长率高达 119.38,不管是小珠江三角洲核心区的顺德、新会、花县,还是大珠江三角洲相对边缘的从化、开平、恩平②,尤其是广州府和肇庆府所在的珠江三角洲和西江中下游,在数量上有近 80% 的增长,番禺、顺德、新会、东莞、三水、南海、新安等县墟镇的密集程度处于珠江三角洲地区前列。这主要源于对外贸易的拉动以及地方产业的发展,1860 年后广州邻近地区蚕桑丝绸和茶叶生产明显扩大,以商业化和外向化为主要特征的商品性生产,是推动市镇繁荣和勃兴的最直接、最重要的动力。这一阶段的市镇变迁主要表现为:数量扩展和基本市场网络的形成,在市镇的数量分布上,出现了明显的地域特征:

---

① (美) 施坚雅:《中国农村的市场和社会结构》,中国社会科学出版社,1998 年;《中华帝国晚期的城市》,中华书局,2000 年。
② 数量仅是一个重要的参考系数,不是衡量的决定或唯一要素,因为在方志中对于墟市的界定大致源于一般的经验,各县之间的差别明显,难以分级,同为墟市在商业交易量上可能差异颇大,不可同日而语。

表 3-1 珠三角地区墟市的发展(清中叶至民国)

时段 县别	雍正-乾隆	密度(km²)	咸丰-宣统	密度(km²)	晚清成长率	民国	密度(km²)	民国成长率
番禺	82	21.5	98	18.4	98.00	228	7.9	69.94
南海	54	27.5	44	33.1	50.57	61	23.9	58.10
顺德	42	18.2	90	8.4	180.00	58	13.0	39.19
东莞	49	55.8	55	49.9	55.56	95	28.9	63.33
新会	45	42.6	70	27.0	97.22	69	27.4	49.64
花县	8	107.9	22	39.3	46.81	10	86.4	31.25
从化	13	139.2	20	90.4	19.42			
增城	26	67.3	29	60.1	33.72	52	33.5	64.20
香山	12	239.5	37	77.8	41.11	22	130.9	37.29
三水	23	37.4	22	39.1	35.48			
高明	29	36.4	30	34.8	46.88	39	26.8	56.52
新宁	22	135.9	72	41.6	112.50			
开平	15	78.8	24	48.8	37.50	56	20.9	70.00
鹤山			26	41.3		63	16.8	70.79
恩平	18	113.5	22	92.5	20.00	32	63.9	59.26
归善	12	459.7						
博罗	31	94.2						
高要	22	127.1	36	77.6	36.00	39	71.6	52.00
四会	11	88.2	29	33.4	65.91	27	35.9	48.21
新安	37	35.2	24	54.3	26.37			
清远	15	272.6	40	102.4	34.19	36	113.8	47.37
广宁	15	159.3						
总计	581	77.5	764	58.9	119.38	762	55.3	49.93

资料来源:咸丰、光绪、同治、宣统年间各县县志、广州府志。其中南海、开平、鹤山、恩平光绪—宣统时期的数据为道光期间,表中空白处为方志缺省部分。

第一,珠江三角洲核心地区市镇的发育程度远远快于边缘地区。由于直接面向重要的港埠城市地区,商品化与外向化经济程度较高,市镇的发展速度远远高于其他外围地区,在小珠江三角洲地区,市镇的成长率大多超过50,尤其是顺德、番禺、新会、新宁县成长区间为97.22—180.00,这是其他县域遥不可及的。

第二,西北江流域交通枢纽地区的市镇获得发展机会。广州、江门等港埠以及西江各口岸与渡口的开放,促成了西江,以至东江、北江下游航道的水运优势的发挥,商业贸易的发展使得这些交通要道地区的市镇迅速发展,例如,高要、四会、高明、增城、清远县市镇的成长率大多接近40—50。

第三,谭江流域等侨乡地区突飞猛进。开埠通商之后,四邑侨乡地区(新宁、开平、新会、恩平县)大量的民众获得了出洋谋生的机会,来自南洋与西洋的侨汇成为侨乡大量进口洋货的资金来源。拱北海关的进出口数据表明,除新会县以外的其他侨乡的洋货进口指数,仅次于顺德、东莞、新安、香山县等珠江三角洲核心地区。同期新宁、新会、开平、恩平县的市镇成长率分别是112.50、97.22、37.50、20.00,这和它们与粤港的地理距离呈明显的正相关性。

就市镇的市场网络而言,珠江三角洲地区初步形成了一个回路结构[①],促成了以往由小区域内部压力推动的乡村空间系统,实现了从内向型向外向型经济的转化,从无序的分散式空间结构向有序的组织化空间方向发展,这是近代乡村市镇体系在外力的推动下,第一次实现了自下而上的空间改造过程,这一过程基本在清末民初得以实现。

此外,从表3-1还可以看出,晚清时期珠江三角洲地区的市镇成长率高达119.38,到了民国以后迅速地下降到49.93,这部分源于统计上出现的空缺,但也表明进入民国以后,墟市发展呈现出一种结构性的变化,表现在数量上已经基本趋于饱和,总量上基本停滞,局部地区开始下降[②]。民国地方志对于一般墟市纪录的兴趣已经大大降低,也是这一现象的反映。相反地,墟市数量上升的地区主要集中在珠江三角洲地区的外围,例如表中显示的高明、开平、恩平、高要、清远、增城等县,相反地,下降的县份主要在珠江三角洲内的顺德、香山、新会等,以及花县、四会县。

这一时期珠江三角洲地区的市镇变动,主要表现为晚清以来的结构性变化逐渐明朗,在商品化、外向化比较明显的珠江三角洲地区,市镇空间系统逐渐显现,市镇层级结构与差异化显现。这一过程的实现主要表现在两个方面:

第一,专业性墟市不断增加,墟市分化趋向增强,邻近墟市更替频繁,原村落经济圈趋于瓦解,地域性生产分工体系正在萌生。

随着19世纪末以来对外贸易的结构性变迁,农村原料生产和产品加工、手工业生产和原料供给分离的趋向明显,以加工出口和外贸导向的商品化生产,开始越来越集中于通商口岸或其邻近地区。外部世界对内陆农村的影响正不断增强,直接促成专业性墟市的成长,促进了农村初级市场的形成,并以此作为一个地理实体,获取与外部的商业贸易联系,并逐渐形成了地方化的生产体系。

在珠江三角洲地区,著名的手工业集中地有顺德县、南海县的丝业,南海县石湾镇的陶瓷业,新会县的葵扇业,佛山镇的织布业,盐埗镇的爆竹业[③],大都集中在三角洲的核心县域。道光十五年(1835年)前南海县的专业圩市仅17个,至同治十三年(1874年)增加到32个,宣统二年(1910年)又增加到56个,占同期圩市的27%。在蚕桑丝业基地顺德县,光绪年间虽然一般性的圩市仅17个,但专业圩市

[①] 两个端点之间存在两条以上的交通路线,有较高的联系性和运输效率,已经超越单一路径网络和珠江中上游及边缘地区的树状结构,但还没有达到完全的闭合环路和自由通达的格状网络结构。(参见陆玉麒:《区域发展中的空间结构研究》,南京师范大学出版社,1998年,第80页)
[②] 例如民国时期番禺墟市的统计口径过宽,将一些非常普通的墟、市都列入。
[③] 广东经济年鉴编撰委员会:《广东年鉴》,广东省银行经济研究室,1941年。

有48个,"县属各乡,均有蚕市,不能悉数"①。佛山镇的墟市被分为桑市、茧市、蚕种市、菜市、菜种市、鱼市、猪种市、猫狗鸡鸭市②。香山"县属商除澳门外,以城南石岐为总汇,各乡墟市亦有号称畅旺者,如四都之榄边墟,大都之南蓢墟,谷镇之乌石镇,还闻颇盛,榄镇茧市岁入百余万两,黄圃茧市获利亦半"③。

第二,地方大型市镇的功能逐渐凸显,成为墟市发展的另一个更有意义的趋向(图3-7)。

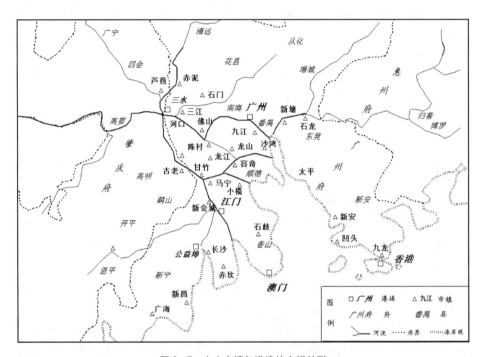

图3-7　大小市镇与港埠的空间关联

由于对外贸易引发的经济卷入,不断提升的本地农业、手工业的商品化与外向化程度,密切了基层生产与外界贸易交流,强化了村落、墟市、市镇和中心城市的市场联系,尤其表现为大型市镇功能的强化,成为联系广大基层墟市和口岸市场的纽带。

伴随着大型市镇功能的进一步多样化,辐射能力逐渐加强,县属大型市镇的工商业功能超过县城。例如清廷曾在东莞县石龙镇设有军事、政治、经济类的官衙,东莞县城商会设立于宣统二年(1910年),主要处理城内外商务,但是东莞县石龙镇的商会早于光绪三十三年(1907年)即设立,东莞太平商会也于光绪三十年(1908年)设立④。顺德县12个商务分会或分所的成立情形也大致如此,在时间上

---

① 周树槐:《顺德县志》卷三,舆地,民国十八年。
② 冼宝干纂:《佛山忠义乡志》卷六,实业,民国十五年。
③ 厉式金纂:《香山县续志》卷二,舆地,墟市,民国十二年。
④ 陈伯陶纂:《东莞县志》卷九,舆地略,风俗,民国十年。

明确地早于顺德县商会(1909年设)的有：陈村赤溪商务分所(1908年设)、乐从商会(乐从墟)(1904年设)、龙口商务分会(1908年设立)；以及容奇商会(光绪末年设)、桂洲商会(里村)(光绪末年开办)①。

同治五年(1866年)广东全省设立广州、佛山、新塘、兰、石龙五厂征收厘金，光绪三十四年(1908年)和宣统元年(1909年)，新塘厘厂的税金已经超过广州，石龙则与广州几乎相等②。

此外，大型市镇的扩展，引发了市镇之间的整合，大市镇整合小市镇，大市镇的吸引域涵盖小市镇，进一步密切了大市镇和港埠之间的联系。增城县仙村镇靠近东江大镇新塘，两镇在广州香港开埠以后，整体而言，商业上越来越趋向于广州和香港，然而二者的发展情形则颇不相同，处在增江与东江汇流入海处的新塘镇，由于地缘优势逐渐兴盛起来，而仙村镇则日趋没落③。

近代广西省的墟市发展情形与广东省有一定的相似，但也存在显著的差异，相似之处主要表现在趋势与发展方向上，相异之处主要表现在内部地域的差异。如表3-2所示，虽然数据不甚完整，但仍可以观察其概貌，整体而言，晚晴民国时期广西省各地墟市的数量与密度呈现明显的增长，从密度增长率来看，民国时期增长高于均值的府州厅为南宁、太平、柳州、梧州、镇安；从州县墟市密度来看，民国时期增长高于均值的府州厅为南宁、浔州、镇安、庆远、恩思、梧州。从中可见，快速增长区域中，既包括经济发展相对最先进的府州县，同时也包括相对最滞后的府州县。这个看起来令人迷惑的悖论现象，恰恰反映出近代广西省墟市发展的特征，一方面东南部平原谷地各府州，因为经济发展较好，墟市成长显著；另一方面西北山地各府州，因为地理交通等方面的原因，单个墟市的交易半径与面积相对较小，故而墟市的数量增长同样显著。简而言之，在近代广西省各府州县墟市的广泛性成长与集约型成长同时存在④。

表3-2 近代前后广西墟市的变化

府(州、厅)别	清后期			民国时期			比较
	州县数	墟数	州县均数	州县数	墟数	州县均数	密度增长(%)
南宁	1	11	11.00	3	111	37.00	236.36
太平	3	12	4.00	6	74	12.33	208.25
柳州	1	7	7.00	7	99	14.14	102.04
梧州	2	29	14.50	2	43	21.50	48.28

---

① 周树槐：《顺德县志》卷四，建置，墟市，民国十八年。
② 朱庆澜：《广东通志初稿》卷六，中华全国图书馆文献缩微复制中心，2001年。
③ 王思章：《增城县志》卷三，建置，民国十年。
④ 范毅军：《明中叶以来江南市镇的成长趋势与扩张性质》，《中央研究院历史语言研究所集刊》第73本第3分册，2002年。

续 表

府(州、厅)别	清后期			民国时期			比较
	州县数	墟数	州县均数	州县数	墟数	州县均数	密度增长(%)
镇安	4	81	20.25	2	58	29.00	43.21
全省计	33	609	18.45	54	1 113	20.61	11.71
思恩	8	180	22.50	7	174	24.86	10.49
浔州	4	118	29.50	4	130	32.50	10.17
平乐	5	53	10.60	8	91	11.38	7.36
桂林	3	72	24.00	4	74	18.50	−22.92
郁林	2	46	23.00	1	12	12.00	−47.83
庆远	0	0		8	207	25.88	
泗城	0	0		2	40	20.00	

资料来源：近代广西各府州县的地方志；宾长初：《论民国时期广西农村圩市的发展》，《中国社会经济史研究》2003年第2期）的数据并修正。

(二) 城市与市镇的联动形态

王国斌认为推动明清中国和近代早期欧洲经济成长的动力是相同的，都来自地区专业化和劳动分工[①]，地区专业化与劳动分工都只能在一个整合的市场中才能良好运作，孤立的市场代表的是停滞的经济，如果经济要成长，这种市场就必须向外部开放。中心城市背后的市镇发展，除了以上讨论的结构性变迁特征外，近代以后更加明显的动向是港埠与大市镇之间的互动关系。

随着广州、港澳，西江沿岸的梧州、江门、三水等口岸的开放，港埠对外贸易获得了持续的成长，在珠江三角洲地区形成了一个以香港、广州为中心的港埠体系，成为了对外贸易和对内物资配置网络（图3-7）。在这个高层的商埠体系之下，是众多的中级市场和基层市场共同组成的结构性和功能性的网络。区域性的大商埠和区域内市镇之间的关系，产生了明显可见的新调整，尽管这个过程是缓慢的、渐进的，但最终表现为珠江三角洲的市镇在运行结构上趋向于广州、香港、江门等"港埠中心"，而且彼此的互动联系越来越密切。另外，施坚雅模式的中心地等级结构理论模式在珠江流域表现形式则不尽一样，影响城市发展的政治因素逐渐下降，例如，两广总督驻地的肇庆、东江政治中心惠州在这一网络中，整体地位上已经下降到市镇的水平；佛山镇的中心地位同样显著下落，反而在经济上对广州的依存度越来越高。

---

① R. Bin Wong: China Transformed-Historical Change and the Limits of European Experience, Cornel University Press, 1998, Ch 2.

如果从时间的序列来看,作为高层市场的港埠开放和贸易发展,必然会对中下层产生或多或少的影响,不过在初期,仅仅表现在珠江三角洲地区那些商品化与外向化最为明显的区域。根据《顺德县志》的记载,咸丰年间(1851—1861年),顺德县由各圩镇开往广州的长行渡38条,佛山19条,江门16条,香山11条,市桥6条,往其他城镇的29条,县内27条。来往广州口岸的长行渡比与地方城市的显著占优,反映了与省城的航线超过了过去主要连接地方乡镇为终点的航线,虽然这一优势还不太显著。这种特征越往后表现得越来越明显。到1900年左右,在广州除了城内居民外,每天还有大批各阶层的流动人口,搭乘车船往来于省城与附近各乡镇之间①。随着香港中心的崛起,顺德县容奇镇和香港间的交通日益频繁,容奇向香港运输活的塘鱼和新鲜的蔬菜、水果更加便捷。"其时容奇设有香港船码头,可泊数百吨大货船,来往香港容奇有风帆货船,亦有用汽轮拖带之大客货船,曾有港容、港奇两船对开"。广州海关设有容奇支关,负责查验征税,德士古、美孚、亚细亚三家煤油公司和英美烟草公司曾先后在容奇设立洋商代理②。

粤海关当局规定本关区的生丝一律到广州报关出口,使得顺德、香山的生丝、丝织物和乱丝头等的出口集中于广州,但两县的洋货进口则更多地来自香港。1904年江门开埠通商,分布在从新会经过新宁到粤西南航道两侧旧航道上的一些中心市镇因之式微,处于澳门和新会商路上的开平县赤坎镇趋于衰落,甚至还不及水口镇③,新会县近海处的芧尾镇也是同样的命运④;而原先默默无闻的长沙镇,因为靠近江门迅速代之而起,1925年开平县城迁长沙镇⑤。

西江中下游的高要县,在系列港埠开放以后,以航运业为代表的内地市镇同样展现了这种港埠中心的取向。

随着西江沿岸的三水、梧州、江门先后开辟为通商口岸,以及西江允许外国轮船航行,提升了肇庆在市场结构中的地位,且该地一直是府治和两广总督的驻地,但是,肇庆的商业并没有兴起,原来经过肇庆的全是帆船,"光绪二十二年始有肇、梧单行及肇省轮拖,而航业之状况随之一变矣"。"夹岸下啶帆船如织,而舵工舟工之属,赖此谋生者动辄数千人。"⑥以肇庆为起点的轮拖有:肇庆—省城(4艘)、肇庆—江门(2艘);以肇庆为起点的单行轮船有:肇庆—梧州(2艘)、肇庆—河口(3艘)。

宣统年间《高要县志》中记录的经过高要的帆船、人力车渡、拖轮和单行轮船,也反映出了这种变化(表3-3),在途经高要的区内运行船只中,带有轮船特征的拖

---

① 1892—1901年粤海关十年报告,《粤海关报告集》,第927页。
② 李历本:《二十年代容奇经济概况》,《顺德文史》第2期。
③ "开平赤坎镇,在广州开埠前,'高(州)、阳(江)货物由恩平以出江门,必取道赤坎也。今则海道交通,水东、梅菉之货船,迳经崖门,达江门,而赤坎之商务,大不如前矣'"(余谋:《开平县志》卷十二,民国二十二年)。
④ "在江门开埠以前,'随入颇丰,自光绪末,商业移至江门,而芧尾镇遂零落矣'"(卢学骏:《新会潮连乡志》卷一,舆地略,物产,民国二十年)。
⑤ 国立中山大学农学院:《广东农业概况调查报告书续编》,1933年,第53页。
⑥ 马呈图:《宣统高要县志》卷十一,食货二,实业,民国二十七年。

轮、单行轮船主要是以肇庆、省城、梧州、江门商埠,以及河口等重要市镇为终点。到了清末,帆船主要经营区域内部的部分商业运输,以墟市之间的贸易为主,主要是一些笨重的原料产品运输。九龙和拱北海关进出口贸易结构显示了帆船运载货物结构的这种特征。因此帆船还是以经营墟市之间的贸易为主,但随着1897年后西江全线的开放,帆船的生存空间不断地被压缩到更小的支流航线。这一点从整体上显示了港埠开放后中心商埠的繁荣,边缘市镇向这些中心靠拢,市镇的商埠取向趋于明显。

表3-3 市镇航线运行船只表(高要县)

类型	船只	途经高要的区内航行的船只
帆船		肇庆—省城(6)、肇庆—梧州(7)[轮拖后只余下3]、肇庆—江门(2)
		肇庆—西南(5)、肇庆—伦教、龙江(各1)、肇庆—广利、漕湾、白土(各2)、肇庆—新桥(4)、肇庆—天堂春湾、新兴(各5)
人力车渡		肇庆—禄布、大小湘(各2)、肇庆—六都(1)[轮拖后停业]
拖轮		肇庆—省城(4)、肇庆—江门(2)
单行轮船		肇庆—梧州(2)、肇庆—河口(3)

资料来源:邬庆时:《宣统高要县志》卷十一,食货二,实业,民国二十七年本。
括号中数字为船只数量。

宣统年间《增城县志》称:"新塘为东江交通孔道,商务大为繁盛。……商贩云集,肩磨毂击,亦贸迁之要地也。"民国初年新塘镇的从商人数接近七八千,店铺上百家,商务堪称繁盛,"今海通轮舶,路通铁路,为一大镇,商业之盛,为一邑冠。"[1]实际上增城县的内外贸事物,几乎全部经过新塘镇来处理,大市镇的商业中心趋向明显,已经超越了传统的县城,成为沟通县域对外经济交往的通道。东莞县的主要商业市镇有石龙、东莞县城、太平,其中石龙镇尤其突出,"石龙为全县之咽喉,有广九铁路可通广州香港,东江一带货物之交易,或以此为集中之点,故商业颇形繁盛"[2],石龙的空间经济意义已经超越县城,以至东江下游地区。

民国期间港埠与市镇间这种情形继续,空间范围已经扩大到珠江三角洲的外围地区。1914—1916年由"省、港、澳、梧经过都城的轮渡,均没有直接泊岸,载卸客、货只是用小艇来回接运,而都城商业日盛,客、货往来与日俱增。"都城商会设立了固定的大吨位驳船码头,接运商品和旅客,到了1917年"都城商业日趋繁盛,已有广州至陡城的轮渡行走"[3]。在一些商业发达的地区都设有旅港商务局(商会),

---

[1] 王思章:《增城县志》卷九,实业,民国十年。
[2] 广东省民政厅:《广东全省地方纪要》,第1册,1934年,第117页。
[3] 郁南县工商史料编写组:《民国以来的都城商会》,《郁南文史》第3期。

例如顺德县设立于宣统三年(1912年)、东莞县也有"在香港邑人侨居者创设"的"旅港工商总会"①,大商埠和三角洲地区市镇的直接经济联系增强,改变了原有的层级式市场网络,朝扁平化方向演进,地方市镇与大中城市的经济距离缩短。

(三)联动绩效:发展与缓滞并存

近代珠江三角洲地区港埠体系的形成与区域市场网络结构的塑造,港埠背后的时空与结构变迁,以及港埠与市镇之间趋于密切的经济关联,促成了这样一个问题:彼此之间经济联系的变迁带来怎样的绩效?下面以1888—1900年珠江三角洲数县,从九龙海关进口洋货所表现出来的事实及变化,来解释非县城的大市镇在县域中的地位,以及它们作为联系商埠高层市场中心和基层农村中心的意义。

表3-4显示出,在珠江三角洲沿海沿江的县份,主要市镇从九龙海关进口洋货的价值及其占全县的比重。从中可见,陈村、新塘、太平、石龙、获海、新昌、广海等市镇,从九龙海关的进口货值,都远远超过了所在县的县城。有些县份,例如顺德、增城,甚至一县的进口货绝大部分都是通过县城以外的某个市镇完成。这种情形同样出现在土货出口方面,同样出现在珠江三角洲其他的县份。

表3-4　部分县镇从九龙海关进口洋货表(海关两)

县别（治所）	镇别	1888	%	1892	%	1900	%	1904	%
新会（新会城）	江门	510 594	83.61	782 383	93.14	92 524	97.74	18 476	61.00
	新会城		0	54 529	6.49		0		0.00
	其余	100 071	16.39	3 052	0.36	2 144	2.26	11 814	39.00
	总值	610 665	100	839 964	100	94 668	100	30 290	100
顺德（大良）	陈村	2 255 607	99.48	1 586 191	97.39	1 073 193	90.39	1 300 450	86.44
	其余	11 719	0.52	42 579	2.61	114 053	9.61	204 093	13.57
	总值	2 267 806	100	1 628 770	100	1 187 246	100	1 504 543	100
增城（荔城）	新塘	103 710	100	115 781	99.96	43 163	97.88	74 103	100
	其余		0	48	0.04	937	2.12		0.00
	总值	103 710	100	115 829	100	44 100	100	74 103	100.00
东莞（东莞城）	太平	126 692	33.24	147 403	41.24	200 866	50.76	183 208	42.88
	石龙	110 290	28.94	157 115	43.96	103 638	26.19	149 920	35.09
	东莞城	143 724	37.71	27 527	7.7	45 700	11.55	67 040	15.69
	其余	394	0.1	25 376	7.7	45 528	11.5	27 126	6.35
	总值	381 100	100	357 421	100	395 732	100	427 294	100

---

① 周树槐:《顺德县志》卷四,建置,城市,民国十八年;陈伯陶:《东莞县志》卷九,舆地略,风俗,民国十年。

续 表

县别（治所）	镇别	1888	%	1892	%	1900	%	1904	%
新宁（新宁城）	荻海	306 692	43.54	112 868	17.51		0.00		0.00
	新昌	159 936	22.71	209 293	32.47	14 370	15.97	41 264	60.04
	广海	233 182	33.11	292 678	45.40	69 426	77.13	27 464	39.96
	新宁城		0.00	9 061	1.41	6 212	6.90		0.00
	其余	4 536	0.64	20 762	3.22		0.00		0.00
	总值	704 346	100	644 662	100	90 008	100	68 728	100
南海（广州）	九江	10 605	36.83	132 245	44.24	33 016	48.13	31 515	25.99
	佛山		0.00	10 320	3.45	5 726	8.35	20 796	17.15
	其余	18 191	63.17	156 377	52.31	29 862	43.53	68 954	56.86
	总值	28 796	100	298 942	100	68 604	100	121 265	100
新安（新安）	新安	221 267	19.54	229 249	27.02	183 695	56.34	59 284	14.85
	凹头	674 336	59.54	184 766	21.78	55 740	17.09	7 345	1.84
	九龙	237 039	20.93	199 588	23.52	86 627	26.57		0.00
	其余		0.00	234 844	27.68		0.00	332 568	83.31
	总值	1 132 642	100	848 447	100	326 062	100	399 197	100
广州		9 299 365		7 900 684		17 598 848		13 915 744	

资料来源：*Return of Statistics of Kowloon for the Year 1888，1892，1896，1900*，《中国旧海关史料》。

根据九龙、拱北海关对于进出口贸易来源地和销售地的纪录，可以看出珠三角地区各县内承担进出口贸易的主要市镇。即，增城县——新塘；番禺县——沙湾；南海县——九江、石湾、佛山；东莞县——石龙、太平；顺德县——陈村；香山县——石岐；新安县——深圳、沙鱼涌、西乡；新会县——江门；新宁县——广海、荻海、新昌；开平县——长沙；三水县——西南。这些重要的市镇，无一例外地都不是所属县份的县城，这充分反映出随着近代港口城市的开放，在港口城市的毗邻地区，以府州县为格局的传统城镇体系与市场结构，至此已完全不复存在。

总之，珠江三角洲在开埠以后，通过大商埠与小市镇、市镇与腹地之间的密切关联，已经再造了一个交通网络，从而把原来彼此分离的各城镇腹地，演变为省港的混合腹地，又经过进一步的叠加、拓展，形成了覆盖珠三角地区更加密切的经济地理网络。通过商埠与市镇形成的商业网络，把省港等中心吸收的经济能量辐射出去，反过来又促进了珠三角地区自身的发展，初步实现了港口与核心腹地的互动，带动了这一区域外向型经济的起飞。

例如,在蚕茧交易中心容奇镇,"旺造最高每天在茧市交易达15万至20万两之巨(白银)。茧市备有蒸汽轮船10多艘,拖带大批的木船,到全县各乡载运蚕茧到市场销售,除本县外还去中山古镇外海、鹤山之古劳三洲等地载。另有代收蚕茧货栈多家,专为来自东西江北部如惠阳、东莞、清远、英德、肇庆、高要等地,由客帮收购蚕茧后成批运来销售"①。新塘镇的情况与此非常相似,"石龙又邑之一会也,商贾凑集,当郡与惠潮之冲,其民侨寓多,而土著穷,……东江自北岸而下达虎门,其南流亦纳东莞之水,夹江上下,衣冠荟萃,其民耕种之外,惟操舟楫"②。

不过,发展与繁荣的背后同样隐藏着难以改变的事实:在番禺,"县内近省会经营企业者,皆集中于广州,故内地均不甚发达,如市桥、高塘、江村、新造、东围等墟场,虽称县内繁盛之区,亦不过只有小商店及手工业而已"。在工商业颇为繁盛的新会县,中心城镇江门有商店三千家,新会城有商店千余家,但是第三位的泷水口墟商店不过170家。民国时期的调查显示,尤其是靠近珠江三角洲数县之外的毗邻地区,"县内交通便利地方则经济较为宽裕"。在惠阳(归善)"县民多习农业,商业以城郭为特盛"③。光绪五年前后,香山县"邑惟南乡人多商于外,余则专恃田产。邑城富者置田,贸易非所长。村落小农概业于耕,故农伤则举邑疲弊"④。在珠三角地区之外的石城县,未有这样经济活跃的镇,甚至是"墟多市少":"凡名镇巨都,货物丰赢,商贾辐辏,即谓之市,其或统远近村庄,于适中处所,定期而会,以求日用,养食之资,晨聚而午罢,则谓之墟,石城风气简朴,力稼者众,逐末之氓十仅一二,故墟多而市少云。"⑤

如果有限的经济发展能量,仅仅停留在这些中心市镇,那么那些专业化大市镇的兴起,究竟是否意味着在市镇与港埠中心密切的经济互动中,还仅仅停留在比较浅的层面?在对外的经济分工与合作中,仅仅是部分专业化优势的市镇,经由外贸的牵引,在国际贸易中获得比较优势,促成了经济的增长,而这些产业之外的其他县域,尚未能够参与这一分工与生产体系。

(四)珠三角经验的一般意义

就近代珠江三角洲地区而言,如前所述,区域内的物产、道路、人口、城镇首先指向沿江、沿海一带,尤其是资源禀赋优异的三角洲地区,其次是西江中游地带,呈现明显的空间层次性,故而在该区域内形成了清晰可见的层级网络结构。该网络结构有一定的内生性,源自于明清以来地方经济的发展以及要素的流通,但同时,也受到外部因素的影响,尤其是口岸开放与外区域市场的影响,这是一个基于时间空间的生长与演进的进程。

---

① 李历本:《二十年代容奇经济概况》,《顺德文史》第2期。
② 陈伯陶:《东莞县志》卷九,舆地略,风俗,民国十年。
③ 广东省民政厅编印:《广东全省地方纪要》,第1册,民国廿三年,第107、130、210页。
④ 田明耀:《香山县志》卷五,舆地,风俗,光绪五年。
⑤ 钟喜焯修,江珣纂:《石城县志》卷三,墟市,民国二十年。

在珠江三角洲地区,佛山与顺德陈村、东莞石龙是三个重要的河港,内河木船货运极其繁盛,来往小轮众多,商业繁盛,一度与广州合称省、佛、陈、龙四大镇。此外,惠州、新会县江门,番禺市桥,东莞的县城和太平镇,增城县新塘,顺德县的甘竹、大良、容奇,香山县的石岐、小榄、黄圃,开平县的水口、长沙,以及新宁县的新昌、荻海,三水县的西南镇,也都是轮船、木船辐辏的地方。通过珠江及其支流的连接,这些市镇组成了粤港澳大商埠格局之下的次一级市场中心,往下连接着基层的墟市,组成了一个灵活开放、运行便捷的市场体系。其时美孚石油公司在华南的营销网络,大抵是以珠江三角洲的市镇和外围地区的县城作为连接中心,构成了一个有层次的市场网络,为我们分析中间市场节点及其层级结构提供了方便[①]。美孚公司在香港设有二等行,沙面设有三等行;内地公司代理、销售沙面公司的煤油,其中,广州公司的销售区除了珠江三角洲地区外,还包括西江中游以下、北江和东江地区。东江的代理点在东莞、增城、石龙、惠阳、河源、老隆、和平、梅县各县市,西江的代理点在三水、西南、四会、广利、肇庆、罗定、都城、八步、芦苞各县市,北江的代理点在新街、高塘、清远、英德、韶关、南雄、连县各县市,珠江三角洲的代理点在佛山、陈村、大良、容奇、九江、大沥、官窑、里水、官山各市镇。江门分公司代理点在江门、赤坎、台山、阳江、石岐、小榄各市镇。广西代理点在八步、梧州、贵县、南宁、柳州等县市,甚至覆盖到云南、贵州、湖南等省,汕头地区、湛江等南路地区与海南岛区,由香港公司直接管理。

　　如果把粤港这样的大区域性商业中心确定为高层市场节点,把澳门、江门作为高层市场的补充,把佛山、陈村、石龙、新塘、甘竹、三水、西南等这类重要市镇和三角洲外围各县县城作为中层市场节点,并把市桥、东莞县城和太平、大良、容奇、石岐、小榄、黄圃、水口、长沙以及新昌、荻海等市镇作为基层的市场中心,便组成了粤港大商埠格局之下的层级分明的市场体系。故而,大致上是以区域性中心城市为贸易集散中心的非对称性多边形结构,然后由次中心、分中心呈树枝网络状传递,沿着交通线而延伸(图3-8)。构成了覆盖整个珠江三角洲以至广州中心所辐射区域的一个层次分明、结构俨然的市场结构和经济网络,这个互动的市场体系,将三角洲地区的小农经济、家庭手工业和此后兴起的现代工业生产联系在一起,参与整个世界市场的交换和分配,实现价值循环与社会经济再生产。

　　一般而言,更多更生机勃勃的市场空间往往是大型口岸体系之下,由中层或基层市场共同组成的下行市场网络空间。就这些下行市场结构的中层市场中心而言,在珠三角地区一般是各地的中心市镇,但在珠三角的外围地区则更多是各县的县城,就基层市场中心而言,更多的是联系各地方城乡的墟市或集市。有关市镇在

[①] 冯翰伯:《广东沙面洋行话旧》,《广东文史资料》,第33辑。

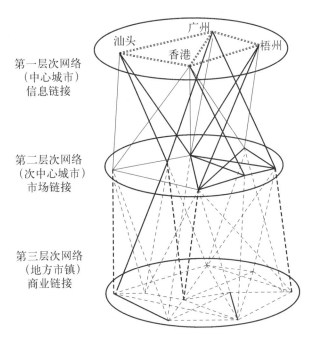

图3-8 华南城市网络的模拟示意

市场体系中的积极意义早就成为广泛的事实①,正是这些集镇将基层市场、中心市场连接起来,最后与广州、香港、澳门、江门这样沿海商埠都市发生关联,构筑出近代的市场经济网络体系,形成了一个开放式的动态回路网络结构②(图3-8)。

近代中国错综复杂的、高度发展的定期集市结构,不但在19世纪后期,而且在20世纪以后仍旧很盛行。一般认为这是因为相对来说缺少两个重大的变化:第一,缺少地方一级改进的运输,使农民不能像到达传统基层集市那样方便地到达中间市场和更高级市场;第二,没有优良的轮船和铁路交通把高级市场和国内外的工业中心连接起来,从而促使商品输入和输出增加,而这种增加又会反过来减少在基层集市交易的农户的自给自足程度③。如果再将视线延伸,观察珠江三角洲中心地区与外围的关系,同样作为积极开拓丝绸生产的四会县,远远不及顺德、南海,"蚕桑不广,惟邑之西南各村间有之,故邑无丝市,缫毕则前往西南以求售,然不得善价,止可打线,不堪织绸"④。"当地农民所饲养之蚕种,均赖南海、顺德供给,所收获蚕茧,亦须向南海、顺德贩卖,蚕丝事业向无联系组织。"⑤其实这种距离级差可以比较清晰地观察中心与外围的业态差异,即便从一般的生活水准来看,也是如此。

---

① (美)施坚雅:《中国农村的集市和社会结构》,中国社会科学出版社,1999年。
② 但是在三江的中上游,以及南路、东路沿海地区由于市场推动的不足,基本上还是一个树状线型结构但是在三江中上游,基本上还是一种树状结构,只是贸易的流动数量有所增加,结构性的变化基本没有出现。
③ (美)费正清:《剑桥中国晚清史(下)》,中国社会科学出版社,1994年,第55页。
④ 陈志喆纂:《四会县志》卷一,舆地略,风俗,光绪二十二年。
⑤ 广东农林局:《广东蚕桑业概况》,新建设出版社,1941年,第3页。

1934年的增城"商业亦形衰落,然而人民生活尚较博罗、龙门各属为稍裕"①。

从港埠高层市场中心到基层网络,从港埠与市镇之间的经济联动,以及联动中体现的密切关联,市镇的空间性与结构性变迁,可以证明近代港埠与市镇之间的联动是积极有效的。但是,事实潜在的另一方面,以隐蔽的方式暗示了港埠与市镇之间经济联动的实态,还是有着微妙的复杂之处,在近代经济成长主流的背后,是一种隐而不显的缓滞,这种缓滞不仅仅表现在珠江三角洲的外围,同样隐藏在三角洲的核心地区。

及至1920年代末至1930年代,不仅腹地农村,一些主要的市镇经济同样凋敝,主要原因在于原来赖以生活的农产品与手工业品的对外销售陷入困境。据研究工农产品比价的结果认为:近代农产品在城市的销售价格大约只有实际的35%—75%,工业品则比产地大约高出100%②。这样的工农业产品剪刀差,长期以来不利于内地农村,直接影响到农村入超的增大。1930年代开始农产品的外销已经显著滞缓,于是农村的入超增大,本来就积累不多具有"糊口经济"特征的乡村,仅有的资金流入城市,尤其是少数通商大埠,造成了内陆腹地普遍性的困顿③。

三、人口分布及其空间流动

近代华南地区的人口经济,从人口密集的等线上看,首先是珠江、韩江中下游、沿海交通线,其次是沿海地区、内河中游地带,数据表明,珠江下游地区城市人口占总人口的7.9%,东南沿海为7.1%,西南内地为3.0%④。其中,就人口分布而言,100万以上的县均在广东省——南海、番禺、香山;70万以上的县亦在广东——合浦、新宁、东莞、潮安、潮阳、增城、龙门、肇庆、清远、茂名;50万以上的广东6个广西3个——开平、揭阳、海丰、阳江、琼州、马平、郁林、桂林、陆丰。人口100万以上的城市有广州、香港2市;人口在15万—30万的有汕头、湛江2市,6万—15万的有海口、澳门、佛山、潮州、石岐、江门、韶关、北海8市镇,3万—6万的有揭阳、阳江、惠州、陆丰甲子镇、东莞、梅县6城镇。就人口流动而言,自清初以来,尤其是晚清民国时期,逐渐完成了格局的变动,从北多南少、西多东少,转变为南多北少、东多西少;同时实现了地域经济从北重南轻、西重东轻,转变为南重北轻、东西并重。

(一)广东省人口分布

广东省内珠江、韩江两三角洲的面积占全省10.3%,人口占全省33.8%,人口密度仅次于长江三角洲,其中,珠江三角洲约为600人/km²,韩江三角洲约为500人/km²。省内其他人口密度较高的地区为粤西南平原、四邑(新会、开平、台山、恩

---

① 广东省民政厅编印:《广东全省地方纪要》,第1册,民国廿三年,第304页。
② 陈其广:《百年工农业比价与农村经济》,社科文献出版社,2003年,第216页。
③ 吴承禧:《中国的银行》,商务印书馆,1935年,第20页。
④ 梁彩仁:《广东经济地理》,科学出版社,1956年,第15—16页。

平县)地区,约 300 人/km²;珠江三角洲边缘与沿海各县人口密度大约 200—300 人/km²(鹤山、三水、高要、花县、阳江、茂名、电白、廉江、合浦、琼山、乐会等县),其他地区人口密度一般 100—200 人/km²,粤北、海南岛中部多在 100 人/km² 以下,其中黎族苗族区、连南县等地不到 50 人/km²[①]。

表 3-5 展示了近代前后广东省各府人口密度及其变化,可以发现如下两个显著的特征:第一,全省人口集中于珠江三角洲、韩江中下游及三角洲地区,以及沿海地区,且整体上趋于稳定,广州府、潮州府、高州府、肇庆府、嘉应州的人口密度显著高于全省均值,粤北山区与海南岛人口密度低下;第二,近代广东省沿海、沿江地区,以及人口密度基数低的区域的人口增长率高,人口增长率高于全省均值的府州依次为:潮州府、廉州府、琼州府、惠州府、雷州府、肇庆府、佛冈州、连山厅、南雄州、罗定州,以上各府州在省内人口占比略有上升,相反地,广州府、嘉应州出现 1.56%—3.56% 的下降,但整体上并没有显著改变区域人口分布格局。

表 3-5 近代前后广东省分府人口

府州厅	1820 年人口(万)	%	密度	1953 年人口(万)	%	密度	增长率
广州府	587.9	27.47	311.1	824.3	23.91	436.1	40.18
潮州府	266.1	12.43	184.8	519.6	15.07	360.8	95.24
高州府	235.1	10.98	150.7	346.7	10.06	222.2	47.45
肇庆府	202.2	9.45	108.7	353.4	10.25	190.0	74.79
嘉应州	133.3	6.23	148.1	160.9	4.67	178.8	20.73
雷州府	68.2	3.19	87.4	121.5	3.52	155.8	78.26
罗定州	57.1	2.67	82.8	92.7	2.69	134.3	62.20
廉州府	103.4	4.83	63.8	200.7	5.82	123.9	94.20
惠州府	183	8.55	61.0	341.5	9.91	113.8	86.56
南雄州	20.5	0.96	62.1	33.4	0.97	101.2	62.96
连 州	30.2	1.41	50.3	47.7	1.38	79.5	58.05
琼州府	138.3	6.46	40.1	267.5	7.75	77.4	93.02
韶州府	102.8	4.8	64.7	116.5	3.38	73.3	13.29
佛冈厅	6.5	0.3	19.7	11	0.32	33.3	69.04
连山厅	5.9	0.28	11.6	9.9	0.29	19.4	67.24
合 计	2 140.5	100	104.2	3 447	100	167.7	60.94

资料来源:根据曹树基的修正数据(《中国人口史》,第 5 卷,清时期,复旦大学出版社,2001 年,第 208 页),并据分县面积重新计算。

[①] 梁仁彩:《广东经济地理》,科学出版社,1956 年,第 15 页。

就各(市)县的人口密度而言,如表3-6所示,差异显著,大致可以分为四个队列,第一队列为201—6 400人/km²,第二队列为100—200人/km²;第三队列为61—100人/km²;第四队列为18—60人/km²,第一第二队列基本为港埠所在地区,或者是港埠周边、沿江沿海、重要交通路线上的县域,第三第四队列大体为远离港埠、资源贫乏或交通不便的县域。

表3-6 广东省分县(市)人口密度(人/km²)表(1934年)

地名	密度	地名	密度	地名	密度	地名	密度
广州	6 317.87	化县	188.14	连县	100.59	曲江	59.49
澄海	1 260.02	廉江	185.78	龙川	99.59	儋县	58.48
顺德	989.23	吴川	181.25	蕉岭	97.26	开建	58.25
潮阳	814.46	陆丰	181.05	云浮	96.48	阳山	57.18
南海	770.11	电白	178.73	惠阳	94.52	紫金	55.33
潮安	589.19	高要	173.82	佛冈	89.44	翁源	52.41
揭阳	518.42	四会	170.68	遂溪	85.85	英德	51.95
普宁	509.28	增城	167.90	琼东	84.55	龙门	50.65
番禺	383.82	梅县	152.70	临高	83.96	乐昌	49.74
开平	366.85	饶平	149.98	钦县	83.51	始兴	47.50
新会	366.84	文昌	140.66	南雄	80.64	万宁	47.06
东莞	324.18	信宜	132.79	德庆	78.59	防城	43.99
中山	317.58	宝安	132.15	赤溪	78.15	安定	42.45
台山	290.13	广宁	129.15	阳春	76.67	连平	42.08
兴宁	275.25	清远	128.92	从化	76.26	乐会	41.55
南澳	272.64	灵山	125.93	合浦	76.14	乳源	39.04
新兴	256.37	琼山	123.98	澄迈	75.87	新丰	36.97
三水	245.99	恩平	123.79	封川	75.49	仁化	26.37
花县	244.86	五华	118.49	和平	72.8	连山	25.58
罗定	221.04	海康	118.12	徐闻	72.78	昌江	25.25
鹤山	217.25	阳江	115.73	丰顺	70.11	崖县	19.06
惠来	209.18	郁南	106.28	平远	69.88	临水	18.34
茂名	203.34	高明	105.21	博罗	63.99	乐东	17.71
海丰	194.96	大埔	104.61	河源	62.83		

资料来源:广东省统计处:《广东省统计资料汇编》,1945年10月。

以人口密度最高的广州为例,1910年城区人口51.24万人,1932年104.26万[1],1947年132.70万,呈现持续稳定增长。1909年统计显示广州城住户为96 614户,店铺27 524家,商业家庭占比22.17%[2]。1935年调查显示广州市各区人口的职业

---

[1] 广州省立中山图书馆编:《老广州》,岭南美术出版社,2009年,第278页。
[2] 《广东省垣人户最近之调查》,《广东省谘议局编查录》(下),政治丛述之部,1910年,第103—104页。

构成中,工业从业人员占比为 28.44%、商业为 12.29%[①],工商业人口占比为 40.73%。沿海其他市镇的人口集聚与工商业人口比例,逐渐下降,直至内地偏僻山陵逐渐衰减。

(二)广西省人口分布

清初,桂东北地区的人口密度仍大于桂东南地区,从嘉庆年间开始,广西省东北和东南地区的人口才渐趋一致,及至近代人口的重心更偏移至东南地区。历史上广西的人口密度是自北向南递减,嘉庆年间发生变化,就人口密度(人/km²)而言,郁林直隶州为 51.76,梧州府 51.26,桂林府 48.89,柳州府 45.14,南宁府 44.31,浔州府 43.25,平乐府 38.57 等[②]。参见表 3-7,及至嘉庆末 1820 年,桂省东南部的郁林府、梧州府、浔州府人口密度显著上升,其他各府相对停滞。

表 3-7 近代广西省分府人口

府 州	1820 年人口数(万)	密度	%	1953 年人口数(万)	%	密度
郁林州	88.4	81.5	9.35	183.4	10.09	169.1
梧州府	87.9	66.0	9.29	182.3	10.03	136.9
南宁府	97.1	64.3	10.27	183	10.07	121.2
浔州府	83.8	56.6	8.86	173.7	9.55	117.3
柳州府	93.9	44.2	9.93	206.2	11.34	97.0
桂林府	104.1	49.8	11.01	178.5	9.82	85.3
平乐府	85.8	38.6	9.07	163.3	8.98	73.4
思恩府	109.8	36.4	11.61	197.7	10.88	65.5
太平府	50.5	38.1	5.34	82.1	4.52	61.9
庆远府	77.4	35.7	8.18	132	7.26	60.8
镇安府	34.4	24.5	3.64	63.2	3.48	45.0
泗城府	32.7	15.4	3.46	72.5	3.99	34.2
合 计	945.8	43.2	100	1 817.9	100	83.0

资料来源:根据曹树基的修正数据(《中国人口史》,第 5 卷,清时期,复旦大学出版社,2001 年,第 209—210 页),并据分县面积重新计算。

据表 3-7 所示 1820—1953 年间的数据,广西省人口密度高于均值的府州为郁林州、梧州府、南宁府、浔州府、柳州府、桂林府,在 1820—1953 年间整体趋势并没有发生逆转性的变化或位移,只是清季以来的人口东南移动趋势强化而已。但是,就人口增长及其在全省的占比而言,东南部的柳州府、梧州府、郁林州、浔州府

---

① 《广州年鉴》卷三,土地,卷四,人口,1935 年,第 263—265、5、12—13 页。
② 李炳东、弋德华:《广西农业经济史稿》,广西民族出版社,1985 年,第 187 页。

继续增长,桂林府、平乐府等则出现下降。就人口密度而言,东南部、中部的郁林、柳州、梧州、浔州四府州增长接近100%,西北部泗城、镇安、庆远等府增长率也相近。

这是因为广西省中部与西北部自然条件较差,但"其间平野沃壤,丰草茂林、地下蕴藏,所在多有,农林畜牧,工矿诸业,可资开发之处正多,仅过去或以交通不便,或受政治紊乱之影响,致地不能尽其利,民不能安其居,故人口密度,远不逮东南各县。迩来公路渐开,交通日便,社会秩序安定,外来移民渐集。……至西部各县,则僻处边陲,土地远较其他部分为贫瘠,交通发展又较为迟缓,其人口之增加,当系纯由自然之增值。"①

1939年广西全省人口1 493万,平均密度63人/km²②,其中以桂林的人口密度最高:537人/km²。就各(市)县的人口密度而言,如表3-8所示,除了桂林外,大致可以分为四个队列,第一队列为100—200人/km²共18个县;第二队列为61—99人/km²共26个县;第三队列为46—60人/km²共28个县;第四队列为12—45人/km²共27个县。广西省的人口分布,以浔江流域最密集,湘江、抚河、柳江、左江各流域其次,柳江上游及红水河流域次之,右江流域最稀疏。简而言之,广西省人口以东南为最密集,东北部、中东部、东部、南部次之,西部及西北地广人稀。

表3-8 广西省分县人口密度(人/km²)(1939年)

地名	密度	等级	地名	密度	等级	地名	密度	等级	地名	密度	等级	地名	密度	等级
桂林	537	0	玉林	197	1	怀集	94	1	来宾	59	4	百寿	45	4
			岑溪	160	3	平乐	92	3	崇善	59	4	思恩	45	4
			陆川	155	2	柳江	92	1	左县	59	5	隆山	45	4
			容县	141	2	邕宁	92	1	榴江	58	5	上金	44	5
			苍梧	134	1	向都	92	4	宜山	58	1	罗城	42	3
			平南	132	1	荔浦	91	3	恭城	56	4	养利	42	5
			北流	132	1	阳朔	90	4	永福	56	5	雷平	39	4
			兴业	125	4	靖西	89	2	武鸣	56	2	田东	39	3
			横县	122	2	天保	86	4	凭祥	56	5	镇边	38	4
			博白	119	1	贵县	83	1	中渡	55	5	昭平	37	3
			全县	116	1	东兰	81	4	那马	55	5	白色	35	2
			钟山	116	3	田阳	79	3	灌阳	54	4	平治	34	4
			临桂	113	1	灵川	78	3	资源	53	4	南丹	33	4

---

① 张先辰:《广西经济地理》,桂林文化供应社,1941年,第16—17页。
② 张先辰:《广西经济地理》,桂林文化供应社,1941年,第21—28页。

续　表

地名	密度	等级	地名	密度	等级	地名	密度	等级	地名	密度	等级
藤县	113	1	武宣	76	4	天河	53	4	信都	29	4
宾阳	108	2	镇结	74	4	兴安	52	3	宜北	29	5
桂平	105	1	上林	70	3	绥渌	52	5	凤山	29	4
万承	104	5	龙茗	70	4	敬德	52	5	河池	28	4
永淳	100	3	象县	69	3	修仁	50	4	龙胜	24	4
			明江	68	5	蒙山	50	4	都安	24	2
			隆安	68	4	忻城	49	4	凌云	19	4
			贺县	67	2	雒容	49	5	天峨	18	5
			义宁	66	5	三江	49	3	乐业	16	
			扶南	65	4	宁明	49	5	田西	16	4
			柳城	64	4	果德	48	5	西隆	14	
			富川	62	4	迁江	47	4	万冈	13	3
			龙津	62	2	同正	47	5	思乐	12	
						容县	46	3	西林	12	4
						上思	46	4			

资料来源：广西省建设厅统计室：《广西经济手册》，1947 年 4 月，其中"等级"按照冲、繁、疲、难等综合标准而定。

据统计，1934 年广西省各大城市人口依次为：南宁 85 692 人，梧州 81 899 人，桂林 76 185 人，柳州 38 306 人[1]，近代广西省城市人口与密度明显低于同期的广东省，城市人口的空间差异也不明显。

（三）港澳人口

1841—1842 年时香港是人口约 5 600 人的渔村，居住条件并不好，卫生状态不良，作奸犯科、盗杀事件频繁出现，且灾疫盛行。随着通商贸易的展开，从澳门密运南美秘鲁等地的移民，多以香港为根据地，于是，香港的航运业逐渐发展起来。1847 年人口增加到 23 872 人，其中中国人 22 000 多，外人 1 400 多，华人占比约 92％[2]。1850 年代后期，由于英舰环绕香港巡视，打击海盗保障海道畅通，香港逐渐成为一个安全的居住场所。太平天国战争期间（1851—1864 年），由于商民避难香港日多。"惟江浙多故，衣冠之避难至粤者，附海舶来，必取道于此，更以海口大成，不设关卡，无征索捐税之烦，商舶行贾乃多乐出其境。"1858 年香港人口增长到

---

[1] 广西省统计局：《广西统计数字提要》，1935 年 8 月。
[2]《一百年前的香港：一八四七年的香港概况》，《生活在香港》1947 年第 1 期，第 5 页。

75 503 人,1862 年快速增长为 132 511 人①。

根据 1860 年的《北京条约》,港英租借了九龙半岛的一部分,同时,香港的各项管理制度逐渐建立,包括教育与公共服务事业,于是"人口增加,而船舶之出入,亦因之而日多,故商业上尤有活动之气象,此外,资本家或投资创设工业会社,或投资创设矿业会社,或投资以从事海峡殖民地、法领东京婆罗洲澳洲之开拓者,皆以此地为中心"②。1861 年设造币厂③。1872 年苏伊士运河通航,香港商务渐有起色。

1901 年香港人口增长到 283 905 人,1907 年为 319 803 人(其中华人 307 380,占 96％)④。由于香港的安全可靠,辛亥革命后自广东逃亡香港约 10 万人,"民国定鼎而后,一般富商政客,胥视此间为安乐土,咸购地建屋而居焉。闻广州起义时避难来港者踵相接,架棚席地而居者有之,露宿于沿岸者枕相藉。英帝国有望于此,极尽开辟之能事,不惜钻山填海,以应时代之需求。不数年,人口激增至百万以上。与香港对峙之九龙半岛,亦日见繁荣"⑤。根据科特金对全球城市史的总结,神圣、安全、繁忙是城市形成并繁荣的三要素之一⑥,近代时期的香港无疑是繁忙且相对安全的经济都市。

根据 1920 年的调查,港岛市区华人 32.10 万、外人 1.36 万,市郊 1.65 万,九龙 8.65 万,新界地、水生居民 16.13 万,一共 59.83 万人⑦。1931 年增长到 85.39 万人⑧。1931 年香港从事服务营利事业 55.4％(470 794 人),从事制造业 13.08％(111 156 人),从事金融业 9.3％(79 026 人),从事运输业 8.39％(71 264 人),从事农业渔业 7.58％(64 420 人),其他 14.94％(126 928 人)⑨。

1937 年后,由于国内"频年战乱,其稍富有者,多迁居于港,且以九龙地方,政府方努力开发,远离市尘,空气清洁,故新建住宅独多……今年生活程度提高,地价高涨,新屋林立"⑩。"在九龙遥望香港,灯火照耀得犹如天上的点点繁星"⑪。香港(包括九龙)市区面积约为广州的一半,1945 年战后香港人口约 60 万,1947 年恢复到约 100 万—150 万⑫。1948 年全港人口约 180 万人,外籍 1.2 万人(0.67％),其余均为华人⑬。"香港的广东人洋派十足,尤其是上等人,……街上所卖的化妆品衣

---

① 麦思源:《六十年来之香港》,《循环日报六十周年纪念特刊》1932 年纪念特刊,第 41—63 页。
② 《内外时报:香港之地理及历史》,《东方杂志》1918 年第 15 卷第 11 期,第 181—190 页。
③ 麦思源:《六十年来之香港》,《循环日报六十周年纪念特刊》1932 年纪念特刊,第 41—63 页。
④ 《杂录:香港人口总数》,《商务官报》1907 年第 16 期。
⑤ 龙:《谈谈香港》,《海王》1933 年第 5 卷第 35 期,第 292 页。
⑥ (美)乔尔·科特金:《全球城市史》,社会科学文献出版,2006 年。
⑦ 调查股:《香港志略》,《国立武昌商科大学商学研究季刊》1925 年第 1 卷第 1 期,第 1—17 页。
⑧ 麦思源:《六十年来之香港》,《循环日报六十周年纪念特刊》1932 年纪念特刊,第 41—63 页。
⑨ 泗滨:《边疆研究:香港之自由港制度的检讨(待续)》,《边事研究》1936 年第 3 卷第 5 期,第 72—78 页。
⑩ 麦思源:《六十年来之香港》,《循环日报六十周年纪念特刊》1932 年纪念特刊,第 41—63 页。
⑪ 《从香港到海防(旅途杂记):香港美丽的夜景》,《儿童世界(上海 1922)》1938 年第 41 卷第 2 期,第 29 页。
⑫ 李彭年:《香港之贸易与金融》,《经济论述》1947 年第 12 期,第 1—6 页。
⑬ 慎之:《香港鸟瞰》,《新时代》1948 年第 1 卷第 4 期,第 13—14、9 页;易宜康:《广州与香港》,《旅行天地》1949 年第 1 卷第 3 期,第 42—43 页。

料糖果香烟等,99%是外国货,中国货也是绝无仅有。"香港只有两种语言：英语与广东话①,及至二战及战后,上海话、国语开始使用。"分别不到两个月,又重来香港,香港的景色虽然变了模样。香港已代替着上海了,……无论在什么地方,只要你稍微留心一下前后左右的人,你就可以发现或多或少的男女在说着怪熟悉的上海话。"②

如上所述,虽然各期的数据并非全部精确,除了短暂波动外,得益于大量华人的移入,以及城市安全与经济的发展,近代香港人口增长迅速,且其中从事商业、服务业、制造业等人口占比为 86.17%。

1930 年代初,澳门人口 8 万有余,其中 3 000 葡人,其他外人 100 有余,其余均为华人③。"澳门平时居民约八万人,但是每逢礼拜六或礼拜日,就会增加到十二万,这三分之一的激增,是渊源于香港、广州和广东内地如中山县等"④。

(四) 区内外人口流动

近代华南地区的人口流动主要包括两种类型：第一是区域内部或城乡之间的人口流动；第二是向域外的移民。

1. 域内小流量的人口流动,主要是城乡之间或内陆山地向外的移民

以城郊的人口流动为例。在调查番禺河南区域人口的迁移时,发现城市对乡村的影响,"城市对于村人之影响实大,而于社交及招待宾客方法等为尤甚。城市中之礼节每足转移村人之心甚强,盖村人每以为城市胜于乡村,欲跻乡村于城市之林,非摹仿城市不可也"⑤。调查认为番禺河南地区人口离村的原因如下："有如族中有人被族人驱逐,强迫其离村；或如有人不满意于村中生活,有目的迁至他处,大都去乡入城；或其人久在城中经商或任事,则其人虽与村中仍有关系,但自乐于城居矣。就通例观之,则无有迁至别一村区者,因侨寓者不能得新村他族之待遇也,故实际上全迁居于城中。""村中亦有许多人入城市谋工作,但房屋妻孥则悉在村中,每当节假,时返故居。固亦有迁居城中者,但终必迁回村中。故村中居民真正迁居他处者,百人中无一二也。"⑥

以内陆偏远地区人口流动为例,在调查粤北连县时发现,"本省农村人口密度虽高,但相对的农村劳动力是极端贫乏,此种现象,在北、东北、西北等地区,更为显著,因抗战前频年来农村经济破产,农民大批向外洋或都市找寻生活,而依赖蚕、渔、盐以及其他事业为生者亦不少,故本省农户百分率,较他省为低。据调查统计

---

① 顾仲彝:《香港杂感》,《论语》1948 年第 149 期,第 18 页。
② 芳踪:《香港：大上海的化身》,《青年之友(上海 1938)》1938 年第 1 卷第 5 期,第 2 页。
③ 振伟:《澳门概况》,《省商》1931 年第 7 期,第 69—70 页。
④ 锡斌:《香港和澳门辉映下的广东(广州通信)》,《华年》1933 年第 2 卷第 20 期,第 12—13 页。
⑤ 冯锐:《广东番禺县茭塘司河南岛五十七村普通社会经济调查报告》,民国时期社会调查丛编,第 2 编,乡村社会卷,福建教育出版社,2009 年。
⑥ 冯锐:《广东番禺县茭塘司河南岛五十七村普通社会经济调查报告》,民国时期社会调查丛编,第 2 编,乡村社会卷,福建教育出版社,2009 年。

全省农户,仅占全省人口百分之七十弱,而此两千余万农民中,农妇与农童又占百分之六十强"①。

据表3-9连县地政科的统计,该县农业人口占比85.7%,工商业占比为8.8%。

表3-9a 连县农民与各职业人口比较

业别	农	工	商	军政	自由职业	总计
人口	178 289	9 356	8 667	6 765	4 551	208 628
%	85.7	4.5	4.3	3.3	2.2	100

资料来源:《广东经济年鉴》,1941年,第A15页。

表3-9b 连县十九个代表村农民离村就业情况

类别	兵役	佃农	工	商	失业或难民	其他	总数
人数	194	109	67	85	3	43	501
%	38.7	21.7	13.4	16.9	0.6	8.6	100

资料来源:《广东经济年鉴》,1941年,第A17页。

连县19个代表村统计表明,1937年1 443人中,离村187人,占12.9%;1940年1 256人中,离村501人,占39.8%。离村后,主要服务于兵役、佃农、商业、工业。

向大城市的移民,如前所述香港、广州、澳门等地的人口流动。

2. 域内大流量的人口流动,主要表现为向桂省的移民

外来移民进入广西省的两个通道分别是:第一,自中原及湘赣而来,大多溯湘江以入桂林,再由桂林下抚河或中部各县;第二,来自广东的移民则溯西江而上,沿着各支流散布于各县。东南部与东北部一带正好在外地移民入桂的通道上,交通便利。西部与西北部一带,距离较远且山岭阻隔,河浅流急,交通困难,移民不易②。

清代,桂北尤其是桂林以北地区的移民主要来自湖南、江西,桂东南地区移民主要来自广东、福建,而黔江流域则以广东籍(主要为商业移民)和湖南籍移民(主要为手工业者和农民)为主,进入民国以后,来自省内尤其是桂东南地区的移民成为黔江流域移民的主体③。原平乐府修仁县,"清代迁来者有许、蔡、蒙石、孙等一百三十二姓,……来自广东各县者,有姓六十,中以恩平、南海为多;来自湖南各县者,有姓三十九,中以永州、衡州为多"④。原平乐府贺县"东省潮嘉诏庶,挈妻抱子,寄托我疆,布满原野,田我田,宅我宅"⑤。原梧州府"藤县县境东近苍梧,西近邕柳,大

---

① 广东经济年鉴编撰委员会:《广东经济年鉴》,1941年,第A14页。
② 张先辰:《广西经济地理讲义》,桂林文化供应社,1941年,第16—17页。
③ 熊春云:《清至民国时期黔江流域的人口迁移与社会变迁》,广西师范大学硕士学位论文,2004年,第13页。
④ 蒙启鹏:《广西通志稿》卷十一,民国三十八年。
⑤ 全文炳修:《贺县志》卷七,光绪十六年。

江中亘,交通便利,无如土著商,故商业为粤东人操之,其人以广东顺德、罗定为多。"①"狭人浔属皆有之,惟贵县尤多,始有广东、福建、江西迁来者,故曰来,以其惯呼……其风俗与居民无异,男女俱勤,农事不惮辛劳,故春耕秋获较他田信利,有田者咸愿佃与耕种,其庐止跨居田中,旁无邻舍。"②广西大河(郁江)一带通用粤语,柳江桂江一带通用官话,主要分别为广东、湘鄂移民③。

"据咸丰元年(1851年)严正基的记载,广西省原有土著居民约十分之三、四。柳州府、庆安府、桂林府、平乐府湖南人移入最多,广东人次之,福建人较少;梧州府、浔州府、南宁府、镇安府、郁林府,广东人最多,也有福建人。在雍正、乾隆年间,从嘉应州(广东梅县地区)移入浔州、郁林一带的客家人,至道光年间,成为太平天国革命的主力。"④

及至1850年代,广西壮族为主的土著人民只占总人口的30%—40%,外省客民,尤其是广东人占大多数⑤。1930年代的调查发现,广西人中62.77%的居民操白话,19.15%的居民操客家话,两项相合为81.92%,"一般而论,白话、客话、平话区域,可以说是广东人的势力范围"⑥,剔除其中可能存在的双语、当地娶妻等成分,从明清至民国时期,陆续迁入、繁衍的广东人及后裔当占广西总人口的半数以上。金秀瑶族自治县桐木镇的汉族人,大多是清至民国时期外省移民的后裔,例如广东福建商人、江西湖南手工业者移民的后裔⑦。如果以宣统二年(1909年)广西人口调查所得的896.76万人的50%计,广东移民至少有448.38万人⑧,"穿越广西,抵居流域上游的滇黔,如昆明和贵阳,广东人聚居营生众多,都形成了热闹和长直的'广东街'"⑨。

在象州县,"(民国时)由广东、湖南及本省浔、梧、郁各地移入象境者,则近数十年来日见增多,其由广东来者,大都经营商业,而由湖南来者,多数肩挑小贩,余皆劳工之辈,因来象寻觅工作,感觉此地易于谋生,遂并家小迁来,留而弗去"⑩。象县"本县农民向无远计,对于沟池蓄水,甚鲜讲求。近年下游客民,来象渐众,昔属旱地苦土,满目蓬蒿,今已渐变水田"⑪。"柳(州)、庆(远)、桂(林)、平(乐)四郡,楚南贸易垦荒者多。粤东间有民人,亦略相等,闽省差少。梧(州)、浔(州)、镇(安)、郁(林)等府州,半与东境毗邻,垦荒贸易占籍者多系东人,闽人间亦有之。"⑫广东移民

---

① 彭泽益:《中国工商行会史料集》(下册),中华书局,1995年,第964—967页。
② 夏敬颐、褚兴周纂修:《浔州府志》卷五十四,纪人,民俗,光绪二十三年。
③ 沈永椿:《广西指南》,商务印书馆,第4页。
④ 田方、陈一筠主编:《中国移民史略》,北京知识出版社,1986年,第116页。
⑤ 梁碧兰:《太平天国时期广西的土客团练》,《太平天国学刊》第4辑,中华书局,1987年,第417,419页。
⑥ 薛暮桥:《广西农村经济概况调查》,1934年,第93页。
⑦ 编纂小组:《广西金秀瑶族自治县桐木镇志》,1988年,第75页。
⑧ 黄滨:《明清时期广西的"无东不成市"的布局研究》,《广西社会科学》1992年第3期;《近代广东商人与广西城镇经济的发育》,《桂海论丛》1992年第3期。
⑨ 梁钊、陈甲优主编:《珠江流域经济社会发展概论》,广东人民出版社,1997年,第163页。
⑩ 苏瀚涛纂:《象县志》,第2编,人口,1938年。
⑪ 吴克宽、梁方津修,刘策群纂:《象县志》,地理,1948年。
⑫ 严正基:《论粤西贼情兵事始末》,载葛士浚辑《皇朝经世文续编》卷九四,上海书局,光绪廿四年。

数量如此巨大,致使广西省人口稠密地区从过去的桂北逐渐转到最靠近广东省的桂南和桂东南。

3. 近代华南地区更大规模的人口流动,是持续不断地向海外的移民

由于澳洲、美国西部金矿的发现,以及列强对中南美洲、南洋群岛的开发,需要大量的劳动力,同时,广东沿海各县,因无工可做,"相率卖身当猪仔,到南洋去当苦工者每年约以千万计"①。

根据英国官方公布的数字,在广州及附近的出国华工,1849 年 900 人,1850 年 3 118 人,1852 年上半年 15 000 人②。汕头 1855 年出国华工 6 388 人,1858 年 40 000 多人。1856—1873 年(缺 1861、1866 年)澳门出国华工 181 563 人,年均 11 347 人。1855—1872 年香港年均出国华工 12 872 人。

1850 年代,仅从广州、汕头、香港、澳门出国的华工,每年就有 50 000 人左右。1876—1898 年,琼州(今海口)前往东南亚的华人有 344 698 人,其中大部分为华工③。"仅马来半岛一地,每年出入口岸数对比,新增加的华侨人数约有 10 万人。1926 年竟超过 20 万人。1912 年由汕头至泰国的华侨有 14.3 万多人,1911—1914 年由海南岛海口移至新加坡的华侨有 8.9 万人。从 1925—1926 年,两年内我国移入荷属东印度群岛的华侨有五六万人左右。他们大部分是广东的客家人。"④1929 年后,由于南洋经济衰落及一些国家实行排外政策等原因,流往东南亚一带的华侨开始减少,但并没有中断。民国时期海外粤侨的分布可参见表 3-10,据统计,1950 年代的华侨总人数约为 1 200 万人,而广东就占了其中的 68%。

广东的迁出人口遍布全省,尤其以以下三个地方为多:韩江流域的潮汕平原和兴梅地区;珠江三角洲,主要包括台山、中山、新会、开平、恩平、宝安等地;海南岛东部,包括文昌、琼海、万宁等地。

表 3-10 民国时粤侨的海外分布

地 域	人 数	%	地 域	人 数	%
印度支那	2 585 177	47.65	荷属东印度	554 692	10.22
泰国	2 200 000	40.55	婆罗洲	82 000	1.51
越南	305 177	5.62	菲律宾群岛	22 100	0.41
缅甸	70 000	1.29	香港	742 500	13.68
印度	12 000	0.22	澳门	137 700	2.54
南洋群岛	1 684 428	31.04	日本	8 000	0.15
英属马来亚	1 025 636	18.90	北美	142 052	2.62

① 郑甫弘、熊蔚霞:《海外移民与近代闽粤侨乡社会观念的变迁》,《八桂侨史》1995 年第 2 期。
② 《中国近代史》编写组:《中国近代史》,中华书局,1983 年,第 33 页。
③ 蒋祖缘、方志钦主编:《简明广东史》,广东人民出版社,1995 年,第 487 页。
④ 朱云成主编:《中国人口·广东分册》,中国财政经济出版社,1988 年,第 61 页。

续 表

地 域	人 数	%	地 域	人 数	%
中美各国	9 400	0.17	大洋洲	52 533	0.97
西印度群岛	36 000	0.66	南非洲	12 057	0.22
南美洲	15 950	0.29	合计	5 425 797	100.00

备注：除了缅甸、婆罗洲数据分别系 1931 年缅甸户口调查数据、1930 与 1934 年英属政府调查数据外，其余均为 1934 年侨委会估计或修正数。资料来源：《广东年鉴》1941 年，第 4 册第 1 编第 4 章"人口"，第 104—105 页。

海南岛乐昌县北山村，"农民于耕种外，复执手工等业，或远离乡井出洋做工，以维持生活。"[①]迫于人口的增长，"不得不离开乡土，乘风破浪的冒险到南洋、安南、暹罗去谋生活，加以近年琼崖地方未宁，产业日陷于不振，经济局促，琼人营生维艰，故经营于海外者愈众。如琼山、文昌、琼东、乐会、安定五县男子，大半数出洋"[②]。据太平洋国际学会 1934 年在潮汕澄海县侨乡樟林埠，对 500 名移民进行的社会调查[③]，显示移民前职业结构为：工人（手工业）20.2％、店员 21.2％、农民 12.4％、经商小贩 18.2％、失业 11.8％、读书 14.4％、教师医生 1.8％，大多为工商业者。

截至 1945 年，广东华侨约 700 万人（占海外华侨总数的 63.7％），占全省人口的 17％，遍布 54 个县市，主要侨乡为东部的梅县、潮汕，中部的四邑（开平、新会、台山、恩平）与中山县，海南岛的文昌、乐会、琼东等县，其中梅县、台山等县侨眷约占各该县人口的 1/3 以上[④]。

简评：城镇转向与人口流变

当历史进入近代时期，由于开埠通商与被全球化，中国从固定于土地上的农业文明，逐渐转向流动、集聚的工商业文明，近代式城市即发轫于此。正如芒福德（Lewis Mumford）所言，城市是人类创新的舞台，城市让文明可持续并得以新陈代谢，对于城市演进史的探索，无非为了寻求"更美好地生活"的来源与趋向。在韦伯（Max Weber）的视野里，"城市"有很多不同的定义，如果从纯经济的角度来看，城市就是一个其居民主要是依赖商业及手工业（工业）而非农业为生的聚落，并且，在聚落内经常性地存在交易活动，该交易是居民生计不可或缺的成分，地方居民的日常消费品来自于市场，并为进入市场销售而生产产品。故而韦伯认为城市本质上是一个"市场聚落"。他同时认为，"与西方中古及古代形成强烈对比的是，在东方

---

① 林缵春：《琼崖考察记》，《琼崖农村》，1935 年，第 46 页。
② 陈献荣：《琼崖》，商务印书馆，1934 年，第 21 页。
③ 陈国梁、卢明编：《樟林社会概况调查》，《国立中山大学社会研究丛书》，1936 年，第 20 页。
④ 广东省地方志编撰委员会：《广东省志》，华侨志，广东人民出版社，1996 年，第 57 页。梁仁彩：《广东经济地理》，科学出版社，1956 年，第 17 页。

我们从未发现城市——即以工商业为主,且相对而言较大的聚落——的居民对当地行政事务的自主性及参与的程度,会超过乡村"[1]。从这一定义出发,中国古代的"城"与"市"并不具有"城市"的内涵,近代以来中国的城市基本源于外生或改造,具有多方面的差异(表3-11)。

表3-11 近代城市形成前后的区别

	前近代农业社会	近代工商业城市社会
个人行为	扮演多元角色	具有专业化、工具化作用
社会群体	家庭之上的家族联盟、种族凝聚	家族分化,更多专业特征的社会体
经济特征	基础设施不足,地方交易,以手工业为主,专业化程度低	大区域或国家范围交易,相互依存度高,工厂生产,资本投资,规模经济
政治倾向	权威、习俗、传统	民选、自治、大众参与
空间表现	地方范围内关系,近域特征	跨地域、要素分工,相互依赖的系统

根据城市史的经典文献,可以梳理近代意义上城市形成前后的变化,也许,正如涂尔干(Emile Durkheim)所言,日益分化的劳动分工是一个不可改变的历史生物过程,它使得人类文明从片段走向有组织。中国近代城市形成的标志不应该是这些事实:新城区出现、拆城修路、新市政机构的设立、功能分区的出现、人口数量或非农税收占比的改变。从文明的演进史来看,前近代农民在温饱之余基本没有多少剩余,对工业产品的需求极小,近代式的资本主义企业化大生产无法出现。在近代中国,产业微笑曲线价值链的低端是家庭商品化农业与手工业,两边分别为现代工业、现代商业交通运输业金融保险信息服务业,近代城市自然首先出现在曲线的上端,并蔚为潮流。工商业经济基础上的生产性人口集聚,成为近代城市形成必不可少的要件之一。此外,由于近代以来的经济全球化,城市与腹地的区域分工,以及彼此之间形成的网络结构,从而使得中心城市具有集聚与自我发展力,尤其是在晚清自治运动、政治控制力减弱之际。如此看来,近代中国城市形成的标志应该是——以传统的小型农村为中心转变为以大型都市为中心的社会再生产方式以及相应组织形式的形成。

伴随着近代工商业经济的发展,以及近代城市的演进,区域性的人口分布出现了显著的变化,人口增长与密度的差异更为显著,人口的集聚与流动效应强化。上文所述及的近代城市的形成,大型城市及其与市镇、墟市之间的互动关系,以及区域内部人口的分布及其流动,都不约而同地指向现代城市形成的标志性特征,以及围绕现代城市的形成,区域资源配置上所发生的各种变化。这正是近代中国有别

---

[1] (德)韦伯:《经济与社会》,第2部,广西师范大学出版社,2004年,第198—200、218页。

于传统时代最为显著的特征,当我们讨论近代中国的转型时,从城市与人口的角度而言,已经出现了诸多显著的变化,并且,这些变化具有一定的普适意义。

第二节 次区域经济地理

商品、人口等要素总是在一定的空间范围内流动,如何界定这一空间范围呢?首先,这得需要充分地理解不同空间的差异,如果不同的空间不仅仅是范围大小的差别,而是由于自身属性的差异,具有不同的特质,在一定的程度并没有互相融合,那么就有必要进行区域划分。在考察近代早期华南地区的次区域时,从经济联系的角度,在联系强度不高的同时,也没有形成明显区内分割,民国时期地方经济的联系更为密切,但同时也是地方空间分异的形成时期。

一、划分的准则

对一个区域而言,最先可见的是自然地理上的分异。华南地区以自然地理为脉络,介于山海之间,地理环境的特点是襟山带海。五岭雄峙其北,南海环绕其南,阴那山、莲花山、罗浮山、十万大山、六万大山虎踞东西。境内的珠江为向心状、半封闭的水系,这样的山河态势。根据地貌、水文、气候等条件,可将华南划分为三个不同类型区:① 河谷平原区:指西江、北江、东江及其支流河谷平原,例如北江的清远、英德平原,东江的阳村、惠阳平原,西江的郁江、南北流江平原等,这些河谷平原,地势平坦开阔,土地肥沃,水利条件好,台风、洪涝等灾害少。河谷平原交通比较便利,自古以来岭南通向中原的主要交通路线有三:湘桂走廊、大庾岭道、连江道,成为华南城镇最稠密的地区。② 山地丘陵区:华南山地丘陵面积较多,山地海拔大都在500—100米左右,高山深谷相间,难以开发利用,且山间河溪不宜航行,交通不便。③ 沿海台地、平原区:海拔大多在100米以下,坡度较小地势平缓,宜于农耕。

经济地理学与区域经济学中的"经济区",是指在一定的地理空间范围内,由一组经济活动相互关联、组合而形成的,专业化地域生产、市场交换统一的经济地域单元。一般认为,经济区是社会生产地域分工发展到资本主义阶段以后的表现形式。划分经济区常用的四项指标为:区域性、综合性、专业化、中心城市,其中,内在联系、中心城市、交通要道都是综合经济区划分的重要原则,基本的尺度就是商品、资金、资源、人才市场形成的网络,划分经济区是明晰区域内部商品与要素流动的一个路径。

就商业与经济而言,基本是以广州、香港、汕头、梧州等主要城市为中心,故而,两广商业分区大抵如下:"广州商区含有西江、北江、东江三流域,……,三水、江门、拱北等其附属而已。""汕头商业限于韩江流域,货物出多而入少,赖侨民汇款,以资挹注","厦门商区含有闽南与台湾、南洋,贸易甚盛。""北海商区含有广西之南部,海南岛以海口为唯一商港,因港湾不佳,故商业未盛,梧州以桂、黔、郁三江航行之便,凡三江流域商货之出入,咸聚于此,而转承广州、香港二埠之鼻息焉。南宁商区以郁江流域为主,系梧州之附区,龙州贸易以桂越国境贸易为主。"①

在界定与划分时,采用现代经济地理学中的一般认识,但是由于历史时期资料的限制,这里主要采用实证法(而非数学模拟法),以出口土货主要来源地和进口洋货主要销售地的数理分析为基础,结合可信的经验资料来确定腹地的界限②。

香港、澳门:香港成为珠江三角洲外向的窗口,广州邻近地区的洋货进口,相当部分不经过广州;澳门在脱离广州贸易体制之后,也迅速地在粤西南地区获得了稳定的腹地③。但是,作为珠江三角洲的顶水点,广州的陆相腹地依然广阔。

汕头:开埠后与广州的埠际贸易为数甚微④。在惠州和潮州沿海的边界区形成了一小片共同腹地,此时大约仍然以惠州、潮州府界为界。

北海:开埠以后与广东沿海、香港、南洋的贸易进一步拓展,因为北海的竞争,广州在桂东南、粤西南地区的过渡腹地降格为边缘腹地⑤。

琼州:1888年九龙开埠前后,随着港口航运的发展和腹地市场的开拓,贸易量和进出口船只数量才有显著的增长⑥,主要还在琼州、雷州两府。

珠江三角洲:根据1872年粤海关贸易报告中关区商业分析,结合其他相关的贸易统计与分析来确定广州、香港、澳门在珠江三角洲地区的腹地界限。上缘:三水县洋棉布从香港经陈村进口,提供给西北江各县。甘竹进口市布、铁,供应佛山和西北江各县。陈村进口鸦片,供应三水、西北江各县。佛山进口洋货或来自甘竹,或来自广州。花县在光绪初年,只有南部和广州较为密切⑦。东缘:石龙进口的棉花部分来自香港,部分来自广州,通过惠州府转运入东江各县。东莞县直接出口香港比经广州迂回转运有利,大部分地席、糖类经太平和石龙常关运出,走私物资大多通过香港运到虎门⑧。南缘:江门的洋货来自广州,土货来自西海岸的高州、雷州、廉州、琼州。新会的商品部分来自广州;香山的鸦片和其他洋货从陆路来自澳门;新会的葵扇和香山的米谷、丝绸对广州出口。侨乡恩平、开平主要根据税率、航运等优劣随机决定粤港澳某一处出口⑨。

龙州:法国与英国争夺西南势力范围,促成了龙州的开埠,但其腹地局限于桂西南数县⑩,贸易"仍然停留在原始的内陆墟场阶段……和开埠前没有多少区别"⑪。

---

① 洪懋熙:《最新中华形势一览图》,东方舆地学社,1936年,第6页。
② 均依据各地在进出口贸易中与港口中心联系的密切程度划分,大致精确到县。核心腹地是指在进出口贸易中对于本中心城市具有决定意义的区域;边缘腹地是指对进出口贸易影响很小的区域。
③ 1872、1874年粤海关贸易报告,《粤海关报告汇集》,第82页。
④ Canton Advertising & Commission Agency: *Canton: Its Port, Industries & Trade with Maps, Drawing & Illustration*, Compiled and Published by the Agency in 1932, p. 54.
⑤ 1882—1891年海关十年报告,《粤海关报告汇集》,第852页。
⑥ James Acheson: *Decennial Report, 1888-1892, Kingchow*,《中国旧海关史料》,第152册,第385页。
⑦ 史澄等:《广州府志》卷十五,舆地略,风俗,光绪五年。
⑧ 1876、1878年粤海关贸易报告,《粤海关报告汇集》,第162、139页。
⑨ 1874年粤海关贸易报告,《粤海关报告汇集》,第113—114页。
⑩ 侯孟光:《广西经济出路之探讨》,载《广西经济出路讨论集》,1934年。
⑪ H. B. Morse: *Lungchow Trade Reports for the Year 1897*,《中国旧海关史料》,第26册,第188页。

三水：1904年广三路修成后成为重要的物资转运中心[1]，过渡腹地一度扩大到西北江中游与粤西南[2]。但随着江门开埠，中转地位不断下降，核心腹地局限于西北江下游邻近数县。

梧州：西江中游的交通枢纽、桂省的门户。但是，梧州进口的洋货、出口的土货基本上来自或输至香港，琼州、北海与此类似[3]，反映出华南港口之间横向联系的微弱。

江门：处在粤港澳三港航道之间，江门的银号资本又较为丰富，所以逐渐成为"下四府货物总汇之区"[4]。同时，澳门港趋于淤塞，即便利用蒸汽机牵拉木船航行，也很难与轮船抗衡[5]。自此江门的腹地扩展到西江中下游、粤西南沿海地区。

南宁：1907年开埠，在开埠以前就已经是桂西南、云南、贵州和越南等地进出口货物的集散中心，开埠后取代桂林成为广西仅次于梧州的贸易中心。

图3-9为晚清岭南港口腹地的形态格局，主要表示出粤港澳等口岸核心腹地，以及其共同的边缘腹地的大略情形，显示出主要口岸核心腹地在珠三角地区的重叠，以及以海洋外向的空间取向。结合之前的分析，晚清开埠以来，透过港口与腹地的地域形态，以沿海沿江主要口岸为中心的次级经济区正在形成之中。

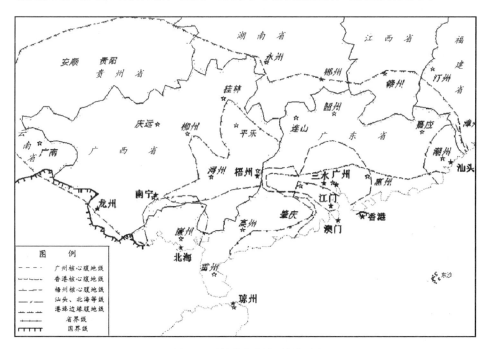

图3-9 晚清华南的港口腹地形态

---

[1] C. E. Tanat: *Samshui Decennial Report*，1902-1911，《中国旧海关史料》，第160册，第356页。
[2] J. E Chamen: *Samshui Trade Reports for the Year 1897*，《中国旧海关史料》，第26册，第24—25页。
[3] *The Return of Wuchow, Kingchow, Pakhoi for the Year 1897-1904*，《中国旧海关史料》。
[4] 1892年拱北口华洋贸易情形论略，《拱北海关贸易报告汇编》，第145页。
[5] 1902—1911年拱北关十年报告，《拱北海关贸易报告汇编》，第79页。

如果按照经济要素聚集形式划分经济区（带、块），华南地区大致可以分为四类：① 第一类：珠江三角洲地区、韩江三角洲地区；② 第二类：东南沿海区；③ 第三类：三江中游地带；④ 第四类：粤东北、桂西北、桂西南区。

1988年编著《广东省经济地理》时，将全省分为九个区：粤北区（北江）、粤中区（珠三角）、西江区、东江区、兴梅区（梅江）、粤东区（潮汕平原）、粤西区、海南区、南海诸岛屿区[①]。1989年编著《广西壮族自治区经济地理》时，基于自然资源、区域分工等原则，将广西划分为五个区：桂林区、柳州区、南宁区、梧州区、沿海区[②]。

按照以上所述经济区划分的准则与经验，结合文字描述与统计数据，探讨、划分区域内部的空间分异，精确到县一级。划分的基本步骤如下：① 根据城镇关系和各地的商业、金融与工业情形，确定各亚区域的中心城市；② 通过《通邮地方物产志》中各县市之间的源汇（Origin-Destination）数据，计算各县市之间物流的来源地与输出地，确定各县市出产货物及行销路线，确定各县市经济主要从属于哪一个城市与区域；③ 参考《工商半月刊》和部分县的实业调查，核实根据《中国通邮地方物产志》[③]计算的数据是否符合经验观察的事实。根据以上的数据统计与经验证实，进行分形聚类处理，可分为以下次一级区域（表3-12）：

表3-12 民国时期华南四个次经济带的地域结构

次 区	中心城市	所属各县（核心部分）	所属各县（边缘部分）
广东珠江流域	香港、广州	番禺、南海、顺德、香山、新会、东莞、增城、宝安、三水、花县、四会、高要、德庆、云浮、高明、鹤山、台山、新兴、开平、恩平	曲江、罗定、博罗、惠阳、龙门、从化、广宁、封川、郁南、清远；紫金、河源、龙川、和平、连平、新丰；佛冈、英德、翁源、始兴、南雄、仁化、乐昌、乳源、阳山、连县、连山、连南、开建
韩江流域	汕头	澄海、潮安、饶平、南澳、潮阳、揭阳、普宁	1. 惠来、陆丰、海丰、揭西；2. 梅县、平远、蕉岭、大埔、丰顺、五华、兴宁
钦廉、南路、海南岛地区	北海、海口	1. 梅菉；2. 合浦、钦县；3. 琼山、文昌、琼东、儋县、安定、澄迈、临高	1. 阳江、阳春、吴川、遂溪、海康、化县、徐闻、茂名、电白、信宜；2. 灵山、防城；3. 崖县、乐会、万宁、乐东、昌江、陵水、保亭、白沙、感恩

---

① 吴郁文：《广东省经济地理》，新华出版社，1988年。
② 谢之雄：《广西壮族自治区经济地理》，新华出版社，1989年。
③ 交通部政治局：《中国通邮地方物产志》，商务印书馆，1937年。

续 表

次 区	中心城市	所属各县(核心部分)	所属各县(边缘部分)
桂江流域	梧州、南宁、桂林、柳州	1. 玉林、陆川、岑溪;2. 桂林、容县、平南、全县、北流、苍梧、兴业、横县、宾阳、藤县、博白、钟山、桂平、邕宁;3. 柳江、永淳、怀集、万承、灵川、向都、阳朔、荔浦、平乐、靖西、天保、贵县、田阳、天保	1. 象县、义宁、武宣、明江、凭祥、龙津、隆安、左县、贺县、龙茗、柳城、镇结、富川、上林、永福、来宾、宜山、扶南、敬德、雒容、榴江、兴安、都安、恭城、灌阳、中渡、天河、忻城、武鸣、修仁、宁明;2. 蒙山、资源、思恩、那马、崇善、融县、雷平、绥渌、三江、隆山、百寿、迁江、上思、镇边、西隆、昭平、百色、养利、平治、河池、宜北;3. 龙胜、万岗、信都、凤山、思乐、凌云、田西、天峨、乐业、西林

1933年广西工商局成立,分三期完成全省度量衡划一。当时已经完成的包括邕宁、龙州、百色、苍梧、柳州、容县、贵县、岑溪、藤县、郁林、平南、北流、桂平、横县、永淳、隆安、兴业、奉议、思林、恩隆、果德、博白;第一期预计在1933年底前划一:苍梧、贵县、邕宁、藤县、平南、横县、桂平、永淳、柳州、象县、武宣、来宾、迁江、宾阳、上林、武鸣、百色、恩阳、奉议、恩隆、思林、果德、隆安、岑溪、容县、北流、郁林、兴业、陆川、博白、昭平、平乐、阳朔、桂林、灵川、兴安、全县、龙州、容县、柳城;第二期1935年4月底前划一:上金、崇善、扶南、绥渌、明江、宁明、凭祥、上思、思乐、洛县、榴江、修仁、蒙山、荔浦、钟山、贺县、富川、怀集、信都、宜山、河池、南丹;第三期1935年划一:同正、左县、雷平、养利、万承、龙茗、镇结、向都、靖西、天保、镇边、忻城、都安、隆山、那马、东兰、凤山、凌云、西林、西隆、中渡、永福、百寿、义宁、龙胜、三江、罗城、天河、宜北、思恩、恭城、灌阳[①]。

二、珠江流域经济圈

近代以降,伴随着国际贸易和海运交通的发展,沿海港口城市快速地成长,尤其是河口三角洲地区,往往成为现代经济生长的中心,拉动了流域经济的持续发展。珠江三角洲与珠江流域同样也不例外,以港口城市为指向的经济发展成为近代以来区域变革最显著的特征。绝大多数城市、工业、交通运输均集中在沿江、沿海一带,尤其是珠江三角洲地区,与内地差异非常明显。手工业主要集中地有顺德、南海的丝业,南海、石湾的陶瓷业,新会的葵扇业,佛山的织布业,盐埗的爆竹业。珠江流域经济圈包括中心城市穗港,以及北江、东江、西江的中下游地带。

---

① 广西省统计局:《广西年鉴》,第1回,1933年,第603页。

1. 港粤中心

香港本来就山多地少,资源匮乏,耕地面积不足土地的10%,随着乡村逐渐变为城市,可耕地有绝大部分被用于楼宇与城市建设。香港是珠江三角洲以及中国东南沿海、南洋地区的经济枢纽中心①。每天早晨,香港上海汇丰银行的香港总部会发电报给上海分公司,以调整中国银元兑换英镑、美元、墨西哥银元的汇率,从1866年成立以来,香港汇丰银行既是中国内地及沿海口岸最大的外资银行,又是中国政府最大的债权银行②。

广州分老城、新城、南关、东关、西关、河南六区。"西关为巨商大贾荟萃之地,开阔壮丽,备极繁华","老城、新城现已拆筑马路与南关长堤一带,汽车马车来往络绎,市肆均甚兴盛,为南部第一大都市也,其地与西人互市,在各省之先",英法合力经营沙面,环岛遍筑石岸,以铁桥与陆地相通,各国领事署与外国银行在此。海轮不能达到广州的均在黄浦停卸,后来拟开为商埠。香港作为一个自由港,在19世纪后期已经确立了其中转贸易港的地位,"广州地区进口货物自然全部从香港获得供应,其产品也全部经香港运往外洋"③。粤港工商业界合作创办了一大批有实力的联号企业④。

"经济上之六大都会":上海、武汉、天津、大连、广州、香港,其中上海广州人口过百万。"……广州自汉以来,久与外国通商,海舶往来,富倾全国。上海开港以前,全国对外贸易几为广州所独占。及香港勃兴,渐有压倒广州之势。然近年广州贸易颇有起色,为全国第三大商埠。广州贸易区域,由两广跨及湖南、江西。出口货有生丝、水果、蔗糖、草席、家具、玉器等。广州人口共百六十万,浮家泛宅三十万人。""……英人锐意经营,使香港成为世界第一等之良港。香港虽沦于异族,但仍为吾国对外贸易之一大门户,其地位殆与上海相抗。因广州港口不良,外国洋货运销南方各省者,必先至香港而后运往各处。南方各省货物运销外洋者,亦必先至香港而后运往各国。所谓贸易中继港是也。香港、九龙合计人口六十六万。"⑤

当时与香港贸易的内河各港有莞城、太平、石龙、新塘、南头、新安、沙湾、市桥、广州城、佛山、九江、石湾、陈村、大良、新会、江门、下栅、石岐、南荫、新昌、荻海、长沙、恩平等⑥。考虑到粤港之间人员往来不受限制,在河汊纵横的珠江三角洲,即便是1902年常关归海关管辖之后,对往返于内地与香港之间的民船,还是难以有效地监管与统计。

在晚清当时的各种文献中,"港商"的称谓已经屡见不鲜,在香港营业的华人商

---

① (日)滨下武志:《中国近代经济史研究:清末海关财政与开放港口市场区域》,东京汲古书院,1989年。
② 陈明铑:《粤港与上海的异势与竞争:1842—1949》,《民国研究》,第16辑,社会科学文献出版社,2010年。
③ 《粤海关报告汇集》,1995年,第855页。
④ 张晓辉:《近代香港与内地华资联号研究》,广西师范大学出版社,2011年。
⑤ 张其昀:《中国地理大纲》,商务印书馆,1930年。第47—53页。
⑥ 蒋祖缘:《广东航运史》,人民交通出版社,1989年,第96页。

人已经形成了一个地域性的商人集团。当一个在香港营业的商人,参与国内的政治或其原籍的地方事务时,他往往自我认同为原籍人士,当其作为商人时,一般名之为"港商"。他们中相当大的部分,无论从商业还是从其他方面,不容易与"粤商"划出明确的界限,有时"港商"也被看成是"粤商"的一部分[①]。广州商人在组织广州总商会、粤商自治会、广仁等9大善堂(商人控制的)时,包括香港商人在内的所有广东商人代表。由于地缘与业缘均相近,自然容易联系在一起。

香港市场的农产类产品的进口,除了本港渔业外,多数来自广东、广西、中南半岛、南洋群岛等地。香港的农产品进口,主要分为两种情形,一为本港消费,一为转口往广东、广西或国内其他省份或少量再出口外洋。详情如下:大米来自安南、暹罗、仰光,本港或华南消费;面粉来自澳洲、加拿大、美国等地,在广州湾、安南、海口、江门、梧州、汕头、福州、厦门等地消费;果菜来自华南各埠或沿海各城市、美国等,本地消费;鲜鱼中,淡水鱼来自广州、江门、中山等,咸水鱼来自本地或日本等外洋,多本地消费,少数出口外洋;猪肉来自广州湾、海口、北海、梧州、潮州、惠州、中山等地,本地消费;鸡鸭牛羊等家禽来自广西、海防、暹罗等地,在本港消费;柴炭来自梧州、南洋,本地消费;集木来自南洋,在省港澳销售;中药材来自四川云南陕西,销售本地、南洋、金山等埠。

香港市场的工业类原料或制成品的进口,除了很小比例留存本地再加工或消费外,多少转口国内加工、消费,或直接转口或加工后出口往中南半岛、南洋群岛等地。详情如下:洋货,来自欧美,销于两广或湘鄂滇黔各省;线纱来自美国,羊毛来自英、德、日本,棉纱、人造丝来自日本、孟买、英国、意大利,制成成品后除了本地消费外,多运销英属东南亚;麻包进口自新加坡,销往中国北方各埠(牛庄、青岛、天津、烟台、上海);藤器类产品,来自新加坡、荷属印度,销往美国;盐类多来自马来群岛、广州湾、暹罗、安南,本地消费;煤炭来自国外,供本港轮船、工厂、食物店使用;矿产来自粤桂滇省或暹罗,多销往英国;影戏业中,制片原料来自美、英、德等国,制作成的粤语片,流行于省港澳、粤桂、南洋、美洲、南非洲等地。

另外,还有专门经营香港与美国、澳洲的金山庄行;以上海为中心的上海庄行,经营自天津、烟台、威海卫、上海、汉口、青岛等地商品,以油豆生仁为大宗;以及调度南北物资的南北行,经营国内的米、油、糖、豆、药材、海产、什货等[②]。

2. 北江流域

北江各县的纸业,"以无新法制造,遂致成本过巨,出品不良,产额亦少,运输又感不便,结果受外贸之排挤,无法倾销,仅能供给生产地之部分需要"[③]。

粤北的公路运输以曲江为中心(浈武两水汇合处),在粤汉铁路开通以前,它是

[①] 邱捷:《清末的广东商人与香港》,《中山大学学报》2002年第2期。
[②] 《经济情报:国内去年香港各行营业获利》,《金融经济月刊》1938年第2卷第1期,第57—62页。
[③] 广东省民政厅:《广东全省地方纪要》,第1册,1934年,第59页。

湘赣水陆转运码头,除梅岭段及坪宜段必须由陆路外,一切商旅货物往来,几乎从水道,并且来往南雄、广州间的舟楫也须在此挽舟,粤汉通车后,仍未失为粤北的经济中心,抗战中一度成为广东后方的政治经济中心。韶关,浈武二水之会,扼湘赣出入的要冲,为军事重镇,广东省北的门户,火车轮船直达广州,商务尚盛,人口大约5万。

南雄在浈水上游,扼梅岭关,为粤赣孔道,形式险要,"商务当海道未通之际,南北货物出入皆出此途,有担夫五六万之众,专以肩挑为生,今则大非昔比矣"。

松江下游清远的烟草等土产销售肇庆、广州、江门①。

3. 西江中下游、东江流域

新会的蔬菜生产主要在江门与新会城,"每日约出产60—100余担"②,因为便于就近销售。

新兴的输出品大多运往附近及广州一带销售③;台山广海镇的鱼类产品输出到广州、澳门、香港等地。

江门在广州西南,西江支流的右岸,与甘竹等埠均准许外人停轮,上下货物搭客。"新宁铁路直达江岸,舟车络绎,实为繁盛,输出品以丝茶为主。"

三水,西江北江会口,广三铁路东通省垣,"舟车辐辏,市肆兴盛",出口货主要为麻袋、团扇、纸、席、爆竹等。

香港"货物出入不事稽征,故商贾云集,贸易日盛,航路电线,四通八达,五洲船舶,万国商人,咸来萃集,俨然为东亚贸易之重心矣"。澳门位于三角洲之南,与香港共同扼守粤江门户,在澳门对岸的马骝洲上设立拱北海关征税,"密迩香港,商业式微,……境内政令不修,海盗丛聚,赌博公开,行政厅且从而征其赌税焉"④。

随着江门口岸的开放,邻近的香洲自开为商埠。

台山,旧称为新宁,"居民侨居海外者凡二十万,故生活优裕,市肆洋货店特多,公益埠,在台山北,与台山同为新宁铁路沿线之都市,且为半欧式之都会,为华侨所建设者"。

惠阳在广州、老隆小轮船航道上,"通商便利,故东江上游货物出入,咸取给于此,自光绪二十八年开为商埠,商务益臻发达"。

4. 经济圈的评论

墨菲(Rhoads Murphey)曾经认为"传统中国的城市和腹地的乡村是共生的,但是口岸城市是一个完全按照西方模式缔造的都市,与乡村腹地极少关联"⑤。费维恺(Albert Feuerwerker)认为通商口岸的生产取得了可观的成就,但

---

① 国立中山大学农学院:《广东农业概况调查报告书》,1925年,第212页。
② 国立中山大学农学院:《广东农业概况调查报告书》,1925年,第285页。
③ 国立中山大学农学院:《广东农业概况调查报告书续编》,1933年,第62页。
④ 国立中山大学农学院:《广东农业概况调查报告书》,1925年,第225页。
⑤ Rhoads Murphey: *The Treaty Ports and China's Modernization: What went wrong?* Press of Standford University 1970, p. 57.

是口岸对于农村的影响还是有限的。德恩伯格(Robert F. Dernberger)解释虽然外人在华投资不是致力于中国经济的发展,而且影响只限于口岸附近地区,但外贸与外资对于中国是有益的、积极的。侯继明(Chi-ming Hou)认为国际贸易在促进近代经济成长的同时,没有破坏传统经济,传统也可以通过现代技术获得有限的改良①。

波特(Jack M. Potter)以1930—1960年代香港新界屏山等村庄的人类学历史考察为基础,结合侯继明、杨懋春等人的研究,讨论了1900年以来区域社会变迁,回应了陈翰笙、方显廷、费孝通等人对于1930年农村的认知和解释②。这是首次从口岸及其毗邻区域角度,对贸易和区域的影响进行的初步考察,归纳了开埠通商带来的系列的经济、社会变革。他认为无论是马克思学派还是非马克思学派,在1930年代农村研究时所采用的"选粹法"和简单化都是对事实的莫大歪曲,同时他认为近代乡村危机的出现不能归罪于口岸开放,局部的负面作用是存在的,但至少在1930年代以前口岸与腹地是相互依存的,口岸开放为邻近区域带来了正面的积极的影响。

广州番禺河南的经验表明:"若一村之位置与一大城市相接近,有水道铁路通运输,则其村中之文化,大都与其邻城相似,其他教育能普及,风俗习尚亦极文明。反之,若一村之位置在穷乡僻壤,远离城市,且无铁道为之交通,则其地之文化,每野朴无华,教育亦不发达。"职业"常足以命定一乡之贫富。若一地人民多外出经商,则其地人民常富有。若一农区而其地土壤肥沃,出产丰富,有丝、鱼、稻粱、蔬果之利,则亦常得丰衣足食,仰事俯畜。反之,若其地为沙碛山瘠之区,远离商会,则多贫穷之家"③。

三、韩江流域经济带

潮州是闽粤的要冲,广东东路的锁钥,铁路南通汕头,北接意溪,轮船民船上下络绎,且居民多往来南洋经商,又为旧府治,故人烟稠密,列市纵横,颇为兴盛。当时的潮州是地区政治与文化中心,也是经济比较出色的府城,其中广和发省行、柯成记省行等大商户在省城都有联号④。

汕头"地当韩江之口,负悬崖而临沧海,江水深远,货物出入便利,韩江一域之贸易,囊括于此,而华工华商之往南洋者,亦多取道于此,故与南洋各埠贸易尤多,

---

① Chi-ming Hou: *Foreign Investment and Economic Development in China*, 1840-1937, Cambridge, Mass, Harvard University Press, 1965; Robert F. Dernberger: The role of foreign in China's economic development, 1840-1949, in Dwignht H. Perkins, ed. *China's Modern Economy in Historical Perspective*; Albert Feuerwerker, *The Chinese Economy*, 1870-1911; 1912-1949, Michigan, 1968.
② Jack M. Potter: *Capitalism and the Chinese Peasant: Social and Economic Change in a Hong Kong Village*, University of California Press, 1968.
③ 冯锐:《广东番禺县河南岛五十七村普通社会经济调查报告》,国立东南大学教育科乡村教育及生活研究所编印,第13页。
④ 翁兆荣:《潮州商业与清末商会》,《广东工商》1987年第1期。

商务颇为繁盛"①。汕头开埠以后商业逐渐繁荣，人口约19万，街市建设快速，"旧昔潮梅农村，颇勘自给，兼得南洋为尾闾，数口之家，活泼者外出经营工商业，朴质者在乡务农，内有产业，外有接济，今则内外枯竭，生活艰难"②。"举凡潮州出入口贸易，皆以汕头为吞纳"，汕头"今年商务日益繁盛，为吾粤通商要区"③。"繁华不亚羊城，年来商业之扩展，楼台之叠起，日有生色。"④汕头的银行有三类：商业银行、实业银行、储蓄银行，共70余家，其中37家资本较小。不过，在近代时期，汕头工业基本上仍为手工业，机器制造业略见雏形，规模狭小。工业发展不力，工厂动力需求少，燃料大多为煤与柴油，仅有的一所电厂，供应照明电灯。1921年广东省政府在汕头设置市政厅，正式与澄海县分治，1930年成立市政府。潮汕地区政治经济文化中心南移到汕头，汕头成为粤东、赣南、闽西南的一个主要的货物集散地，也是南中国的重要贸易港口。1933年汕头进出轮船4 478艘，总吨位达到675万多吨，港口总吞吐量占全国沿海各港口货运量的8.67%，仅次于上海、广州，位居全国第三。全市各类商行3 411家，此时的汕头"商业之盛，于全国居第七位，仅次于上海、天津、大连、汉口、胶州、广州"⑤。同时，城市的市政建设也不断有所进步，城市水陆交通、邮电、电灯、自来水、街道、建筑、餐饮旅业等相继发展起来。

梅县位于韩江支流梅江沿岸，为客家居民之中心，梅江流域之贸易以此为集中点，教育特别发达，男女识字甚多，城东的松口镇为梅江沿岸大埠，居民经商海外特多，故生活颇为富裕。梅县有织布厂10多家，印刷业16家，藤竹业10多家，火柴厂（松口）1家，另有建筑、酿造、草席、皮革、玻璃、缝纫、肥皂等厂。梅城有商店2 000余家，松口镇1 000余家，丙村镇800余家，畲坑600余家，南口、龙虎墟各300多家，此外西阳、大坪、车子排等10多出，约数十至一百家⑥。1920年代末，随着市场的扩展与洋货进口的增长，个别商店和一些赌场开始采用德国谦信洋行出产的进口汽灯来照相。汽灯在当时还是新式照明工具，因为耗油量大，不能普遍使用。松口电厂在1930年代初创办，但由于技术与成本问题一度难以为继，在1937年始获成功。1941年梅县工商业调查表明：工业方面，全县有织布厂10多家，印刷业16家，藤竹业10多家，火柴厂1家，以及建筑、酿造、草席、玻璃、皮革、缝纫、肥皂等厂，商业方面有34个同业公会，主要是棉布、百货、粮食、油豆、京果、药材、五金、金融⑦。

潮梅曾设立陶瓷传习所，培养陶瓷人才，毕业后前往汕头各厂工作。技师

---

① 广东省民政厅：《广东全省地方纪要》，第1册，1934年，第59页。
② 刘大钧：《中国工业调查报告》（上册），第3编，工业分地略说，1937年。
③ 《查汕头商埠商务详情》，《广东劝业报》1909(58)。
④ 璧臣：《潮梅游记》，余兴，1916年。
⑤ 饶宗颐：《潮州志·实业志·商业》，潮州修志馆，1949年。
⑥ 谢复生：《梅县要览》，1941年。
⑦ 《梅县商会部分史料》，《梅县文史资料》，第7辑。

4人，毕业于工业专门学校。工人毕业于高小。"故制出各品，俱精致光泽、洁白可爱，运往内地外洋，无不受人欢迎，争先购置，以及历届所烧各品，日新月异。"①

1905年调查兴宁有大小店铺300—400家，以及一些手工业作坊，主要的行业有米、盐、土布、纸扇、毛笔、墨、油豆、带料等，比较大的行业是盐业、土布业、纸扇业，产品曾销售邻近各省。当时织布与制扇业以及制作毛笔业，多为家庭手工业为主，由商店收购半成品，经过加工包装运往外地销售。货物以水运为主，肩挑结合②。兴宁土布业在1851年后逐渐发展壮大，首先是采用土纱，后来上海洋纱运入，质量比土纱优越，价格便宜，土布商人逐渐采用佛山的织布机，江西吉安的染法，染料方面先由自制的，改用更好的江西与福建产的土靛，后改为德国与美国产的洋靛。漂染方面学习吉安加牛胶与薯粮等配料，以及相应的配套工业，使得布匹的色泽特别匀称鲜艳，布质更为结实。同时规格与花色逐渐丰富起来。伴随着土布业的发展，染布业、碾布业等也发展起来，从1870年代开始，不少兴宁土布商，纷纷到省城广州与佛山开设布庄，专门经营土布批发业务，名为省号。它们大都自设染坊，自创品牌，通过行驳行、帮驳帮，将兴宁土布转销到湖南、湖北、广西等省。有些到江西、福建的县市开设联号或用赊销长短结账的方法，与各地商号挂钩搭线销售③。20世纪初兴宁采购日本的织布梳与布棕零件使用以后，生产效率提高，布匹的质量也有进步，超过了江西吉安布，兴宁土布逐渐取代了吉安市场的本地布。期间兴宁城镇有布号300多家，染庄土布280多家，土布商仿照香港、上海的布样推出花格布、花柳条布、灰葛布等新品种。农村家庭织户，拥有2.5万台织布机，从事织布的农民约10万人（包括浆纱、牵布、制作经纬纱等相关产业）④。此外，澄海的土布也行销于潮梅各县与南洋海外各群岛，水产销售于汕头一带，蔬菜等部分销售于南洋⑤。

潮汕地区近代工业兴起于1870—1880年代，1879年汕头开办首家以机器为动力的榨油厂，"经过简单的加工程序，以黄豆或花生豆榨出油来，豆渣则用模具压成扁平的圆饼，用作肥料"⑥。20世纪初，相继出现了面粉加工、果子、罐头、自来水、棉织、火柴、肥皂、电灯等厂，1930年代潮汕地区生产规模较大的织布厂家数百家，其中财合、大新、华丰等织布厂平均产布2 000多匹，澄海织业公会会员厂家80—90家，每厂织机大约100多架，日产布3万匹左右，是当时国内重要的产布区之一。

---

① 秉懿：《参观潮梅工艺厂纪略》，《大埔周刊》1922(46)。
② 胡翔狮：《兴宁县商人组织沿革概况》，《兴宁工商史料》，第1辑，1986年。
③ 胡翔狮：《浅谈兴宁土布业的产生发展及其演变》，《兴宁工商史料》，第1辑，1986年。
④ 胡翔狮：《浅谈兴宁土布业的产生发展及其演变》，《兴宁工商史料》，第1辑，1986年。
⑤ 《广东澄海县物产状况及行销调查表》，1929年7月1日《工商半月刊》。
⑥ 《1882—1897年潮海关十年报告》中国海关学会汕头海关小组：《潮海关史料汇编》，汕头地方志编辑委员会办公室，1988年。

1884年11月电报总局敷设的上海至广东沿海各口的陆路电报线竣工。1888年6月延伸到潮州府城。轮船招商局在汕头设立分局,建筑轮船码头,经营轮船海运业务。潮阳人萧鸣琴开设汕头小火轮公司,往来于潮阳、揭阳、汕头之间。1903年华侨张榕轩、张耀轩兄弟筹资修筑了潮汕铁路。1906年通车。1933年开辟了上海汕头的航空线路。电讯方面,1911年开办汕头、澄海民用电话,1924年汕头设官用无线电台,1926年开放民用,1932年汕头广州间设立无线电话。

汕头蔗糖输出地主要为香港、上海,一部分汕糖在香港经过车制糖厂加工后,再转入内地,一部分是为了获得洋糖的转运凭证,先出口到香港再转销内地①。根据1880年汕头海关年报附录的汕头港腹地贸易路线图,其商圈范围一度涵盖江西中南部、湖南东南部,主要原因是汕头港的鸦片进口与内地转运税低于其他口岸,鸦片商人云集汕头港长途贩运,随着鸦片税率的上升,汕头港的腹地重新收缩到广东潮州府、嘉应州、惠州府东南部等16县,以及福建省诏安、永定、汀州到江西南部地区②。以汕头港为中心的韩江经济带的核心区仍然是韩江流域。

四、南路与海南岛区

1. 广东南路地区③

南路地区的米谷在民国以前,主要来自广西,尤其是玉林地区,后来因为厘金的征收日益苛烦,进口洋米增长④。该地的作物种植首推米粮,其次是甘薯、花生、甘蔗,其中甘薯是农民主要的杂粮,常因米谷短缺而半饭半薯⑤。徐闻蔗糖兴盛的时候,年产百万包,畅销于国内沿海一带⑥。除了广泛种植的农作物外,另外还有茶叶、水果、烟叶、蚕桑、黄麻等。茂名的茶叶基本行销于本邑以及临县,灵山的水果销往钦县、廉江、北海等地。钦县年产生丝10多万元,合浦年产30多万元,在合浦的常乐圩设有裕生公司,专收农家蚕茧缫丝织布⑦。

北海辟为商埠以后,商埠的外贸发展一度处于比较落后的状态。廉州、钦州等邻近区域一向"藉北海为门户",进出商务。⑧ 北海关为了控制附近的良港,规定港口范围包括从东兴中越边界至雷州半岛西侧的海域。这样北海港的区域不仅仅限于北海埠,也包括了钦廉所属其他各港,当时云贵的一部分货物,以及广西百色、南宁、玉林等地区和广东钦廉、高州地区的土货,都源源运来港口。北海的货物很少陆运,基本靠内河的渡船集散。有一条北海至广州间的内河水陆联运路线,由北海

---

① 1878、1873年汕头海关贸易年报,《中国旧海关史料》。
② 1880年汕头海关贸易年报,《中国旧海关史料》。
③ 一般是指高州府、雷州府、钦州府、廉州府以及阳江阳春。
④ 《广东经济年鉴》,第(K)57—59页;林通经:《洋米谷进入广东之史的分析》,《广东省银行季刊》第1卷第2期,第299—300页。
⑤ 陈启辉:《广东土地利用与粮食产销》,成文出版社,1977年,第25666页。
⑥ 刘懋初:《广东经济纪实》,1934年,第318—321页。
⑦ 刘懋初:《广东经济纪实》,1934年,第105—106页。
⑧ 梁鸿勋:《北海杂录》,1905年。

溯南流江往廉州、沙河、博白、船步后,改陆路,经玉林城、北流县城,再改成水路,经容县、梧州、德庆、肇庆、佛山,而抵广州。港口海上交通的发展,促使北海成为粤西的商业中心,与南洋、越南和广东沿海以及香港的贸易发展起来。北海与广西有着密切的经济联系,西江通行轮船后,云贵等处物资可以经西江东下,或至广州,亦可南下北海。因此北海的贸易范围除了附近的钦廉地区外,与云贵的联系也较多[①]。防城的桂心、八角等,多运往香港转售日本、英国,或陆路运往广西龙州制作桂油、八角油出口[②]。

　　来雷州经营布匹、百货、京果、纸料、药材等行业的老板,大多为广州、佛山、四邑(新宁、开平、新会、恩平)、香港等地的人,俗称为广府人,他们熟悉各地的商业情报,在雷州投资购地,开设商铺,还设立同乡会——仙城会馆。本地人对商场的信息、情报所知不多,所经营的一般是零售小店或小手工业。1920年代海康县在县商会的支持下,各行各业筹集资金创办一所职业学校,先后举办二期,聘请广州技术人员来任教,开设的科目为纺织,毕业学员转入个私营工厂工作。但同时徐闻土匪的打家劫舍,严重破坏了本地工商业,广府工商业纷纷迁移,直到1930年土匪被剿灭,社会治安较为稳定,谷米、牲口、蒲草织品等越来越多,广州、香港的投资者购买或租赁轮船往来广州、海康等地,每周约有近3000吨的轮船前来,各类土产大多运往广州与珠江三角洲地区,邻近的海口、广州湾、阳江等地情形类似,并逐步扩大到徐闻、遂溪、廉江三县。出现了经营蒲织品的商号:宏栈、恒栈、兰记庄、均源行等,其中宏栈等三家行庄的总行设在香港,在海康、遂溪等县的主要圩镇上设立收购站,转运到广州湾,直接出口香港与东南亚各国。经营工商业品的金和、裕仁庄、同昌等商号在廉江城、安铺镇、徐闻县城,以及县属各地设立分行。这些行号与广州、佛山、香港等地关系密切,派人常驻上述各地采购押运货物。随着商人的发展,饮食服务业也繁荣起来[③]。

　　1899年法国租借广州湾,当时本地的经济中心在赤坎,各大商号都设立于此。虽然广州湾西营有很好的港湾,看上去区位条件也很好,但广西的大部分物资多从西江水运到广州,广西西南部的出口部分从北黄运出,毗邻的电白县水东镇与吴川县黄坡,早已经有帆船通往香港。日本全面侵华之后,沿海地区相继沦陷,尤其是广州失陷之后,广州湾成为当时中国通往海外唯一可以利用的吞吐港,一时之间成为贸易重镇与航运中心。太古洋行的沿海船只密集地航行于上海、香港、广州湾、海口、海防一线。1938—1940年每年经广州出口的达千万美元,为战前1936年的20倍[④]。

[①] 李波:《广西近代进出口贸易的口岸选择(1877—1937)——以北海、龙州、梧州、南宁为中心》,复旦大学硕士论文,2011年。
[②] 刘惠初:《广东经济纪实》,1934年,第150—151页。
[③] 蔡声扬:《抗战前后的雷城商业》,《海康文史》1984年第2期。
[④] 《广州湾商业琐谈》,《湛江文史资料》,第1辑。

广州湾地区各爆竹厂在香港设有办事处或联号,向香港各洋行或办庄接纳订单(很少与销区挂钩交易),货制成后,用船运至香港交各订单单位,然后转付远洋大船运往销区①。

梅菉处于电白水东港与广州湾之间,是广东省南路地区的交通要枢,也是云桂粤南地区土特产与洋货的集散地,素有"小佛山"之称②。

2. 琼崖岛区

据广东省建设厅农林局刊印的《琼崖水源林调查报告书》,全岛面积约10万 km^2,可用于耕作的约20%,其中13.5%可以用于农作物。"适合于农业发展的地方而农业竟不发达,至于工商业更不消说了。"4县52村的调查显示,农户占总数的94%。雇佣关系中显示"如果要在农村中找出那佃农或自耕农,像内地那样租入农地雇工经营的,可以说是简直没有的"。"土地权的集中,最近5年,并未见得如何显著",土地有分散的趋向,近来"田价跌落,在别的地方,正为商人、地主、军阀们收买田地,实行土地集中的最好机会,但在琼崖,则可以说是绝无仅有。"③

琼崖四面环海,渔业颇盛,有数万渔民,大多是东北部滨海土著,渔船有2 000多艘,文昌县清澜湾、铺前港,以及陵水新村港,是为主要的渔港,每年鱼类出口价值数万元④。具体的捕鱼场所不在河川,大多为港湾渔场,例如:崖县之西的莺歌海渔场,渔业发达,附近7成的居民从事渔业;文昌县东的清澜湾、港北港上下二村、海棠头渔场;乐会县东的博鳌港渔场。

海南岛的开发源自移民,首先是从交通便利的琼山、文昌、琼东、乐会,渐渐推移到相对偏僻的万宁、陵水、儋县、崖县等地,民国时期这一进程并未结束⑤。海口开埠以后,东北部的文昌、琼东、乐会、万宁、琼山、安定、澄迈等县的民工,向安南、暹罗、南洋群岛移民,经营农工商各业。"外洋经营,致富较易,其昔日视为主要地位的小农经营,逐渐被置于次要。因此,农村生产关系中耕地占有和使用,便不大发生问题,而昔日小农经济的形态,亦多得以保持。"⑥

海口港是全岛最重要的港口,有船只通行广州、香港、海防、安南海岸,或前往曼谷、新加坡、印尼,海口港为全岛提供各种生活必需品,也将海南的货物运往外地。据《建国方略》中实业计划对琼崖的评论,"海口与汕头、厦门俱为约港,巨额之移民,赴南洋者皆由此出;而海南因之甚富,而未开垦之地也;已耕作者,仅有沿海一带地方。其中央,尤为茂密之森林,黎人所居,其矿藏甚富"。"海口港面极浅,即行小船犹须下锚,于数英里外之泊船也,由此载客载货均大不便"⑦。

---

① 李越劲:《湛江市(广州湾)炮竹业出口散记》,《湛江文史资料》,第1辑。
② 倪开瑞、袁中天:《梅菉商会的历史片段》,《湛江文史资料》,第1辑。
③ 林缵春:《琼崖农村》,1935年,第1030—1031页。
④ 陈献荣:《琼崖》,商务印书馆,1934年,第62—65页。
⑤ 林缵春:《琼崖农村》,1935年,第10页。
⑥ 林缵春:《琼崖农村》,1935年,第14页。
⑦ 孙中山:《建国方略》,上海民智出版社,1922年,第227页。

琼崖岛区重要的城市,北部有海口,交通便利,所有全琼各地进出口货物,均由海口转运,且为通商口岸,商务繁盛,是为海南岛第一繁荣的市场,人口约四万。琼山,原琼州府城,人口不多,存有较多的学校,"昔日的首府琼州,如今在它的现代邻居(按指海口)面前,已经彻底黯然失色"①,海口曾经是琼州府城的一个外港。东部有嘉积,在乐会县,为海南岛东路商业之总汇,有班车往来于北部与西北部的海口、安定、文昌,以及南部的万宁,为海南岛第二繁荣的市场。文昌县城,在岛的东北部,是为琼崖新兴之城市。西部有那大市,属于儋县,位于岛西部,有松涛、侨兴植、侨立、新济、万隆、立生等公司,经营采矿、垦殖、商贸等。南部有崖县城,为琼崖南部繁盛的市场,有1908年成立的陈赵隆公司,种植椰子、甘蔗、槟榔等,另有华昌公司,经营垦殖与林木业,以及三亚专营盐田的其他公司②。

就交通而言,琼崖岛区与外部的联系仍然不是很便捷,相对独立于一隅。

航运业中,轮船停泊地仅仅为海口。一类是往来于香港、海口、海防的船只,分定期与不定期,定期每隔一周的周五经过一次海口。由海口至广州船行至少一日半。"中枢既感鞭长莫及,粤府也几乎视为外郡,所以治理很为粗疏,"是为天高皇帝远的地方。另外往来于香港海口、北海、防城、暹罗的不定期船只,以及临时租用的三亚运盐到广州的轮船③。1916年开通琼山到海口的10里长马路,逐渐修成5 108里公路。琼崖南北两部分,交通差异较多,北部公路密布,南部山岭地广人稀,交通不便。琼崖有一等邮局一所,设在海口,二等邮局二所,设在府城与琼东的嘉积市,其他各市设立三等邮局或代办点。1887年广西提督冯子材来海南平定黎乱时,设立五处电报局:海口局、兴隆局、陵水局、南丰局、崖州局。1890年为了节省费用,裁撤内地电报局,仅仅保留海口一所。海口至对岸雷州半岛徐闻之间有海底电缆一条与大陆联络,经由高雷陆线,转往香港各地。虽然海底部分时有故障,但消息尚可通行。1928年在海口大英山设有无线电一台,与广州联络。随着公路的铺设,沿线贯通了有线电话④。

五、桂省经济圈

《广志绎》有言"广东用广西之木,广西用广东之盐,广东民间资广西之米谷东下,广西兵饷则借助于广东。广东人性巧善工商,故地称繁丽,广西坐食而已"⑤。明清华南地区内贸商人以广州、佛山为起点,主要的商路有两条,第一是经过佛山,越韶关或太平岭至长江中下游地区,以及中国其他地方;第二是溯西江而上,至广西省以及西南地区。据卜奇文对明清粤商在广西活动文献的梳理,分为四区:

---

① 萨维纳:《海南岛志》(1925—1929年的实地考察),漓江出版社,2012年,第12页。
② 陈献荣:《琼崖》,商务印书馆,1934年,第94—97页。
③ 陈献荣:《琼崖》,商务印书馆,1934年,第74页。
④ 陈献荣:《琼崖》,商务印书馆,1934年,第90—93页。
⑤ 王士性撰,吕景琳点校:《广志绎》,中华书局,1981年,第115页。

① 桂东南区,大约为两广结合部,其中梧州戎墟的商业机会为粤商所掌握,"商贾辐辏,类多东粤";② 桂西南区,包括象州、南宁、龙州等西江沿河及其以南地区,这是粤商第二大活动区,桂平、江口、龙州的商人中粤人过半;③ 桂东北区,以贺县—平乐、荔浦—柳州为界分为北半部、南半部,北半部的兴安、全县、灌阳、富川等县湘赣商人与资本占绝对优势,贺县—平乐以南粤商超过湘赣商;④ 桂西区,虽然粤商数量有限,但仍占绝对优势,"惟通衢圩市,客商贸易,多操粤语"①。

广西分为梧州、南宁、桂林、柳州、龙州、百色、天保、平乐八区,其中,梧州、南宁、桂林、柳州、龙州为五大城市,梧州为商业中心,南宁为政治中心,桂林为文化中心,柳州为工业中心,龙州为边防中心。

梧州是黔江、郁江和桂江的合水口,处于滇黔桂三省水路下广州的咽喉之处,为西江汇总,当水陆要冲,往来孔道,商贾所萃集之地。乘汽船从梧州可以上溯到南宁,以至于百色,此外,从梧州溯桂江,可以到达平乐,为广西、贵州、云南东向出口。1897 年梧州开埠,上溯云贵,通达省内桂林、南宁、柳州、百色、龙州等重要城市,下至穗港,为桂省之门户,广西对外贸易之中心,可以将洋货土货直接进出,于是整个广西及其周边地区的进出口贸易大幅度增长,梧州也得以发展成为民国时期广西最大的工商业城市。1930 年拆除城墙,修筑马路,将城内外连接起来,"西南两面临水,或设肆水滨,或结庐山麓,屋宇连云,层楼矗霄,气象繁华,沿江一带,舟车辐辏,百货山集,盖不仅为全省贸易之枢纽,滇黔货物出入,亦多假其途,故其商业蒸蒸日上,蔚然为西江流域一大商埠矣"②。"梧州有'小广州'之称,商业以钱庄、木材,及主要入口货,如电油与五金为盛。"③出口主要是桐油、柴炭、谷米、木材、矿砂、牲畜、皮革等,进口主要是纱布、煤油、食盐、金属及其制品、纸张、卷烟、水产品。1915 年广西巡抚张鸣岐在巡视调查广西经济两个月之后,对于桂省的口岸贸易他总结说,"梧州、龙州、南宁三处虽为通商口岸,其实邕、龙两埠外人交易甚少,商务并不为繁,梧埠较盛……"④

梧州 1937 年战前人口约 8.5 万,1941 年人口 9.2 万人,商店 1 300 余家,约 300 万元资本,商业情形颇为兴盛,以销售消费性洋货为主。梧州不仅是商业中心,同时工业也较发达。规模较大的为省营工业,例如广西火柴厂、广西制药厂、广西桐油厂、两广硫酸厂均在此。本地制造业除了少数机械制造外,大多是手工业,机械工业仅仅略具雏形。政府经营的工厂,使用动力的只有一硫酸厂,一电力厂,民营工厂中使用动力的约 20 余家,手工业制造约 700 余家。手工工人约 5 000 人。工商业经营者来自广东,进口货主要是棉纱、棉布、燃料、面粉、白糖、纸烟、海产、火

---

① 卜奇文:《论明清粤商与广西圩镇经济的发展》,《华南理工大学学报》2001 年第 1 期。
② 洪懋熙:《最新中华形势一览图》,东方舆地学社,1936 年,第 23 页。
③ 陈铁民:《从香港到桂林(广州通讯)》,《华年》1932 年第 1 卷第 7 期,第 16—17 页。
④ 钟文典主编:《广西通史》,第 2 卷,广西人民出版社,1999 年,第 664 页。

柴、五金、汽车等,出口主要为农产,香菌、木耳、瓜子、油类(采油、桐油、桂油等)、烟叶、红糖、药材、木材、牲畜、香料、麻类、粗纸、木炭、大米等。梧州关占有广西进出口的80%左右①。

南宁是广西中西部重镇,1912—1936年广西省府所在地,1936年人口达到10万,抗战遭到很大损失。南宁是左右江流域的商品交易中心,出口主要为农产,例如油类、谷米、烟丝、糖类等;进口主要为日用品,例如棉纱、棉布、煤油、食盐等。水运交通比较便利,"电船、帆船往来梧州、龙州、百色之间,交通便利,郁江一域之货物萃集焉,……,开辟为是商埠后,商务益臻兴盛,俨然本省中部一大市场"。

桂林一度是全省的政治中心(1912年后迁到南宁,1936年又迁回),毗邻湖南省,处在湘桂贸易的通道上,货物往来可以利用水运。抗战时人口近11.9万人,桂林为广西东北部新式工业与旧式手工业的中心,新式工业以机械与水泥,手工业以土布代表,织户多集中于城厢附近,乡间则比较少。运销省内各县,一度扩展到云南贵州等地。桂林城濒湘水西岸,帆船上至衡阳,下达梧州,往来络绎,住民稠密,商务凤盛,牛皮之集散颇著②。

柳州地理位置接近全省的中心,沿着柳河可以到达浔州,然后西行到南宁、东行下梧州,水路交通优于桂林。1941年人口5.3万人。曾为广西省新式工业中心,有酒精厂、染织厂、机械厂等,是柳江流域蔗糖、桐油、茶油,容江上游的竹木,龙江上游的棉、麦,以及锡矿、锰矿的集散中心。

龙州,广西西南的门户、边防重镇,人口约2万,商业不甚发达,输出八角、茴油、牛皮、豆米、糖等,输入棉纱棉布。龙州被辟为商埠后,以地太荒僻,人烟稀疏,贸易未盛,惟左江流域之牛皮,汇萃于此,其西南一带有关隘为通越南孔道③。

百色是广西西部的重要城市,民船可从百色上至云南剥隘,下达省垣,交通便利,陆路北至贵州安龙,西通云南省会,形势扼要,人口2万余,与云南贸易颇盛,输入有麝香、毛片、药材等物,输出有棉布、毛织物及煤油火柴等物,右江下游所产猪牛极多。制品有锡器、铁器、竹绳、笠帽等物,也多以云贵及右江下流一带为其行销区域。

郁林位于广西东南部,是郁林、博白、北流、陆川、兴业五县的商业中心,人口约5万。陆上交通便利,与梧州、贵县、廉州均有公路连通。出口牲畜、糖、油等农产品,进口棉纱、食盐、煤油、火柴等制成品。郁南地处粤桂交界,"当时,省、港、澳、梧经过都城的轮渡,均没有直接泊岸,载卸客、货只是用小艇来回接运"。1914年都城商会设立大吨位的驳船,接运商品与旅客上下,到了1917年都城已经有直达广

---

① 刘大钧:《中国工业调查报告》(上册),第3编,工业分地略说,1937年。
② 洪懋熙:《最新中华形势一览图》,东方舆地学社,1936年,第23页。
③ 洪懋熙:《最新中华形势一览图》,东方舆地学社,1936年,第25页。

州的轮渡。1930年,郁林县城商业发展,附近省县的商品运来销售,市场上的商品大大增多,原有的街道拥挤堵塞,商会筹集资金,将原来的旧街道拆建,开辟马路,扩建三所码头①。

桂平位于本省中部要地,处在柳江、郁江汇流处,梧州与南宁之间,是广西重要的河港,商业繁荣,人口1.8万,"据丰饶之平野,所产米、蓝靛、砂糖颇多,有'广西仓库'之称,居民富庶,人口稠密,交通四达,市肆兴盛,西江上游之大都市也,其西以产银著称,电船往来梧州,四时不绝,市况亦颇繁盛"②。出口商品主要是谷米、牲畜;进口商品主要是食盐、煤油、火柴等。

贵县,处在邕梧公路与水道的交点,交通便利,邻近各县货物的集散地之一,永淳、横县、宾阳、上林、迁江,以及郁林、兴业等县的货物集中在贵县,然后前往梧州。同时,广西糖厂成立后,贵县成为广西白糖制造中心。人口约2万。输出米谷、蔗糖、家畜,输入棉纱、布匹、食盐、煤油、烟纸等。

如前所述,广西地形大致西北高、东南低,西部与西北部,地势高峻、气候酷烈、土地贫瘠,东南部浔江流域及东北部如全县一带,地势较为平坦、土地肥沃、物产丰富。桂东北、桂东、桂东南,农业发展较好,技术水平比较先进,桂西、桂西北地广人稀,部分边远山区停留在"刀耕火种"、"三年一换"的阶段。主要河流大多自西向东,水运成为区内东西商品流动的主要通道,河谷平原与盆地,人口密集、交通方便。西部的工业原料向中部、东南部运销,工业品则由中部、东南部向西部运销。就商业发展而言,以邕江边的南宁、西江边的梧州、柳江畔的柳州、漓江边的桂林为主。清嘉庆时,广西各府商业性税银数额分布呈现"东高北低"的状态:以年征杂税银为例,梧州府71 650两、浔州府52 636两、平乐府7 523两、桂林府5 461两③,各口开埠通商以后,东南向倾斜的趋势不断增强。

图3-10标识广西省各县进出口总值,从图中可以明显看到桂东南地区进出口贸易发展水平明显优于桂西北地区,梧州、南宁、贵县以及邻近的粤省口岸北海,是桂省经济圈中重要的节点。地处南宁、梧州、北海之中的贵县,成为进出口贸易值最大的县份,该县年出口糖约三万六千担④。从图中可见,进出口贸易总值较大的县份,在分布上也有一个较明显的特征,即大都分布在交通要道上,如图中的贵县、横县、柳州、宾阳、贺县等都处于西江水系的交通线上,而桂北的全县与桂东的怀集(今属广东)则因为分别处在湘桂、粤桂的边境中,贸易较为发达。

---

① 《民国以来的都城商会》,《郁南文史》,第3辑。
② 洪懋熙:《最新中华形势一览图》,东方舆地学社,1936年,第23页。
③ 《广西通志》卷一一,经政,嘉庆六年。
④ 千家驹、韩德章、吴半农:《广西省经济概况》,商务出版社,1936年,第7页。

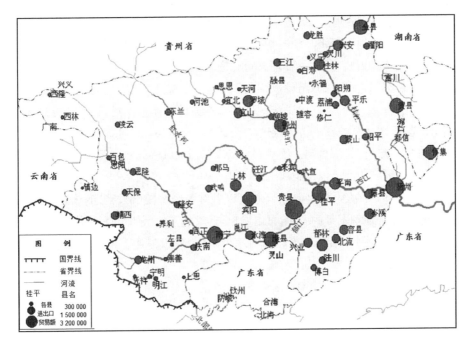

图 3-10 广西省各县进出口总值(1933 年)

资料来源：广西统计局编：《广西省各县出入境内大宗货物概况》(1934 年印)（单位：毫币元）。龙州、南宁、梧州取自龙州、邕宁、苍梧三县之数据。

简评：次区域经济的密度、距离与分割

1980 年代柯文提出在中国"发现历史"，从历史学的角度，按照重要性的顺序，提出大体四个维度的关注：角度（以中国自身而非西方为视角）、精度（将中国"横向"分解为区域、省、县、城市）、深度（将中国"纵向"分解为不同的层次）、广度（结合历史学之外的理论与方法）。现在看来，角度与广度作为方法论，已经深入人心。回首历史，犹如一幅画卷，什么时间，什么人，在什么地方，做了什么。时间、人、故事，结合起来就是一般意义上的"历史"，破解历史的关键点，也许就是"在什么地方"。通过这个"舞台"，理解"历史"这出"戏剧"。故此，柯文提倡"把中国从空间上分解为较小的、较易于掌握的单元。在这个意义上，这种取向并不是以中国为中心，而是以区域、省份或是地方为中心。采取这种做法的主要依据是因为中国的区域性与地方性的变异幅度很大，要想整体有一个轮廓更加分明，特点更加突出的了解——而不满足于平淡无味地反映各组成部分间的最小公分母——就必须标出这些变异的内容和程度"[①]。

[①] Paul A. Cohen, *Discovering History in China: American Historical Writing on the Recent Chinese Past*, New York: Columbia University Press, 1984. 柯文：《在中国发现历史——中国中心观在美国的兴起》，中华书局，2001 年，第 178 页。

王亚南在论及近代中国贸易与市场发展时指出：由于帝国主义的瓜分形成了不同的地区,这些地区经济与外国联系的紧密,甚至比其与国内其他区域之间结成的市场,要密切许多①。作为一种现象确实是这样存在的,但就实际而言,也不完全是这个原因,例如,商人从芜湖买米经上海运到广州需要 20 天,但是东南亚的米谷到达广州只要一个星期②。1919—1920 年日本突然从东南亚进口米谷,导致米价上升,于是,广州才从长江下游大量进口③。当然,也有民国时期政府为了国内经济而统制外货,或进行经济管制。这些都可以理解为区域之间的联系与分割,除去政治因素,就是区域之间的经济距离。

就华南地区内部经济空间而言,通过以上对各经济圈(带、区)的描述与分析,以及次区域经济地理图景的展示,可以看出,近代华南地区的市场结构基本上呈现塔状的层级形态,除了珠江三角洲河网地带以外,要素流通上的回路结构并非显著,于是增加了从基层市场输出与输入产品的成本。

如图 3-11 所示,近代华南地区经济地理的图景呈现明显的五级式阶梯,从粤东北、桂西南、桂东北、琼崖中部,到桂江中游、南路钦廉、琼崖,再到三江中游、桂江下游,以及珠三角地区,以至于香港广州,每一个圈层内部具有一定的独立性,圈层之间呈现较为清晰的"中心——外围"结构。正如第一章所述,华南地区在地理上具有独立性,故而,以口岸城市为中心,重新塑造了一个经济空间秩序。这是各个次区域经济地理得以划分的基础,也是区域经济发展未一体化之前的空间马赛克图景。

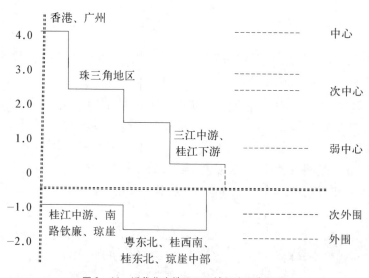

图 3-11 近代华南地区亚区域经济区位示意

---

① 王亚南:《中国半殖民地半封建经济形态研究》,人民出版社,1957 年,第 254 页。
② 陈启辉:《广东土地利用与粮食产销》(民国二十年代中国大陆土地问题资料),成文出版社,(美国)缩微中心,1977 年,第 26040 页。
③ 陈伯章:《广东缺米情形以及引进湘米的希望》,《中国经济月刊》,1931 年,第 878—888 页。

近代中国的经济增长,始于外向化市场化经济下的流通网络的形成,改变了区域甚至全国的要素流动与再配置。由于要素在流动中改变了区域资源的配置,激发了闲置的要素,能够提高边际生产效率,故而,不同地理单元之间的要素流动,能够促进经济增长。

我们知道,不断增长的城市、人口迁移、专业化生产,是区域经济发展与变迁中不可或缺的部分。晚清民国时期,随着华南地区与世界市场联系的紧密,更多地参与世界分工,促成了近代农村外向化、商品化农业与手工业的发展,促成了城市工业的发展,加速了人口从农业向工商业的迁移,加速了专业化分工与城市的发展,这一切成为民国时期华南地区经济地理变迁的主要脉络,也是次区域经济地理分异的基础所在。

第三节　要素流动下的循环空间

在经济开放度不断提高的世界中,区域内要素的流动将会越来越显而易见。当历史进入近代,伴随着区域经济资源的流动,经济生产及社会再生产的过程,既是一个价值生产的过程,也是一个价值空间循环的过程。

空间经济成长的差异,在区域经济相对异质的情况下,更多的是源于自然或非经济的影响要素;在区域相对同质的时候,更多的源于区域内部的关联性、生产要素的流动性以及市场运行的特征,从而出现加速或减速运动。随着生产技术的进步,自然条件的影响逐渐减弱,但是分工与交换的发展,使得社会关系对于经济的影响逐渐增强。

众所周知,资本与劳动力等生产要素会流向报酬最高的地区,因为这些地区生产要素稀缺,故而,早期的移民理论是建立在剩余劳动力、固定"外生"增长率、创造工作机会的基础上。但是在同时,市场发育的滞后,无疑不利于地方贸易与产业的发展。地方货币的紊乱、税收的无章,乃至苛压将会极大地抬高交易成本。

一、要素流动的轮廓

近代中国处于全球化浪潮第一波,其中显著的特征是贸易壁垒小、更多受制于资源禀赋、产业与服务分工不明显、产业间的贸易值微小。近代中国基本处于经济增长的起点阶段,较少地受制于产业的细化、国际投资、政策环境等方面的影响,这种简约的经济环境,比较适合验证区域要素的流动。

（一）流动的方向

随着全国市场的区域化,南北大区域之间的传统商路逐渐衰落,新形成的经济区之间的商业相对比较脆弱。例如,湘赣之间保持较大宗的只有粤盐北济湘南、赣南以及广东上岸的外国洋货北运至湘潭分销,由湘潭集中装箱的各地丝茶再运广东放洋出海。1936年7月粤汉铁路的正式开通,湘米运粤将湘中南市场区重叠进珠江市场网络。据1932年江西陶务局的调查,各地运销的陶瓷共计573万元,其中到广东香港的共 70 余万元,据 1933 年《大公报》(天津)的记载,"港粤帮因赣州、南雄、大庾一路不能越过,全恃海道运输,销路大减"[①]。在近代中国,因为船运是将商品运往国内外市场最经济的方式,沿海与可以通航的流域是经济高密度区,随着技术的进步与通信交通成本的下降,重新塑造了经济密度的走势。

1843 年广州开埠以前,整个珠江流域的要素市场流动已经形成了一个网络结构,但是基本还是基于次区域系统的松散联合体,每个系统与相邻系统之间只有些脆弱的联系,19 世纪后半叶以来,特别是 1920—1930 年代,随着广州、香港等珠江三角洲一些大城市的崛起,城市现代化水平的提高,及广西城镇商业市场网络发展的日趋成熟,这种情况有了很大的变化。伴随着国际贸易和海运交通的发展,沿海港口城市快速地成长,尤其是河口三角洲地区,往往成为现代经济生长的中心,拉动了流域经济的持续发展。珠江三角洲地区大中城市对珠江中上游地区的吸引力和辐射力大大提高,流域内各地区城市之间的经济联系日益密切、广泛,并越来越显示出城市之间的互动作用。

如图 3-12a 所示,经济大危机之前,香港的进出口贸易指数整体上保持持续有效的增长,另外,如前所述,近代香港是粤桂外贸与金融之枢纽,故而,近代时期华南地区的要素流通整体上持续有效,却不断扩大。

图 3-12a　近代香港进出口指数

资料来源:逊之:《中国对香港贸易之观察》,《商业月报》1936 年第 16 卷第 4 期,第 1—15 页。

如图 3-12b、c,自开埠到二战前,华南地区的洋货进口与土货出口的趋势是一致的,主要口岸整体上保持持续增长的趋向,区域内部与区外之间的要素流通,虽然因为经济或政治原因短暂下滑,但整体而言,1930 年代之前依然是积极有效的。

---

① 江西省轻工业厅陶瓷研究所:《景德镇陶瓷史稿》,三联书店,1959 年,第 323、327 页。

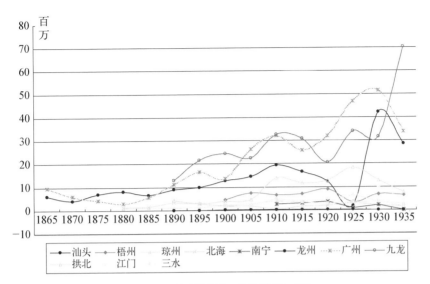

图3-12b 华南洋货进口趋势图(分口岸)

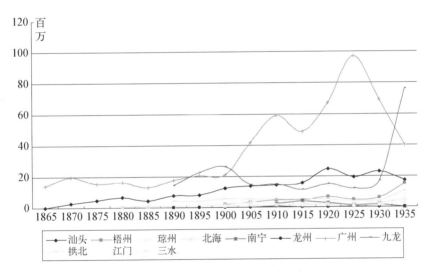

图3-12c 华南土货出口趋势图(分口岸)

表3-13 华南各口岸对其他口岸的依存度(1894—1904年)

	口岸	(对该口岸)依存度		依存度		依存度		依存度	
洋货进口	汕头	香港	93.39					国外	6.61
	广州	香港	98.22					国外	1.78
	江门	香港	99.35	澳门	0.65			国外	0.00
	三水	香港	99.71	澳门	0.29			国外	0.00

续表

	口岸		（对该口岸）依存度		依存度		依存度		依存度
土货进口		梧州	香港	99.41				国内	0.59
		琼州	香港	90.62				国外	9.38
		北海	香港	99.03				国外	0.97
		汕头	琼州	0.29	北海	0.01		区外	99.70
		广州	汕头	0.14	梧州	0.30		区外	99.56
		江门	梧州	99.52	三水	0.48		区外	0.00
		三水	梧州	94.07	肇庆	5.92		区外	0.01
		梧州	广州	8.89	三水	78.77	肇庆	3.31	区外	9.03
		琼州	汕头	56.19	北海	43.81			区外	0.00
		北海	琼州	99.73	汕头	0.19			区外	0.08
土货出口		汕头	国外	33.35	香港	11.90			区外	21.45
			国内	66.65	广州	0.07	琼州	0.04	区外	66.54
		广州	国外	87.71	香港	87.71			区外	0.00
			国内	12.29	梧州	0.06			区外	12.23
		江门	国外	93.19	香港	91.20	澳门	1.99	区外	(0.00)
			国内	6.81	梧州	0.21			区外	6.60
		三水	国外	76.46	香港	72.04	澳门	4.42	区外	(0.00)
			国内	23.54	梧州	22.81	肇庆	0.7	区外	0.03
		梧州	国外	93.74	香港	93.74			区外	0.00
			国内	6.26	广州	1.91	三水	3.64	区外	0.01
		琼州	国外	95.96	香港	93.78			区外	2.18
			国内	4.07	汕头	2.47	北海	1.59	区外	0.01
		北海	国外	99.87	香港	97.95			区外	1.92
			国内	0.13	汕头	0.11	琼州	0.02	区外	0.00

资料来源：《中国旧海关史料》，京华出版社，2001年。
其中梧州对肇庆0.7的土货出口依存度未标识。

以上表3-13通过对华南地区各口岸的贸易依存度的分析，就进口洋货而言，华南各口岸高度依存香港，就进口土货而言，仅汕头、琼州口岸不依赖于本区域的口岸，就出口土货而言，仅汕头对国内口岸的土货出口具有独立性。Wayne的港口经济学提供了一个货运进出口的供应链分析，如图3-13所示。在近代华南地区，各开埠口岸正如图中的Port A/B/C等，其对外航线的联系都主要是单一地面向

Port D,即香港。对于广州、梧州、北海等口岸而言,进口洋货来自于香港,而出口土货几乎全部供给香港,或由香港转运内地及域外国家。

表3-14 华南区内口岸间的依存度(1936年)

贸易通道	依存度	贸易通道	依存度	贸易通道	依存度	贸易通道	依存度
梧州南宁	65.69	广州琼州	31.87	琼州江门	5.44	汕头南宁	0.50
梧州三水	47.59	广州北海	18.83	广州梧州	3.45	梧州北海	0.37
		广州汕头	13.02	广州南宁	2.65	梧州江门	0.23
		汕头江门	14.23	汕头梧州	2.28	梧州琼州	0.06
		北海江门	12.94	南宁三水	2.25	广州江门	0*
				汕头琼州	2.17	广州三水	0*
				汕头北海	1.38	江门三水	0*
				琼州北海	1.16	琼州三水	0
						琼州南宁	0
						北海三水	0
						江门南宁	0
						汕头三水	0
						北海南宁	0

注: * 表示值为零是基于地理邻近没有的原因,而非真实为零[①]。

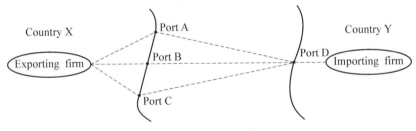

图3-13 港口进出口货运供应链图

资料来源:Wayne K. Talley. *Port Economics*. London and New York:Routledge Press 2009. p81.

导致港口区位空间格局发生变化的要素,首先是交通网络扩张从而提高腹地交通便利程度,其次是"龙头"港的产生和港口序列的形成过程,一般表现为区域内部要素流动方向的变化。

表3-14列举了1937年近代华南地区,口岸间贸易依存度强度分类,第一列

---

① 原理等同于内地转子口税,"极短距离的运输,也是不屑经过付纳子口税手续的",(日)高柳松一郎:《中国关税制度论》,商务印书馆,1927年,第38页。

区间是[47,66]共 2 组,第二列区间为[12,32]共 5 组,第三列区间为[1,5.5]共 8 组,第四列区间为[0,0.5]共 13 组。显示出当时中国口岸之间,除了区域内邻近的主要口岸,例如梧州南宁、梧州三水,或者区域内部次级通道,例如广州琼州、广州北海、广州汕头等,其他通道相互之间的依存度依然不高。

表 3-15 广东侨汇估计表(1931—1935 年,百万国币元)

年份	香港	%	汕头	%	海口	%	合计
1931	250.0	90.84	24.2	8.79	1.0	0.36	275.2
1932	200.0	73.61	70.7	26.02	1.0	0.37	271.7
1933	190.0	74.86	62.8	24.74	1.0	0.39	253.8
1934	137.0	74.05	47.0	25.41	1.0	0.54	185.0
1935	212.0	79.10	55.0	20.52	1.0	0.37	268.0
年均	197.80	78.89	51.94	20.71	1.00	0.40	250.74

资料来源:广东经济年鉴编纂委员会:《广东经济年鉴》,1941 年,第 D62 页。

要素流通中除海关贸易外,另有一个可以参考的指标是海外侨汇。广东省侨汇额度在战前约国币 2 亿—3 亿元左右[1],截至 1949 年的统计,华侨在广东共创办企业 2 万多家,投资总额为 3.86 亿银元,约占同期华侨投资国内企业总额的 55%,在近代广东的民族资本中,侨资占 40% 左右[2],侨资一般投资银号、百货店、杂货店、房地产、酒楼饭店等。侨汇与生丝是近代广东的支柱经济。广东商业"完全赋有为洋行尾闾的特质"[3]。1934 年侨汇相对较少,大约为最近几年年均值的 73.78%,海关贸易报告中纷纷认为,这是地方经济困顿、进口洋货减少的主要原因之一(尤其是江门、拱北、汕头关)[4]。

根据林家劲等整理的数据,广东侨汇占全国侨汇总额的 80%—85%,1914—1948 年广东年均侨汇额为 6 684.29 万美元,1938 年高达 15 300 万美元[5]。据统计,1862—1949 年间,全国华侨投资企业数为 25 510 家,广东华侨投资企业占有 21 268 家(83.37%)[6]。

如表 3-15 所示,广东省的海外侨汇年均 78.89% 通过香港汇入,20.71% 经过汕头进入,0.40% 经由海口流入。

(二)流动的脉络

由于区域内部或区域之间的禀赋差异,促成了要素向收益更高的地点流动,重

---

[1] 《广东政治经济等情况(1945 年)》,载广东省档案馆编:《广东革命历史文件汇集》,甲种本,第 38 辑。
[2] 林金枝:《近代华侨投资国内企业的几个问题》,《近代史研究》1980 年第 1 期;《近代华侨投资国内企业概论》,厦门大学出版社,1988 年,第 57 页。
[3] 曾仲谋:《广东经济发展史》,广东省银行,1942 年,第 181 页。
[4] 广东经济年鉴编纂委员会:《广东经济年鉴》,1941 年,第 D53—59 页。
[5] 林家劲等:《近代广东侨汇研究》,中山大学出版社,1999 年,第 101 页。
[6] 林金枝:《近代华侨投资国内企业概况》,厦门大学出版社,1988 年,第 41 页。

新组成新的地方生产结构,形成更有效率的生产,以最少的投入获得最大的收益。一般而言,自然资源的分布相对而言还是比较分散,民国时期各地产业发展颇有进展,故而促成了区域要素的流动。经济发展以及空间经济自然演化的趋向,一般会促进区域性资源的网络化流动。无论是经验事实,还是区域的集聚扩散理论,已经在这方面积累了一些常识性的认知。简言之,合理的空间分布能够使生产要素获得更优的配置。由于网络具有开放性,网络本身一直处于解构与重构之中,也是流动性的。

"过去广西交通之重心在水运,水运之枢纽在东南,故……省内各县农林工业产品,以受交通之限制,不能北运长沙流域,只能以粤港为尾闾。因广西江河,除湘江而外,大抵(东)南流,货物运输,顺流则易,逆水则难,而灵渠水浅流急,不适于较大规模之货运。广西与其他较北各省,几完全为两个漠不相关之体系。是以广西农村工业产品销路有限,与长江流域之广大市场,殆相隔绝,各业盛衰,几全为粤港市场所左右。"①苍梧戎圩、平南大乌、桂平江口是广西三大圩市,桂东南地区,民谚称之为"无东(广东人)不成市,有烟则有东","以广东人为多,握商业之实权"。

1920年以前,广西各县每年向广东都城、德庆、禅城、禄步、广利、西南、鹤山、九江、江门、佛山、广州、顺德和香港等地销出的大米,多达三四百万石②。除此之外,牛、猪、鸡、鸭及副产品和牛皮、猪鬃等开始成为大宗输粤产品。1920年代,粤港经纪行商(时称"栏"),在梧州设立牲口行"大牲堂",专为桂平、江口、平南、大安、藤县、梧州等埠以粤商为主的鸡鸭行商服务,"举凡行商贩运鸡鸭至梧时,必先至大牲堂着人依次指导过关"③。自桂输粤土特产的品种增加,著名的有:南宁的爆竹、铜器、刨丝烟,桂林的梳篦、毛笔、纸扇,梧州的藤器,玉林的土布,桂平的竹器、桂皮,龙州的尖刀,宾阳的陶瓷器、纸伞,隆山、那马的纱纸,隆安的草席,忻城的土锦和永淳的腌头菜,邕宁、崇善、奉议的白糖,田阳、凭祥、德保的八角,恩阳、恩隆、靖西、天保、奉议的茴香等④。

当时从广东输入广西的产品,除了外国工业品外,还有大量从上海、江浙等地转运到广东的工业产品,以及广东本省传统的手工业、农副业产品和渔盐产品,例如:棉纱、棉布、燃料、面粉、白糖、纸烟、火柴、剪口铁、汽车等⑤。贵县粤商经营的几家大纱布店所经销的棉纱布匹为上海货,民国时期佛山土布在贵县一直畅销。大新县太平土州昌平街,1917年成墟时,"布匹洋杂是由广东罗定来的行商经营的"⑥。

---

① 张先辰:《广西经济地理》,桂林文化供应社,1941年,第26页。
② 孔繁琨:《广西谷米运销》,广西省政府,1936年,第31页。
③ 潘载生:《广西大宗出口贸易调查》,广西统计局1934年,第92页。
④ 钟文典:《广西通史》,第2册,广西人民出版社,1999年,第670页。
⑤ 广西省统计局:《广西年鉴》,第1回,广西统计局1933年,第63页。
⑥ 《广西壮族社会历史调查》,第4册,广西民族出版社,1984年,第115页。

图 3-14a、3-14b 示意了近代广西省土货集聚与流动的路线与趋势,提供了一个形象可见的图景。

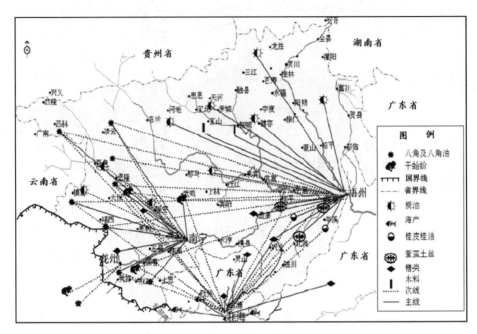

图 3-14a 广西省土货的集聚与流动

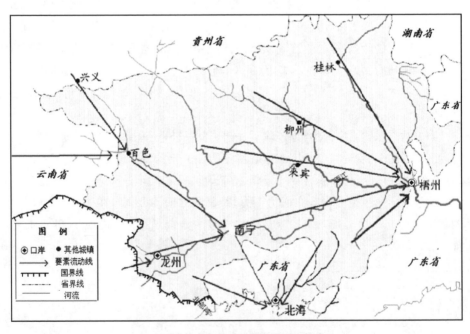

图 3-14b 广西省土货的集聚与流动

图 3-15 表达了华南地区港埠之间、港埠与内地中心城市之间的关系。香港居有绝对的中心位置,其他商埠作为一个特定区域的中心,形成了以香港为港口,特定形态的外围—中心、腹地—港口结构。口岸与中心城市之间形成了多重的相互对应结构,在香港中心之下,广州、梧州等城镇成为次一级区域中心,形成了区域的双核空间结构。彼此之间的差别主要体现在作用力与反作用力的强度上,区域性的中心城市具有较高的空间作用力。

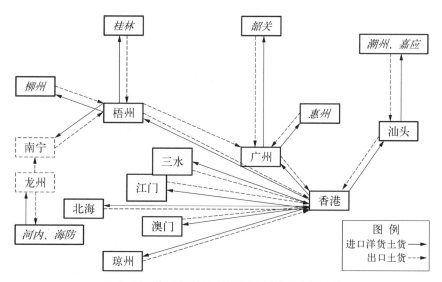

图 3-15 基于进出口商品的来源与去向的空间示意

注:斜体地名为"非通商口岸"或国外城市。

资料来源:*Trade Reports and Returns for the Year 1904*,*Canton*,*Swatow*,*Kowloon*,*Lappa*,*Samshui*,*Kongmoon*,*Wuchow*,*Kingchow*,*Pakhoi*,*Lungchow*,*Nanning*,1904《中国旧海关史料》。

内在的张力缘于香港的边缘优势,各港埠与香港的直接商业贸易,并非仅仅出于税收、交通的资源优势,更重要的是利用香港的金融汇兑、贸易转口优势。只要系统的中心不曾位移,就能保持一定的稳定性,这是粤港澳近代关系沉浮的主轴,也是近代华南次级区域空间结构变化的一条主线,不仅直接影响到各港埠腹地的空间格局,甚至直接预示了三层腹地结构的空间变迁形态和演进方式。

1911 年通车的广九铁路有助于密切粤港关系,强化了香港中心对于广州的拉动。广州位于珠江三角洲的顶水点,自然的禀赋和经济区位决定了广州应该是珠江水系的经济中心,但是,潜在的禀赋必须获得适宜的开发才能显示出来。1920年代以后国民政府对于产业发展的规范以及腹地经济的发展,才最终确立了华南地区的省港中心。显然,在穗港双核结构形成以前,当地有多种替代途径,如图 3-17,华南沿海、珠江沿线的港埠纷纷转向香港中心。

当港穗、港澳、港江(门)、港梧(州)这样的区域结构形成后,带动了各自腹地经济的发展。事实上这些"中心地"同样具有边缘中心效应,这样又形成了次一级的区域结构。当广州、江门等港埠中心和内地中层市场中心,形成一个个次一级的双核空间结构,这样就将来自外部的经济能量传入一个个中层中心,组成了一种内在的腹地空间结构,把地理上所谓的相对和绝对的经济区位的预设,充分地展示出来。这是一种地理形态上的中心外围结构,是一种基于经济理性与商业规范、政策干预与民众选择的共同结局,几乎每个港埠都以其中一条或数条轴线来优化空间组合,展现了一幅要素流通的空间脉络图。

当区域经济相对封闭时,距离与密度是决定区域市场潜力的主要因素,当区域实行对外开放以后,与国际市场的距离或国际市场的准入变得重要,边境或沿海地区常常获得来自区位优势的经济利益。贸易模式的改变通常会改变区域的市场潜力,之前处于优势地位的地区,随着与外部市场距离的拉大,失去了领先地位。

通过以上广东、广西两省近代地区经济地理变迁的图解,可见要素流动脉络的变化。由于开放与融入世界经济体系,使得香港(广州)等沿海沿长江航道的口岸城市获得更高的外部市场准入度,并通过联系国内外市场,成为新的区域中心与经济走廊。原有的以韶关—佛山—广州、梧州—佛山—广州为顶点的"V"字型城镇发展轴线逐渐被以香港(广州)—梧州、三水、汕头、北海(琼州)的"Y"型空间结构取代。由于农业经济仍然占显著的主导地位,区域之间的分割是广泛存在的、是常态,点线轴的联系才是近代经济地理变迁的显著特征,这种空间形态也暗示着近代时期还处在发展的开始阶段。

经济密度的空间变化也反映了这一特征,在晚清华南地区尚未对外开放贸易前,区域处在以农业经济为主的发展阶段,人口主要分散在农村,即使最大的城市(例如广州)规模也比较有限,城市居住区一般是城市城墙之内的街坊,这类城市一般毗邻交通要道,提供剩余农产品的交换。晚清开埠以后,快速增长的对外贸易,带动了乡村手工业化后的分工,商业与贸易迅速带来了城市的发展,尤其是以香港(广州)为首的口岸城市。

在地区经济的发展过程中,自然出现从毗邻区向密集区的溢出效应与过程,一个地区整体的要素增长率与毗邻地区的经济密度呈现正相关。通过溢出效应,毗邻地区的需求增长会促进整体要素生产率的更快增长。穗港得益于毗邻优势,信息、人才等资源优势,成为中心。资本与劳动力等生产要素会流向报酬最高的地区,因为这些地区生产要素稀缺。为了实现规模经济,需要在一个经济板块聚集人口与资源,相对大量的人口不仅提供制造业生产所需要的劳动力,也提供了消费品市场,在自然资源向工业转变的过程中,人口自然集中到沿海地区,沿海城市成为地区制造业增长的发动机,并首先从国内市场中获益,然后快速转向面向区域市场与世界市场的进出口。

如图3-16,由于要素在流动中改变了区域资源的配置,并激发了闲置的要素,能够提高边际生产效率,故而,部门与部门之间、区域与区域之间的要素流动,能够促进经济增长。在图中,区域先发展地区表示为 DC,区域后发展地区表示为 LDC,初始情形为实线部分,区域生产可能性曲线是先发展地区与后发展地区可能性生产曲线的总和。如果要素从先发展地区流入到后发展

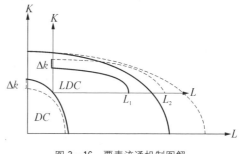

图 3-16 要素流通机制图解

地区的量为 Δk,激发后发展地区的剩余劳动力,则后发展地区劳动力从 L_1 增加到 L_2。反映到区域生产可能曲线中,资本端没有变化,但劳动端向外扩展,总的生产可能性曲线扩张。于是,通过要素流动激发剩余要素,使其投入到生产过程中,提高要素的总产出量。

沿着张敏、顾朝林对要素流的空间类型与重心的观察与计算的思路[①],加入时间与区域空间资源配置的要素,存在以下三种要素空间流动模式,分别代表不同的空间尺度与空间类型。如果加入演化发展的思路,结合以上对华南地区经济地理变迁过程的计算与分析,可以看出:① 香港——广州之间是区域的"Ⅰ极核交互型",已经形成;② 香港(广州)——汕头、三水、北海、琼州等属于次区域的"Ⅱ核心—边缘集散型",正在萌芽状态,还没有形成;③ 香港(广州)——江门、三水、惠州等属于更小地理尺度的"Ⅲ邻域渗透型",正在形成中;④ 香港(广州)对小珠三角地区逐渐开始的经济辐射属于中心"Ⅳ溢出型",还没有形成。

故而,可以将区域内部要素流动图论为以下三种模式:

第一,(Ⅰ)"点"—"点"辐射式,(Ⅱ)"点"—"线"交互式;第二,(Ⅲ)"点"—"线"辐射式,(Ⅳ)"点"—"面"交互式;第三,(Ⅴ)"点"—"线"—"面"辐射式,(Ⅵ)"点"—"线"—"面"交互式。

流动类型	模式(1)	模式(2)	模式(3)
辐射式	"点"—"点"(Ⅰ)	"点"—"线"(Ⅲ)	"点"—"线"—"面"(Ⅴ)
(图论)			

---

① 张敏、顾朝林:《近期中国省际经济社会要素流动的空间特征》,《地理研究》2002 年第 3 期。

续 表

流动类型	模式(1)	模式(2)	模式(3)
示例	香港—汕头、琼州、北海……	香港—三水、梧州……	香港(广州)—梧州、南宁
交互式	"点"—"点"(Ⅱ)	"点"—"面"(Ⅳ)	"点"—"线"—"面"(Ⅵ)
(图论)	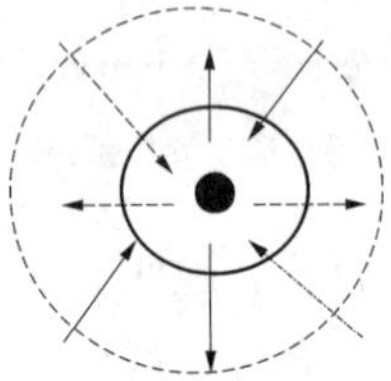	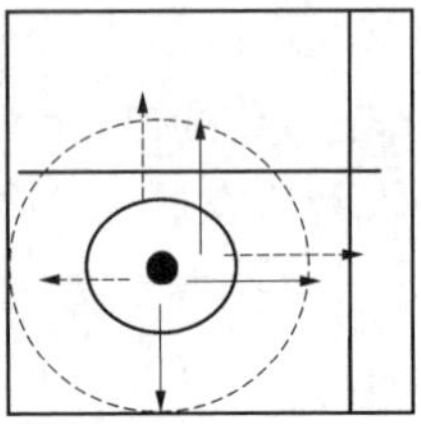	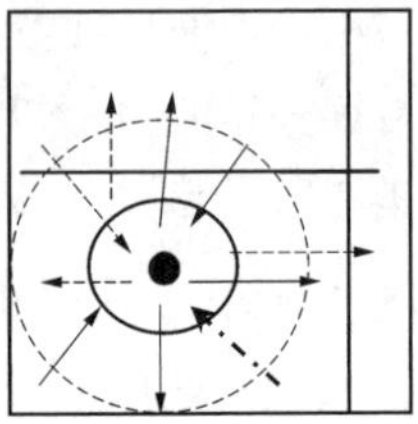
示例	香港—广州	香港—广州、江门	香港—广州、梧州、三水
空间模式	双核型	核心—边缘型	邻域渗透或溢出型

图 3-17 要素流动空间模式示意图

该类型的要素空间流动模式,仅在于近代中国已经形成"地域化经济"的地区普遍存在[①],其他区域仅出现其中某一种或数种情形,基于空间扩散与传导引发的经济增长,仅在近代中国的局部先发地区存在。

二、要素流动的度量

在贸易引力模型中,有两个制约因素:① 贸易伙伴的距离;② 贸易体以国内生产总值界定的经济规模。因为贸易额随距离衰减,随国内生产总值递增,所以贸易总是发生在毗邻地区或经济规模较大的地区。尽管随着交通运输成本的下降,距离对于贸易额的影响减弱,但这一基本制约要素依然存在。珠江三角洲与韩江三角洲地区,由于国内生产总值的大幅度提高,经济板块得以形成,向国际国内市场输出商品并进口消费品、资本设备、中间投入资料。不断自我强化的进出口贸易,形成了以贸易基础设施与服务的规模经济效益,包括良好的港口设施、集装箱运输、航运设备,借助较高的经济密度,区域经济体能够突破已有的障碍,进行远距离生产与贸易。

(一) 模型与解释框架

区域内部或区域之间生产要素流动网络,是指在市场机制作用下,基于要素价值的比较优势,采用互补、创新等方式,以及基于内在的自适应性和自主决策能力的要素主体所构成的一个网络状的组织模式。

---

① 迈克尔·斯多珀(2004,p.272)用经济学的术语如此定义:"地域化的经济是由依赖地域特定资源的经济活动构成的,这种'资源'可以是仅出自某一个地方的特殊要素,或者更复杂一点,只能从某种特定的组织内部或企业——市场关系中获得要素,包括地理邻近性,或者说地理邻近的关系比其他方式能够更有效地产生这种特殊要素。"

已有的研究表明,外部经济性、比较优势、交易成本、空间集聚、社会资本网络等共同构成了要素网络流动的内在动力,现代经济地理学在这些方面已经积累了较多的案例研究与机制分析。聂锐、高伟认为,已有的研究未能将产业要素与产业网络结构结合起来,推动网络研究的进展,构建了一个区际要素流动网络的分析框架[①]。将节点、连线、网络结构分别与区域、要素流动、要素流动的空间结构对应起来,寻找区际要素流动的整体结构,以及区域要素流动的一般规律。

以下结合近代中国要素相对简要的特征,重新给予界定。

① 生产要素:从时空关系的角度,将区域的生产要素形态,界定为一个个具有适应性与自主决策能力的主体所构成的链接网络。生产要素的表现形式:原材料、基础设施、人力资源、信息资源、财务资源、知识资源等。生产要素在资本追逐经济利益最大化的原则下实现区际的流动,最直观的表现形式为区域内部或区域之间的商品流动。

② 生产要素流动网络的主体:从微观的角度是个人、群体,然后扩大到企业、组织、部门,再延伸到城市,甚至是区域,包括所有参与生产要素流动的载体。在特定情形下,要素流动网络的主体,就形成了要素流动的节点。不同节点的地位是不同的,在该网络中的权重也是不同的。

③ 要素流动性与网络:由于区域内部或区域之间的禀赋差异,促成了要素向收益更高的地点流动,重新组成新的地方生产结构,形成更有效率的生产,以最少的投入,获得最大的收益。无论是经验事实,还是区域的集聚扩散理论,已经在这方面积累了很多常识性的认知。简言之,合理的空间分布能够使生产要素获得更优的配置。节点之间的要素流动,就形成了区内或区际的动态网络。由于网络具有开放性,网络本身一直处于解构与重构之中,网络本身也是流动性的。

根据 Hakansson(1987) 的观点,网络应该包括三个基本的组成要素:行为主体、链接关系和网络中流动的资源。由于真实世界的复杂性,使得现实世界中的网络结构与拓扑分析上的结构,有着很大的差异性,这里拟将基于地理空间的网络进行分析,以求更贴近实情。

根据聂锐、高伟构建的要素流动的网络模型,要素系统是由其中的要素主体以及它们之间的要素流动关系构成的。如果将要素主体记为节点,它们之间的要素流动关系,则视为节点间的连边,则一个要素系统 G 可用一个有序四元组表示:

$$G = (V, E, F, R)$$

其中: $V = \{v_1, v_2, \cdots, v_n\}$ 为节点集,V 中元素 v 称为节点(Vertex 或 Node),表示要素主体的集合;

---

① 聂锐、高伟:《区际生产要素流动的网络模型研究》,《财经研究》2008 年第 7 期。

$E = \{e_{ij}\}$ 为边集,且 E 中的每条边 e_i 都与 V 中的一对节点 (v_i, v_j) 对应。E 中元素称之为边(Edge 或 Link),表示要素主体之间的要素流动关系;

$F = \{f_1, f_2, \cdots, f_n\}$ 为要素集合,其中的元素是指网络中流动的要素(Factor);

$R = \{r_1, r_2, \cdots, r_n\}$ 为区域集合,其中的元素是指区域(Region)。

如此,可以给出如下一些定义作为对其特征的度量指标:

① 度(Degree):节点的度是节点连边的数量,$K_i = \sum e_{ij}$ 如果网络是有向的,节点的度就分为两种,出度 $K_i^{out} = \sum e_{ij}$ 和入度 $K_i^{in} = \sum e_{ji}$,因此 $K_i = K_i^{in} + K_i^{out}$。网络的最基本的特征就是其度的分布 $P(k)$,在有向网络中,需要考虑两种度分布,即 $P(k^{in})$ 和 $P(k^{out})$。

② 影响力:节点在系统中的重要程度,它等于节点度与系统总度数的比值,记为 $v_i(t) = K_i(t) / \sum K_j(t)$。

③ 边权:节点与其一邻居间的链接强度,在系统的拓扑结构上表示两节点间连边的粗细程度。两节点在 t 时刻的边权值记为:$L_{ij}(t) = \eta_i(t)\eta_j(t) / \sum \eta_i(t)\eta_j(t)$,即节点间要素流动规模越大,两节点的连边越粗。

④ 最短路径:在生产要素流动中,最短路径在网络中对于要素的流动是一个重要的指标。节点间最大的距离成为网络的直径,测量路径长度一般采用平均最短路径的概念:

$$L = \frac{1}{N(N-1)} \sum_{i,j \in n} d_{ij}$$

⑤ 群聚系数:相邻节点间存在关系的比重,即与该节点直接相邻的节点间实际存在的边数目占最大可能存在的边数目的比例,实际上它反映了系统在此节点上的点密度。节点的群聚系数可记为:$C_i = 2e_i / k_i(k_i - 1)$,式中 K_i 表示节点 i 的度,e_i 表示节点 i 的邻接点之间实际存在的边数。并且,可进一步地分析加权的群聚系数,用以刻画系统中各处联系强度的分布情况:

$$C_i^w = \frac{1}{s_i(k_i - 1)} \sum_{j,h} \frac{l_{ij} + l_{ih}}{2} \delta_{ij} \delta_{ih} \delta_{jh},$$

其中 $\delta_{jh} = \begin{cases} 1 & j, h \text{ 之间存在要素流动} \\ 0 & j, h \text{ 之间不存在要素流动} \end{cases}$

(二)数据与文献验证

此外,将晚清口岸之间的海关埠际贸易数据整理后,可以发现华南地区贸易通道的强度与等级,表 3-16 计算了口岸城市之间的要素流动系数。

表 3-16　华南区内要素流动(晚清时)

	边	路径	方向	系数		边	路径		系数
一类	广州香港	188 km	*至香港	100.00		广州江门	88 km		0.00
	江门香港	152 km	至香港	30.58		江门三水	99 km		0.00
	香港汕头	385 km	至汕头	28.71		广州三水	75 km		0.00
	边	路径	方向	系数		广州琼州	622 km		0.00
	香港梧州	384 km	至梧州	18.29		广州北海	871 km		0.00
二类	香港琼州	539 km	*至琼州	8.71		汕头江门	568 km		0.00
	香港北海	559 km	至北海	8.22	四类	汕头梧州	839 km		0.00
	香港三水	178 km	至三水	5.81		汕头三水	638 km		0.00
	边	路径	方向	系数		琼州江门	544 km		0.00
	三水梧州	216 km	至梧州	1.36		琼州梧州	1 007 km		0.00
	梧州广州	255 km	*至广州	0.30		琼州三水	737 km		0.00
三类	琼州汕头	881 km	*至汕头	0.22		梧州北海	1 203 km		0.00
	琼州北海	235 km	*至北海	0.14		江门北海	940 km		0.00
	汕头广州	6 131 m	至广州	0.08		北海三水	1 031 km		0.00
	梧州江门	358 km	*至江门	0.02					
	北海汕头	1 598 km	至汕头	0.00					

注：* 为流出地与流入地之间的差异小于等于50%。
资料来源：1894—1904年海关埠际统计。

　　将表 3-16 的数据直观地反映到地图上[①]，从图 3-18a 中，可以看出近代开埠以后，区域经济要素流动通道的改变，形成了以香港、广州为中心，港省—汕头、港省—琼州、港省—北海、港省—梧州为轴心的要素流动线路，与之前经验描述中发现的"Y"型结构转变是一致的。特别需要说明的是，由于晚清时期农业经济仍然占显著的主导地位，区域之间的分割是广泛存在的、是常态，点线轴的联系才是近代早期经济地理变迁的显著特征，这种空间形态也暗示着近代早期还处在发展的最开始阶段。

　　表 3-17、图 3-18b 采用 1936 年的埠际贸易数量，来观察近代华南地区口岸之间联系通道与强度的变化，与图 3-18a 的比较可以看出，晚清到民国期间，华南地区口岸间的物流量有所增长。就空间的联系通道而言，虽然主要的物流通道没有显著的变化，但民国时期各口岸之间的回路联系增强，出现网络化联系的趋向。这暗示着民国时期经济建设与地方产业的发展，以及产业内贸易的增强。

[①] 由于非口岸城市数据的不足，地图上出现了明显的空白之处，但这些区域属于中心城市的边缘腹地，并不影响比较分析。

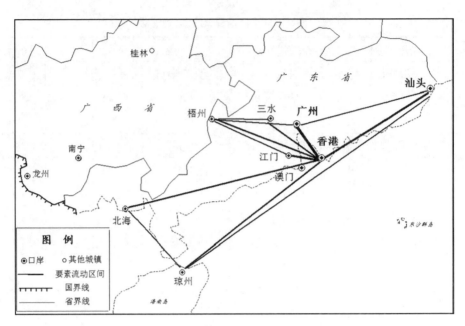

图 3-18a 华南口岸间要素流动(晚清时期)

表 3-17 华南区内要素流动(1936年)

边	路径	方向	系数		边	路径	方向	系数
一类	广州汕头	613 km	至汕头	100.00	三类	北海琼州	235 km	*至琼州	0.45
	广州琼州	622 km	至琼州	60.77		梧州北海	1 203 km	至北海	0.30
	梧州南宁	455 km	至南宁	60.14		江门琼州	544 km	至琼州	0.25
	广州北海	871 km	至北海	22.97		汕头南宁	1 241 km	至汕头	0.17
	广州梧州	255 km	至梧州	11.25		边	路径	方向	系数
边	路径	方向	系数			梧州琼州	1 007 km	至琼州	0.07
二类	汕头琼州	881 km	至琼州	5.12		三水南宁	592 km	至南宁	0.02
	北海江门	940 km	至江门	4.32	四类	江门梧州	358 km	至梧州	0.01
	梧州汕头	839 km	至汕头	3.10		汕头三水	638 km	至三水	0.01
	广州南宁	667 km	*至南宁	1.98		广州江门	88 km		0
	江门汕头	568 km	*至汕头	1.09		江门三水	99 km		0
边	路径	方向	系数			广州三水	75 km		0
三类	汕头北海	1 598 km	*至北海	0.95		琼州三水	737 km		
	三水梧州	216 km	*至梧州	0.68		北海三水	1 031 km		
						北海南宁	274 km		0

注:*为流出地与流入地之间的差异小于等于50%。
资料来源:郑友揆、韩启桐:《中国埠际贸易(1936—1940)》,1951年。

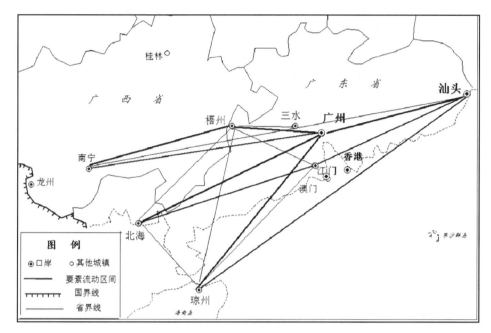

图 3-18b　华南口岸间要素流动(民国时期)

交通运输基础设施的位置与质量、运输的可得性与可达性可以极大地影响到两个地区的经济距离,在近代中国,因为船运是将商品运往国内外市场最经济的方式,沿海地区与可以通航的流域是经济高密度区,随着技术的进步与通信交通成本的下降,重新塑造了经济密度的走势。交通基础设施的改变对于培育地方经济意义重大,故而孙中山陈述"我的计划,首先注意于铁路、公路的修筑,运河、水道的整治,贸易港口、商业街道的建设。因为这些都是发展实业的重要条件,必须先有这些交通、运输和商品流通的重要条件,否则虽然全部具备了发展实业的要素,也没有办法去发展"①。

轮船取代帆船虽然导致运营成本增加,但是在节省时间方面,除了减少挂靠港口外,另一办法则是减少在港时间,增加航行时间,这又对港口的货物集中能力和货物存储能力提出了更高的要求。为了提高经济效益,轮船都在减少途中靠岸的次数,而且都集中于少数大商埠以承接航运业务。先把货物卸于上海港,再通过固定而廉价的区域航线转运②。

公路运输多半为军事政务需要服务,传统的人畜力运输工具仍然是城乡运输的重要力量。因为"地方大量笨重货物多利用轮船装载。客运方面以铁路迅速、正确之优点,有独占之势"。上海、广州、武汉、南京等沿海沿江城市,通火车之后,铁

---

① 孙中山:《中国实业如何能发展》,上海《民国日报》副刊,《星期评论》1919 年 10 月 10 日。
② 徐雪筠等译编:《上海近代社会经济发展概况 1882—1931:海关十年报告译编》,上海社会科学院出版社,1985 年,第 258 页。

路货运量在货运总量中大致在20%—30%之间①。一战结束后,外轮卷土重来,恢复了在中国沿海沿江的航运,但此时中国民营小轮航运业已经初步具备了与外国轮运势力抗衡和竞争的能力,改变了外国轮运势力独占和垄断的局面。民国时期,随着铁路、公路的修建及商品流通结构的变化,港口的兴衰也有了明显的差异。

同时,相对统一的经济地区将会促进劳动力的自由流动、资本市场的一体化、服务业的自由贸易,并且通过政治上的一体化获取经济上的一体化,降低边界效应,缩减边界直至边界消失。拥有一套高效的、完备的商品与生产要素市场体系,次级区域的变化不会影响到整体的经济发展。克服距离与分割导致的困难,劳动力的流动可以实现,经济活动的地理空间分布不均衡,并不影响经济的发展。

图3-18a、b的变化表明,随着时间的演进,区域内部的经济分割减少、经济联系增强、经济距离缩短、经济密度提升,区域内更多次一级城市的出现,并在经济流通体系中占有更重要的地位。同时,伴随着区内独立有序的经济流通系统的形成,地方化经济系统萌生,新的经济秩序逐渐形成。在前近代中国,长距离跨区域贸易一度比较活跃,但基于地方区域内、跨部门、高度依存的贸易经济一直未曾出现,此时已经普遍形成。

三、要素流动的规制

在提及近代广西商业未能发展之时,一般认为可能有这几个方面的原因:地理偏僻,交通不发达,历来经济落后,外贸商业的基础薄弱,经济基础对于商业发展的推力不足;广西内战频繁,人们生活贫苦,商业企业即使建立起来,也大都倒闭,一旦遇到变故则情况更惨;新桂系初期在桂的统治,忙于巩固政权,顾不及外贸商业②,大约囊括了要素流动中的经济与非经济原因。

(一)一般性经济因素

王亚南在论及近代中国贸易市场发展的情况时指出:由于帝国主义的瓜分形成了不同的地区与外国联系的紧密甚至比彼此之间结成的市场要密切许多③。其实,商人从芜湖买米经上海运到广州需要20天,但是东南亚的米谷只要一个星期就能到达广州④。当市场畅通之际,自然采用更经济的流通方式。

影响市场流通方式与区域物流的主要为自由通行与税率,这也是中英鸦片战后谈判的要点。1842年后海关洋货进口的税收大约为5%(基本是从价税),成为世界上进口税率最低的国家之一。法国对华国进口的绣制品征收80%以上的进口正税,而中国从法国进口的绸缎仅征收5%的低税⑤。除了正税外,洋货进入中国

---

① 宓汝成:《帝国主义与中国铁路》,上海人民出版社,1980年。
② 杨乃良:《民国时期广西经济建设研究》,崇文书局,2003年,第122—123页。
③ 王亚南:《中国半殖民地半封建经济形态研究》,人民出版社,1957年,第254页。
④ 陈启辉:《广东土地利用与粮食产销》,成文出版社,1977年,第26040页。
⑤ 道光二十三年六月十三日耆英奏折,《筹办夷务始末(道光朝)》,第5册,卷六七,第2647页。

腹地,只需要另外交纳2.5%的子口税,就可以自由转入非开放口岸或内地任何地方,也就是说洋货进入中国沿海、沿江的口岸收取5%从价税,进入内地收取7.5%。《南京条约》的一个宗旨就是实现在华"贸易通商无碍"。改变了以前国内商品流通"逢关纳税、过卡抽厘"的弊端,改善了要素商品市场的流畅度。在土货出口方面,实行同样的税收方法[①]。

以伦敦亚细亚火油有限公司为例,该公司总行1902年成立,香港公司1904年成立,广州公司1906年成立。其中,伦敦为一级公司,上海香港为二级公司,广州为三级公司。1930年代亚细亚的汽油业务已经超过煤油。亚细亚火油在华南的分公司有广州(拥有三个水油仓)、梧州(兼管南宁分行)、江门、湛江、海口。各分公司划定区域,域内委托代理推广到乡村。

华南公司中以广州最大,销售区域包括东江、西江、北江与珠江三角洲地区,除了广州市内的代理外,在东江的东莞、增城、石龙、惠阳、河源、老隆、和平设有代理,东江邻近香港的稔山、淡水、樟木头直接由香港管理;在西江的三水、西南、四会、广利、肇庆、罗定、都城、八步、芦苞设有代理;在北江的新街、高圳、清远、英德、曲江、南雄、连县设有代理;在珠江三角洲的佛山、陈村、大良、九江、大沥、官窑、襄水、官山设有代理。这些代理的销售范围不一,其中三角洲与东西北江中下的代理商都限于本地,甚至是附近的墟镇,偏远的北江上游等地的代理商一般管理数县的区域。大抵是沿江而上,逐渐扩展到内地的末梢[②]。

梧州分公司管理整个广西省,主要代理有梧州、贵县、桂林、柳州等。梧州分公司监管下的南宁分公司,所代理的范围是左右江流域之上的百色、龙州等处。约1933年黔桂公路修成之时,梧州分公司在贵阳与独山设有代理,销售管理范围扩大到贵州全省。

江门分公司属下的代理有江门、赤坎、台山、阳江、石岐、小榄。大抵是富庶的四邑(新宁、开平、新会、恩平)与中山县。

湛江分公司,以前称之为广州湾分公司,管理下四府的高州、廉州、雷州等地。

海口分公司负责整个海南岛的销售。

汕头分公司的代理大抵为汕头、潮安、庵埠、兴宁、梅县、大埔等地。

广州沦陷后太平洋战争之前,亚细亚香港分公司在中国内地组织代理,由香港提货,经过阳江、湛江一带运货到广西梧州。另外在越南河内设立办事处,在凉山、同登设站,汽车运入广西境内,待这条线路不通时,再经由滇缅路,直到1942年10月。

1945年后,华南华北公司合并,贝壳集团中国总公司设于上海,广州便隶属于

[①] 盛俊:《海关税务纪要》,财政部驻沪调查货价处,1919年。陈诗启:《中国近代海关史》,人民出版社,2002年。
[②] 胡毓芬:《回忆广州亚细亚火油公司》,《工商经济史料丛刊》,第4辑,1987年。

上海,但货物仍由香港供应,广州分公司管理范围扩大到江门与梧州。湛江、海口仍属于香港。汕头曾分别归属于广州与上海①。

随着商品的流通与市场的扩大,一些关键点的城市逐渐成为区域的中心城市与市场的枢纽。同时,我们知道,单纯的商业活动只能改变物质财富的空间配置,并不能创造出新的物质财富。布罗代尔把贸易区分为两种不同类型:一种是低级形式,如集市、店铺和商贩等;另一种是高级形式,如交易会和交易所等②。低级形式的市场交易活动通常是与地方性的、自给自足的经济相联系的,只能成为生产活动与消费活动的一种中介,而不能改变该地区要素的稀缺性与基本的资源禀赋。被布罗代尔称之为高级的市场贸易方式,超越了地方的界限而日益演变成为全球性的贸易行为,能改变该地区要素的稀缺性与基本的资源禀赋。近代华南地区的流通空间及其变化显示,区域商品与要素的流动已经促成了地方化经济与产业内贸易的形成。

随着商业的发展,近代企业开始逐步发展起来,其中,绝大部分建立在通商口岸或靠近通商口岸的地方。就外资企业而言,甲午战争前的在华投资主要服务于其商品输出,侧重于船舶修造业、出口加工业等工业部门。外资企业除了矿场外,规模较大的工厂,都集中在少数几个通商口岸,如机器造船厂和纺纱厂,水、电、煤气工业和烟草工业。外资企业之所以集中于少数通商口岸,除了利用租界的各项特权外,还因为上海等通商口岸作为中国最早一批近代城市,提供了举办大工业所必需的现代金融、交通、动力等方面的有利条件。中国本国资本的近代企业,绝大部分也集中在通商口岸地区,除了便于机器和技术的输入,还在于大部分企业是为了原料出口加工而创设,如缫丝、制茶、轧棉等,有些企业则是附属于各口岸的航运业需求而存在,如船舶修造和机器修理厂。此外,很多企业之所以设立在通商口岸,是为了减轻守旧势力的阻挠和敲诈,谋求企业的发展。

晚清以来,国内出现了技术救国、制度革新等思潮,通过引进国外的近代工业、交通与技术等,形成外资、国有、私营多种形式的工业企业,对区域空间结构的演变产生了重大影响,主要的表现为现代交通运输业的发展,以及实业建设与现代工业的成长,改变了传统农业经济时代的低效率,使得区域经济空间变动加快。

就经济性因素而言,近代对外开放口岸,尤其是对于非沿海的地区,开放口岸有利于获取联系国外市场的通道,同时会推动地区基础设施的投资与改良。华南地区近代流通与生产的空间显示,口岸商埠与内地的双向互动促成了近代经济的成长:① 口岸城市的外部市场准入度高,带动了区域要素流通的增长,并形成地方化经济;② 粤港口岸与沿江、沿海经济轴,与内部市场联系密切,借助资源禀赋、地

---

① 胡毓芬:《回忆广州亚细亚火油公司》,《工商经济史料丛刊》,第 4 辑,1987 年。
② (法) 布罗代尔(Fernand Braudel):《资本主义的动力》,生活•读书•新知三联书店,1997 年。

方消费市场与劳动力供给、与粤港的毗邻地缘、工业资本投入等优势,形成"现代"的功能性城市。正如道格拉斯·诺斯所说,发展方向的扭转往往要借助于外部效应,引入外生变量或依靠政权本身的变化。随着外部资本主义的介入,华南地区前近代以内生演化力量为主的发展模式被打破,逐渐演化为以外力为主导的发展模式,推动了该地区流通与生产空间的扩张与经济的成长,形成了以口岸城市为导向,具有一定层级的空间发展"阶梯",尽管这一结构本身还处在失衡的状态之中。

(二)超经济的限定

19世纪中叶之前,当外国商船来广州通商时,首先需要到黄埔领取入口证,然后才准驶进广州,因此,黄埔港外的香港岛、澳门半岛、伶仃洋岛屿,就成为了外国商船寄舶的地点,此为城市发展与要素流动上一个最明显的超经济制约案例。

对于要素流动而言,第一项超经济的因素即为市场准入。西方资本主义国家的商人与中国内地的商人,即那些熟悉、控制着初级市场的商人之间言语不同,气味各别,因此相互之间很少交易,西方资本主义国家的一些商人或其他人企图深入内地以熟悉初级市场,但也遭到抵制受挫。于是外国势力面对着中国商人的势力和中国市场的惯例,通过极其有限的渠道,如买办中介或外交渠道,如果他们想对中国市场条件作出更多的把握,还得等待那些想在中国扩大市场影响力的中国商社进行具体的研究之后。①"香港的英国大商行通过进出口贸易每赚得1元钱时,他们的买办及买办的朋友就能从中赚得2元钱。……要是情况仍与现在这样,那么买办势必成为商人而英国商行老板反成了他的代理商。"②外国洋行的分行常把大部分棉织品运到广州等商埠,但位于较小通商口岸(它们是大贸易区城市的市场)的这些分行甚至不能与中心一级的中国销售商发生长期直接的联系,当然更不提与中间市场或集市市场发生联系了。"不论进出口商品,来自国外的进口品,中国人也具有垄断的地位。在靠行会组织垄断的将商品买进卖出方面,对内地市场的影响方面,自由包租沿岸交易的外国船只的能力方面,无论哪一方面,外国洋行都不能攻破中国商人,这一点已经成为明显的事实。"③

1902年《中英通商条约》要求中国采用一种"统一的全国通用的货币,因为一个地方的'两'无论在重量上还是在'成色'上,很少和另一个地方的'两'相同,结果是产生了无休止的、巧妙的兑换贸易。"④由于两广币值不统一,汇兑上海、广州、香港银两贴水巨大。花纱行、贩运土药的商人,来梧州售卖后所得的款项,"若以之汇兑,贴水太多,宁可采办棉纱,以货易货,故能销流日多"⑤。

---

① (日)滨下武志著,朱荫贵等译:《近代中国的国际契机——朝贡贸易与亚洲经济贸易圈》,中国社会科学出版社,1999年,第218页。
② 英国外交部:《布克莱商会访华团报告》,1898年,载彭泽益:《中国工商行会史料集》,中华书局,1995年,第663页。
③ (日)滨下武志著,朱荫贵等译:《近代中国的国际契机——朝贡贸易与亚洲经济贸易圈》,中国社会科学出版社,1999年,第218页。
④ 1892—1901年粤海关十年报告,《粤海关报告汇集》第964页。
⑤ 《梧州商业概况》;1929年7月1日《工商半月刊》。

其次,附加于市场之上的税负,往往制约要素的流动。领事认为中国大部分人的极端贫穷制约了外国商品在内地的销售,但他同时认为洋货进入内地不正常的税收是一个重要的阻碍原因。"自从镇压太平军叛乱以来,不断发展的贸易就成了征收战时税的对象,其税额几乎完全足以扼杀其增长",各种厘金关卡没有明确的征额,"使商人心灰意冷的是:在任何关卡,他都可能被官员们任意扣留多少天,这种耽搁会使他陷入失去销路的危险,他还担心他的竞争对手只缴他所纳税款的半数就能把货物迅速出手,从而使得他的货物加上许多沿途费用后还只好低价出售"。"奇怪的是,北京的中央政府竟然会容忍这种不仅妨碍国际恢复繁荣,而且使得国库承受严重损失的私下征税制度。""目前还流行一种代税制度,这使富裕的中国行商,每月缴纳国家税额就可以把产品随意运入内地,从而使他们能够以低于小商人的售价出售产品。"①"自从 1853 年为了资助镇压叛乱的太平军而设立厘金以来,19 世纪后半期的外国观察家们习惯地把这种内地贸易税制(人们公认这种税制的管理有时变化无常)看成是他们自己的贸易和中国的商业一体化的主要障碍"②。

咸丰末年,广东"查油糖抽厘,不止江门一处,省佛石龙陈村西南各处亦俱一律抽捐。汝江门各行货认捐,原止就本埠销售之多寡定缴厘金之数目,本县前次出示,亦止称生油凡到江门销售者,应照章统归各该行经理买卖,并非凡在江门过境者亦俱归该行经理买卖也。……现据恩平职员梁敏光禀:汝各行私设巡丁,拥河截抽,混行促私勒罚,并将告示'发卖'二字挖补改为'入境'二字,以为截抽证据,等情。并将挖改印示揭缴前来。足见汝各行有意营私执法滋弊,直欲借一埠之厘金霸各市之生理,名为急公,实以肥己。"③广东省雷州、钦州、廉州与广西省郁林、博白、陆川一带,商品的流向与税收密切相关,1898 年法国租借广州湾后,税收轻微,而该地除了北海关外,尚且有多处厘金税局④。

再次,非经济的管制或破坏一般会阻碍正常的要素流动。例如,广西龙州为边疆水陆重镇,商民富庶。"乃昔年左江财赋之区,兵燹后十室九空,乡市类皆凋敝。此地遭乱以来,船只稀少,亦未经奏明开设厘金。自徐任事以来,广揽旁搜,大开利薮,凡龙属边卡,如平而水口两关,及哥村汛坳,分设厘卡三座;又在州街水陆要口设立船埠,派官亲赵廷元充当委员;私设公局,派劣绅苏成春等充当司事。见船见货,逐款抽厘,违者加十倍罚。按月解回府署需用,每年所获何止万金。迨左江道周星誉委员清查,徐则谓去年业已停抽。而官亲司事仍勒收如故。臣每一公出,则有商

---

① 李必樟译编:《上海近代贸易经济发展概况:英国驻上海领事贸易报告汇编》,上海社会科学院出版社,1993 年,第 417—418 页。
② (美)费正清:《剑桥中国晚清史(下)》,中国社会科学出版社,1994 年,第 58 页。
③ 聂尔康:《冈州公牍》,第 3 册,第 167—168 页,"仁和店等批"。李文治:《中国近代农业史资料》,第 1 辑,第 377 页。
④ 广东省档案馆:《民国时期广东省政府档案史料选编》(2),1987 年,第 19—20 页。

民纷纷叩马投缴私厘票数十百张,哀怨之声哗然在道。"①鉴于葡澳政府的无所作为,甚至是倒行逆施,"英京一新报论大西洋人之在澳门者,横行无忌,任性妄为,凡其所做之事,大半皆有碍于万国公法,殊属恃强跋扈之至。且于辑睦友邦、招来商贾诸务,全不虚心,每有悖泪"。1872年有言论建议将澳门改为各国通商之埠,或改为香港、上海租界那样的商埠,虽然因为"特恐香港之商贾闻之有不悦,盖虑其贸易之道,澳之盛则港之衰也"②,这也是澳门近代经济迟迟未能发展的原因之所在。

简评:次区域的流动与循环

与全球化第一阶段的晚清时期不同,及至民国时期,经济的发展及其空间形态出现了很多新的变化。从全球的大环境来看,由于海路运输成本的持续下降,来自国外的商业竞争日益加剧,促成了贸易保护政策的兴起。政府对于资本的控制程度提高,政策目标对经济的影响逐渐增大,世界性的经济民族主义已经影响到华南地区,并在1930年代达到顶点。大萧条影响了资源的跨区域流动,加剧了世界区域之间的经济壁垒,这也是重商主义时代到工业化时代的一个共同的特征。这一现象使得本地区的经济地理变革出现了一些新的特征:经济联系更加有效率,经济活动进一步集中,产业上下游关联效应增强,次区域经济发展空间分异形成。

由于对外开放,使得沿海沿江航道、口岸城市获得更高的外部市场准入度,并通过联系国内外市场,成为新的区域中心与经济走廊。至此,原有的以韶关—佛山—广州、梧州—佛山—广州为顶点的"V"字型城镇发展轴线逐渐被以香港(广州)—梧州、三水、汕头、北海(琼州)的"Y"型空间结构取代,华南地区内部经济联系通道的改变,使区域经济地理大格局为之改变。经济增长在空间上是不平衡的,试图在空间上均衡分配经济活动的是意图,只会阻碍经济增长,但可以通过增强经济联系,促进远离经济机会的人口收益更多的财富,同时实现不平衡增长与相对平等的发展。与晚清阶段相比,民国时期华南地区经济联系的强度增加、通道增多、回路结构增多且更加明显。

在近代华南地区,香港(广州)的相对优势不断强化,但是由于区内交通与自然禀赋的关系,城市与市镇之间形成了有效的连通机制,促成了区域性亚中心的形成,同时,由于蓬勃发展的市镇经济,促成了空间交易的成本的下降。特别需要说明的是,由于晚清农业经济仍然占显著的主导地位,区域之间的分割是广泛存在的,且呈现常态化,点、线、轴的联系才是近代早期经济地理变迁的显著特征,这种空间形态也暗示着近代早期还处在发展的最开始阶段。

开放与一体化有利于获取联系市场的通道,同时会推动地区基础设施的投资

---

① 冯子材:《冯宫保军牍》卷七,第17页,"特参知府苏迹折",同治十年。李文治:《中国近代农业史资料》,第1辑,第377页。
② 《申报》1872年11月11日。汤开建等主编:《鸦片战争后澳门社会生活纪实——近代报刊澳门资料选粹》,花城出版社,2001年,第246页。

与改良。随着开放,与国外的距离变得同样重要,沿海地区市场潜力与增长速度大幅度上升,内陆地区的人口与制造业活动出现一定程度的衰落。

小结:城市、区域与空间循环

开埠通商对近代中国的商品化与现代化的开拓贡献,用陶尼的话说就是在古老的长袍上镶上一条新式的花边[①],再从这条花边蔓延开来。这一论断不能说完全错误,但至少是不准确的,因为它忽略了沿海与内地的互动关系,忽略了传统与现代融合中的多种形态。就近代城市而言,外力无疑是很重要的,但是近代城市更多是源自于旧城改建,除此之外,还有繁星点点的市镇。

通常认为,市场的扩张和经济的发展需要一个有效的国家,但是,格雷夫证实私人秩序与自我实施的制度是中世界晚期商业扩展的标志,"这种私人秩序并不像哈耶克和弗里德曼倡导的那样,不是众多经济当事人的'自生自发秩序'的产物,许多是拥有强制权的经济与政治当事人有目的和有效协调的努力的产物"[②]。这其中一个重要的因素是城市的兴起,城市成为经济与政治变迁的中心,故而形成了血缘之外的社会组织,支持了非人格化的市场与有效率的政治体制,促成了商业的扩张与显著的经济增长。

对于近代中国而言,口岸城市往往是区域经济变革的引擎。口岸对腹地的辐射与制导作用主要体现在四个方面:① 工业产品的供给;② 对内地土货流通的支配;③ 金融供给与制约;④ 价格制定与传导。进而形成区域性(或全国)的经济网络,例如:形成全国性中心—区域性中心—中心城镇—乡村集市的网络结构,实现口岸与其经济腹地、城市与乡村的分工合作。如果一个区域形成了单一的区域经济中心、稳定的要素市场网络、相对明晰的边界,一般可以称之为口岸与腹地形成了初步的地域分工,形成了一系列的地域经济圈,这就是所谓的区域现代化进程。

就结构而言,作为一个经济体系,地域相距甚远的生产者与消费者之间的密切关系也许被掩盖了,但这时这些密切的关系维持着经济的运行,从原材料、生产设想到最终产品与服务的过程中,展示了商品所经过的复杂的地域流动,在流动的过程中包括了非线性的增值活动。就空间而言,即为经济距离,距离是指商品、服务、劳务、资本、信息等空间传递的难易程度,是指两个地区之间经济要素流动的难易程度。对于商品贸易而言,经济距离既包括时间成本、货币成本,交通运输基础设施的位置、质量、时间可达性;也包括政策在内的人为壁垒同样可以增加距离,地方保护主义政策可以导致地方分割。

近代中国最早的要素流通是买办商业,一般被形象表述为"广搜各地物产,统

---

① 郝延平:《中国近代商业革命》,上海人民出版社,1995年。
② (美)阿夫纳·格雷夫,郑江淮等译:《大裂变:中世纪贸易制度比较与西方的兴起》,中信出版社,2008年,第287页。

办环球制品",从而将国内生产物变成了商品,并通过流通促进生产的扩大,这就是近代海关贸易报表中不断增多的进出口商品名录、不断扩大的市场来源地与销售地,以及不断增长的农产品、原材料、手工业制品的出口,以及相应的机制品的进口。在这一流通过程中,交换关系显然是不等价的,在国内市场表现为工农业产品之间的不等价交换,在国际市场表现为进出口商品的不等价交换,最被掠夺的产品是农产品与原材料,最被掠夺的主体是小农,最被掠夺的地方即出产此类初级产品的区域。故而,在这一要素流通的循环空间中,在空间传导机制中,价值、交换价值的实现方式常常是并不一致的。

第四章 评论与总结

学术研究最大的期待就是希望从习以为常的评论中,发现一些平常不曾留意,或者有误解的事实,以及其背后的逻辑关系。

在前近代中国历史上出现过地方或区域性的经济差异现象,无论是《货殖列传》中的描述、苏湖熟、湖广熟的说法,还是古代中国基本经济区的概念[①],所呈现的均为农业经济主导下,跨区域间的生产与贸易状态。从中国长时段的经济演化来看,近代中国是农业文明向工业文明的转折点,也是中国经济史上的低谷,无数评论都述及。时人李大钊从生产关系的角度也注意到近代生产形式与组织方式的变化:"我们可以晓得中国今日在世界经济上实立于将为世界的无产阶级的地位,我们应该研究如何使世界的生产手段和生产机关同中国劳工发生关系。"[②]近代中国从农业经济向工商经济的转变中,在逐渐深入参与国际劳动分工之下,首次出现"地域化"的经济现象。也就是说,在不同自然地理禀赋下,在特定的地域内,形成以工商城市为中心,以腹地为外围的流通、生产系统,该地域具有一些明显的特征:对外相对独立、内部联系密切、具有一定的层级结构,一般作为一个整体参与外区域(以至于全球)的分工体系。从生产、流通与地理的角度,也许正如特雷弗·巴恩斯与埃里克·谢泼德(Trevor. J. Barnes & Eric Sheppard)在总结经济地理的艺术时所认为的那样:全球化是一种地理现象,传统的经济地理学有关流动空间、控制与生产地方的观点仍然是理解全球化的关键[③]。

近代中国出现的新经济现象,是"千年未有之变局"下的新陈代谢。对于这一现象以往我们均忽略未见或仅仅提及并未深究,在一个经济史的转折时代,这其中隐藏着怎样的逻辑与启示。结合经济历史的转折与经济资源的空间组合,或许可以重新认识习以为常事实的"不同寻常"之处。

第一节 空间经济是如何形成的?

2009年世界发展报告认为:不断增长的城市、人口迁移、专业化生产是发展不可或缺的部分,是北美、西欧、东北亚地区经济变迁的经验,也是当前东亚、南亚、东欧国家正在经历的变迁,这些地理变迁仍然是发展中国家与地区成功发展经济的

[①] 冀朝鼎:《中国历史上的基本经济区与水利事业的发展》(Key Economic Areas in Chinese History as revealed in the Development of Public Works for Water-control), London George Allen & Unwin Ltd., 1936年。
[②] 李大钊:《由经济上解释中国近代思想变动的原因》,《新青年》第7卷第2号,1920年1月1日。
[③] (加)特雷弗·J·巴恩斯等主编,童昕等译:《经济地理学读本》,商务印书馆,2007年。

基本条件,应当予以促进与鼓励①。伴随着经济的发展,自然会出现不同的空间形态,在近代中国的过渡时期,首次形成了非农业经济下的空间经济,这一新的格局与形态是如何形成的?

一、时间进程中的空间

二战以后,对于第三世界国家经济增长与发展问题的关注,形成了发展经济学,致力于揭示发展中国家的经济发展之源,二元经济、经济起飞等成为发展学说的关键词之一。我们知道,第一次全球化是基于自然禀赋差异的产业间贸易,第二次全球化则是以规模经济与产品差异为动力的贸易,产业内贸易快速发展起来。从时间变化的维度,能够清楚地观察到其中空间的变化吗?

1. 一个案例:分工演进中的空间选择

正如诺斯所认为的那样,"把经济史的任务理解成解释经济在整个时期的结构与绩效",在近代中国,城市、城镇、乡村(都市、都市近郊或交通沿线、内地),采用不同的方式参与市场,不同的地区距离市场有不同的"经济距离"。就已经熟知的近代城乡产业方面而言,以上海、香港等口岸为枢纽的初级生产原材料大量输出国外,同时进口西方工业品,改变了明清时期发展起来的传统手工业,原有自给自足的自然经济体系逐渐解体。面对洋货倾销,中国城乡手工业的分化组合也趋明显,表现为兴衰存废并现的局面。以近代中国手工棉纺织业为例,通商口岸附近,以"耕织结合"为主要特征的小农家庭手工棉纺织业,由于洋纱比土纱便宜,于是绝大多数农户将自产的棉花销售,改用进口洋纱织布,继续维持生产,有的还呈现新的发展。其他如陶瓷业、竹器业、草编业等,都有一定的生产规模与增长②。

我们更需要知道不同的区域、不同的时段,城乡产业演变的路径,在有着实际投入—产出效益的现实社会,市场与需求会改变产品的供给曲线,引发市场价格上升。在斯密—杨格定理中关于分工与市场之间的关系:劳动分工取决于市场规模,而市场规模又取决于劳动分工。分工演进是否最终实现还取决于交易效率的高低。当交易效率太低即专业化带来的收益小于交易费用时,人们就会选择退回到专业化以前的水平。这样即使外在的市场规模能提供更优的专业化水平,新的分工也不会形成,因而会出现内在的供给不足。

从这一理念出发,以下采用斯密—杨格定理方式,解释投入—产出效益下的产业发展阶段,以及不同地区的选择方式,可以用图4-1进行表示。

当投入规模水平为 $I\in(0, I_1]$ 时,产生的收益为 O_1,O_1 带来的收益为 OR_1,O_1 所产生的费用为 OC_1,因此当 $I\in(0, M_1]$ 时,伴随着 O_1 的交易效率 $IE=IOR_1/$

---

① 世界银行编,胡光宇等译:《世界发展报告:重塑经济地理》(World Bank,*World Development Report*,*Reshaping Economic Geography*),清华大学出版社,2009年。
② 戴鞍钢、阎建宁:《中国近代工业地理分布、变化及其影响》,《中国历史地理论丛》2000年第1期。

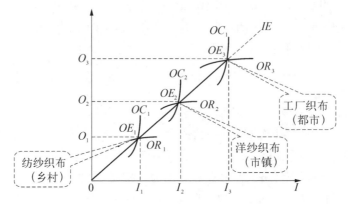

图 4-1 近代城乡产业演变路径：发展阶段与空间选择

$IOC_1>1$，说明这种产业经营方式是有效率的，能够获益，这种产业状态可以存在并继续演进，并增加资本积累获得更多的收益。随着生产投入不断扩大，这种产业经营方式所带来收益提高的幅度是在逐渐降低的，当 $I=I_1$ 时，$IE_1=IOR_1/IOC_1=1$，即达到投入产出的临界点，不能获益。当投入规模 $I>I_1$ 时，由图中可知 $IE_1=IOR_1/IOC_1<1$，即产业经营的收益已经小于其所产生的费用，因而这种经营方式不再是有效的。以上这一过程实现了第一次产业选择，对应近代乡村手工业与副业则为手工纺纱织布的阶段。

按照同样的逻辑，在 $I\in(0, I_2]$ 时，在有效的产业选择范围能形成购买洋纱织造土布的阶段，在 $I\in(0, I_3]$ 时，实现了工场机器织布。这是同一个地域的产业演进点与选择，如果扩大到华南地区，不同的城乡之间，则表现为边缘乡村的手工纺纱织布，城镇购买洋纱织造土布，城市开展工厂化机器织布，形成城乡产业的阶梯形升级之路。1935 年广州市各区人口的职业构成中，工业从业人员占比为 28.44%、商业为 12.29%[1]。

这一进程形成了近代华南地区经济发展的地区差异，先进的技术与设备首先在城市集中，形成资本主义的社会化大生产，城市新兴工业部门增多，结构也日趋复杂，吸引了更多的人口集中，并获取更多的需求，形成更大的规模，进行集约化生产；市镇上采用家庭工业或乡村工业的方式为城市工厂辅助性生产，彼此之间的界限也不甚明晰，采用更低的技术、更密集的劳动形式，进行粗放型广泛性生产；在边缘的乡村采取自给自足的形式，或商业化的手工补充生产。

近代中国形成了不同于西方经验，相对多样的产业发展与选择，例如棉纺织业中从纺纱织布、洋纱织布、机器织布的演变过程，显示了同一时间不同地区选择不同的产业形式，显示了同一地区不同时间的产业演进阶段。

---

[1]《广州年鉴》卷三，土地，卷四，人口，1935 年，第 263—265 页，第 5 页，第 12—13 页。

2. 经济变迁的地理指南：分工演进与空间演化

图 4-2 表示分工演进过程中空间结构的同步演进。从理论上而言，稀缺的空间资源也需要实现配置最优才是空间最佳状态。伴随着自给自足、不完全分工、完全分工的过程，实现区域经济从无空间结构到经济功能区的出现。

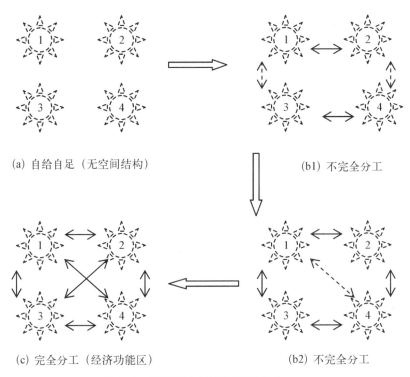

图 4-2 分工演进与区域空间结构演化

第二、第三章分别通过产业部门与次区域的解析，获得近代华南经济地理变迁的过程、结构、特点；从经济史的过程上，观察经济地理的形成，从经济地理的变化上，观察经济史的过程与绩效。例如希望通过分区域的实证考察，能够获得全国层面上的一般认识——时间进程中的空间形成。

第一，区域发展的发动机在哪里？从传统到现代的变革中，新颖的、进步的、有效率的经济要素均来自口岸。例如区内、区外的分工交易在口岸进行；低水平的比较收益，或者高水平的边际收益，均需要在口岸得以实现。口岸是区域内外的桥梁，是产品、资金、技术、信息流动的枢纽，是经济集聚与扩散的原点。

第二，区域变革快慢的表现与原因。可能表现在很多方面：例如，①经济存量的增长速度，②技术变革与生产效率提高的速度，③是否具有良好的经济组织与制度规范。对应的原因：①资源、技术上的优劣，以及参与分工的层次；②现代工业产品、工场手工业产品、原材料，不同的产品在市场交易中获得不同的收益；

③ 经济先发地区一般具有较好的经济组织与规范,能有效地降低交易成本。

经济变迁存在地理指南么——近代中国的经验?

近代农业依赖土地且缺乏规模经济,因而形成了分散的空间经济形态,在近代早期,人口主要分散在农村,即使最大的城市(例如广州)规模也比较有限,城市居住区一般是城市城墙之内的街坊,这类城市一般毗邻交通要道(例如广州在珠江沿岸、河口三角洲的顶点),主要提供剩余农产品,参与市场交换,本身所生产的农产品也比较少,即"小生产、大流通"的社会再生产形态。

近代商业发展起来后,快速增长的对外贸易,带动了乡村手工业化,促进了分工合作,推动了经济增长,商业与贸易的繁荣迅速带来了城市的发展,改变了前近代经济增长低水平的空间均衡。虽然进出口贸易的主要受益地区仍然是港埠及其毗邻地区,广大的边缘地区所获得效益回报相对要少许多。只有比较多地参与国际分工,且能在分工中不断提高效率的产业,才能够有效地提高产能,不仅获得更多的比较收益,而且获得更多的边际收益。从这里出发,只有完整地观察近代经济的细节,才能发现真实的经济成长绩效,落实到每一个点的空间分析法才比较有效,经济史中的"选粹法"一般会偏离实情。

随着近代工业发展起来后,经济增长对土地的依赖性相对下降,规模经济与空间聚集的形成,必然造成经济增长的空间不平衡。如果一定要追求经济均衡发展,则会出现效率损失。同时,伴随着自给自足的封闭经济向市场化的开放经济转变,在国际或区域贸易的推动下,经济活动将会高度集中在贸易成本最低的地带,比如沿海、沿江、交通线两侧或国境、区域的边界地区。

资本与劳动力等生产要素会流向报酬最高的地区,因为这些地区生产要素稀缺。为了实现规模经济,需要在一个经济板块聚集人口与资源,相对大量的人口不仅提供制造业生产所需要的人力,也提供了消费品市场。从利用自然资源到工业转变的过程中,人口自然集中到沿海地区,沿海城市成为地区制造业增长的发动机,沿海城市首先从国内市场中获益,然后快速转向区域市场与世界市场,并形成功能性城市。在地区经济的发展过程中,低密度地区可以从毗邻的高密集区的溢出效应中获益,远离高密度区的市镇或乡村,在新一轮的经济发展中暂时处于边缘化的位置。

从本文对近代华南地区经济地理的解析中,可以发现了区域经济增长的空间路径:市镇(成为小区域产品中心)——中等城市(成为地方化经济中心)——大城市(成为创新、服务中心)。近代市场塑造了城镇网络,促成了早期资本在市镇、中等城市、大城市的积累,随着市场交易效率的提高,更多的要素被卷入,市镇提供初始的自然资源,中等城市进行初步的手工作坊式加工,大城市进行技术创新与交易服务,利用比较优势参与世界市场。通过大城市的经济集聚优势,尤其是广州或香港租界世界城市相对完善的制度保障、信息与标准,与中小城市的廉价资源、人力相配合,形成区域经济增长的发动机、齿轮、传送带,形成近代中国华南地区显著持续的经济增长。以往从不同的视角研究近代资本主义发展史,同时发现经济发展或经济不发展两种图景存在,从地理空间的角度只有一个答案。

二、空间塑造的逻辑

全球化不是熨平了地区差异,相反地促进了城乡、地区、国家之间的不平衡。19 世纪以来的历史经验表明,全球化有助于地区之间人财物的流动,但同时不同区位的价值差异拉大,不同空间经济尺度上的运输成本塑造了世界的经济地理格局①。

1. 内在的逻辑

关注空间演变的过程、形成机理后,又重新回到本源——空间要素是如何决定或影响产出边界的? 在经济的发展过程中,空间要素的角色如何演进?

(1) 区位的价值

区位,"location",在不同的视野下含义有所差别,地理区位是以地形、地貌特征表示的区位,强调在空间中的经纬度以及地理特征的差异性;经济区位更多地强调由地理坐标(空间位置)所标示的经济利益差别②。

经济空间强调的是空间资源被开发与利用,空间具有使用性,经济空间的使用价值由空间要素禀赋的稀缺性所决定,空间要素的稀缺性主要体现在两个方面,一是经济空间要素的供给缺乏弹性;二是不同空间要素之间不能或者难以相互替代。"区位是经过人类物化劳动改造后的经济空间场,它代表一定的空间所承载的各种空间经济关系的总和。这种空间关系总和可以被看成是一种不同于土地的新的要素,或者是一种新的资源"③。

区位的特征:一是唯一性与相对垄断性;二是区位天然的外部性。外部性是一种经济力量对于另一种经济力量的"非市场性的"附带影响,是经济力量相互作用的结果。

① t_0 条件下,生产由资本与劳动力投入决定,产出 $Q = F(I, L)$。其中 I 为资本投入;L 为劳动力投入。

② t_1 条件下,生产由资产、人力资本、追加资本、劳动力投入决定,即 $Q = F(K, H, \Delta I, \Delta L)$。$K$ 为部分投资转化而来的资产;H 为特定经济空间的人力资本。

③ t_2 条件下,除了这些投入要素影响生产以外,特定的空间要素也会发挥作用,即 $Q = F(K, H, \Delta I, \Delta L, S)$,$S$ 即为空间要素,如同投资、劳动力投入转化资

---

① Nicholas Craft and Anthnoy J. Venables: Globlization in History: A Geographical Perspective, Michael O. Bordo, Alan M. Taylor, and Jeffrey G. Williamson: *Globalization in Historical Perspective*, the University of Chicago Press, 2003.
② 郝寿义:《区域经济学》,经济科学出版社,1999 年,第 43 页。
③ 郝寿义:《区域经济学原理》,上海人民出版社,2007 年,第 75 页。

产、人力资本为一样,空间要素(区位等)成为生产的一部分。

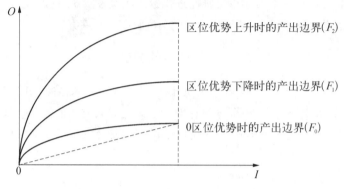

图 4-3 区位变化对产出的影响

(2) 空间选择与演进

假设:a. 经济要素禀赋是变动的。随着时间的变化,从最初的自然资源禀赋占主导地位,转向更多的依赖资本、技术、人力资源、制度、文化等要素。b. 经济要素具有累积循环效应。在时间与空间层面上,可以进行有效的聚集或扩散,强化要素禀赋的差异。

1) 均衡决定

古典区位论中,厂商在运输成本与聚集经济效益之间选择均衡点,从而寻找最佳位置。从经济发展的早期来观察空间选择机制,这一时期区域经济的变化主要依赖自然禀赋的差异。例如在单纯的农业社会,农民就近寻找工具与资源(t_1),剩余产品交换给邻近的农民(t_2),此时农民选择哪里居住只考虑两个因素:自然禀赋的差异与距离成本。一旦进入真正意义上的市场与交易,就产生稀缺资源的分配问题,就会产生机会成本。

2) 个体选择模型

如果假设厂商为空间安排的主体,在差异化的区域要素分布下,厂商面临三种要素投入:区位、资本、劳动力(假设短期情况下技术不变)。在仅仅考虑空间因素,且遵循效用最大化的原则下,厂商面临的选择可以表示为 $D = (d_1, d_2, d_3, \cdots, d_n)$,厂商的资本投入为 K,劳动力投入为 L,则厂商的产出为 $Y = f(D, K, L)$。对于 K 与 L 的要素投入,厂商遵循要素报酬递减的原则进行合理化分配,对于选择性投入 D,则按照报酬递增的原则进行。

假设单个厂商 X 的生产函数为:

$$F(x_1, x_2) = f(D, x_1, x_2)$$

式中 x_1、x_2 分别表示劳动力与资本的投入,其价位为 r_1、r_2。劳动力、资本之外的土地要素为 x_3,其价格为 r_3。单个厂商产地与市场的距离为 Z,运费费率为 t。

假定个体厂商技术最优、产出水平最高,也即 x_1^*、x_2^* 使得 $F(x_1, x_2)$ 在既定的投入下产出水平最高。因此个人厂商的区位空间选择为:

$$\max \pi = Pf(D, x_1^*, x_2^*) - r_1(D)x_1^* - r_2(D)x_2^* - r_3(D)x_3^* - tZ$$

满足上式的一阶条件为:

$$\partial \pi / \partial D = dr_1/dDx_1^* + dr_2/dDx_2^* + dr_3/dDx_3^* + tdZ/dD = 0$$

这表明,只有边际空间区位为零,个体厂商才可以获得最大利润。也就是该区位空间是最优的,空间区位的变化,对于 r_1、r_2、r_3、Z 的影响加和为零,无法再通过区位选择获取更多的效用。

3)空间选择模型

假设经济活动的空间区位选择遵循获益最大化原则,其产出收益来自三个方面:区域自然要素投入的获益;区域经济要素投入的获益;区域经济聚集的获益。产出函数可以表示为:

$$F(NR, ER) = A(D)f(NR, ER) + f(ER)$$

式中,NR、ER 分别表示区域自然要素与经济要素的投入,其价格表示为 C_{nr} 与 C_{er},其中 ER 为完全流动性要素,其价格 C_{er} 与空间位置 D 无关,C_{nr} 是 D 的函数。A 为聚集影响因子与区位空间有关。同时假设产地与市场的距离为 Z,运费费率为 t。假设区域在技术上是最优的、产出水平最高,也即 NR^*、ER^* 使得 $F(NR, ER)$ 在既定的投入下产出水平最高。因此经济活动的区位空间选为:

$$\max \Pi = P[A(D)f(NR^*, ER^*) + f(NR) + f(ER^*)$$
$$- C_{nr}(D)ER^* - C_{er}ER^* - tZ(D)]$$

满足上式的一阶条件为:

$$\partial \Pi / \partial D = Pf(NR^*, ER^*) \times dA(D)/dD - dC_{nr}(D)/dDNR^*$$
$$- tdZ(D)/dD = 0$$

对于经济活动空间区位选择的重要影响要素可以分解为:① 自然性要素对于空间选择的差异,即 $dC_{nr}(D)/dDNR^*$,包括自然禀赋、地理位置等要素对于经济活动的成本束缚,影响到经济活动的空间区位选择。② 空间聚集对于经济活动空间选择的影响,即 $Pf(NR^*, ER^*) \times dA(D)/dD$,作为外部因素的经济聚集,由于地区差异影响经济活动的空间选择。③ 距离对于空间选择的影响,即 $tdZ(D)/dD$,经济距离影响下的空间选择。

以上模型假设了区域经济要素具有完全流动性。

2. 空间演化与经济增长

在农业经济生产阶段,经济活动均衡地分布在各个地区,生产率因土地、气候存在差异。随着经济发展,向制造业发展,一些地区的区位优势发挥出来,对企业、工人更具有吸引力,首先是"第一性"的地理优势,其次是"第二性"的历史因素。前现代农业依赖土地且缺乏规模经济,因而形成了分散的空间经济形态,近代商业发展起来后,促进了经济的增长,产生新型商业城市,改变了经济增长的空间平衡,随着近代工业发展起来后,经济增长对土地的依赖性相对下降,规模经济与空间集中形成,必然造成经济增长的空间不平衡。同时,伴随着自给自足的封闭经济向开放经济的转变,在国际或区域贸易的推动下,经济活动将会高度集中在贸易成本最低的区域,比如沿海、沿江、交通线两侧或国家、区域的边界地区。

从这种意义上看,随着技术进步,全球化增强,晚清民国时期香港的发展,加强了集中趋势,加剧了地区不平等。有限的原始人力资本、物资资本集中到那些经济增长潜力高的先进地区。远离新密度区的地区发展将会滞后,即使劳动力、资本可以自由流动,生产率、收入的不平等由于路径依赖被锁住,需要较长的时间才可能出现变化。

重塑经济地理的主要的驱动力是聚集效应、迁移、专业化、贸易,因为聚集的规模效应以及生产要素与人口的自由流动,会促进经济活动趋于集中,因为交通成本的下降会促进专业化分工、产业内贸易的发展。有三类区域基础性设施及相关服务能扩大区域之间的规模经济、要素流动与贸易:① 提高生产力的区域基础设施,例如电力、通讯、互联网等;② 提高流动性的区域基础设施,例如高等教育、职业培训等;③ 促进贸易的区域基础设施,公路、铁路、航运等。

根据已有的认识,制造业与服务业领域内部的报酬随规模增加而递增。从轻工业到重工业,再到高科技产业,内部规模经济从微不足道变得非常重要。所以小工业集中在小城市,大工业集中到大城市。城市的功能更多的是通过规模报酬递增、更多专业化的投入带来生产效益与劳动力市场的聚集。在总结区域经济空间结构形成与演变机制模型研究成果时,可以发现空间规模收益递增是经济空间结构产生和演变的原动力,而人口、产业聚集、区域可达性的变化与技术发展都对区域经济空间结构的形成有着重要的影响。

空间规模收益递增的重新发现,可以这样概括不同地理层级的经济聚集的形式与意义:在市镇这一级,经济聚集促进农产品的销售与分配,产生规模效益;在中等城市这一级,则推动地方制造业的兴起,形成有特色的地方经济;在大城市这一级,经济聚集促成基础设施的改进、创新技术与服务的出现。

由于规模报酬递增的存在,熟练的劳动力是人力资本、教育程度、技术禀赋与才能的体现,在熟练工人密集的地方可以获得更高的报酬。有能力的工人与企业总是会优先向高密度先进地区流动,促成该地区聚集了大量的技术人才,提供更高的报酬。在地区经济的发展过程中,自然出现从毗邻区向密集区的溢出效应与过程,一个地区整体的要素增长率与毗邻地区的经济密度呈现正相关。通过溢出效应,毗邻地区的需求增长会促进整体要素生产率的更快增长。穗港成为中心得益

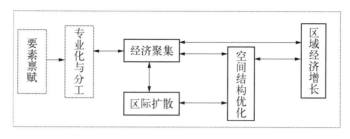

图 4-4　空间演化下的区域经济增长过程

于毗邻优势,信息、人才等资源优势,进而延伸到周边地区。

随着经济的发展,经济活动也日益集中到城镇与都市,经济活动的地理变迁本来就会如此。① 晚清时期:在以农业经济为主的发展阶段,人口主要分散在农村,即使最大的城市规模也比较有限,城市居住区一般是围墙之内的街坊,一般毗邻港口、商业市镇,提供剩余农产品的交换。② 民国时期:发展促使经济活动日益集中。在从农业经济向工业经济的转变中,城镇人口迅速上升,经济活动集中。人口可能会分布在一些高密度经济地区,但更多的人口仍分布在低密度地区,区域经济发展不平衡现象明显。

在一般的常识中,交通基础设施的平均分布将会促成经济活动地理分布的均衡,高度集中似乎应该是有问题的,但实际上,不同地区生产与人口分布的不平衡,即"高低起伏"的地理经济是市场经济运行过程中的自然特征,随着经济的发展这种特征更加明显。在经济发展的早期,经济迅速集中到城镇,资本、消费者、工人的集中迅速带来了生产优势,运输成本又限制了利益外溢。人口的集中有助于更好地保持城市地区基础设施与公共服务。农村地区居民与人口涌入城镇,减少了农业剩余劳动力,同时降低了农村劳动力与市场工人之间的竞争,劳动力节约型的技术进步解放了劳动力,促进向城市移民,提高了劳动生产率。支付转移、公共服务再分配将为乡村居民带来更好的基本福利,例如自来水、公共卫生、电力能源、教育、医疗保健等服务。

相关的证据表明:① 晚清中国开埠通商以来,在自由贸易的框架下,促成了华南经济圈的浮现,香港成长为大区域的经济中心,推动了华南地区农业手工业商业化与外向化的进展。经济相对后进的地区继续保持自己的经济优势,这些可以从资源禀赋、比较利益理论来获得解释。② 民国时期,伴随着香港经济能量的快速增长,带动了广州、汕头、梧州、顺德、南海的民族工业的兴起。不过,当时尚处于现代经济的早期,大体还处于聚集效应大于扩散效应阶段,区域经济结构的优化、乘数效应的发挥和经济综合竞争力的提升,还有待于现代性经济在华南中等城镇与腹地的扩散力度。

在穗港超强辐射的掩盖下,其他口岸的辐射作用与空间可达性较弱,变成了区域性的中转口岸。从这种意义上看,随着技术进步,全球化增强,民国时期广州香港的发展,加强了集中趋势,加剧了地区不平等。有限的原始人力资本、物资资本集中到那些经济增长潜力高的先进地区。远离新密度区的地区发展将会滞后,即使劳动力、资本可以自由流动,生产率、收入的不平等由于路径依赖被锁住,需要较长的时间才可能出现变化。这一特征也是区域近代化经济起飞阶段的特征之一,而不是马尔萨斯式的"高度均衡陷阱"下低水平、封闭式的循环。在大城市与乡村之间存在中等城市与市镇,空间的二元结构不具有显著的稳定性,具有自我消解的内在动力,1978年来的经验证实了这一点。

按照西方经济现代化的路径,大致遵循从手工、工场生产、大机器生产这样一种演化道路,逐步实现从劳动密集到资本密集的发展,通过高投入、高产出、高消费,以消费需求带动经济增长,通过市场的力量配置资源,实现经济效率与单位劳动生产率的提高。但是,对于近代中国而言,民族工业的发展非常有限,即便是口岸城市所能容纳的就业人口也比较有限,难以形成以城市与工业为中心的现代化道路。故此,林刚提出依靠传统经济,借助现代工业与技术来改造传统经济,形成扩大自身市场的方式,实现农村劳动力的就业与转移,以及农村经济的发展。

三、空间演化的机制

历史的经验说明,对于区域经济地理的变迁以及经济发展的度量,需要从演化的角度来衡量,并加入变迁过程中的社会要素。这里将从自然属性、经济区位、要素流动、集聚与分散、经济组织、制度与法律等方面,对近代华南地区空间演化的机制进行解释。

区域研究中一般的路径依赖如下:

假定:资源禀赋确定

产出投入水平以及产出投入要素组合不变

生产技术确定

市场分布,价值确定(修改为不确定)

市场结构,完全竞争(修改为不完全竞争)

不考虑行为主体个别的行为选择(修改为考虑个别行为选择)

不考虑政治制度、社会要素等(修改为考虑制度、社会因素)

在此基础上,建立一个空间价值度量等式

$$Q = F(l) + G(k) + \sum F$$

其中 $F = F_{out} + F_{in}$,同时,$F = a \cdot k \cdot e^{-bxy}$

l——自然资源禀赋价值,$F(l)$——自然禀赋带来的成本节约

k——追加要素资本所带来的价值,$G(k)$——追加要素资本所带来的成本节约

F——与外部性密切相关的经济空间的价值

F_{out}——影响价值

F_{in}——获益价值

b——斜率因子

x——半径长度

y——市场开放度(不完全竞争)

结合以上讨论的文献,按照沈汝生统计的华南地区10万以上人口的都市[①],选择以下城市比较其空间价值。

表4-1表述了近代华南地区,以13个主要城市为中心的经济空间的影响因子,分别表示区位、自然禀赋、要素资本投入、市场准入度(规模)等相关因素在经济空间结构形成的正向或负向的作用。

表4-1 华南区经济空间形成因子的差异(以主要城市计)

	区位	自然禀赋	要素资本投入(基础设施)	影响价值(溢出效应)	获益价值(规模效益)	市场规模/准入度
香港	●	◎	●	●	●	●
广州	●	◎	●	●	◎	◎
汕头	●	●	◎	◎	◎	◎
澳门	◎	◎	○	○	◎	●
潮州	◎	◎	○	○	◎	◎
佛山	○	○	○	○	○	○
三水	◎	●	○	○	●	○
江门	○	●	◎	○	●	○
梧州	●	○	◎	○	◎	◎
南宁	○	◎	○	○	○	○
桂林	○	◎	◎	○	◎	○

注释:●表示该要素对该城市空间价值形成,有显著的正相关;◎表示该要素对该城市空间价值形成,存在正相关;○表示该要素对该城市空间价值形成,存在负相关。如果在民国时期,同一要素前后的影响作用发生逆转,则同时标记。

(1)自然禀赋、区位、循环因果

地理特征第一性:自然禀赋会影响到地区经济的发展前景,地理学者发现经济产出与地理特征密切相关,通过对产出密度(每平方公里国内生产总值)地理变量的简单回归分析,包括了经济生产密度91%的变化(例如年平均温度、年平均降水量、平均海拔、地势起伏程度、土壤类型、河流、海岸线的距离)。在近代中国早期

---

① 沈汝生:《中国都市之分布》,《地理学报》1937年第4卷第1期。

地理环境的自然性或"第一性",是决定经济地理格局的主要因素。随着投资的增加引发的规模报酬递增,重新塑造了区域的经济地理。这些投资包括地方基础性建设、降低市场贸易税率表、减少建设成本、提供产权保护等。

地理特征第二性:世界经济发展史解释了在一个较长的时间内,地区之间存在有较小的初始差异(例如自然禀赋),是如何导致巨大的不平等发展?从经济的发展来看,增长在很大程度上取决于人力资本与物质资本的积累,以及这些要素的效率。研究表明,仅仅资本积累本身并不能解释增长的差异,全要素生产率(生产要素相互结合的效率)解释了地区之间经济增长的差距[①]。将生产投入组合到一起生产产品或提供服务的技术,将会降低成本提高效率,增强竞争力。互补性、外溢效应、规模经济都会带来全要素生产率的差异,这意味着区位优势、毗邻优势将会带来经济利益,加上规模经济,将会推动经济活动的地理集中。

随着更多的设施与服务集中到香港、广州等较大的城市,周边较小市镇的吸引力就下降,地区的不平衡就产生,市镇与城市之间的规模分布改变,地理第一性与城市基础设施投资的不平衡造成不可逆转的原动力,通过循环因果关系重新塑造区域的经济地理。超越地理第一性,从制成品与知识生产不断增加的规模报酬出发,伴随着城市化,制造业与配套服务成为经济增长的发动机,这些力量与运输成本交织作用,共同形成了地理层面的空间演变进程。

韦伯的"工业区位论"中认为:土地、矿产、水源、生物、气候、地形、经济技术条件、原属条件、劳动费用、市场竞争关系、贸易关系、居民点、公共设施等构成了特定的区位,并影响或决定了当地经济与社会发展的空间格局,如果一地拥有较其他地方更有优势的区位因素时,该地区就具有"区位优势",从而形成区域经济活动的中心。

缪尔达尔等认为,在一个动态的社会过程中,社会经济各因素之间存在着循环累积的因果关系。经济发展过程首先是从一些较好的地区开始,一旦这些区域由于初始发展优势而比其他区域超前发展时,这些区域就通过累积因果过程,不断积累有利因素继续超前发展,导致增长区域与滞后区域之间发生空间相互作用。

区域经济空间结构的功能要素之间具有非对称、非线性的关系,它的发展过程具有不可逆转性,一旦某种区域经济空间结构已经完成,就会在空间中产生"锁定效应",该结构就可以按照自组织的方式成长,地理因素仅仅是催化而已。沿海地区具有良好的区位与基础,比较容易实现自我增强的良性循环,内陆地区容易陷于"锁定 lock-in"状态,形成恶性循环[②]。内陆地区"往往要借助于外部效应,引入外生变量或依靠政权的变化",否则"顺着原来的路径往下滑,弄不好会被锁定在某种无

[①] (以)赫尔普曼著,王世华等译:《经济增长的秘密》,中国人民大学出版社,2007年。
[②] W. B. Arthur (1988). "Self-Reinforcing Mechanisms in Economics". in P. Anderson, K. Arrow and D. Pines, eds. *The Economy as an Evolving Complex System*. Redwood City: AddisonWesley; pp. 9 - 31.

效率的状态之下,一旦进入锁定状态,想要脱身就变得十分困难"。

(2) 要素流动

2009年世界银行报告的主编英德米特·吉尔说:"在整个历史上,流动帮助人们摆脱了地理劣势或治理不善的桎梏,这是经济一体化重要进程的一部分,因为人员和产品流动构成了具有包容性和可持续性的全球化基石。"

近代条约中首先关注的是税收与航行,根据征收税项办法,"凡货物由外国口岸运往通商口岸者,须于起货之埠完纳进口岸正税,如由外国口岸运往路经之埠者,则须赴所第一处通商口岸,如江门关或粤海关完纳进口正税;如土货由路经之埠运入通商口岸,如沿途水曾有别处通商口岸,则于起货之埠纳进口正税,如土货由通商口岸运往路经之埠而沿途曾经有别处通商口岸者,则于落货之埠,完纳出口正税。若土货进口如上所云,路经通商口岸者,起货之时,或落货之时,完一正税并一半税"①。近代时期的经济增长,是得益于口岸开放、逐渐改善的道路状况与市场准入条件,缩短了边缘与中心的距离,从而形成大规模的聚集区,交通的便利使得周边地区成为聚集地区的有机组成部分,如果交通不流畅,城市中心25 kg以外的地区经济活动的密度将会急剧下降。

人力资本与知识不同于其他生产要素,可以持续获得规模收益,所以人力资本、金融资本不可能从高密度的先进地区与城市转移到低密度的落后地区与乡村。城市因为可以获得人力资本等外部效应,推动经济的增长。2008年世界发展报告《以农村促进发展》中认为,对于不能再单纯依靠农业维持的农村家庭而言,国内移民是非常重要的"脱贫路线"②。虽然农村人口向城市永久性的移民一时难以做到,但季节性、临时性的移民也能有效地缓解农村发展的困境。

早期的移民理论是建立在剩余劳动力、固定"外生"增长率、创造工作机会的基础上。资本与劳动力等生产要素会流向报酬最高的地区,因为这些地区生产要素稀缺。由于规模报酬递增的存在,熟练的劳动力是人力资本、教育程度、技术禀赋与才能的体现,在熟练工人密集的地方可以获得更高的报酬。有能力的工人与企业总是会优先向高密度先进地区流动,促成该地区聚集了大量的技术人才,提供更高的报酬。新中国成立以后,户口登记制度成为政府管理人口流动的主要政策工具,户籍制度决定了人口在户口登记地才是合法的,才能享受应有的粮食,以及工作、医疗、保险等社会服务。向城市的移民需要获得允许,但后来为了适应劳动力需求的变化,允许合法的临时性移民,逐渐形成了内地向沿海大规模的民工移民潮,解决沿海地区外向型经济所需要的劳动力。随着农业技术的提高,农村剩余劳动力总是在增加,城市现代制造业正需要更多的劳动力。在农业生产中边际效益

---

① 《中外日报》光绪三十四年四月初九日,1904年5月23日,王铁崖编:《中外旧约章汇编》,第1册,第690页。
② 2008年世界银行发展报告:《以农业促发展》,清华大学出版社,2008年。

为零的劳动力,可以在制造业生产中获得边际生产率。随着逐渐认识到劳动力的自由移动所带来的经济利益的增加,对于移民的限制逐渐减少,并为移民配置一定的公共服务(医疗与社会保障、培训、劳务市场信息帮助、法律援助等)。富裕国家将工业生产中低技术含量的生产,转移过来以利用当地低廉的人力成本。

(3) 经济聚集与扩散

克鲁格曼的模型分析结果表明,一个经济规模较大的区域,由于前向和后向联系,会出现一种自我持续的制造业集中现象,经济规模越大,集中越明显。运输成本越低,制造业在经济中所占的份额越大,在厂商水平上的规模经济越明显,越有利于聚集,"中心—边缘"结构的形成取决于规模经济、运输成本和区域国民收入中的制造业份额。

企业的地理空间上的集中可以形成一个高度地方化的生产系统,从而形成对该类企业比较有利的地方发展环境。在空间集中的情况下,企业可以共享地方的特种资源、公共设施、专业劳动力队伍、配套服务、采购或销售网络等,可以形成一个产业部门的企业聚集,也可以形成不同产业部门的企业聚集。除了共享资源与服务外,企业还可以在互相联系中获益,例如纵向的投入——产出关联与横向的经济协作的驱动。建立纵向的投入——产出关联基础上的企业空间集中,可以使企业的向前、向后联系以及生产协作在空间上高度接近,从而缩短生产过程,降低运输成本,节约原材料,使得基础设施发挥更大的效用,实现外部规模经济。建立在横向经济协作联系基础上的企业空间集中,可以使得地区主导专业化部门与相应的产业群体内的不同部门之间相互协作;使得地区主导专业化部门在广泛的地区社会分工与协作中既降低了自身的生产成本,又获得高度专业化、高层次的配套服务与产品;使得由企业空间集中而形成的聚集经济在地区层次上增加就业机会,从而引起人口与劳动力的集中,提高市场潜力。同时,企业聚集与相互关联、协作,使得单个企业扩大生产规模得到外部经济规模的支持,提高当地的生产规模;就业、人口、生产规模的扩大,使得当地的政府与劳动力的收益上升,推动公共设施的改善与市场需求的扩大,产生新的企业聚集并扩大聚集的外部规模经济。

这样,企业的空间集中于地方化经济的发展,使得当地的生产系统的发展产生循环积累上升的效应:专业化部门的发展带动一系列具有纵向、横向联系的产业部门的发展,形成企业与产业空间集中并产生规模经济,聚集的外部规模经济效应又推动主导专业化部门与相关产业部门的发展,并吸引新的企业与相关产业向聚集区的集中。聚集经济的循环积累效应使得特定地区成为经济增长的中心。

可以这样概括不同地理层级的经济聚集的形式与意义:在市镇这一级,经济聚集促进农产品的销售与分配,产生规模效益;在中等城市这一级,则推动地方制造业的兴起,形成有特色的地方经济;在大城市这一级,经济聚集促成基础设施的改进、创新技术与服务的出现。

区域经济一体化会导致规模收益递增的生产和创新产品的区域性集中,区域经济增长源于产业部门的地理集中及由此产生的持续的生产率提高。在经济发展中心聚集的同时,也会产生扩散效应。① 经济高密度中心的发展向周围地区与原材料生产地提供了较大的消费市场,从而推动经济低密度地区相关产业的发展;② 随着经济发展水平的提高与产业衰退,经济高密度中心将低技术、高环境代价的产业转移到经济低密度地区,从而推动产业的空间扩散;③ 经济高密度地区企业在追求规模经济的内在驱动力下向低密度地区投资或以兼并、收购的方式控制外部市场,从而使得技术、资金等生产要素向低密度地区扩散;④ 经济高密度地区过度聚集将会产生不经济问题,削弱企业的成本竞争力,产生广泛的外部不经济,促成企业向低密度地区的转移。

(4) 技术进步与创新的空间性

运输成本的下降促成了远距离贸易的可能,随着成本的进一步下降,相近地区之间的贸易成为主导,促成了生产向区域中心城市的集中。

1870年代以后,由于蒸汽动力与电报的应用,海洋运输成本快速降低,促成了世界范围内贸易的大规模展开。1840—1914年间运输成本的快速下降,使得基于比较优势的大规模的贸易成为可能。1950年代开始的运输成本的降低与产品差异化的增多,使得地区之间的贸易增多,因为专业化分工与规模经济的效益,推动不同地区产业内的合作。随着运输成本的降低,自然地理的重要性逐渐降低,而随着生产中的规模经济,经济地理的重要性逐渐上升。

从第一次产业革命至今,世界经济的周期已经运行了五次,它们分别是:① 以纺织工业为主导产业的"早期机械化"技术革命;② 以钢铁工业为主导产业的世界经济周期;③ 以石油重化工业为主导产业的世界经济周期;④ 以汽车为主导产业的世界经济周期;⑤ 以信息产业为主导产业的世界经济周期。

外部需求降低时,形成生产过剩,生产过剩的危机首先将生产成本较高的区域淘汰出局,同时,也使得成本较低的区域面临外部市场需求相对缩小的不利局面。

每一次新周期的到来都会引起世界总需求的重新分配,大量的需求会从老周期的主导产业部门转移到新周期的主导产业部门,技术进步会使得特定产业的原材料与能源构成以及使用方式、运输方式发生改变,从而影响产品的成本结构,从而对产业布局的指向性产生影响,推动产业空间的转移[1],推动区域经济空间的演变。

中国的改革实践是从农村开始的,率先实行联产承包责任制,然后发展以乡镇企业为代表的农村工业。经过多年的发展,许多乡村由于快速的工业化而发展成为常住人口为2—5万人的小城镇,甚至成为中型城市。这是带有中国特色的传统

---

[1] 周起业、刘再兴等:《区域经济学》,中国人民大学出版社,1989年。

型工业化道路，这种工业化由于乡镇企业布局分散而难以产生聚集效应，导致由传统工业向现代化工业的转化速度较慢。随着中国经济日益融入世界经济，大量外资的涌入，改变了资源禀赋，带来了先进的技术、管理经验与雄厚的资本，并将资本接受地的制造业跳跃式地提升到资本、技术密集型阶段，推进经济结构的转变，推进工业化与城市化。生产投入资料共享与产业内竞争形成了地方的经济聚集，多元化产业促进创新的形成，形成城市化经济。

弗里德曼认为，发展可以看作一种由基本创新群最终汇成大规模创新系统的不连续积累过程，而迅速发展的大城市系统，通常具备有利于创新活动的条件。创新往往是从大城市向外围地区进行扩散的。基于此他创建了核心-外围理论。核心区是具有较高创新变革能力的地域社会组织子系统，外围区则是根据与核心区所处的依附关系，而由核心区决定的地域社会子系统。核心区与外围区已共同组成完整的空间系统，其中核心区在空间系统中居支配地位。

随着经济发展，收益递增的活动趋向于城市。城市规模的相对分布于产业集中，既可以保证大城市以服务为主导，推进创新、发明，又可以让小城市进行专业化生产，制造产品并接受大城市分离出来的产业。

（5）管制与制度

吴承明认为，从传统经济向市场经济的转变，不仅是市场量的空前扩大，更重要的是市场交易的内涵和市场机制的根本性改变，而这一切，又都是以政治、法律、经济体制和制度的相应变革为前提的。古代中国商品交换比较发达，但这还不是市场经济。向市场经济的转化大约从16世纪即明嘉靖、万历间开始的。一般而言，大商帮、工场手工业、明末清初的"启蒙思潮"的出现，是其标志。但力量不足，更重要的是没有引起希克斯所说的"政治渗透"，在产权、商法、税制上毫无变化，仍然是完整的封建专制国家①。

正如当时人所呼唤的那样，"本文从经济的观点看广西的变迁，但亦不能忘却，这个阶段的广西所急需的，仍非国计民生，而是社会秩序的立刻恢复正常。"②科斯与诺思认为制度是经济学发展的内生变量，有效率的经济组织是经济增长的关键，率先的制度创新可以得到超过平均利润的社会回报。新制度经济学认为制定规划者及制定制度者本身，倒是符合新古典主义中具有稳定偏好、理性、寻求最大化行为的假设。

赫希曼认为，增长在区际间不均衡现象是不可避免的，核心区的发展会通过涓滴效应在某种程度上带动外围区发展，但同时，劳动力和资本从外围区流入核心区，加强核心区的发展，又起着扩大区域差距的作用，极化效应起支配作用③。要缩

---

① 吴承明：《中国的现代化：市场与社会》，生活·读书·新知三联书店，2001年。
② 侯孟光：《广西经济出路之探讨》，载《广西经济出路讨论集》，广西工商局1934年。
③ A. Hirschman, *The Strategy of Economic Development*, New Haven: Yale University Press, 1958.

小区域差距,必须加强政府干预,加强对欠发达区域的援助和扶持。区域之间经济增长的趋同,并不是市场机制的"自然结果",而是市场机制与政府干预的共同结果,特别是政府在地区之间进行的大规模的财政转移支付,从而实现消费、公共服务、工资收入等均等化①。

区域经济空间现象是一个复杂性系统,具有分形与自组织特征,区域经济空间结构的形成与演变具有复杂的偶然性与历史路径依赖性。W. Brian Arthur 通过技术演变过程中的自我增强推导出"路径依赖",诺斯将其推广到长期经济变化的制度分析上,认为制度变迁同样存在自我增强的机制,"路径依赖是对长期经济变化做出分析理解的关键","人们过去做出的选择决定了他们现在可能的选择"②。

中国改革开放前,政府将城市发展置于农村发展至上,基本粮食的价格控制压低了农业收入。高关税壁垒、进口限令、工业产品特许维护了制造品的价格,抑制了农民的购买力。以最终国内需求为核心的内向型发展战略,由国家完备的财政分配机制,降低城乡之间的地区个人人均可支配收入与消费的差异。1949—1990年之间省级之间的赶超与趋同,在很大程度上是受到限制性的人口政策的影响。1980 年代的城市规划旨在控制大城市的规模,但在国家十五规划(2001—2005)中则强调大城市、中等城市、小城镇的协同发展,家庭户籍制度虽然对城市定居性移民有所限制,但并不限制临时性季节性移民。十一五规划(2006—2010)中进一步加强了土地市场制度,保护私有产权。

第二节 空间指南是否存在?

市场化、全球化的经济变革,使得区域的经济活力得到了空前的释放,市场机制与经济一体化,促进了经济要素的自由流动,经济活动进一步集中,经济聚集形成知识溢出效应,劳动力市场的蓄水池效应,产业关联效应,使得经济活动更有效率。同时,专业化分工得到加强,新型贸易开始增加,这一切引发了经济空间的变迁。空间结构的变化是长时段经济发展过程中最引人瞩目的演化过程。这里所指的空间结构是指影响经济发展过程的各种要素(基础设施、人力资源、产业组织、环境资源和环境公共品)的空间组合状态。它既是经济发展的基本条件,也会在经济发展的推动下产生结构变化。

一、空间指示的学理与表现

1. "时空关联"的理论基础

传统经济学大厦的主要基石之一是劳动时间决定的价值观,认为经济的节约,

---

① 胡鞍钢、王绍光、康晓光:《中国地区差距报告》,辽宁人民出版社,1995 年,第 358—359 页。
② (美)道格拉斯·C·诺斯,钟正生等译:《理解经济变迁过程》,中国人民大学出版社,2008 年,第 49 页。

归根到底是劳动时间的节约,因而一般的经济平衡也只有抽象的价值量平衡和实物平衡①。然而,经济的运行是以物质的运行为基础,而任何物质实体的存在都有其时间和空间的两种形式,经济的节约不仅在于劳动时间的节约,也在于劳动空间的节约和组合的优化。

空间结构与经济发展的切入点是空间稀缺性,空间稀缺性是经济活动空间需求的数量与质量的提高与空间供给的有限性之间的矛盾。发展经济学研究的侧重点是"最佳(经济)发展",地理学家则潜心于研究"最佳(空间)结构"。对一个给定的区域而言,如何在有限的空间供给的条件下,生产出最优化的经济空间,其实质就是提高稀缺的空间资源的利用效率,是为发展地理学的视角。

关于近代中国经济增长的估算,自刘大中、叶孔嘉以来,相关数据颇有分歧,主要源于对核算的估值不同。众所周知,我们在关注与评论近代中国的经济增长时,大多以"均质空间"作为逻辑前提,这从经济地理学看来,这是难以理喻的。

2009年世界银行发展报告从长时段关注经济发展过程中的地理变迁及其含义,分析了要素集聚、经济增长与区域经济不均衡发展的关系②。马德斌也认为以往对近代中国GDP的估计忽略了工业增长的地域特征③,1930年前中国的工业与服务业增长不成比例地集中在上海。对于非常不平衡增长的大国经济来说,全国的平均值无法相对准确地反映地区经济增长的绩效。所以,首先需要寻找"空间差异",考虑非均质空间上要素与经济活动的分布,从而获得区域性的经济增长图景。

1776年斯密在《国富论》中写道:"沿着海岸、沿着可以航行的河流,各类工业自然而然地细化改进,通常在很长时间之后,这些改进才会向一国的内陆地区延伸"。在晚清经济发展的早期阶段,最具有市场准入潜力、最具有经济密度潜力的地区常常处于主导地位,例如珠江三角洲地区的南海、番禺等拥有最好自然禀赋的地方,远离经济密集区的内地通常发展迟缓,例如韶关。只有到发展的晚期,落后地区才能分享更多的发展利益。

广西素有"八山一水一分田"之称。1930年代,新桂系主政广西之时开展的"建设广西,复兴中国"运动,成绩颇著,赢得"模范省"之称号。近代广西经济发展中的重要一条即为"借粤兴桂",广西政府所办较大规模的官营新式工业,全部布局在西江、浔江、郁江所组成的西江走廊带。"广西在商业上属于珠江系统,不啻粤港二地之附庸。与长江流域及中原之隔膜,无殊异国。故广西之商业以及重心,及在

---

① 马歇尔在《经济学原理》中明确提出:相对于空间而言,时间因素对于区域变化与市场扩展的周期而言更为重要;但同时,他在"外部性"与"产业区位"的分析中,特别强调了"位置的价值"取决于人口的增长、运输效率的提高、与现有市场交流的增强等,强调产业区位与运输成本、市场区位之间的关系。
② 世界银行:《世界银行报告:重塑经济地理》(World Bank: *World Bank Report, Reshaping Economic Geography*),华盛顿,2009年。
③ Ma Debin: Economic Growth in the Lower Yangzi Region of China in 1911-1937: A Quantitative and Historical Analysis, *The Journal of Economic History* (2008), 68: 355-392.

粤港接近之梧州一带。"①梧州是近代广西水陆交通的枢纽,素有"广西的上海"之称②。广西"无东不成市,无市不趋东"。

历经14年(1851—1864年)的太平天国运动,清朝国家的权力结构由高度中央集权体制转变为中央与地方二元权力结构体制,权力重心也逐渐由中央下移地方,一直持续到清亡,并影响到民国初年③。从地方经济而言,促进了区域经济的离散,地方化经济的形成,地方激励效应的产生。

大约在1895年以后,华南地区传统的商品流通渠道逐渐改变,形成了一个以香港等通商口岸城市为中心,从口岸到内地和农村的商业网。市场交易的扩大与商业资本的发展,城乡之间形成了工业制成品与农副产品的劳动分工体系,乡村被纳入到城市经济体系中。香港、广州等城市发生的"商业革命",并促成了区域性的近代"工业成长",成为空间经济结构演变中的枢纽城市,获得更良好的市场规模与准入度,成为区域经济成长的"发动机"。

同时,在前近代,除了有限的工商业外,农业占有绝对主要的地位,在农业经济的资源配置已经接近最优的情况下,通过改善配置所获得的收益非常有限④,只有一些外生的冲力才能提高经济的发展水平,晚清的口岸开放引发了这一进程。香港、汕头在不具有最佳资源禀赋的情况下,获得了良好的区位优势,迅速成为大区域或亚区域的中心城市。其中香港"因为地位优越,并且经过英国政府一番苦心的结果,于是香港的商业,就日渐繁盛,一向掌握中国南部商业霸权的广州,被它压倒,与上海同为中国对外贸易的两大门户之一,数十年来,凡是外国洋货运销到中国南方各省的,必须先在香港集中然后运销各处,中国南方各省货物运销到外洋去的,也必须先在香港集中然后运往各国,无形之中,成为中国南部的一个贸易中继港"⑤。

在一定的条件下,经济区位决定了粤港具有发展贸易的较低交易成本,发展工业的较低经营成本;而当香港经济发展到一定程度以后,又会出现工商业都市经济的聚集效应,从而使初始的地理区位优势进一步向人才、资本、技术的高密化、集约化发展,推动城市经济向产业结构更合理、更有竞争优势的方向迈进。

近代中国从一个完全的农业经济,逐渐转向现代工商业经济,农业经济时代的要素资源更多受制于自然禀赋,呈星罗棋布的汪洋大海状,现代工商业经济则呈点状集聚,故而,与前近代相比,近代经济的空间特征更为显著,也更有影响力,空间首次成为经济增长的重要影响因素。

伴随着开埠与近代商业的发展,快速增长的对外贸易带动了城乡的产业分工,

---

① 张先辰:《广西经济地理》,桂林文化供应社,1941年。
② 千家驹等:《广西省经济概况》,商务印书馆,1936年,第224页。
③ 楚双志:《太平天国时期中央与地方权力再分配格局的形成》,《沈阳师范大学学报(社会科学版)》2007年第3期。
④ (美)西奥多·W·舒尔茨(T. W. Schultz, 1964),梁小民译:《改造传统农业》,商务印书馆,1999年。
⑤ 景亮:《香港陷落后之影响》,《更生(上海1939)》1942年第13卷第8期,第193—195页。

要素的流动与效率的提升,促进了城市的发展与经济的增长,改变了经济增长的空间均衡。以进出口贸易带动的市场化,主要受益地区是口岸城市及其毗邻地区,但是内陆腹地及边缘地区所获得回报相对较少。随着自给自足的封闭经济向开放经济的转变,在国际或区际贸易的推动下,经济活动将会高度集中在贸易成本最低的区域,比如沿海、沿江、交通线两侧或国家、区域的边界地区。故而,近代中国经济的增长不成比例地集中在沿海、沿江走廊地带,形成了显著可见的级差。

受制于资金、技术、人才、信息、安全等多重因素,近代工业优先在沿海口岸城市或其邻近地区发展起来,资本、消费者、工人的集中带来了生产优势,有助于更好地保持城市地区基础设施与公共服务,繁忙而安全的城市成为现代经济活动的中心。从文明的演进来看,所谓的"近代化",即农业文明向工业文明、小生产向大生产的转化,这是一个不可逆的进程。同时,工业经济增长对土地的依赖性相对下降,规模经济与空间集聚形成,加剧了经济增长的空间不平衡。

二、从空间看近代经济增长

按照麦迪森(Angus Madison)的测算,在1700—1820年间,中国的GDP在世界所占的比重从23.1%提高到了32.4%,年增长率达0.85%;而整个欧洲的GDP在世界GDP中所占的比重仅从23.3%提高到了26.6%,年增长率为0.21%[①]。直到1800年,中国仍然是世界经济的中心,中国在世界市场上具有异乎寻常的、巨大的、不断增长的生产能力、技术、生产效率、竞争力和出口能力,这是世界其他地区都望尘莫及的。1840—1950年间中国GDP从占世界总量的1/3降低到1/20,人均收入下降,同期,日本的人均收入提高了3倍,欧洲提高了4倍,美国提高了8倍。

作为大国经济,近代中国存在诸多迥异、甚至相反的地方性经济,从一般面上的观察,同时可见近代经济的发展与不发展,这种情形已经为国内外诸多学者的精彩研究所证实。这种混合状态的存在,使得无论是全国性还是大区域的GDP估测,终究忽略了次区域的差异,被平均化的数据,自然难以展示近代中国经济的实情,作为大国经济,唯有展示经济地理的全息图景,才能真正揭示其中同时共存的斑驳陆离。

经济增长模式有四种:① 人口扩张的规模效应,对应于北美殖民地初期和清朝初期;马尔萨斯人口论是其极限表现。② 斯密增长模式,分工协作,发挥比较优势,经济体相互贸易,促进社会福利增加;对应于重商主义时期。③ 索洛增长模式,资本积累的速度大于人口增长速度,资本积累到一定阶段会出现垄断局面和社会两极分化;环境污染和资源耗尽是其终极极限。④ 熊比特增长模式,破坏性创

---

① (英)麦迪森,伍晓鹰等译:《中国经济的长期表现:公元960年—2030年》,上海人民出版社,2008年。

新技术取代旧技术,社会生产效率极大提高;对应于二战后美国创新社会。

从发展地理学的视角看来,经济增长的过程也就是空间经济结构变化的过程,空间的优化与经济增长是同步的。尽管很多经济要素的空间分布是难以清晰化的,尽管特定区域长时段经济增长缺乏准确、连续、有效的计量数据,但可以通过观察与计算经济空间的优化过程,来有效地度量其经济增长。从这个角度出发,可以从经济地理的角度,理解近代中国的经济增长。

中国古代商品经济的基础是小农生产,即便是唐中叶以前的地主组织的大生产,依然基于佃农小生产,小农经济是市场商品的主要提供者。在手工业领域最主要的棉丝纺织基本上是农家副业与小生产。前近代中国社会经济从整体上看,在生产领域中基本上是以个体家庭作为社会基本经济单位的小生产的生产方式,由于商人资本的运动,却存在以地方市场、区域市场,以及国内大市场共存的大流通的流通方式,"小生产—大流通"并存构成了前近代中国社会再生产中最基本的生产流通模式,是为前近代中国社会再生产的最基本、最重要的特点①。

近代中国处在一个转折的时期,就经济领域而言,最显著的变化是从传统农业经济转向现代工商业经济,新经济首先是从商业流通领域激活,并逐渐扩展到工业生产领域。在流通领域,口岸开放所带来的商业革命,促进了商品与要素市场的发育,提升了要素流动的效率;在生产领域,通过外向化农业、乡村手工业、城市工业的发展,实现社会再生产的循环,使得近代经济增长得以实现,因而具有显著的周期性与空间性。从空间的视角可以发现近代中国经济增长的另外一个侧面,推动这一议题的再讨论。

根据马克思再生产理论的一般规律,从传统农业社会向近代工业社会成功转变,也即社会生产力的发展是社会再生产的扩大。虽然再生产存在于一切社会生产之中,但是在近代工业化以前,社会再生产主要是简单再生产。只有到了近代工业化时代,扩大再生产才成为社会再生产的主要特征。

社会生产可以分为生产资料生产(主要即重工业)和生活资料生产(主要即农业和轻工业)两大部类,而二者之间存在着一定的比例关系。在简单再生产中,生产资料生产所占的比重很小,而且两大部类之间的比例基本上保持稳定。但在扩大再生产中,这种比例关系发生了很大变化,生产资料生产所占的比重较前有明显提高。因此在社会再生产迅速扩大的时候,生产资料生产扩大的速度往往比生活资料生产扩大的速度更快。正是因为如此,虽然一般认为英国的工业革命以纺织业为先导,但实际上在这场革命中起更大作用的却是重工业的迅猛发展,即所谓的煤铁革命。如果没有这个煤铁革命,工业革命是不能想象的。

斯密式(the Smithian Growth)早期经济成长与库兹涅茨(the Kuznetzian

---

① 张忠民:《前近代中国社会的商人资本与社会再生产》,上海社会科学院出版社,1996年。

Growth)增长是不同的。斯密认为经济发展的动力是劳动分工及专业化所带来的高生产率,即每个人生产其最适宜生产的产品,然后与他人交换,从而在市场上获得较丰的利润。劳动分工仅受市场大小所限,市场扩大给经济成长提供的机会也随之增加。分散化的价格体系拓宽了市场范围,并且也扩大了从劳动分工获得的优势。因此,贸易既是劳动分工与专业化发展的条件,同时又以劳动分工和专业化所体现出来的相对优势为基础。

一般而言,斯密式的经济增长,只有经济总量增加而无劳动生产率的提高,相反地,库式增长则是19世纪以来的近代工业化式增长。在近代早期,由于没有技术突破,所以,斯密这种增长取决于市场规模及其扩大的情况。换言之,市场的容量就是这种经济成长的极限。相关的生态制约就成了最关键的要素。故而,斯密、李嘉图、马尔萨斯都相信经济成长受到更广泛的限制,尤其是人口、外部资源。当外部没有技术突破时,斯密动力就乏力失灵。清代中国的国内市场在稳定增长,活跃有效,弗里斯认为如果就此认为其时中国已经存在了斯密式的市场经济,甚至比英国更加有效,似乎是言过其实,斯密式的市场并非工业的充分条件[①]。费维凯(Albert Feuerwerker)从理论上对这种"斯密型成长"的特点作了总结,他认为,在这种成长中,相关的表现主要为:经济总产量、劳动生产率都有提高,但技术变化不大[②]。推动明清中国,尤其是江南、岭南经济发展最主要的力量,是劳动分工和专业化的发展,这种推动力量一般被称为"斯密动力"(the Smithian Dynamics)。这一动力,最主要的两个方面,一是工业与农业之间的分工与专业化,二是地区之间的分工与专业化。第一即从明代的"夫妇并作"到清代的"男耕女织",表现了江南、岭南农村中工农业生产的分离和男女的劳动分工与专业化;第二即江南、岭南与中国其他地区之间已经形成了一种地区产业分工与专业化,通过这种分工与专业化,江南、岭南从外地大量输入各种工业所需的原材料,同时大量输出工业产品。

在库式提出的现代经济增长六个相互关联的方面中,其中最主要的是总产量和人口的快速增加;第二个最重要的因素是生产效率的增长;第三个方面是经济结构从农业生产占主导地位向制造业和服务业占主导地位的改变。现代前后的变化不是量的变化,而是质的变化。

从文明的演进来看,所谓的"近代化",即农业文明向工业文明,小生产向大生产的转化。Edward Anthony Wrigley 总结道:近代工业化实际上是一个从"发达的有机经济"(Advanced organic economy)向"以矿物能源为基础的经济"(Mineral-based energy economy)的转变。"要成功地摆脱有机经济所受的制约,一个国家不仅需要那种一般意义的资本主义化,以达到近代化;而且也需要下述意义上的资本

[①] 皮尔·弗里斯著,苗婧译:《从北京回望曼切斯特:英国、工业革命与中国》,浙江大学出版社,2009年,第106—108页。
[②] Albert Feuerwerker: Questions About China's Early Modern Economic History, *The Journal of Asian Studies* (1992), 51(04): 757-769.

主义化,即越来越多地从矿藏中、而非从农业产品中获取原料,尤其是能够开发大批能源储备,而非依赖各种过去提供生产所需热能与动力的可再生能源。英国经济正是在上述两种意义上资本主义化"[1]。

前近代的经济扩张是建立在专业化分工与贸易基础上的斯密式增长,现代经济的增长源于生产函数的变化[2]。在经济发展的早期,专业化分工与贸易基础上的斯密式增长是其动力源泉,但进入现代以后,经济增长来自于生产函数的改进,表现为有用知识(科学与技术)的积累与采用,以及随之生产与生活方式的改变。

家庭生产没有交易费用,既然个人为他们自己的效用函数制作他们的家庭产品,因而不需要有什么来代表主管衡量。专业化与分工越大,生产过程从最初的生产者,到最后的消费者所经历的阶段就越多,衡量的成本就越多(因为每个阶段都要出现衡量),组织形式的选择受产品与劳务的特点影响,也受衡量性能的技术影响[3]。

农业依赖土地且缺乏规模经济,因而形成了分散的点状空间经济形态,在近代早期,人口主要分散在农村,即使区域最大城市(例如广州)的规模也比较有限,城市居住区一般是城市城墙之内的街坊,这类城市一般毗邻交通要道(例如南岭商道),本身所生产的产品比较少,主要提供剩余农产品的交换,即"小生产、大流通"的形态。

近代商业发展起来后,快速增长的对外贸易带动了城乡的产业分工,要素的流动与效率的提升,促进了城市的发展与经济的增长,改变了经济增长的空间均衡。以进出口贸易带动的市场化,主要受益地区是广州、香港等口岸城市及其毗邻地区,例如珠江三角洲地区、西江沿线地带,粤北、桂西南等边缘地区所获得回报相对较少。只有比较多地参与国际分工,且能在分工中不断提高效率的产业或地区,才能够有效地提高产量与生产率,获得更多的比较收益与边际收益。

随着近代工业发展起来后,经济增长对土地的依赖性相对下降,规模经济与空间集聚形成,加剧了经济增长的空间不平衡。同时,伴随着自给自足的封闭经济向开放经济的转变,在国际或区际贸易的推动下,经济活动将会高度集中在贸易成本最低的区域,比如沿海、沿江、交通线两侧或国家、区域的边界地区。

通过对近代华南地区三次产业部门、城市与人口、次区域经济等图景的展示,可以还原近代中国市场化与工业化背景下的经济增长路径。近代早期的经济增长是建立在专业化分工与贸易基础上的,现代经济的增长源于生产函数的变化,表现为知识(科学与技术)的积累与采用,以及随之的生产与生活方式的改变。一般认

---

[1] Edward Anthony Wrigley: The transition to an advanced organic economy: half a millennium of English agriculture, *The Economic History Review* (2006),59(3): 435-480.
[2] (美)阿夫纳·格雷夫著:《大裂变:中世纪贸易制度比较和西方的兴起》,中信出版社,2008年。
[3] (美)道格拉斯·C·诺思,郑江淮等译,陈郁等译:《经济史中的结构与变迁》,上海人民出版社,1994年。

为,斯密式早期经济成长取决于市场规模及其扩大,主要是经济总量的增加,相反地,库兹涅茨增长则是19世纪以来的近代工业化式增长。

从发展经济学与空间经济学的视角,在第一次全球化的近代时期,中国经济的发展不仅是一个时间上的过程,也是一个空间上的资源配置。以往在研究近代中国的经济增长时,发现经济发展或不发展两种图景同时存在,从地理空间的角度只有一个答案。近代中国的经济增长,发端于口岸及其腹地的外向化经济,激活了从流通领域开始的社会经济再循环进程,就生产领域而言,更是不成比例地集中于口岸与沿海走廊。从市场流通秩序的演变而言,近代经济相对更加地域化、相对更加离散化,但是在生产领域,尤其是围绕生产的技术、资金、人才、安全等因素却趋向于集中,集聚于沿海地带。从整体而言,近代中国的经济增长受制于外部空间约束,始终没有减弱,沿海与内地相对均衡地分配资源越来越成为一个亟须考虑的问题。

三、空间遗产的变与不变

我们知道,经济的全球化与地域化是一对关系密切的反义词,只能从对手才能理解自己。迈克尔·斯多珀(2004,p.272)用经济学的术语如此定义:"地域化的经济是由依赖地域特定资源的经济活动构成的,这种'资源'可以是仅出自某一个地方的特殊要素,或者更复杂一点,只能从某种特定的组织内部或企业——市场关系中获得要素,包括地理邻近性,或者说地理邻近的关系比其他方式能够更有效地产生这种特殊要素。"从这里出发,我们可以看到地域化经济具有的独特生成性、自我演进性、地理关联性,这比单纯地理上的地方经济,或因外部经济集聚的地方化经济,包含更多的内容。

梁启超说近代中国是一个过渡时代,在《过渡时代论》中,如是言之:"故今日中国之现状,实如驾一扁舟,初离海岸线,而放于中流,即俗语所谓两头不到岸之时也。"《剑桥中国晚清史》的封面上标明"1800—1911",以18、19世纪之交的晚清作为近代的界标,理由是清王朝历史重心由亚洲腹地(满蒙新藏),推向本土与沿海。前近代以来华南经济的变革,肇始于欧洲殖民者的东来。

众所周知,近代中国处在一个转折的时期,就经济领域而言,最显著的转折是从传统的农业经济文明转入现代工商业经济文明。国际学术界一直关注现代中国经济的形成。与西方现代经济的形成相比,现代意义上的中国经济起源于何处?熟悉中国历史的人们均知道,因为开埠通商,近代中国被动地卷入全球贸易与生产体系,启动了沿海沿江地区的商业与工业,开始了其经济现代化的历程。

近代基于市场而形成的经济地理格局,具有内在的合理性,这些被遗忘的记忆,亟须重新被重视。

表4-2 "泛珠三角"地区陆上8省区际联系(1985与2001年)
（以铁路区域间货物来源地的比例为参照指数）

省别	≥10%		5—10%		2—5%		变动趋向
年份	2001	1985	2001	1985	2001	1985	1985—2001
广东[a]	a[27]、c[17]	a[41]、c[101]	b、g、f、h	f、l、b	k、d、i	k、d、r	对外联系更加多元化，与西南诸省的联系加强
广西[b]	b[32]、a[12]、f[11]	b[42]、a[10]	g、h、c	f、c、l	j、i、l、k	r、k、j	与西南诸省的联系大幅度加强
湖南[c]	c[34]、a[29]	c[57]	b	a、r、l	d、j、k、e、f	k、b、f	南下粤桂的趋势加强，北上豫晋的趋势减弱
江西[d]	d[38]、j[17]、e[12]	d[61]	a、c	m、r	b、k、m	e、s、j、c	对外联系多元化，与闽浙赣的联系不断强化
福建[e]	e[53]、j[11]	e[48]、d[11]	c	s、m、r	d、a、d、l、k	n、q、j	与浙江的联系加强，与内陆皖赣的联系减弱
贵州[f]	b[32]、f[30]、a[13]	f[52]、h[12]		a、c	c、h、i、g	k、g、b	与广西广东的联系大大增强，与四川、湖南联系减弱
云南[g]	g[43]、b[10]	g[68]	h、a	h	f、d、l、n、o、j	a、f、k、c	从以四川为主转向东南沿海，尤其是广西
四川[h]	h[50]	h[69]	k	f	g、i、b、a、f、p、q、l	a、k、g	与沿海方向的广西广东联系增强

资料来源：《中国交通年鉴》（1985、2002年），北京：中国交通年鉴社，1985、2002年。
注明：[ ]中的数据为百分比。重庆[i]，浙江[j]，湖北[k]，河南[l]，上海[m]，山东[n]，河北[o]，陕西[p]，江苏[q]，山西[r]，安徽[s]。

经济密度低地区要实现经济密度的快速提高困难很大，与高密度地区距离的远近，意味着与高密度先进地区经济体一体化程度的高低，彼此之间存在正向关系。距离先进区域越远，意味着低密度落后地区进入高密度地区的资本、劳务、商品、服务、信息、观念市场，并分享其知识与信息外溢的利益存在更多的困难。落后地区的特征是：低生产率低收入、高贫困率高失业率（或高隐形失业率），经济增长缓慢，一般而言，在经济发展的早期，落后意味着基本生活需求（例如电力供应、卫生设备、道路系统等缺失），到后一定的发展阶段，不再是基本设施上的差别，更多地表现在劳动就业、发展空间上的落后。从距离与市场准入的角度可以清晰地看到这一差异。

通过市场机遇的扩大、企业对工人的需求，先进地区密集的经济活动将吸引企业与工人向其集中，从非密集区向密集区集中，形成一个渐进积累的过程，平衡人口分布、经济密度、地区不平等。通过降低交通成本,推动人口、企业、观念、商品、服务从非密集区向密集区的集中,可以将欠发达区域纳入国家的生产体系。贸易、人口的流动可以实现低密度区、高密度区市场一体化。

在农业经济时代,土地是最主要的生产要素,土地相关的自然资源禀赋,河流等交通区位是经济成长最重要的动力,也是经济发展空间差异的指南,经济活动基本均衡地分布在各个地区。在进入工业经济社会之后,资本与劳动力等要素的重要性上升,对于自然资源禀赋与初始经济区位的指向性降低,资本与劳动力的空间流动与聚集,形成了近代华南地区中心城市的消长与经济发展的空间差异。及到了后工业化与信息时代,资本与劳动力等传统要素依然在发挥作用,同时,信息、制度等要素共同组成全要素增长方式。传统工业经济成长要素相对重要性下降,信息、知识、制度等新要素成为新的空间优势。

在城市化的早期阶段,农业或资源型产品具有支配地位,经济密度不高,经济发展的动力主要是企业、工厂的内部经济,提高经济密度,政策不应该干涉经济的地理布局;在城市化的中期阶段,城市内部、城市与城市之间的经济联系增强,同行业的企业与工厂在同一个地方,以获得共享生产投入与知识溢出的优势,经济发展的动力是促成地方化经济的成长,应该提高生产与运输的效率,克服经济距离带来的低效率;在城市化的高级阶段,处于后工业时代,城市化经济形成,城市功能凸现,需要维持城市的和谐稳定,需要解决密度、距离、分割问题。

改革开放以来的华南地区,随着国内外市场的开放、人口流动,促成了规模经济的出现。地理位置、优惠的要素价格刺激了深圳以及其他地区的早期增长,新开放充足的土地供应、廉价的劳动力,毗邻香港的优越地理位置吸引了资金、人才、技术的集中,以及交通运输成本的下降、中间产品与差别产品生产领域的规模经济、产业内产业间的聚集效应(包括外部规模经济,例如知识溢出、毗邻生产资源与出口贸易所带来的物流成本的降低),推定了经济的增长。表4-2反映了改革开放后华南地区以及泛珠三角地区内在经济联系的增强,以及沿海向心性的提升,与第一次开埠开放时代的演化方向是一致的。

0. 长时段视野下的评估——前进或倒退?

表 4-3 近代以来的沿海与内地:政策得分

| 时段 | 次区域 | 面临的显著挑战 | 政策指向(理论值/实际值) | | | 政策分值 |
			基础制度(不考虑空间因素)	基础设施建设(考虑空间因素)	激励措施(具有空间针对性)	
近代早期(晚清)	沿海沿江(毗邻国际市场)	经济发展密度一般、与外部市场联系便捷	0/0	0/0	0/+1	+1

续 表

时段	次区域	面临的显著挑战	政策指向(理论值/实际值)			政策分值
			基础制度(不考虑空间因素)	基础设施建设(考虑空间因素)	激励措施(具有空间针对性)	
近代早期(晚清)	内地(远离世界市场)	经济发展密度很低、距离外部市场较远、经济规模弱小、尚未城市化	0/0	0/−1	0/−1	−2
近代后期(民国)	沿海地带(毗邻国际市场)	经济发展密度较高、与外部市场联系密切、市场分割现象降低	0/0	0/+1	0/+1	+2
	内地(远离世界市场)	经济发展密度较低、距离外部市场较远、经济规模弱小、尚未城市化	0/0	0/0	0/−1	−1
建国后至改革开放前期	沿海地带(远离国际市场)	经济发展密度相对降低、与外部市场联系降低、市场分割现象严重	0/−1	0/0	0/−1	−2
	内地(远离世界市场)	经济发展密度相对上升、经济规模相对增强、开始城市化	0/−1	0/1	0/+1	0
改革开放深入阶段	沿海地带(毗邻国际市场)	经济发展密度较高、与外部市场联系密切、市场分割现象降低	0/0	0/+1	0/+1	+2
	内地(靠近世界市场)	经济发展密度相对上升、经济规模相对增强、初步城市化	0/0	0/+1	0/0	+1

如表4-3如果关注近代以来沿海与内地差异的演变,在时间层面上划分为四个时段(晚清、民国、改革前、改革后),在空间层面上划分为两个片段(沿海、内地),分别评估经济发展进程中所获得政策分值。评估的得分主要在三个方面:① 不考虑空间因素的基础制度,譬如私有产权、自由竞争等普适性的制度供给;② 考虑到空间要素的基础设施建设,譬如交通改良、通讯进步等方面;③ 具有空间激励性的措施,譬如开发开放边境、设立保护区等方面。从这三个方面考量,沿海地区在晚清、民国、改革前、改革后这四个时段,分别得分为:+1、+2、−2、+2;内陆地区在这四个时段,分别得分为:−2、−1、−2、+1。就空间资源配置的合理性而言,目

前所承接的为民国时期,为最优状态。1930年代未完成的经济地理变迁,在1978年后继续完成,并还在进行中。只是当前进程的头绪较多,不似近代第一次全球化时那么清晰简单。

在任一区域的层面上,区内不同地方的经济发展水平总是会呈现高低起伏、各不相同,区别仅仅是差距的大小,这就像一片星罗棋布的湖泊区,各湖各泊的水位不尽相同,水流的自然力量倾向于熨平差距,但是堤坝的存在一般会增加差距。如果说区域内、跨区域的交换与分工,尤其是基于自我增长机制下的分工,虽然在某种程度上会增强空间经济的非均衡性,但内在的机制会修复不断扩大的失衡,这是开放经济下的自然趋势。相反地,堤坝式的管制也许会熨平差异,也许会增强差距。

"风起于青萍之末,止于草(林)莽之间"。对于区域长时段的经济演化而言,空间指南是在不经意间所萌生的,并蔚为壮观或改变方向,背后自有其驱动因子,并随着外部环境的改变而改变,在自然经济、商品经济、市场经济,抑或在自由贸易、政府干预、政治管制等不同条件下,在农业文明、商业文明、工业文明的切换中,留下了或隐或现的踪迹,近代以来的华南地区只是一扇窗口,虽说是一管窥豹,却也是大势荡荡。

参考文献

文献

North China Herald and Supreme Court and Consular Gazette [J], Shanghai: North China Herald.

Chinese Maritime Customs Reports and Statistics, 1860-1946, [G] Shanghai: Department of the Inspectorate General of Customs.

T. B. Banister: *A History of the External Trade of China*, 1834-1881, *Synopsis of the External Trade of China*, 1882-1831 [G].

蔡谦.中国各通商口岸进出口贸易统计(1919,1927—1931)[G].上海：商务出版社,1936.

戴鞍钢.中国地方志经济资料选编[G].上海：汉语大词典出版社,1999.

冯和法.中国农村经济史料[G].上海：上海黎明书局,1933.

海关总署.旧中国海关总税务司署通令选编[G].北京：中国海关出版社,2003.

韩启桐.中国埠际贸易统计[G].北京：中国科学院,1951.

何廉.中国六十年进口物量指数物价指数及物物交易率指数(1867—1927)[G].南开大学社会经济研究委员会,1930.

建设协会.十年来之中国经济建设(1927—1937)[G].上海：商务印书馆,1937.

建设委员会经济调查所统计课.中国经济志[G].1935.

交通部交通史编纂委员会.交通史航政编[G].1935.

交通部交通史编纂委员会.交通史路政编[G].1935.

交通部政治局.中国通邮地方物产志[G].上海：商务印书馆,1937.

李燕.古代中国的港口,经济,文化与空间嬗变[M].广州：广东经济出版社,2014.

李文海.民国时期社会调查丛编·底边社会卷[G].福州：福建教育出版社,2004.

李文海.民国时期社会调查丛编·人口卷[G].福州：福建教育出版社,2004.

李文海.民国时期社会调查丛编(二编)·社会组织卷[G].福州：福建教育出版社,2009.

李文海.民国时期社会调查丛编(二编)·乡村经济卷[G].福州：福建教育出版社,2009.

李文海.民国时期社会调查丛编(二编)·乡村社会卷[G].福州：福建教育出版社,2009.

李文治.中国近代农业史资料(第一辑)[G].北京：生活·读书·新知三联书店,1957.

李允俊.晚清经济史事编年[G].上海：上海古籍出版社,2000.

茅家琦等.中国旧海关史料[G].北京：京华出版社,2001.

宓汝成.中国近代铁路史资料[G].北京：中华书局,1963.

南开经济研究所.南开经济指数资料汇编(2种)[G].北京：统计出版社,1958;北京：中国社会科学出版社,1988.

聂宝璋.中国近代航运史资料(第一辑)[G].上海：上海人民出版社,1983.

聂宝璋,朱荫贵.中国近代航运史资料(第二辑)[G].北京：中国社会科学出版社,2002.

彭泽益.中国近代手工业史资料[G].北京：中华书局,1962.

盛俊.海关税务纪要[M].1919.

实业部国贸局.最近三十四中国通商口岸对外贸易统计[G].上海：商务印书馆,1935.

孙毓棠.中国近代工业史资料[G].北京：科学出版社,1957.

唐凌,付广华.战时桂林损失调查研究报告[G].北京：社会科学文献出版社,2009.

汪敬虞.中国近代工业史资料(第二辑)[G].北京：科学出版社,1957.

王方中.1842—1949年中国经济史编年记事[G].北京：中国人民大学出版社,2009.

王金绂.中国分省地志[M].上海：商务印书馆,1932.

王铁崖.中外旧约章汇编(第一辑)[G].北京：生活·读书·新知三联书店,1957.

许道夫.中国近代农业史资料1840—1911(第一辑)[G].北京：生活·读书·新知三联书店,1957.

严中平等.中国近代经济史统计资料选辑[G].北京：科学出版社,1957.

杨大金.中国现代实业志[M].上海：商务印书馆,1938.

杨端六.六十五年来中国国际贸易统计[G].南京：中央研究院社会调查所,1931.

姚贤镐.中国近代对外贸易史资料[G].北京：中华书局,1962.

章有义.中国近代农业史资料(1840—1937)[G].北京：生活·读书·新知三联书店,1957.

张其昀.中国地理大纲[M].上海：商务印书馆,1930.

张其昀.本国地理[M].南京：钟山书局印行,1932.

郑曦原.帝国的回忆——《纽约时报》晚清观察记(1854—1911)[G].北京：当代中国出版社,2007.

郑曦原.共和十年:《纽约时报》民初观察记(1911—1921)·社会篇[G].北京：当代中国出版社,2011.

中华交通地志：江苏省、上海市、浙江省、广东省[M].上海：世界舆地学社,1937.

谭其骧主编：中国历史地图集[G].第八册,北京中国地图出版社,1982.

丁文江等编：中华民国新地图,上海申报馆,1934.

论著

Alonso, W. *Location and Land Use*[M]. Cambridge, MA: Harvard University Press, 1964.

Amin Ash, Thrift Nigel. *Globalization, Institutions and Regional Development in Europe*[M]. Oxford: Oxford University Press, 1996.

Bourne L. S, Simmons J. W. *Systems of Cities*[M]. New York: Oxford University Press, 1978.

Bryson John, Nick Henry, David Keeble, et al. *The Economic Geography Reader, Producing and Consuming Global Capitalism*[M]. Chichedter: Wiley & Sons Ltd, 1996.

Chi-ming Hou: *Foreign Investment and Economic Development in China*, 1840–1937[M]. Cambridge, Mass.: Harvard University Press, 1965.

David Faure, *The Economy of Pre-Liberation China: Trade Increase and Peasant Livelihood in Jiangsu and Guangdong*, 1870–1937, Ozford: Oxford University Press, 1989.

Edgar S. Dunn. T*he Market Potential Concept and the Analysis of Location*[M]. In: PPRSA, Vol. 2, 1956.

Eran Feitelson and Ilan Salomon. The Implications of Differential Network Flexibility for Spatial Structures[J]. *Transportation Research Part A*, 2000, (34): 459–479.

Eric Sheppard and Trevor Barnes: *A Companion of Economic Geography*[M]. Blackwell Publishing, 2000.

Fairbank, John King, *Trade and Diplomacy on the China Coast: the Opening of the Treaty Ports*, 1842–1854 [M]. Cambridge, Mass.: Harvard University Press, 1956.

Friedman J and Alonso W. *Regional Development and Planning*[M]. Cambridge: Mass MIT Press, 1964.

Fujita. *Economics of Agglomeration*[M]. Cambridge University Press, 2003.

Fujita, P. Krugman, and Anthony Venables. *The Spatial Economy*[M]. Cambridge: The MIT Press, 1999.

Greif, Avner, Microtheory and Recent Developments in the Study of Economic Institutions through Economic History, in Kreps, David M. and Wallis, Kermeth F., *Advances in Economics and Econometrics: Theory and Applications*, Vol. 2. 1997.

Gordon L. Clark, Maryann P. Feldman, Meric S. Gertler: *The Oxford Handbook of Economic Geography*[M]. Oxford University Press, 2003.

Hsiao, Liang-lin, *China's Foreign Trade Statistics*, 1864–1949, Cambridge[M]. Mass.: East Asian Research Center, Harvard University, 1974.

Kenneth Pomeranz: *The Making of a Hinterland: State, Society, and Economy in Inland North China*, 1853–1937[M]. California: Univ. of California Press, 1993.

Krugman P. *Geography and Trade*[M]. London: MIT Press/Leuven UP, 1991.

Lavely, William. The Spatial Approach to Chinese History: Illustrations from North China and the Upper Yangzi[J]. *Journal of Asian Studies*. 48, No 1 (1989): 100–113.

Ma Debin, Economic Growth in the Lower Yangzi Region of China in 1911–1937: A Quantitative and Historical Analysis[J], *The Journal of Economic History*, Vol. 68, No. 2 (June 2008).

North, D. C. & Thomas, R. P. *The Rise if the Western World: A New Economic History* [M]. Cambridge: Cambridge University Press, 1973.

Rawski, Thomas, *Economic Growth in Prewar China*[M]. Berkeley of California Press, 1989.

Rawski, Thomas and Lillian Li, eds. *Chinese History in Economic Perspective* [M]. Berkeley: University of California Press, 1992.

Rhoads Murphey, *The Treaty Ports and China's Modernization: What went Wrong?* [M]. Stanford: Stanford University Press. 1970.

Rowe, William. "Introduction", In Linda Johnson, ed. *Cities of Jiangnan in Late Imperial China* [M]. New York: State University of New York Press, 1993.

Staber U. The Structure of Networks in Industrial Districts [J]. *International Journal of Urban and Regional Research*, 2001, 25 (3): 537 - 552.

Steven Brakman, Harry Carretsen & Charles van Marrewijk. *An Introduction to Geographical Economics* [M]. Cambridge: Cambridge University Press. 2001.

Sucheta Mazumdar, *Sugar and Society in China: Peasants, Technology and Market*, Harvard University, 1992.

Taaffe E J, Morrill R L, Gould P R. Transport Expansion in Underdeveloped Countries: a Comparative Analysis [J]. *Geographical Review*, 1963, 53 (4): 503 - 529.

Wong, Bin, *China Transformed: Historical Change and the Limits of European Experience* [M]. Ithaca Cornell University Press, 1997.

World Bank: *Sustainable Development in a Dynamic World: Transforming Institution, Growth, and Quality of Life* [M] (World Development Report). New York: Oxford University Press, 2003.

World Bank: *Reshaping Economic Geography* [M] (World Development Report), 2009.

Wright, A, *Twentieth Century Impression Hongkong Shanghai and others Treaty Ports China* [M]. London, 1908.

Yu-Kwei Cheng: *Foreign Trade and Industrial Development of China: A Historical and Integrated Analysis through 1948* [M]. University Press of Washington, 1978.

安虎森.空间经济学原理[M].北京:经济科学出版社,2005.

特雷弗·巴恩斯,杰米·佩克,埃里克·谢泼德,亚当·蒂克尔.经济地理学读本[M].童昕等译.北京:商务印书馆,2007.

白吉尔.中国资产阶级的黄金时代:1911—1937[M].张富强等译.上海:上海人民出版社,1994.

滨下武志.中国近代经济史研究:清末海关财政与开放港口市场区域[M].东京:汲古书院,1989.

滨下武志.中国、东亚与全球经济:区域与历史的视角[M].王玉茹,赵劲松译.北京:社会科学文献出版社,2009.

卡尔·波兰尼.大转型:我们时代的政治与经济起源.[M].冯钢,刘阳译.杭州:浙江人民出版社,2007.

布罗代尔.资本主义的动力[M].杨起译.北京:生活·读书·新知三联书店,1997.

曹树基.中国人口史(清时期)[M].上海:复旦大学出版社,2001.

曹小曙,闫小培.珠江三角洲城际间运输联系的特征分析[J].人文地理,2003,18(1):87 - 89.

陈海忠.近代商会与地方金融:以汕头为中心的研究.广州:广东人民出版社,2011.

陈其广.百年工农产品比价与农村经济[M].北京:社会科学文献出版社,2003.

城山智子.大萧条时期的中国:市场、国家与世界经济[M].南京:江苏人民出版社,2010.

陈诗启.中国近代海关史[M].北京:人民出版社,2002.

陈争平.1895—1936年中国国际收支研究[M].北京:中国社会科学出版社,1996.

陈正祥.中国经济区域[M].香港:中流出版社有限公司,1981.

戴鞍钢.港口·城市·腹地:上海与长江流域经济关系的历史考察(1843—1913)[M].上海:复旦大学出版社,1998.

戴鞍钢,阎建宁.中国近代工业地理分布、变化及其影响[J].中国历史地理论丛,2000,(1):139—251.

戴鞍钢.发展与落差:近代中国东西部经济发展进程比较研究(1840—1949)[M].上海:复旦大学出版社,2006.

邓开颂,陆晓敏.粤港澳近代关系[M].广州:广东人民出版社,1996;邓开颂等.粤澳关系史[M].北京:中国书店出版社,1999.

杜能.孤立国同农业和国民经济的关系[M].北京:商务印书馆,1997.

杜恂诚.民族资本主义与旧中国政府:1840—1937[M].上海:上海社会科学院出版社,1991.

樊百川.中国轮船航运业的兴起[M].成都:四川人民出版社,1985.

范毅军.空间咨询技术应用于汉学研究的价值与作用[J].汉学研究通讯,2002(78).

方志钦,蒋祖缘主编.广东通史[M].广州:广东高等教育出版社,2010.

皮尔·弗里斯.从北京回望曼切斯特:英国,工业革命与中国[M].苗婧译.杭州:浙江大学出版社,2009.

费孝通.江村农民及其生活变迁[M].兰州:敦煌文艺出版社,1997.

高帆.交易效率、分工演进与二元经济结构转化[M].上海:上海三联书店,2007.

高进田.区位的经济学分析[M].上海:上海人民出版社,格致出版社,2007.

高柳松一郎.中国关税制度论[M].李达译.文海资料丛编.第74辑.

杰克·戈德斯通.为什么是欧洲?世界史视角下的西方崛起(1500—1850)[M].关永强译.杭州:浙江大学出版社,2007.

顾朝林.中国城镇体系:历史·现状·展望[M].北京:商务印书馆,1996.

顾琳.中国的经济革命:二十世纪的乡村工业[M].王玉茹,张玮,李进霞译.南京:江苏人民出版社,2009.

郝延平.中国近代商业革命[M].陈潮,陈任译.上海:上海人民出版社,1991.

黄滨.近代粤港客商与广西城镇经济发育:广东、香港对广西市场辐射的历史探源[M].北京:中国社会科学出版社,2005.

黄宗智.长江三角洲小农家庭与乡村发展[M].北京:中华书局,1992.

侯厚培.中国国际贸易小史[M].太原:山西人民出版社,2014.

侯杨方.中国人口史(1910—1953)[M].上海:复旦大学出版社,2001.

冀朝鼎.中国历史上的基本经济区与水利事业的发展[M].北京:中国社会科学出版社,1982.

科大卫.近代中国商业的发展[M].杭州:浙江大学出版社,2010.

G·L·克拉克,M·P·费尔德曼,M·S·格特勒.牛津经济地理学手册[M].刘卫东等译.北京:商务印书馆,2005.

保罗·克拉瓦尔.地理学思想史[M].郑胜华等译.北京:北京大学出版社,2007.

保罗·克鲁格曼.地理与贸易[M].张兆杰译.北京:中国人民大学出版社,2000.

柯文.传统与现代性之间:王韬与晚清的改革[M].雷颐,罗检秋译.南京:江苏人民出版社,1994.

尼尔·寇,菲利普·凯利,杨伟聪.当代经济地理学导论[M].刘卫东等译.北京:商务印书馆,2012.

拉蒙·H·迈耶斯.晚期中华帝国的习惯法、市场和资源交易.载兰塞姆·萨奇,沃尔顿编.新经济史探索[M].纽约:学术出版社,1982.

盛洪.现代制度经济学[M].北京:北京大学出版社,2003.

莱特.中国关税沿革史[M].姚曾廙译.北京:商务印书馆,1958.

刘卫东等.经济地理学思维[M].北京:科学出版社.2013.

勒施著经济空间秩序:经济财货与地理间的关系[M].王守礼译.北京:商务印书馆,1995.

李伯重.中国全国市场的形成:1500—1840[J].清华大学学报,1999(4).

李国平,王立明等.深圳与珠江三角洲区域经济联系的测度及分析[J].经济地理,2001,21(1):33-37.

黎夏,刘凯.GIS与空间分析:原理与方法[M].北京:科学出版社,2006.

李小建等.经济地理学[M].北京:高等教育出版社,2005.

林刚.长江三角洲现代大工业与小农经济[M].合肥:安徽教育出版社,2000.

林满红.口岸贸易与近代中国:台湾最近有关研究之回顾[G]//中国区域史研究论文集.台湾中研院近代史研究所,1986.

林毅夫.制度、技术与中国农业发展[M].上海:上海三联书店,上海人民出版社,2005.

林毅夫.经济发展与转型:思潮、战略与自生能力[M].北京:北京大学出版社,2008.

罗浩.历史与空间视角的经济增长与地区趋同[M].北京:经济科学出版社,2013.

梁琦.产业集聚论[M].北京:商务印书馆,2004.

威廉·阿瑟·刘易斯.增长与波动,1870—1913年[M].北京:中国社会科学出版社,2014.

艳军,李诚固,孙迪等.城市区域空间结构:系统演化及驱动机制[J].城市规划学刊,2006,(6):73-78.

里格利.延续、偶然与变迁:英国工业革命的性质.侯琳琳译.杭州:浙江大学出版社,2013.

刘志高等.经济地理学与经济学关系的历史考察[J].经济地理,2006,vol.26(3).

陆大道.论区域的最佳结构与最佳发展:提出点-轴系统和T型结构以来的回顾与再分析

[J].地理学报,2001,56(2):127-135.

陆大道.中国区域发展的理论与实践[M].北京:科学出版社,2003.

陆玉麒.区域发展中的空间结构研究[M].南京:南京师范大学出版社,1998.

罗正齐.港口经济学[M].北京:学苑出版社,1991.

道格拉斯·C·诺斯.经济史上的结构与变迁[M].厉以平译.北京:商务印书馆,2002.

马俊亚.混合与发展:江南地区传统经济的现代演变(1900—1950)[M].北京:社会科学文献出版社,2003.

马士.中华帝国对外关系史[M].张汇文译.北京:生活·读书·新知三联书店,1958.

珀金斯.中国农业的发展(1368—1968)[M].宋海文等译.上海:上海译文出版社,1984.

彭凯翔.从交易到市场:传统中国民间经济脉络试探[M].杭州:浙江大学出版社,2015.

彭幕兰.大分流:欧洲、中国及现代世界经济的发展[M].史建云译.南京:江苏人民出版社,2003.

饶会林.试论城市空间结构的经济意义[J].中国社会科学,1985(2).

饶会林,苗丽静.关于经济学的几个理论问题[J].东北财经大学学报,2000(4).

沈汝生.中国都市之分布[J].地理学报,1937,vol.4(1).

西奥多·W·舒尔茨.改造传统农业[M].北京:商务印书馆,1999.

斯波义信.中国都市史[M].布和译.北京:北京大学出版社,2013.

施坚雅.中国农村的市场与社会结构[M].史建云等译.北京:中国社会科学出版社,1998.

施坚雅.中华帝国晚期的城市[M].陈桥驿译.北京:中华书局,1998.

石坚.理性应对城市空间增长:基于区位理论的城市空间扩展模拟研究[M].北京:中国机械工业出版社,2014.

石崧.城市空间结构演变的动力机制分析[J].城市规划汇刊,2004,(1):50-52.

亚当·斯密.国民财富的性质和原因的研究[M].郭大力,王亚南译.北京:商务印书馆,1997.

苏基朗,马若孟.近代中国的条约港经济:制度变迁与经济表现的实证研究[M].成一农等译,田欢译.杭州:浙江大学出版社,2013.

孙建国编.河南大学经济史论坛第1辑[M].北京:社会科学文献出版社,2014.

藤田昌久,保罗·克·格里,安东尼·J·维纳布尔斯.空间经济学——城市、区域与国际贸易[M].梁琦等译.北京:中国人民大学出版社,2005.

孙中山.中国实业如何能发展[N].民国日报·副刊·星期评论,1919.10.10.

汪敬虞.中国资本主义的发展和不发展[M].北京:经济管理出版社,2007.

王良行.近代中国对外贸易史论集[M].台湾:知书房出版社,1997.

王如忠.贫困化增长:贸易条件变动中的疑问[M].上海:上海社会科学院,1999.

王玉茹.中国近代的市场发育与经济增长[M].北京:高等教育出版社,1996.

王亚南.中国半封建半殖民地经济形态研究[M].北京:人民出版社,1957.

吴承明.中国的现代化:市场与社会[M].北京:生活·读书·新知三联书店,2001.

吴承明.吴承明集[M].北京:中国社会科学院出版社,2002.

吴建新.民国广东的农业与环境[M].北京：中国农业出版社,2011.

吴松弟.市的兴起与近代中国区域经济的不平衡发展[J].云南大学学报(社会科学版),2006,5(5)：51-66.

吴松弟.中国百年经济拼图：港口城市及其腹地与中国现代化[M].济南：山东画报出版社,2006.

吴松弟等.港口—腹地与北方的经济变迁[M].杭州：浙江大学出版社,2011.

武廷海.中国近现代区域规划[M].北京：清华大学出版社,2006.

许宝强,渠敬东选编.反市场的资本主义[M].北京：中央编译出版社,2004.

许涤新等.中国资本主义发展史(第二卷)[M].北京：人民出版社,1990.

埃里克·谢泼德,特雷弗·巴恩斯.经济地理学指南[M].汤茂林等译.北京：商务印书馆,2008.

徐新吾.中国近代缫丝工业史[M].上海：上海人民出版社,1990.

许学强,周一星,宁越敏.城市地理学[M].北京：高等教育出版社,2009.

杨格.1927—1937年中国财政经济情况[M].陈泽宪,陈霞飞译.北京：中国社会科学出版社,1981.

杨天宏.口岸开放与社会变革[M].北京：中华书局,2002.

杨小凯.经济学：新兴古典与新古典框架[M].北京：社会科学文献出版社,2003.

张东刚.总需求的变动趋势与近代中国经济发展[M].北京：高等教育出版社,1997.

张后铨.招商局史(近代部分)[M].北京：人民交通出版社,1988.

张海英.明清江南商品流通与市场体系[M].上海：华东师范大学出版社,2002.

张丽等.经济全球化的历史视角,第一次经济全球化与中国.杭州：浙江大学出版社,2012.

张培刚.发展经济学通论[M].长沙：湖南出版社,1991.

张仲礼主编.长江沿岸城市和中国近代化[M].上海：上海人民出版社,2002.

张晓辉.香港华商史[M].香港明报出版社,1998;香港与近代中国对外贸易[M].北京：中国华侨出版社,2000;香港近代经济史(1840—1949)[M].广州：广东人民出版社,2001.

张晓辉.民国时期广东社会经济史[M].广州：广东人民出版社,2005;民国时期广东的对外经济关系[M].北京：社会科学文献出版社,2011;民国时期广东财政政策的变迁[M].北京：经济科学出版社,2011.

张晓辉.近代香港与内地华资联号研究[M].桂林：广西师范大学出版社,2011.

张小欣.跨国公司与口岸社会：广州美孚、德士古石油公司研究[M].广州：暨南大学出版社,2011.

张忠民.小生产、大流通：前近代中国社会再生产的基本模式[J].中国经济史研究,1996(2).

张忠民.前近代中国社会的商人资本与社会再生产.上海：上海社会科学院出版社,1996.

钟文典主编.广西近代圩镇研究[M].桂林：广西师范大学出版社,1998.

朱浤源.从变乱到军省：广西的初期现代化,1860—1937[M].台北：台湾中研院近代史所专刊,1995.

曾菊新.空间经济：系统与结构[M].武汉：武汉出版社,1996.

索引

地名索引

安南 54,94,105,120,123,131,133,134,171,261,269,276

澳门(Macao) 14,15,27,31,33,36,37,39,47,51,54,61,63,65,68,73,75,76,99,101,111,112,114,115,123—125,148,210,212,214,215,237,240,243,248—250,255,257,258,260,264,265,270,285,286,303,305,319

澳洲(Australia) 50,73,94,99,114,115,119,124,125,205,222,229,256,260,269

八步 54,99,104,248,301

百色 27,34,35,47,54,57—59,70,104,107,129,146,147,154,179,180,183,216,267,274,278,279,301

宝安 54,128,132,150,151,252,260,266

北海 27,31,36,37,47,48,55,65,99,135,239,244,246,250,263—266,269,270,274,275,277,280,286—288,292—294,297,298,304,305

北江 26,28,29,32,33,37,39,47,55,68,70,118,125,135,141,151,162,164,167,175,204,208,215,238,248,263—267,269,270,301

博罗 54,132,138,151,156,215,238,249,252,266

苍梧 57,69,74,104,105,129,146,149,156,191,192,195,254,258,267,280,289

长沙 32,58,77,93,99,102,114,120,123,137,236,243,246,248,268,289

潮安 54,98,99,132,136,161,186,187,191,196,250,252,266,301

潮汕 26,29,52,53,100,103,125,145,173,176,260,261,266,272—274

陈村 51,99,117,150,171,173,237,241,245,246,248,264,268,301,304

澄海 52,98,132,169,236,252,261,266,272—274

赤坎 243,248,275,301

从化 54,55,132,179,208,212,213,237,238,252,266

大连 10,27,50,76,111,114,222,235,268,272

大良 99,117,150,178,237,245,248,268,301

大埔 47,54,131,137,148,162,176,252,266,273,301

德庆 32,54,132,134,151,208,252,266,275,289

荻海 245,246,248,268

东江 26,28,29,34,47,68,118,125,145,151,154,156,171,237,238,241,242,244,247,248,263,264,266,267,270,301

东南亚(Southeast Asia) 27,31,34,37,39,47,49,58,63,71,76,95,108,113,173,174,205,222,260,269,275,282,300

东莞 29,59,93,99,132,136,145,150,151,173,175,192,214,237—240,244—248,250,252,264,266,301

都安 104,130,169,171,255,267

恩平 54,55,125,132,152,153,214,237—239,243,250,252,258,260,261,264,266,268,275,301,304

法国(France) 107,164,264,275,300,304

番禺 29,35,103,123,132,136,137,144,

145,150,152,166,168,176,190,209—212,224,227,231,232,237—239,246—248,250,252,257,266,271,326

防城 26,29,54,133,252,266,275,277

菲律宾（Philippines） 50,56,76,94,205,260

佛冈 54,133,251,252,266

佛山 18,33—35,38,51,53,54,61,74,99,115,123,137,138,149,151,161,162,171,172,176,186,187,190,191,196,212,215,223,237,239—243,246,248,250,264,267,268,273,275—277,289,292,301,305,319

福建 14,34,47,54,103,106,109,123,128,141,144,152,157,159,210,257—259,273,274,333

甘竹 47,248,264,270

高明 29,54,132,136,138,145,150,151,197,238,239,252,266

高阳 170,171

拱北 48,65,68,148,263,265,288

广东省 12—14,19,21,26,27,31,33—35,37,52,54,55,58,59,63,68,69,73,74,96,98—104,106,107,109,110,112,115,120,121,123,127,128,131,133—138,140,142—145,151—153,156,158—160,162,166—168,171—179,185,192,208,209,211,212,214,215,222,239,241,244,247,249—252,255,260,261,266,269—272,274,276,288,304

广海 245,246,270

广宁 54,69,70,131,134,171,214,215,238,252,266

广西省 12,13,16,27—29,35,38,43,54—58,62,70,74,90,91,104—107,112,118,127—130,134,135,137,141—143,145—147,149,152,155,156,158,159,162,170—172,179—183,191,192,195,208,215—217,241,253—255,258—260,267,277,279,280,289—291,301,304,326

广州 10,15—19,21,27,29,31—37,39,40,42,43,47—56,58—65,68,69,72—77,81,87,89,92—94,98—105,107,108,110—118,120—125,127,131,134,136,141,142,146,148,150,151,156,158,161,162,164—166,169,171—180,185—187,190—192,196,204,205,207—215,222—238,241—244,246—252,256—258,260,263,264,266,268—279,282,284—289,291—294,297—305,310,312,317—320,327,331

贵县 34,57—59,74,75,104—106,129,134,154,170,171,182,195,248,254,259,267,279,280,289,301

贵州 34,47,54,105,118,123,125,128,159,215,248,265,278,279,301,333

桂林 7,12,13,33—35,38,47,54—59,70,99,102,104—108,125,129,130,134,135,137,141,145—147,149,169,170,179—184,192,195,217,218,223,242,250,253—255,258,259,265—267,278—280,289,301,319,326

桂平 34,54,57—59,74,99,104—106,121,129,134,141,143,145,146,156,182,191,255,267,278,280,289

海康 54,133,252,266,275

海口 26,39,41,43,44,54—56,62,65,67,69,99,100,102,199,202,204,209,236,250,255,260,263,266,268,269,275—277,288,301,302,328

海南 14,26—29,37,54,62,67,69,128,137,142,147,156,172,176,236,248,251,260,261,263,266,274,276,277,301

海外 25,28,33,39,42,43,48,67,74,75,

117,169,205,232,260,261,270,272,273,275,288

韩江 15,21,26—29,31,34,37,47,48,128,135,187,191,196,206,250,251,260,263,266,271,272,274,294

汉口 5,10,16,43,52,55,56,58,99,102,110,114,119,137,146,186,187,212,222,235,269,272

合浦 54,99,133,145,162,197,250—252,266,274

河源 29,47,54,68,76,118,132,248,252,266,301

贺县 29,70,75,104—106,135,146,154,173,179,180,183,192,195,216,255,258,267,278,280

鹤山 29,54,74,132,135,145,151,162,238,247,251,252,266,289

横滨 50,77,98,99,107

湖南 4,6,8,14,34,54,106,118,128,129,131,135,146,159,207,215,248,258,259,268,273,274,279,333

花县 54,59,132,138,145,151,179,212,213,237—239,251,252,264,266

华南 1,8,10,12—16,18—22,25,26,28,29,31—49,51,53,55,59,60,63,68—70,73,76,78,93—95,97,98,100,103,108,111—113,115—118,121—123,125—128,131,134—136,139—141,144,145,147—149,159,161—163,168,169,172,174,180,187,191,195,196,199,204,212,215,216,219,222,223,228,234—236,248,250,257,260,263,265,266,269,277,278,282—287,291—293,296—299,301—303,305,310—313,317—319,327,331,332,334,336

化县 29,54,133,135,151,208,252,266

怀集 54,104,105,129,134,254,267,280

皇后大道 53,64,114

黄埔 27,31,52,56,60—64,68,73,77,205,224,231,303

惠阳 47,54,93,132,151,175,192,207,214,247,248,252,263,266,270,301

惠州 51,54,55,59,68,69,76,125,212,214,242,248,250,251,264,269,274,293

江门 27,31,36,47,48,50—52,68,69,99,101,102,114,115,117,123,141,163,166,176,190,205,207,211,212,215,223,237,238,242—250,263—265,268—270,285—289,292—294,297,298,301,302,304,319,321

江西 4,6,17,26,34,54,69,99,102,112,125,131,136,139,152,159,215,258,259,268,273,274,283,284,333

揭阳 54,93,98,132,175,250,252,266,274

靖西 58,59,104,130,145,146,183,254,267,289

九龙 27,37,43,47—49,52—54,59,62,64,65,86,112,134,137,141,147,148,175,190,244—246,256,264,268

开建 53,69,132,151,252,266,305

开平 54,55,73,125,132,158,211,212,214,237—239,243,246,248,250,252,260,261,264,266,275,301

兰开夏(Lancashire) 80,169

老隆 47,68,76,118,248,270,301

乐昌 29,32,39,54,102,133,141,151,152,164,167,204,252,261,266

连山 54,132,251,252,266

廉江 26,28,54,133,162,251,252,274,275

柳州 13,27,34,35,47,55—58,70,75,99,100,102,104,106,125,129,130,134,140,142,143,146,147,149,170,179—

184,192,195,216,218,241,248,253—255,259,266,267,278—280,301

龙门 54,132,154,215,249,250,252,266

龙州 17,36,47,48,53,54,56—58,70,104,106,127,129,134,135,145—147,149,179,180,183,216,263,264,267,275,278—280,289,301,304

陆川 74,104,105,129,130,135,153,192,254,267,279,304

伦敦(London) 21,36,40,47,50,51,95,108,110,118,121,153,301

罗定 29,54,75,120,125,132,135,138,145,151,213,214,248,251,252,258,266,289,301

马尼拉(Manila) 27,95,154

曼谷(Bangkok) 50,102,276

茂名 54,133,145,151,162,250—252,266,274

梅县 54,55,103,132,191,248,250,252,259,261,266,272,301

美国(U.S.A) 4,52,55,56,61,72,73,76,81,88,94,95,97,98,100,107,110,118,119,122,125,140,153,154,172,175,207,224,260,269,273,281,282,328,329

孟买(Mumbai) 50,169,269

缅甸(Myanmar) 50,56,94,137,260,261

南海 29,31,47,54,89,102,123,131,135—137,145,149—152,155,162,164—169,172,173,176,178,190,192,208,209,211,214,227,231,232,236—239,246,249,250,252,258,263,266,267,317,326

南京 52,55,78,79,99,102,105,108—110,114,134,174,187,223,232,233,239,299,301

南路 29,34,54,55,69,74,124,131,133,151,248,249,266,274,276,282

南宁 13,17,27,28,34—36,47,48,54—56,58,74,75,91,99,100,102,104,106,107,129,134,135,143,146,147,179—184,192,204,216—218,223,241,248,253,255,259,263,265—267,274,275,278—280,287—289,294,298,301,319

南雄 47,54,55,68,99,118,125,133,135,136,162,171,214,215,248,251,252,266,270,284,301

南洋 31,36,37,50,63,71,73,74,76,77,83,93—96,98,99,103,109,110,115,118,119,122—124,127,155,169,205,206,211,238,260,261,263,264,268,269,271—273,275,276

平乐 35,47,57—59,70,74,104—106,129,130,134,135,137,146,183,185,192,217,242,253,254,258,259,267,278,280

婆罗洲(Borneo) 50,256,260,261

葡萄牙(Portugal) 27,73,210

钦县 54,133,252,266,274

青岛 10,27,43,51,58,76,114,119,187,222,232,235,269

清远 29,54,59,68,99,125,132,136,138,151,167,179,209,212,213,215,238,239,247,248,250,252,263,266,270,301

琼山 54,133,137,142,143,209,251,252,261,266,276,277

琼崖 55,62,67,69,100,103,131,133,136,139,142,143,147,176,206,261,276,277,282

琼州 27,31,36,37,47,48,55,62,67,69,101,136,154,223,250,251,260,264,265,277,286—288,292—294,297,298,305

曲江 26,37,47,54—56,68,76,99,133,143,179,192,215,252,266,269,301

全县 54,57,104,129,130,135,150,163,170,180,207,211,213,215,216,244,245,247,254,267,272,278,280

饶平 26,54,98,132,137,176,252,266

日本(Japan) 5,13,21,50,71,72,76,83,84,94,95,99,100,107,110,118,125,146,153,166,167,169,171,175,179,200,206,260,269,273,275,282,328

容奇 99,114,167,178,207,237,241,243,247,248

容县 54,57,74,104,105,130,135,137,145,152,191,254,255,267,275

三水 27,31,36,47,48,51—54,63,70,125,132,139,145,149,150,166,171,190,192,208,209,212,223,237,238,242,243,246,248,251,252,263,264,266,270,285—289,292—294,297,298,301,305,319

沙面 60,61,98,100,111,118,120,204,224,226,227,230,234,248,268

汕头 15,17,19,27,31,36,37,40,43,47,48,50—52,55,58,59,95,98—100,102,107,110,114,116,117,134,135,141,154,161,169—172,176,187,190—192,196,204—206,215,223,236,248,250,260,263,264,266,269,271—274,276,285—288,292—294,297,298,301,302,305,317,319,327

上海 4—8,10,11,13,16,27,31,34,37,39,40,42,43,47,50—53,56,58,60—62,64,73,76,85,86,93—95,98—100,102,104,106—117,119—121,123,136,141,147,153,157,159,161,164—166,168,171—173,177,178,180,185—187,196,201,205,207,210,212,222,232,235,236,256,257,259,268,269,272—276,282,289,299—306,309,313,326—329,331,333

韶关 32,33,37,38,52,55,69,102,175,214,215,248,250,270,277,292,305,326

深圳 52,128,210,246,334

神户 50,77

石城 69,70,131,136,139,152,247

石龙 51,54,59,70,75,99,173,237,240,241,244—248,264,268,301,304

石岐 99,114—117,173,237,240,246,248,250,268,301

石湾 162,172,176,239,246,267,268

始兴 29,54,64,125,133,214,215,252,266

顺德 29,35,54,81,93,123,131,135,136,138,139,145,149—151,155,161,162,164—169,172,173,175,176,178,186,187,190—192,196,197,199,204—209,211,212,222,237—241,243,245—249,252,258,266,267,289,317

四会 54,99,132,135—137,151,163,212,213,215,238,239,248,249,252,266,301

苏州 114,187,223,236

遂溪 29,54,133,252,266,275

穗港 15,267,278,291,292,316,317

台山 52,54,99,115—117,131,150,158,192,211,212,248,250,252,260,261,266,270,301

台湾 4,5,16,17,28,34,37,40,94,95,100,110,161,187,209,263

太平 37—39,55,70,74,75,107,116,117,119,124,129,150,229,240,241,244—246,248,253,255,259,261,264,268,277,289,301,304,327

天津 5,8,10,16,27,43,50,51,58,76,110,114,115,119,123,141,185,187,212,222,223,232,235,268,269,272,284

万宁 133,142,252,260,266,276,277

维多利亚(Victoria) 27,53,63,64

文昌 124,133,142,143,209,252,260,261,266,276,277

翁源 54,68,76,133,252,266

芜湖 10,58,78,103,120,134,282,300

梧州 13,16,17,28,31,33,35,36,38,47,48,50,51,54—56,58,63,68—70,74,75,99,100,102,104—107,112—114,117,125,127,129,134,135,137,146,152,161,167,179—183,187,192,195,196,205,208,212,216—218,223,241—244,248,253—255,258,259,263,265—267,269,275,278—280,286—289,291,292,294,297,298,301—303,305,317,319,326

西村 52,174—176,226

西贡(Saigon) 94,95,108

西江 16,26—29,31—34,37—39,47,54,55,60,63,65,68—70,103,118,125,134,151,156,162,167,179,187,196,208,212—214,237,238,242—244,247,248,258,263,265—267,270,275,277,278,280,289,301,326,331

厦门 50,94,95,99,108,136,141,171,205,263,269,276,288

香港(Hongkong) 10,14,16,18,27,31,36,37,39,40,42,47—53,55,56,58—68,71—77,88,94—97,99—105,107—128,134,136,137,141,146—148,154,156—158,172,173,175,177,179,180,190—192,195,200,201,203—207,209,210,212,214,215,222—224,227,235,237,241—245,248—250,255—258,260,263—266,268—271,273—278,282,284—289,291—294,297,301—303,305,309,312,316—320,327,331,334

香山 27,29,39,51,56,99,150,151,168,207,211,238—240,243,246—248,250,264,266

新昌 115,117,245,246,248,268

新会 29,35,54,55,114,117,132,136—138,145,149,150,157,162,163,166,192,197,206,207,211,212,214,237—239,243,245—248,250,252,260,261,264,266—268,270,275,301

新加坡(Singapore) 27,56,95,99,102,108,110,114,115,117,171,173,260,269,276

新宁 52,53,55,173,211,214,238,239,243,246,248,250,270,275,301

新塘 241,244—248,268

兴宁 54,55,132,162,169,170,252,266,273,301

徐闻 54,133,145,162,252,266,274,275,277

阳春 29,54,133,252,266,274

阳山 54,132,252,266

仰光(Rangoon) 95,114,115,117,120,269

宜山 47,54,58,59,104—106,123,134,147,254,267

印度(India) 34,37,50,51,60,71,73,76,80,94,110,153,169,260,261,269

英德 37,47,54,55,133,143,145,175,208,215,247,248,252,263,266,301,321

英国(England) 4,21,34,37,43,46,50,56,62,64,71—73,75,76,78,80,94,95,100,102,107,110—112,118,122,153,154,169,175,200,205,220,260,264,269,275,303,304,327,329—331

营口 10,58,77,114

郁林 54,57—59,104—107,129,158,169,170,180,183,185,216,242,250,253,254,259,267,279,280,304

粤北 14,26,34,56,125,128,131,133,

143,172,176,251,257,266,269,270,331

粤东 14,26,28,34,35,103,128,131—133,141—143,151,152,171,176,207—209,258,259,266,272,282

粤港澳 15,18,63,65,66,248,264,265,291

粤桂 12,20,56,58,74,75,101,110,126,135,161,185,187—190,192,218,269,279,280,284,333

粤西 14,26,28,37,39,54,101,131—133,143,176,243,250,259,264—266,275

粤中 14,118,131—133,266,268

云南 7,8,10,34,54,56,94,105,106,118,125,128,159,180,205,223,248,265,269,278,279,333

增城 29,54,132,136,137,145,151,173,215,238,239,241,244—246,248—250,252,266,301

湛江 55,172,248,250,275,276,301,302

肇庆 29,34,38,54,68,69,99,151,208,213,237,242—244,247,248,250,251,270,275,286,301

镇安 129,241,242,253,254,259

珠江 15,21,26—29,31,33,37,38,40,47,51,60—63,65,68,70,76,117,118,162,167,173,174,187,196,224,225,234,239,242,248,250,259,263,266,267,283,284,291,312,326

珠江三角洲 9,15,18,26,28,29,31,33,34,48,51,63,64,68,93,118,125,127,128,135,136,138,141,149—151,163,165—168,172,176,177,191,211,212,214,216,219,235,237—239,242—251,260,264,266—268,275,282,284,291,294,301,326,331

爪哇 50,94,154,171,205,206,209

人名索引

阿林·杨格（Allyn Young） 44,198

埃里克·谢泼德（Eric Sheppard） 3,30,308

艾萨德（Walter Isard） 7

奥尔兹（K. Olds） 10

滨下武志（Takeshi Hamashita） 36,122,268,303

波特（Jack M. Potter） 99,271

卜凯（Buck） 6,140,156

蔡谦 47,52,118—122,162,176

岑春煊 174

陈炽 144

陈海忠 17

陈翰笙 18,136,168,271

陈济棠 51,68,148,160,175—177

陈沛霖、陈拔廷 173

陈启沅 164,165,172

陈炜 16,33

陈泽霖 206

陈正祥 13,129,149,156,170,182,192

杜能（Thunen） 3

樊卫国 44

范毅军 15,206,241

方书生 10,11,15,22,195

方志钦、蒋祖缘 19

费维凯（Albert Feuerwerker） 330

费正清（Fairbank） 23,44,96,169,203,249,304

冯达夫 6

冯强 173

冯锐 103,123,144,152,177,178,210,257,271

高兹（Gotz） 3,4

葛德石（Cressey） 7

葛绥成 7,13

郭甘章　51
哈特向(Richard Hartshorne)　4
何晓生　203
侯继明　200,203,271
胡焕庸　6,13,43
黄滨　16,259
黄秉常　174
黄秉维　39,59
黄宗智　159,163,169,219,220
霍亮　123
蒋君章　7,13
柯文(Paul A. Cohen)　281
科大卫(David Faure)　17,23,155,156,
　　172,201,203
克拉克(G. L. Clark)　1,7
克鲁格曼(Paul R. Krugman)　30,322
魁奈(F. Quesnay)　3
拉塞尔·史密斯(J. Russell Smith)　4
李嘉图(David Ricardo)　3,32,330
李希霍芬(F. Richthofen)　4,5
连浩鋆　156
梁定荣　51
梁启超　332
梁仁彩　13,14,93,128,149,172,251,261
梁钊、陈甲优　15,33,259
廖什(A. Losch)　4
林家劲　288
林翼中　55,214
刘大中、叶孔嘉　326
刘琦、魏清泉　14
刘再兴　9,323
柳诒徵　36
陆象贤　6
罗蒙诺索夫(Ломоносов)　2
罗一星　18,34,35
马德斌　326
麦迪森(Angus Madison)　328

芒福德(Lewis Mumford)　232,261
密尔(J. S. Mill)　3
墨菲(Rhoads Murphy)　23,270
穆素洁(Sucheta Mazumdar)　17
倪俊明　16,223
聂锐、高伟　295
诺斯(North)　39,198,303,309,325
珀金斯　159
齐泽姆(George G. Chisholm)　4
谦和士　71
任美锷　6
瑞麟　62,173
萨伊(J. B. Say)　3
沈汝生　6,319
胜因　204
施坚雅(G. William Skinner)　237,242,248
舒尔茨(Schultz)　135,139,327
司马迁　25,46
司徒尚纪　15
思里夫特(N. J. Thrift)　10
斯波义信　236
斯科特(A. J. Scott)　1,135,160
苏耀昌　14,235
孙敬之　7,9,14
孙科　230,232
谭肇毅　17
特雷弗·巴恩斯(T. J. Barnes)　3,308
涂尔干(Emile Durkheim)　262
汪敬虞　64,104,112,161,182,185
王尔敏　15,44,223
王国斌　198,242
王金绂　6,13,215
王良行　161,201,203
王亚南　161,195,218—221,282,300
威克菲尔德(E. G. Wakefield)　3
威廉·配第(W. Petty)　3
韦伯(Max Weber)　4,261,262,320

翁文灏　6，236

吴承明　163，219，220，324

吴传钧　8

吴郁文　14，266

吴中孚　2

向民　14

谢之雄　14，183，266

徐益棠　6

许应骁　208

薛福成　204

亚当·斯密（Adam Smith）　2，3，44，154，197

杨乃良　17，300

叶孔嘉　159

叶显恩　18，33，63，160，168

于永明　16，223

张丽　166

张敏、顾朝林　293

张其昀　6，13，39，49，59，76，77，205，268

张人骏　179

张先辰　7，12，38，129，130，134，135，137，146，254，258，289，326

张小欣　17

张晓辉　18，62，65，155，173，268

张之洞　63，99，100，173，227

赵承信　157

钟功甫　76，77

钟文典　16，17，146，278，289

周宏伟　14

朱浤源　16，17

商品名索引

八角　13，29，52，135，145，146，191，275，279，289

白丝　86，87，89，162，178

白糖　79，81－83，85，96，154，176，177，206，278，280，289

爆竹　29，86－90，94－96，120，162，172，184，191，199，239，267，270，276，289

草席　29，94，95，118，120，149，224，225，268，272，289

茶叶　13，28，29，34，35，42，79，81，82，85－91，94，119，120，122，125，146，150，152，153，201，206，213，225，237，274

茶油　13，74，90，135，145，146，155，191，279

柴炭　13，74，90，155，269，278

瓷器　35，43，74，81，87－89，95，96，99，119，161，190，289

大豆　78，80，83，94，129，201

地席　86－90，94，162，264

肥田料　79，81，82，84，85，91，119，141，174－176

甘蔗　13，27－29，34，127，135－138，140，141，145，154，155，158，167，177，201，211，274，277

桂皮　13，29，74，86－89，91，94，95，119，121，125，135，145，146，155，162，200，289

国米　52，58，83，86，92，93，103，120

海味　74，75，119，120

红糖　86，87，89，90，94，131，206，279

花生　38，74，80，82，83，85，94，95，103，119，124，127，129，138，140，155，156，158，164，191，201，211，273，274

茴香　135，146，289

火柴　74，75，78，79，81－85，91，93－96，116，119，120，169，171－173，176，179－184，188，195，199，217，218，225，232，272，273，278－280，289

金属　42，77－79，81，82，84，86，90，91，189，190，195，201，278

科学仪器　82，84，86，91

矿砂　42，89－91，94，120，278

葵扇　87，88，90，138，149，160，162，199，

239,264,267

蓝靛 127,135,138,211,280

煤 5,78—85,91,93—95,103,119,173,178,179,195,201,224,269,272,302,329

煤油 60,61,75,78,79,81—84,86,90,91,119,120,123,176,179,180,192,208,225,243,248,278—280,301

锰 119,192,195,279

米谷 28,34,58,80,82,84,85,92—94,102,106,123,127,129—131,133—135,137,155,156,201,208,264,274,277,280,282,300

蜜饯 86—90

棉花 13,34,35,42,75,77—81,83—85,92—94,135,140,141,155,158,169,170,172,201,264,309

棉纱 77—81,83—86,91—94,169—171,205,269,278—280,289,303

棉织品 71,77—81,83,84,86,91—96,119,122,201,203,225,303

面粉 64,77,79—86,92—95,118,148,172,180—182,189,201,269,273,278,289

漆器 42,43,87,88,90,91

汽油 72,84,120,173,301

染料 77,79,82,84,91,146,155,273

人发 87,88,90,111,169

杉木 13,135,154,215

生丝 42,78—81,83,85—87,89—91,93—95,102,118—123,125,149—151,153,163—167,169,172,177,179,192,197,201,207,222,225,243,268,274,288

牲畜 13,90,140,200,278—280

熟皮 87—91

水泥 79,81,82,84—86,89—91,93—95,119,173—175,189,190,195,225,232,236,279

锑 76,118—120,179,192,195

桐油 13,29,72,74,76,90,91,118—120,135,145,146,148,155,160,191,207,278,279

钨 72,91,118,119,123,192,195

五倍子 74,88—91,123,146

锡 29,72,91,94—96,114,119,120,165,166,185,186,192,195,201,257,279

夏布 87,88,90,91,169,191

小麦 78,80,82,85,93,129,130,140,141,166

鸦片 15,17,19—21,33,34,50,60,62,72,77—79,81—83,94,97,119,123,163,210,224,225,264,274,300,305

烟叶 13,29,87,89—91,125,135,136,138,155,180,181,208,211,274,279

颜料 42,96,119

洋米 34,39,80,83,86,92,93,102,119,120,123,133,134,173,208,274

洋纱 42,74,75,80,85,93,123,153,156,157,170,215,273,309,310

洋油 74,75,156,157

药材 38,75,77,79,82,84,90,91,94,95,118—120,134,135,155,158,269,272,275,279

玉蜀黍 127,129

芝麻 95,127,155,201

纸张 79,81,82,85,88,91,96,176,278

猪鬃 72,91,119,147,155,201,289

企业、组织 & 铁路、港口名索引

潮汕铁路 52,173,274

城市设计委员会 230

大北电报公司 58

大东电报公司 58

大新公司 124,125,226

大英轮船公司　50,51,62

德士古　17,119,243

佛山巧明火柴厂　172

广东机器局　172,173

广东省建设厅　120,174,176,276

广东省银行　54,55,58,68,73,74,96,98—
　　103,106,107,112,120,123,133,134,
　　162,167,172,173,176,208,209,239,
　　274,288

广东省政府　55,69,99,102,120,121,134,
　　143,151,166,167,175,179,272,304

广东兄弟树胶公司　172

广九铁路　47,52,53,59,64,76,128,141,
　　227,244,291

广三铁路　52—54,60,61,68,270

广西航空管理处　56

广西省政府　55,56,70,106,130,143,
　　145—147,149,155,170,182,289

广西银行　104—106

广州电报局　58

广州电灯公司　172,174

广州港　27,48—52,60—63,65,68,77,
　　112,268

广州市立银行　98,180

广州市暂行条例　232,235

广州市政府　227,229—231,234,235

广州邮政管理局　56

国民政府　52,61,102,143,174,187,196,
　　233,291

国民政府经济部　187,196

沪粤线　55

黄埔船澳公司　64

黄埔船坞公司　62,64

黄埔港　56,61,62,73,77,224,303

汇丰银行　65,100—102,105,108—110,
　　112,125,268

继昌隆缫丝厂　164,165,172

交通部　52,266

九龙仓栈公司　64

九龙码头　64

均益货仓公司　64

岭南大学　140,171,209,211,212

陆海通人寿保险公司　113—117

轮船招商局　60,61,274

美孚　17,119,243,248

南方大港　61,234

农村复兴委员会　142,149,156

农林专科学校　151

旗昌轮船公司　51

启德机场　56

三井洋行　115,118

上海联合保险公司　114

省港澳轮船公司　51,60

十三行　15,39,116—118,224,226,229,
　　230

世界银行　97,308,321,326

太古船坞公司　64

太古洋行　51,60,118,119,275

西南航空公司　56

先施公司　124,226

先施人寿保险公司　113,114,116

香港票据交易所　110

香港无线电台　58

协同和机器厂　173

新桂系　17,70,145,300,326

新宁铁路　52,173,270

亚细亚　118,119,243,301,302

羊城保险公司　117

怡和洋行　51,60,62,115,118,119

英美烟　243

永安人寿保险公司　113—116

永安水火保险公司　114—116

粤桂官电总局　58

粤海关　29,49,61,63,77—81,83,84,86—

89, 91, 92, 121, 125, 150, 151, 153, 154, 162, 163, 165, 166, 176, 205, 207, 208, 224, 227, 243, 264, 268, 303, 321

粤汉铁路 52, 53, 56, 59, 61, 93, 123, 174, 175, 215, 269, 283

增埗自来水厂 174, 175

渣打银行 100, 105, 108—110

中国电报局 58

中国农民银行广东分行 98

中国银行广东分行 98, 99

中山大学 15, 69, 70, 93, 136—140, 151, 158, 163, 206—209, 211—215, 243, 261, 269, 270, 288

中央银行 98, 99, 106, 108, 110

珠江保险公司 117

专有 & 学术名词索引

比较收益 163, 167, 199, 202, 203, 220, 311, 312, 331

比较优势 3, 25, 30, 47, 97, 126, 198, 220, 247, 294, 295, 312, 323, 328

朝贡贸易 32, 33, 36, 122, 303

出口结构 29, 81, 86, 89, 90, 92—94, 97, 151, 166

地方经济 12, 16, 21, 39—41, 43, 44, 97, 123, 158, 160, 218, 247, 263, 288, 299, 316, 322, 327, 332

第二产业 161, 195

第三产业 4, 46, 97

第一产业 127, 140, 159

发展地理学 326, 329

港币 72, 76, 101, 102, 108, 110—113, 115, 117, 120, 126

耕织结合 42, 152, 309

工商业经济 26, 51, 195, 262, 327, 329, 332

工业革命 2, 3, 9, 10, 25, 164, 195, 220, 329, 330

工业区 4, 6, 8, 10, 175, 224, 225, 234, 320

广货 52, 124, 191, 199

规模经济 10, 262, 292, 294, 309, 312, 316, 320, 322, 323, 328, 331, 334

绩效 70, 161, 210, 237, 245, 309, 311, 312, 326

价值链 71, 196, 197, 202, 203, 222, 262

进口结构 77, 78, 81, 97

进口替代 91, 93, 97, 191, 199, 225

近代时段 1, 2, 9—12, 19, 20

经济区 14, 15, 20, 31, 263, 265, 266, 283, 308

经济区位 3, 25, 30, 31, 63, 65, 66, 283, 291, 292, 313, 318, 327, 334

经济增长 10, 11, 24, 41, 43, 46, 127, 161, 208, 220, 225, 232, 283, 293, 294, 305, 306, 309, 312, 313, 315, 316, 318, 320—333

经济作物 14, 28, 34, 35, 127, 135, 138—140, 156, 158, 160, 163, 211, 213, 215

空间价值 12, 318, 319

劳动分工 2, 40, 43, 197—199, 202, 242, 262, 308, 309, 327, 330

流通领域 44, 196, 201, 220, 329, 332

贸易结构 43, 79, 91, 94, 95, 225, 244

贸易条件 93, 157, 161, 199

农业经济 6, 7, 28, 36, 42, 127, 129, 130, 135, 139, 140, 142, 144, 160, 161, 166, 195, 196, 219, 253, 292, 297, 302, 305, 308, 309, 315, 317, 327, 329, 332, 334

侨汇 19, 72, 107, 111, 158, 211, 238, 288

全球化 1, 2, 10—12, 25, 28, 30, 41, 43, 196, 218, 223, 234—236, 261, 262, 283, 305, 308, 309, 313, 316, 318, 321, 325, 332, 336

桑基鱼塘 33, 34, 136, 138, 149—151, 165, 168

商品化 15, 28, 30, 33, 34, 36, 40, 122, 127,

140,143,156,159,160,163,164,168,195,202,206,219,238—240,243,262,283,306

商业地理　1—6,12,34,43

商业革命　3,25,36,40,43,46,220,306,327,329

生产领域　43,225,329,332,334

市场经济　29,46,67,161,196,249,317,324,330,336

市场容量　36,44,199,218

市场体系　34,36,40,199,202,237,248,300

市制　230,235

外向化　28,34,36,40,44,122,127,160,164,199,202,219,224,237—240,243,283,317,329,332

微笑曲线　203,262

要素流动　22,25,41,96,126,201,263,283,287,292—300,303,304,306,316,318,321,329

依存度　44,211,242,262,285—288

银毫　100,101,105,106,176

英镑　102,110,111,120,268

粤商　16,18,35,63,74,75,104,119,123,137,216,269,277,278,289

再生产　43,44,98,126,127,131,140,201,203,220,221,248,262,283,312,329

中心与外围　67,249

种植业　127,135,138,140,144,149,160

专业化分工　41,283,316,323,325,331

转口贸易　31,66,71,72,119

资源禀赋　10,34,220,247,283,302,314,317,318,324,327,334

资源配置　20,22,25,44,98,121,126,139,197,198,203,205,206,262,293,327,332,335

自给自足　37,42,96,137,140,142,219,249,302,309—312,316,328,331

自然地理　6,12—14,25,26,28,29,31,32,37,47,263,308,323

自然经济　42,46,80,195,219,220,309,336

自由港　31,41,47,64,65,71—73,94,97,112,125,200,256,268

图书在版编目(CIP)数据

中国近代经济地理. 第5卷,华南近代经济地理/方书生著. —上海:华东师范大学出版社,2015.12
 ISBN 978-7-5675-4483-3

Ⅰ.①中… Ⅱ.①方… Ⅲ.①经济地理-中国-近代 ②经济地理-中南地区-近代 Ⅳ.①F129.9
中国版本图书馆CIP数据核字(2016)第001199号

中国近代经济地理
第五卷　华南近代经济地理

丛书主编	吴松弟　副主编　戴鞍钢
本卷著者	方书生
策划编辑	王　焰
项目编辑	陈庆生
特约审读	方学毅
责任校对	时东明
版式设计	高　山
封面设计	储　平

出版发行	华东师范大学出版社
社　　址	上海市中山北路3663号　邮编 200062
网　　址	www.ecnupress.com.cn
电　　话	021-60821666　行政传真 021-62572105
客服电话	021-62865537　门市(邮购)电话 021-62869887
门市地址	上海市中山北路3663号华东师范大学校内先锋路口
网　　店	http://hdsdcbs.tmall.com

印 刷 者	上海中华商务联合印刷有限公司
开　　本	787×1092　16开
印　　张	23.5
字　　数	466千字
版　　次	2015年12月第1版
印　　次	2015年12月第1次
书　　号	ISBN 978-7-5675-4483-3/F·349
定　　价	85.00元

出版人　王　焰

(如发现本版图书有印订质量问题,请寄回本社市场部调换或电话021-62865537联系)